AF330225

PORTE-FEUILLE

Géographique et Ethnographique

Contenant

des planches pour la Géographie mathématique; des dessins représentant les principales curiosités de la nature; ainsi que les costumes, mœurs et usages des peuples
les plus remarquables, accompagnés d'accessoirs qui retracent un monument ancien ou moderne; des cartes générales et particulières, tant physiques
que politiques, le tout exécuté par les procédés lithographiques et soigneusement enluminé, accompagné d'un texte explicatif et de tableaux synoptiques
propres à faciliter l'usage de cet ouvrage dans l'enseignement de la jeunesse.

Suivi d'un tableau général comparé du monde connu des anciens et ter-
miné par une table des noms de la Géographie ancienne et moderne.

Par G. Engelmann et G. Berger

Ire PARTIE

à Mulhouse

Chez G. ENGELMANN

Directeur de la Société Lithographique de Mulhouse

et à Paris

Chez le même, rue Louis le Grand N.º 27.

1820.

PORTE-FEUILLE

GÉOGRAPHIQUE ET ETHNOGRAPHIQUE.

BIBLIOTHÈQUE ROYALE

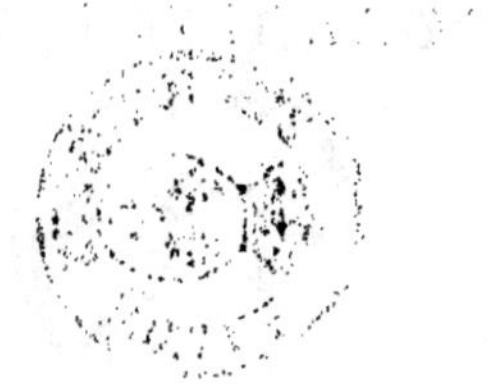

DÉFINITIONS. — DIVISIONS DE LA GÉOGRAPHIE.

La TERRE, prise dans l'acception la plus générale, signifie le globe terrestre que nous habitons. Ce globe n'est qu'un atome comparativement aux autres corps célestes suspendus, comme lui, dans l'immensité de l'espace qui nous environne de toutes parts et que nous nommons CIEL; mais respectivement à nous, cet atome est une masse énorme, dont il nous est impossible d'embrasser toute l'étendue d'un coup-d'œil. Pour se former un tableau clair et distinct de sa demeure, en dessiner les différentes parties, et tracer avec précision la ligne qu'il parcourt sur les mers qui lui paraissent incommensurables, l'homme a eu besoin du secours de la COSMOGRAPHIE, qui donne la description de l'univers, et de l'ASTRONOMIE, qui mesure le ciel et les intervalles des corps qui y brillent. Ces sciences, à l'aide de la sublime géométrie, ont abaissé la hauteur des cieux, soumis l'immensité de l'étendue à leur compas, et l'infini des astres à leur calcul, et transporté sur le globe terrestre les divisions qu'ils ont imaginées dans le ciel. La terre considérée ainsi dans ses rapports avec les autres corps célestes, a donné naissance à la GÉOGRAPHIE MATHÉMATIQUE, qui traite de la figure, de la grandeur et des mouvemens du globe terrestre, de la forme exacte des terres et des mers, de la détermination des distances entre les lieux, de la comparaison des mesures usitées dans les différens pays.

Après avoir considéré la terre dans ses rapports avec les autres corps célestes, le géographe a dû s'occuper à faire connaitre comment les grandes masses de divers êtres et substances, tant BRUTES OU INORGANISÉES, qu'ORGANISÉES, sont distribuées sur le globe terrestre. Il a mis, pour cet effet, à contribution les sciences naturelles. La PHYSIOLOGIE ANIMALE et VÉGÉTALE, qui entreprennent d'éclaircir tous les mystérieux résultats de la vie des plantes et des animaux; l'HISTOIRE NATURELLE, qui apprend à classer et à distinguer les unes des autres les innombrables productions de la nature, ont fourni à la géographie les notions dont elle a besoin pour la clarté et l'exactitude scientifique de ses descriptions. Ce second point de vue, sous lequel on envisage la géographie, offre plusieurs sous-divisions de la science; telle est l'HYDROGRAPHIE, qui a pour objet la division des mers et des fleuves; la GÉOLOGIE OU GÉOGNÉSIE, OU GÉOGRAPHIE PHYSIQUE, qui ne devrait avoir pour but que de faire connaitre la composition intérieure du globe, et les rapports qui existent entre les diverses dispositions de ses parties; la MÉTÉRÉOLOGIE, qui embrasse la science de l'athmosphère; la CHOROGRAPHIE, qui a pour objet la description détaillée d'une région, et la TOPOGRAPHIE, qui traite plus minutieusement encore d'un district particulier, ne forment point des sciences par elles-mêmes, mais entrent dans les sections de la science géographique. Il en est de même de l'OROLOGIE ou de la description des montagnes, qu'on peut considérer comme une section de la GÉOLOGIE.

Les points de vue généraux, sous lesquels la géographie considère les sociétés humaines, donnent lieu à d'autres DIVISIONS GÉOGRAPHIQUES. Les contrées ou les peuples réunis sous une même domination temporelle, forment des EMPIRES, des ROYAUMES, des RÉPUBLIQUES, des ÉTATS-UNIS, des PRINCIPAUTÉS, qui se subdivisent en CERCLES, en DÉPARTEMENS, en PROVINCES, en DISTRICTS, en COMMUNES ou en COMTÉS, en ARCHIDUCHÉS, en DUCHÉS, en BARONIES, en LANDGRAVIATS, en MARCHES, en MARQUISATS etc. Lorsque le géographe se propose de déterminer les limites de toutes ces grandes divisions et subdivisions, de faire connaitre la population des états, leurs revenus, leurs forces militaires, alors cette partie de la science prend le nom de GÉOGRAPHIE POLITIQUE. Quelques géographes, en examinant l'état politique d'un pays, empruntent des détails de la STATISTIQUE, qui est la partie de l'économie politique, qui a pour objet de faire connaitre les richesses et les forces d'un état, en présentant le tableau de son étendue territoriale, de sa population, de ses productions, de ses fabriques et de son commerce. C'est aux Allemands qu'appartient l'honneur d'avoir fourni les premiers et les meilleurs tableaux statistiques.

Les contrées et les peuples réunis par la même croyance, se trouvent souvent divisées en PATRIARCHATS, DIOCÈSES, ARCHEVÊCHÉS, EVÊCHÉS, PAROISSES, ABBAYES etc. La connaissance de toutes ces divisions et subdivisions appartient à la branche de la science qu'on nomme GÉOGRAPHIE SACRÉE OU ECCLÉSIASTIQUE. Enfin tous les détails relatifs aux mœurs, aux habitudes d'un peuple quelconque, à la langue qu'il parle, à ses progrès dans la civilisation, appartiennent à la GÉOGRAPHIE CIVILE, que quelques géographes nomment ETHNOGRAPHIE.

Mais toutes ces connaissances tiennent essentiellement à celle de l'histoire d'un peuple, à son origine et aux révolutions politiques qu'il a éprouvées, ou auxquelles il a eu part, c'est-à-dire à la GÉOGRAPHIE HISTORIQUE.

Toutes ces branches diverses de la science géographique reposent nécessairement sur l'étude approfondie de la configuration et des productions des contrées habitées par les peuples dont on veut parler, c'est-à-dire sur la GÉOGRAPHIE NATURELLE, qui elle-même s'appuie sur l'exacte détermination des distances et des positions des divers lieux ou objets qu'on se propose de connaitre et de décrire, c'est-à-dire sur la GÉOGRAPHIE MATHÉMATIQUE.

En considérant enfin la géographie selon les variations qu'elle a éprouvées, relativement aux systèmes des auteurs, aux noms des pays et des lieux qui ont prévalu dans les différentes époques de l'histoire, on la partage en GÉOGRAPHIE ANCIENNE OU CLASSIQUE, GÉOGRAPHIE DU MOYEN AGE et GÉOGRAPHIE MODERNE.

La GÉOGRAPHIE ANCIENNE commence avec les tems historiques, et se termine à la fin du 7.e siècle. La GÉOGRAPHIE DU MOYEN AGE commence avec le 7.e siècle, et se termine à la fin du 12.e siècle. La GÉOGRAPHIE MODERNE s'étend depuis le commencement du 13.e siècle jusqu'à nos jours.

La nécessité d'embrasser par la pensée l'ensemble des connaissances astronomiques et géographiques, a donné naissance à l'art de construire des GLOBES et des CARTES. Ces globes sont nommés GLOBES CÉLESTES, lorsqu'ils représentent la position des étoiles dans le ciel; et GLOBES TERRESTRES, quand ils nous offrent le dessin de notre terre, de ses mers, de ses continents et de ses îles. La difficulté de construire des globes assez grands pour montrer les détails de la géographie, et l'embarras produit par la grandeur même de ces instrumens, a forcé de dessiner en tableaux, ou sur une SURFACE PLANE, les diverses parties de la terre; ces tableaux se nomment CARTES; on les appelle CARTES GÉOGRAPHIQUES, si elles représentent les terres et les mers, ou une portion de terre; CARTES HYDROGRAPHIQUES OU NAUTIQUES OU MARINES, si, omettant les détails de l'intérieur des terres, elles donnent avec un soin minutieux les côtes des continents et des îles, les moindres écueils des mers, les SONDES ou les profondeurs de l'eau, les fleuves ou les rivières, avec toutes leurs diverses branches, et toutes les circonstances de leurs cours, afin de guider les navigateurs. Si ces cartes représentent la terre entière, on les nomme MAPPEMONDES OU PLANISPHÈRES, lorsqu'elles sont de forme circulaire; si elles offrent seulement une partie considérable du monde, ce sont des CARTES GÉNÉRALES; elles se nomment CARTES PARTICULIÈRES, CARTES CHOROGRAPHIQUES, CARTES TOPOGRAPHIQUES, PLANS GÉOMÉTRIQUES, quand elles ne présentent qu'un pays en particulier, qu'un canton ou même le plan d'une seule ville ou de ses environs. Une carte peut être en plusieurs feuilles, qui alors se joignent ensemble par juxtaposition pour ne former qu'un seul tout; telle est la carte de France, dite de Cassini, en 180 feuilles. Un ATLAS est la réunion de plusieurs cartes, dont chacune à part forme un tout, et qui ne peuvent pas s'assembler.

La terre étant un SPHÉROÏDE, c'est-à-dire une espèce de globe aplati aux pôles et renflé vers l'équateur, ne présente pas une SURFACE DÉVELOPPABLE; il est donc impossible de conserver en même tems, sur une surface, les rapports naturels entre l'étendue des pays, ceux des distances des lieux et la similitude des configurations; de là résulte la nécessité d'avoir recours à des constructions diverses, pour représenter, d'une manière approximative, chacun de ces rapports en particulier; c'est ce qu'on nomme PROJECTIONS. Elles sont de deux sortes, les unes sont des REPRÉSENTATIONS PERSPECTIVES du globe, ou des parties de la surface, prises de divers points de vue, et sur divers plans, considérés comme tableaux; les autres ne sont que des espèces de DÉVELOPPEMENS, assujetis à des lois approximatives. Parmi les premières, une des plus communément employées, est la PROJECTION STÉRÉOGRAPHIQUE, qu'on exécute, en supposant l'œil placé à un point diamétralement opposé au centre des régions terrestres, qu'on veut représenter, et en prenant pour tableau le plan du grand cercle perpendiculaire au diamètre, qui joint ces deux points. La PROJECTION POLAIRE représente les régions terrestres qui entourent les pôles, et dont les points occupent le centre. La PROJECTION HORIZONTALE est la représentation d'un hémisphère, ou d'une moitié de sphère sur le plan de l'horizon qui la termine. La PROJECTION ORTHOGRAPHIQUE est la représentation d'une portion de la sphère sur un plan par des perpendiculaires abaissées, sur ce plan, ou comme elle serait vue par un spectateur placé à une distance infinie. Parmi les projections par développement, une des plus fréquemment employées est la PROJECTION CONIQUE, que l'on construit en supposant que la portion du globe que l'on veut représenter, se confond avec la surface d'un cône dont on fait le développement. Quand il ne faut que représenter de très petits espaces, peu étendus en latitude, on peut substituer à la zône sphérique le développement d'un cylindre, soit inscrit, soit circouscrit à cette zône, et dont l'axe coïncide avec celui du globe; les cartes construites d'après cette projection, se nomment

CARTES PLATES. Le besoin que les marins ont de tracer exactement leur chemin, pour en déterminer la longueur et la direction, a donné naissance à la projection de MERCATOR ou aux CARTES RÉDUITES; dans ces cartes, comme dans les cartes plates, les méridiens y sont des lignes droites parallèles, équidistantes, et coupées à angles droits par les parallèles à l'équateur; mais les intervalles qui séparent ceux-ci, croissent à mesure qu'on s'avance vers les pôles, dans un rapport précisément inverse de celui qui fait sur le globe la diminution des degrés de longitude; de sorte que les distances en longitude, mesurées sur chaque parallèle, ont, par rapport aux distances en latitude, la même relation que sur le globe.

Il y a dans les cartes des ÉCHELLES de lieues ou d'autres mesures en usage dans les pays qu'elles représentent. On entend par ÉCHELLE une ligne droite, divisée en parties égales, pour servir de commune mesure à toutes les distances et à tous les lieux d'une carte. L'usage des échelles pour mesurer la plus courte distance entre deux points sur une carte, n'a guère besoin d'explication, puisqu'il suffit de mesurer la droite qui joint ces points; mais la plus importante à connaitre étant la distance ordinaire, on doit, lorsque les routes sont marquées, mesurer le long de ces lignes, chacune des parties comprises entre leurs détours; et c'est ce qu'on ne peut pratiquer au plus, que sur les cartes chorographiques, la projection empêchant, dans le plus grand nombre de cas, les cartes générales d'admettre des échelles. Les mappemondes en sont encore moins susceptibles; et on ne doit les regarder que comme des tableaux qui représentent, autant bien qu'il est possible, sous une forme portative, l'ensemble et les connexions des principales régions du globe.

Dans les signes qui marquent l'emplacement des lieux sur les cartes, il faut toujours remarquer le très petit cercle qui est adjacent, ou incorporé à chacune de ces lignes, par ce que c'est le centre de ce cercle qui fixe la position du lieu correspondant. Lorsque la carte descend dans un détail assez grand, on y exprime les principaux traits du plan des villes un peu étendues. Un simple trait marque le cours d'eau de peu d'importance (voy. la pl. I. fig. 2.), et l'on n'indique séparément les deux rives, que lorsque la largeur du fleuve ou de la rivière peut être appréciée par l'échelle de la carte; ce qui a lieu le plus souvent aux embouchures. C'est par un trait bien net, bordé de hachures, que l'on indique les rivages de la mer. Dans les cartes géographiques, ces hachures sont extérieures par rapport aux terres, et semblent désigner les ondulations de la mer sur les côtes; tandis que dans les cartes marines les hachures sont portées sur la terre, comme pour faire sentir l'escarpement des côtes. Les canaux de navigation sont représentés par des lignes brisées, qui les distinguent suffisamment des cours d'eau naturels, indiqués par une ligne ondulée. Les routes sont souvent marquées par deux traits fins et parallèles, quelquefois par de simples lignes, soit pleines, soit ponctuées; cependant on réserve le plus ordinairement les dernières pour marquer les limites des états et de leurs provinces, et on varie, à cet effet, la grandeur et la forme des points. Pour les rendre encore plus sensibles, on les enlumine de diverses couleurs. La carte indiquée plus haut, présente quelques autres signes, qui servent à faire connaitre les formes de la surface terrestre, ou ce que l'on entend par le ton du pays, c'est-à-dire,

DE LA SPHÉRICITÉ DE LA TERRE.

La sphéricité de la terre est le premier principe de toute géographie mathématique. Les preuves de cette vérité viennent elles-mêmes s'offrir aux sens. Les phénomènes du ciel l'annoncent; les apparences terrestres la font entrevoir, et les voyages autour du monde la confirment. Lorsque les navigateurs s'éloignent du rivage, ils voient les édifices et les montagnes s'abaisser peu-à-peu et enfin disparaitre. Cet effet n'est pas dû à l'éloignement, qui fait paraitre les objets plus petits; car lorsqu'on perd la terre de vue sur le pont du navire, on l'aperçoit encore du haut des mâts. Pendant ce tems le navire représente les mêmes phénomènes aux spectateurs, qui sont restés sur le rivage. Ils le voient s'abaisser et enfin disparaitre, comme s'il se plongeait dans l'Océan, et précisément de la même manière que le soleil à son coucher. Ces phénomènes qui s'observent constamment, prouvent évidemment que la surface de l'Océan est convexe et nous cache par sa rondeur les objets éloignés.

Supposons que la route d'un navire soit une ligne ayant la courbure sphérique du globe terrestre: il en résultera les phénomènes suivans (pl. III.) Qu'on se représente, par la ligne courbe A C E H L, la route d'un navire qu'on observe du point A; ce navire arrivé en C, aura la direction B C, vu qu'il doit être toujours perpendiculaire à la surface de l'eau; arrivé en E, il aura la direction F E; en H, la direction K H; en L, la direction M L etc. Or, nous n'apercevons les objets que dans la direction des lignes droites; ainsi un observateur placé en A, ne verra, dans la direction A N, que la partie du navire qui est au-dessus de la ligne A N, puisque la courbure A C E H L du globe terrestre dérobe le reste à sa vue, et qu'il faudrait qu'il pût voir dans la direction de la ligne A P, pour apercevoir un objet P, qui est sous la ligne A N. Or, comme cela est impossible, il faut que le navire descende sous la ligne A N, à fur et à mesure qu'il s'éloigne; dans ce cas le spectateur placé en A, n'apercevra que la partie B D du navire arrivé en C; la partie F G, quand il est en E, etc. L'expérience confirme ce phénomène et offre toujours les mêmes résultats, quelles que soient les côtes d'où part le navire.

Ainsi, puisque la surface de la mer est sphérique, quoiqu'elle nous paraisse plate, par ce que nous n'en embrassons qu'une partie, il faut à plus forte raison que la terre participe à cette rotondité. Cette grande expérience si souvent répétée, prouve donc que la surface totale des mers et de la terre est convexe, et que le ciel ne lui est adhérent nulle part; car dans quelque pays qu'on se transporte, on voit toujours les astres tourner de la même manière autour de la terre, par l'effet du mouvement de la terre sur son axe. D'après cela le ciel ne s'appuie point sur l'horizon de la mer, comme on serait tenté de le croire en le regardant. Cette illusion vient de ce que nous supposons toujours les objets dans la direction des rayons visuels, qui les rendent sensibles à nos yeux. On ne pourrait objecter avec raison, que les hautes montagnes des Andes et des Alpes font de la terre un corps irrégulier et rien moins que rond. Les plus grandes hauteurs du globe, qui ont été mesurées et dont ce porte-feuille présentera un tableau, prouvent que ces irrégularités sont si imperceptibles, qu'elles ne méritent point d'entrer en considération; et c'est avec raison qu'on les a comparées aux tubercules d'une orange; et si l'on exige plus de précision, la plus haute montagne connue du globe terrestre, ne pourrait être représentée que par un grain de sable épais d'une DEMI-LIGNE, sur un globe artificiel de 41 pieds en circonférence ou de 6 $\frac{2}{3}$ de pieds de diamètre.

Les premiers observateurs des astres ont remarqué qu'en allant vers le Nord, ils voyaient l'étoile polaire (voy. pl. II.) prendre une position plus élevée dans les cieux. Allaient-ils vers le Midi, cette étoile s'abaissait à vue d'œil, et d'autres, jusques-là invisibles, semblaient successivement s'élever. Il était donc impossible que la ligne, dans la direction de laquelle ils marchaient, fut une droite, tracée sur une plaine horizontale; elle devait être une courbe, un arc de cercle, auquel correspondait un autre arc de cercle apparent dans les cieux. Or, comme partout les mêmes changemens d'horizon avaient lieu, il était naturel de conclure que la terre était du moins circulairement courbée du Sud au Nord.

Les observations astronomiques qui se multiplièrent et se perfectionnèrent, firent apercevoir que le soleil se lève plutôt pour ceux qui habitent vers l'Orient, que pour ceux qui sont moins avancés vers ce côté; car on sait que le soleil se lève une heure plutôt pour les Viennois que pour les Parisiens. Ce qui n'arriverait pas, si la superficie de la terre n'était pas courbe d'Orient en Occident; car alors le soleil commencerait dans le même instant à éclairer toutes les parties d'une même surface de la terre plate. Enfin lorsque, par une suite d'observations, on se fut parfaitement convaincu que les éclipses de lune sont causées par l'ombre conique du globe de la terre, on eut une confirmation complète de toutes les preuves précédentes en faveur de la rotondité de la terre, et l'on vit en même tems que le globe terrestre n'était sujet à aucune grande irrégularité, puisque dans toutes les positions possibles, l'ombre de la terre sur le disque de la lune, se trouve terminée par un arc de cercle.

De nombreux voyages autour du monde ont enfin dû fermer la bouche à tous ceux qui s'obstinaient à regarder la terre comme une plaine ronde, ou comme un disque demi-sphérique. Les MAGELLAN, les DRACKE etc. allèrent de l'Europe toujours vers l'Occident, et sans quitter cette direction générale, ils revinrent toujours vers les parages d'où ils étaient partis. Sur une plaine on peut bien tourner en rond, mais en changeant constamment de direction. HEEMSKERK, en allant hiverner dans la Nouvelle-Zemble, confirma ce que les astronomes avaient conclu de la figure sphérique de la terre, savoir que les jours et les nuits vers les pôles durent plusieurs mois. Enfin le célèbre COOK, qui vers la fin du 18.ᵉ siècle recula les limites du monde connu, en approchant autant que possible du cercle polaire du Sud, a trouvé la route toujours plus petite à mesure qu'il approchait de ce pôle, et nous a ainsi acquis la certitude que la terre s'arrondit vers le pôle du Sud, comme vers celui du Nord. Tant de preuves réunies et l'exactitude de tant d'observations astronomiques, qui toutes ont été faites et calculées dans les suppositions de la sphéricité de notre terre, ne laissent plus lieu à des doutes raisonnables. La véritable figure de la terre n'a été découverte que dans le siècle dernier, et l'on a trouvé qu'elle n'est pas une sphère parfaite, mais qu'elle est aplatie aux deux pôles.

La terre est un sphéroïde légèrement aplati vers les pôles; son aplatissement est de $\frac{1}{328}$, c'est-à-dire, que son diamètre surpasse la longueur de son axe de cette quantité. Le rayon de l'équateur est de 3,271,864 toises, celui du pôle de 3,261,265 toises; ainsi l'aplatissement le rend plus court de 10,600 toises. La figure de la terre parait légèrement irrégulière; la longueur du degré varie un peu dans les divers points de sa surface; mais en la considérant comme parfaitement sphérique, la circonférence du cercle étant supposée partagée en 360 parties, la longueur moyenne d'un degré terrestre est de 57,012 toises $\frac{22}{100}$; En supposant la dernière mesure du degré terrestre, qui donne 57,012 toises pour un degré moyen, comme la plus proche de la vérité, le MILLE MARIN OU MINUTE DU DEGRÉ, la plus commode et la plus usitée des mesures géographiques, aura 950 toises, 1 pied, 7 pouces, 4 lignes $\frac{4}{5}$, et la lieue de 20 au degré ou de trois milles géographiques, 2,850 toises, 5 pieds, 5 pouces, 1 ligne $\frac{2}{5}$; en calculant d'après ces bases, la circonférence entière de la terre est de 7,200 lieues, son diamètre de 2,292 lieues, et sa surface de 16,501,200 lieues carrées. Dans le nouveau système métrique, le MÈTRE est la dix-millionième partie du quart du méridien terrestre, et égale 2 pieds, 11 lignes $\frac{296}{1000}$; la circonférence de la terre est divisée en 400 parties, qu'on appèle GRADES, qui renferment 100,000 mètres; et toutes les mesures qui dérivent de celles-là, ont l'avantage d'être des parties décimales de la circonférence de la terre. La MINUTE DÉCIMALE a 1000 mètres de long ou un KILOMÈTRE, et la seconde décimale a 10 mètres ou un DÉCAMÈTRE; un MYRIAMÈTRE ou 10,000 mètres égalent 1 $\frac{8}{15}$ lieue marine.

DIVISION MATHÉMATIQUE DU GLOBE TERRESTRE.

Pour faciliter la connaissance de la sphère naturelle, ou de l'assemblage des corps célestes qui composent l'univers, pour représenter la trace ou le passage des astres qui roulent dans l'espace, et les bornes précises qui terminent leurs cours, les astronomes ont inventé la SPHÈRE ARMILLAIRE, machine composée d'un assemblage de cercles qui l'entourent; ce qui lui a fait donner le nom d'ARMILLAIRE, du mot latin ARMILLA, qui signifie BRASSELET. Les cercles dont se compose cette machine, se considèrent sur la surface convexe de la terre, de la même manière que sur la surface concave du ciel, et y conservent entre eux les mêmes arrangemens et les mêmes rapports. En effet, si, de tous les points de chacun des cercles considérés au ciel, on faisait tomber, par le secours de l'imagination, des lignes perpendiculaires sur le globe terrestre, les extrémités de ces lignes y marqueraient des cercles placés également et proportionnellement à ceux du ciel. Ce sont ces cercles que les géographes ont appliqués au globe terrestre, et qu'ils ont transportés ensuite sur les cartes géographiques. Nous allons en examiner l'usage sur la mappemonde (pl. I.), qui n'offre que les principaux cercles de la sphère.

armillaire de Ptolomée, dont nous joignons la figure, avec celle de la sphère de Copernic, destinée à représenter les planètes dans leur véritable disposition à l'égard du soleil (p. IV. fig. 1.)

Les deux points de la superficie terrestre, où se trouvent les nombres 90, se nomment les PÔLES. Ce sont les deux pivots, sur lesquels la terre tourne continuellement avec ses habitans. Ces deux points ou pôles sont le PÔLE NORD ou SEPTENTRIONAL A, et le PÔLE SUD ou MÉRIDIONAL B. Le premier se nomme aussi PÔLE ARCTIQUE, à cause de son voisinage de la constellation de la petite ourse, que les Grecs nommaient ARKTOS et les Latins SEPTENTRIONES, d'où est venu dans notre langue le mot de SEPTENTRION. Le second se nomme aussi PÔLE ANTARCTIQUE, par ce qu'il est opposé à l'arctique. Le côté que la terre, par l'effet de son mouvement sur son axe en vingt-quatre heures, qu'on nomme mouvement diurne, présente le premier au soleil qui l'éclaire, est l'ORIENT, et le côté qu'elle dérobe à sa lumière, est l'OCCIDENT. Ce mouvement diurne de la terre de l'Ouest à l'Est, donne lieu à la vicissitude du jour et de la nuit. La figure 3. pl. IV. représente ce mouvement de la terre. La moitié de sa surface est constamment éclairée ; mais en vertu de sa rotation d'Occident en Orient de A en B et en C, il faut nécessairement que le soleil se lève et se couche successivement tantôt pour une partie, tantôt pour une autre. Si l'on donne à la terre 9000 lieues de circonférence sous l'équateur, le mouvement de la terre sera de 375 lieues par heure, en comptant 25 lieues de France par degré de l'équateur. Par conséquent si une ville est éloignée de moi de 750 lieues vers l'Orient, le soleil se lève et se couche pour elle une heure plûtôt que pour le lieu où je me trouve placé. Une autre ville se trouve-t-elle à la même distance, mais du côté du couchant, elle verra le soleil une heure plus tard que moi. Par exemple, tandis que le point A a le lever, le point B a midi, le point C le coucher, et le point D minuit. Nous nous trouvons tous les jours placés dans ces diverses positions. Si nous ne tombons pas dans l'immensité de l'espace céleste, c'est en vertu de la pésanteur, qui fait que tous les corps graves tombent et tendent vers le centre de la terre.

Le ZÉNITH et le NADIR sont encore deux points à remarquer. Celui-là est le point le plus élevé au-dessus de la tête de chaque habitant de la terre; il est marqué par le prolongement de la verticale indiquée par un FIL A PLOMB. Cette même verticale prolongée à travers la terre, forme le NADIR. Ainsi chaque homme a son ZÉNITH et son NADIR particulier, dont il change à chaque mouvement qu'il fait. La ligne imaginaire, dont les deux pôles sont les extrémités, se nomme l'AXE DE LA TERRE, dont l'axe du monde peut être envisagé comme la prolongation (voy. la sphère armill.e de Ptolomée). D'où il résulte, comme nous l'avons dit plus haut, que les cercles qui sont tracés sur la sphère céleste, divisent notre globe de la même manière.

L'ÉCLYPTIQUE ou Zodiaque terrestre est un grand cercle obliquement couché entre les tropiques. Il est coupé par l'équateur en deux parties égales, l'une septentrionale et l'autre méridionale. C'est dans le plan de ce cercle que se font les éclypses, par l'interposition mutuelle des divers corps de notre système planétaire, c'est-à-dire, des planètes qui font leurs révolutions autour du soleil. Ce cercle est incliné par rapport à l'équateur de 23° $\frac{1}{2}$; et comme il occupe le milieu du ZODIAQUE, (voy. la sphère arm.e) espèce de bande céleste de 16° de largeur, dans laquelle les planètes font leurs révolutions, il sert à marquer sous quel signe céleste est placée chaque région de la terre comprise entre les deux tropiques, et à faire connaitre tous les peuples qui ont pendant l'année le soleil vertical à leur Zénith.

Le MÉRIDIEN est un grand cercle perpendiculaire à l'équateur, qui passe par les pôles du monde et par le point vertical de chaque lieu. Il partage le globe terrestre en deux hémisphères, l'un ORIENTAL et l'autre OCCIDENTAL. Son nom vient de MERIDIES, MIDI, par ce qu'il est midi pour tous les peuples qui sont sous ce cercle, lorsque le soleil parait y arriver. Pour connaitre ce cercle dans la sphère naturelle, il suffit d'imaginer un grand cercle passant par le centre du soleil à l'heure de midi, et par le Zénith du lieu où l'on est, et allant se terminer de part et d'autre à l'horizon. Le demi-cercle qui divise la moitié véritable du ciel en deux parties égales, est véritablement le MÉRIDIEN de ce lieu, et l'autre demi-cercle est le MÉRIDIEN des Antipodes. Comme il y a une infinité de Zéniths, il y a aussi une infinité de méridiens. Parmi le grand nombre de méridiens que l'on peut concevoir d'Occident en Orient, les géographes n'en comptent que 360, qu'ils font passer par chacun des degrés de l'équateur et qu'on ne marque que de 10 en 10 ou de 15 en 15 degrés sur les globes et sur les mappemondes. Voici l'avantage qui en résulte. La terre tourne et fait sa révolution entière ordinaire en vingt-quatre heures; et comme tous les cercles qui l'entourent dans le sens de l'équateur, sont divisés en 360°, il s'ensuit que chaque degré de l'équateur, employant 4ʹ à passer devant le soleil, 15° employent 60ʹ, ou une heure. Ainsi quand il est midi sous le 30°, il n'est encore que 11 heures sous le 15°. Lors donc que l'on sait le nombre de degrés qui se trouvent entre deux villes, on sait aussi quelle est la différence qui se trouve entre les tems où elles ont leurs heures de chaque jour; ce qui revient à la distance de leurs méridiens. A Paris on a midi, lorsqu'à Vienne en Autriche on a déjà une heure.

L'HORIZON est un grand cercle détaché du globe (voy. la sphère armill.ᵉ), et qui le coupe en deux parties. Il en est deux; l'un RATIONEL ou ASTRONOMIQUE, passe par le centre de la terre et a pour pôles le Zénith et le Nadir; tel serait l'horizon qui paraitrait à un homme placé au centre de la terre, si ce globe coupé en deux, la partie supérieure était anéantie. L'autre, l'HORIZON VISUEL ou SENSIBLE est la partie de terre ou d'eau que chacun peut découvrir de ses yeux et qui parait bornée par le ciel; ainsi chaque homme a son horizon particulier, dont il change à chaque mouvement qu'il fait. C'est aussi l'horizon qui fait le matin et le soir, c'est-à-dire, le commencement du jour et de la nuit, comme le méridien fait le midi et la minuit, c'est-à-dire, le milieu du jour et de la nuit. L'HORIZON SENSIBLE est formé par le plan tangent au globe par le point où se trouve l'observateur, que traverse le Zénith prolongé à travers la terre. L'HORIZON RATIONEL est le même plan mené par le centre de la terre, parallèlement à l'horizon sensible (p. III.) La différence de ces deux horizons est insensible par rapport au ciel, puisqu'elle n'est causée que par le demi-diamètre ou le rayon de la terre, qui n'est qu'un point, étant comparé à l'étendue immense du firmament. En effet, en quelque endroit de la terre qu'on soit, pourvu que rien ne borne la vue, on voit la moitié du ciel de dessus la surface de la terre, comme si l'on était au centre. Il faut remarquer, à cette occasion, que si le ciel nous semble une voûte surbaissée, c'est que les rayons que l'athmosphère nous envoie, traversent une plus grande masse d'air qu'au Zénith, et que notre horizon nous présente des objets interposés.

Les TROPIQUES sont deux petits cercles à 23 $\frac{1}{2}$ degrés de chaque côté de l'équateur, qui ne sont pas au nombre des parallèles; et pour n'être pas confondus avec ces derniers, ils sont marqués sur les mappemondes par une double ligne ou par une ligne ponctuée. Le nom de TROPIQUES leur vient de ce que le soleil, dès qu'il est parvenu au degré le plus élevé des pays situés sous l'un de ces cercles, descend et retourne vers l'autre tropique. D'où il suit que dans tous les lieux situés entre les tropiques, on a deux fois le soleil au plus haut degré. Le TROPIQUE DU CANCER marque les plus longs jours de l'hémisphère septentrional et les plus courts de l'hémisphère méridional. Le TROPIQUE DU CAPRICORNE marque les plus courts jours des habitans du Nord, et les plus longs de ceux du Midi. Les deux tropiques marquent donc les deux points où le soleil parait le plus éloigné de l'équateur, et nous indiquent par conséquent la plus grande distance de ce cercle à l'Éclyptique, ou la plus grande déclinaison du soleil dans les 365 révolutions qu'il parait faire autour de la terre, qui semble immobile, et qui, dans la réalité, parcourt elle-même l'orbe figuré par l'Éclyptique. Si l'on fait tourner la terre sur elle-même dans le sens de son mouvement diurne, l'axe de l'Éclyptique restant fixe, cet axe qui forme un angle avec celui de la terre, tracera sur sa surface les cercles que l'on nomme POLAIRES, parallèles à l'équateur, à 66° 32′ 10″ de ce cercle, et à 23° 27′ 50″ des pôles. Ces cercles sont aussi marqués d'une double ligne sur les mappemondes. Ils servent à limiter les contrées autour des pôles, dans l'une desquelles il fait jour durant le cours de six mois, tandis que dans l'autre la nuit ou le crépuscule dure pareillement six mois; ce qui pourtant ne doit pas se prendre à la rigueur.

Nous avons nommé plus haut le ZODIAQUE. C'est le nom que l'on a donné à une bande ou zône circulaire du ciel, séparée en deux par l'Éclyptique, et sous laquelle on avait jusqu'à présent aperçu toutes les planètes et même la lune, qui ne paraissent jamais éloignés de l'Éclyptique de 8°. Mais les planètes nouvellement découvertes font exception à ce principe.

Le Zodiaque est divisé, dans sa circonférence, en douze portions égales, ou SIGNES, renfermant plus ou moins d'étoiles fixes, dans un nombre égal de degrés; chaque signe comprend 30°.

Ces espaces ou ces signes portent presque tous des noms d'animaux, d'où s'est formé le nom de ZODIAQUE, ou QUI A VIE. Et comme le soleil nous parait correspondre, pendant chaque mois, à chacun de ces signes, on les a partagés en quatre classes, répondant aux saisons. Ces signes renferment un certain nombre d'étoiles qui, prises en groupes, sont appellées CONSTELLATIONS, des mots CUM avec, et STELLA étoile. Ainsi pour désigner les douze signes suivants, on dit assez ordinairement les CONSTELLATIONS DU ZODIAQUE. Nous en donnerons les noms et les signes à l'article de l'explication des saisons.

Les COLURES sont encore des cercles de la sphére armillaire, qui ne pouvant être transportés sur les globes terrestres et les mappemondes, nous restent encore à remarquer. Le nom de ces cercles vient d'un mot grec, qui signifie COUPER. En effet, aux pôles du monde, ces cercles, comme on peut le voir dans la sphère armillaire (fig. 1. pl. IV.) se coupent à angle droit; l'un des deux appellé COLURE DES ÉQUINOXES, coupe l'Écliptique au point des équinoxes du PRINTEMS et de l'AUTOMNE; l'autre coupe l'Écliptique aux points où ce dernier cercle coupe lui-même les tropiques, ou aux points des solstices de l'hiver et de l'été, et par cette raison, est appellé COLURE des SOLSTICES.

Dans la sphère de Ptolomée (fig. 1. pl. IV.) on voit 1.º la terre fixe au centre; 2.º la lune tournant autour de la terre; 3.º le soleil et tous les corps célestes, pouvant y tourner aussi, dans l'espace de vingt-quatre heures. C'est qu'alors on croyait à la réalité de ces mouvemens, qui ne sont que des apparences.

Cette machine de l'astronome de Péluse, destinée à faire connaitre la disposition des corps célestes, est adaptée à son système qui, depuis Copernic, est reconnu comme contraire aux lois de la physique et aux observations astronomiques.

La machine appellée sphère de Copernic, ne présente à l'œil que quelques cercles; ce sont (fig. 2. pl. IV.) 1.º l'Écliptique tracé au milieu du Zodiaque, et l'un et l'autre placés horizontalement; 2.º l'Équateur céleste incliné sur l'Écliptique de 23º ½; 3.º les deux Colures.

Dans l'intérieur de la sphère est, au centre, le soleil; les planètes font autour de lui leurs révolutions. Cette machine, qui est de peu d'usage, ne se trouve représentée ici que pour indiquer la disposition des onze planètes connues de notre système solaire, avec leurs signes symboliques. On a exécuté des machines, qui n'offrent à la vue que le soleil, la terre et la lune; on les nomme GÉOCYCLIQUES, c'est-à-dire, qui représentent le CERCLE QUE DÉCRIT LA TERRE. C'est au moyen de semblables machines qu'on peut se rendre plus sénsibles la disposition et les mouvemens des corps célestes, tels que les a démontrés l'astronome de Thorn, et tels qu'ils suivent:

Le SOLEIL est au centre du mouvement des planètes, et tourne sur lui-même en vingt-cinq jours.

Autour du soleil sont les corps célestes que l'on nomme PLANÈTES, SATELLITES DE PLA-NÈTES, et COMÈTES.

Les planètes, au nombre de 11, sont rangées dans l'ordre suivant, à des distances indiquées ci-dessous:

En Myriamètres.

1. Mercure est à	5917938.
2. Vénus à	11058215.
3. La terre à	15287873.
4. Mars à	23294021.
5. Cérès ou Piazzi, à . . .	42435000.
6. Pallas ou Olbers, à . . .	42435000.
7. Junon ou Harding, à . . .	40897070.
8. Vesta ou Olbers, à . . .	36386000.
9. Jupiter à	79511907.
10. Saturne à	143836700.
11. Herschel ou Uranus, à .	291720130.

Elles font leurs révolutions autour du soleil, les unes en un certain nombre de mois, les autres en plusieurs années, exprimés ici en nombres ronds :

		Ans.	Mois.	Jours.
1.	Mercure, en . . .	0.	0.	90.
2.	Vénus, en	0.	7.	0.
3.	La terre, en . . .	1.	0.	0.
4.	Mars, en	2.	0.	218.
5.	Cérès, en	4.	7.	12.
6.	Pallas, en	4.	7.	12.
7.	Junon, en	4.	4.	11.
8.	Vesta, en	3.	8.	5.
9.	Jupiter, en	12.	0.	0.
10.	Saturne, en. . . .	29.	$\frac{1}{2}$	0.
11.	Herschel ou Uranus, en	83.	8.	0.

DIAMÈTRES DES PLANÈTES EN MYRIAMÈTRES.

La terre.	1274.
Mercure.	519.
Vénus	1223.
Mars.	663.
Jupiter	13843.
Saturne	12723.
Uranus.	5522.

GROSSEUR DES PLANÈTES PAR RAPPORT A LA TERRE.

Mercure	le 15.^{e}
Vénus	plus petite d'un 9.^{e}
Mars	un 5.^{e}
Jupiter.	1300 fois plus gros.
Saturne	1000 fois — id.
Uranus	80 fois — id.

Plusieurs de ces planètes sont accompagnées de petites lunes, que l'on nomme SATELLITES. La terre a UN satellite; c'est la lune, qui fait sa révolution en 29 j. 12 h. 44′ 3″ Jupiter en a QUATRE.

Saturne SEPT, avec un anneau (voy. la fig. 1. pl. V.)

Uranus HUIT.

La distance de l'anneau de Saturne est de 29688 myriamètres.

La distance de la lune à la terre 38411 myriamètres.

Diamètre de la lune 348 myriamètres.

Son volume n'est que la 49.e partie de la terre, sa masse $\frac{1}{68}$

Diamètre du soleil 142083 myriamètres.

Son volume est 1384462 fois plus grand que celui de la terre.

Parmi ces planètes les unes sont APPARENTES et les autres TÉLESCOPIQUES. Les premières sont visibles à la vue simple, et sont depuis longtems connues; telles sont, d'après l'ordre de leur distance du soleil; MERCURE, VÉNUS, la TERRE, MARS, JUPITER, SATURNE; les secondes ne peuvent être vues qu'avec le secours des télescopes, et n'ont été découvertes que depuis peu; telles sont: CÉRÈS, PALLAS, JUNON; VESTA et URANUS.

Les comètes sont des corps célestes que l'on nomme ainsi d'un mot grec, qui signifie: QUI A CHEVELURE. En effet, elles paraissent souvent avec une longue trainée de feu brillant, que l'on a nommée leur chevelure, leur queue (Pl. V.) La nébulosité dont les comètes sont accompagnées, parait être formée par les vapeurs que la chaleur du soleil élève de leur surface; quant aux queues, il semble qu'elles ne sont autre chose que cette même vapeur fortement raréfiée, et transportée à une grande distance par l'impulsion des rayons solaires. On aperçoit les plus petites étoiles au travers des queues des comètes; et comme l'épaisseur de ces queues surpasse fréquemment un million de lieues, il faut que la matière dont elles sont formées, soit d'une rareté extrême. Ces queues ne peuvent donc apporter le plus léger obstacle aux mouvemens des planètes. Ce qu'on appelle NOYAU des comètes, ne semble être autre chose que la partie la plus dense de la nébulosité qui les environne. Cette nébulosité et la queue acquièrent l'une et l'autre leur plus grand éclat peu de jours après le passage de la comète à sa plus petite distance au soleil, lorsque la chaleur que cet astre lui communique, est parvenue à son MAXIMUM; on trouve qu'alors la comète de 1680 éprouva une chaleur 27,500 fois plus grande que celle que le soleil communique à la terre. Cette chaleur fort supérieure à celle que nous pouvons produire, et qui, d'après l'évaluation de Newton, équivaut à 2000 fois environ celle d'un fer rouge, volatiliserait probablement la plupart des substances terrestres.

Tout porte à croire que les comètes ne sont pas lumineuses par elles-mêmes; comme tous les autres astres, elles participent au mouvement diurne de la sphère céleste; elles parcourent des ellipses au foyer commun desquelles le soleil est placé.

Les planètes se meuvent autour du soleil d'OCCIDENT en ORIENT, et dans une zône très-étroite de la sphère céleste; les comètes, au contraire, n'affectent aucune direction particulière, et les orbes qu'elles parcourent, présentent tous les degrés d'inclinaison au plan de l'Écliptique, depuis o jusqu'à l'angle droit. Les orbes des planètes sont presque circulaires, et ces astres sont constamment visibles; les comètes parcourant des ellipses extrémement alongées, ne s'aperçoivent que lorsqu'elles se trouvent dans le voisinage de l'extrêmité du grand axe la plus rapprochée du soleil, ou au PÉRIHÉLIE. La plus petite distance de la comète de 1759 au soleil, est à peu près égale à 10 millions de lieues; mais lorsqu'après 38 ans la comète a atteint l'autre extrêmité de son orbite, elle est éloignée du même astre de près de 1200 millions de lieues. Cette comète étant cependant parmi toutes les comètes connues celle qui s'éloigne le moins du soleil, on peut se former une idée des grandes révolutions que les seules variations de température doivent produire sur ces astres. Le peu d'influence des comètes sur les mouvemens planétaires, nous prouve la petitesse de leurs masses. On a trouvé que la masse de la comète de 1770, qui parmi toutes les comètes connues est celle qui a le plus approchée de la terre, n'était pas la $\frac{1}{5000}^{e}$ partie de celle de la terre.

On ne peut déterminer le nombre des comètes; il est sans doute très-considérable, et se monte à plusieurs mille. Les astronomes ont calculé les élémens des orbites de plusieurs. Ils ont trouvé que celle de 1682 emploie 75 à 76 ans à faire sa révolution; celle de 1532 emploie 129 ans; celle de 1264 vue ensuite en 1556, et qui reparaitra

en 1848, emploie 292 ans; celle de 1680, la plus grande de celles qui ont été observées, emploie 574 ans, et reparaitra en 2254, si toutefois les observations des anciens
sont exactes.

Les autres corps célestes que nous apercevons dans le ciel, et qui conservent entre-eux
le même ordre, sont les ÉTOILES, que les astronomes anciens et modernes ont classées,
pour la commodité de leurs observations, en réunions ou groupes, que l'on nomme
CONSTELLATIONS. Celles du Zodiaque, auxquelles le soleil nous parait correspondre pendant chaque mois, se partagent en quatre classes répondant aux saisons (voy. pl. VI.)

SIGNES DU PRINTEMS.

LE BÉLIER	.	Aries	♈
LE TAUREAU	.	Taurus	♉
LES GÉMEAUX	.	Gemini	♊

SIGNES DE L'ÉTÉ.

L'ÉCRÉVISSE	.	Cancer	♋
LE LION	.	Leo	♌
LA VIERGE	.	Virgo	♍

SIGNES DE L'AUTOMNE.

LA BALANCE	.	Libra	♎
LE SCORPION	.	Scorpius	♏
LE SAGITTAIRE	.	Sagittarius	♐

SIGNES DE L'HIVER.

LE CAPRICORNE	.	Caper	♑
LE VERSEAU	.	Aquarius	♒
LES POISSONS	.	Pisces	♓

Les noms de ces signes ont été exprimés en deux vers latins:

Sunt Aries, Taurus, Gemini, Cancer, Leo, Virgo,
Libraque, Scorpius, Arcitenens, Caper, Amphora, Pisces.

Le nombre des étoiles fixes nous est inconnu; on en distingue seulement 2000 à la
vue simple; mais leur quantité augmente pour nous en raison de la force des télescopes,
dont se servent les astronomes, et les meilleurs en font apercevoir plusieurs milliards,
sans qu'on sache jusqu'à quel point ce nombre s'accroitrait, si l'homme pouvait inventer
des instrumens plus parfaits.

Outre le mouvement diurne ou de rotation, la terre en a en même tems un autre,
que l'on nomme ANNUEL, par ce qu'elle l'achève autour du soleil en un an, ou plus
exactement en 365 jours, 6 heures, 9′ 10″ 30‴. En parcourant l'Écliptique dans ce
mouvement, elle s'avance chaque jour environ un degré, et change journellement sa
position à l'égard du soleil. C'est cette différence de position qui produit la vicissitude
des jours longs et courts, ainsi que des saisons.

Pour bien sentir la cause de ces variations dans les saisons et dans la longueur des jours et des nuits, il faut admettre, comme vérités fondamentales, les propositions suivantes :

1.° La terre tourne en vingt-quatre heures sur son axe;

2.° Cet axe est incliné par rapport à l'Éclyptique, de manière à former avec ce cercle un angle de 66° ½;

3.° Cet angle est toujours le même, à très-peu de chose près;

4.° Les deux extrémités de cet axe sont toujours dirigées vers les mêmes points du ciel;

5.° La terre, après avoir, dans le cours d'une année, parcouru son orbite, que l'on nomme ÉCLYPTIQUE, se retrouve au commencement d'une année nouvelle dans la même position, par rapport au soleil, qu'au commencement de l'année qui précède.

AU PRINTEMS G. (pl. VI.) la terre est, par rapport au soleil, dans une position telle que les deux pôles sont également éloignés de cet astre; il en éclaire ainsi toute une moitié d'un pôle à l'autre. Comme la terre tourne, chaque peuple croit voir le soleil se lever, le voir à midi, puis le voir se coucher, pendant vingt-quatre heures. Or, comme le soleil en éclaire tout-à-la-fois une moitié, à partir des pôles, il s'ensuit qu'il y a douze heures de jour et douze heures de nuit pour tous les peuples de la terre. Ce moment se nomme ÉQUINOXE DU PRINTEMS; il y a égalité entre les jours et les nuits. Les rayons solaires tombent à égale distance des pôles et tracent sur la terre l'équateur. De la terre on aperçoit le soleil sous le signe du Bélier.

EN ÉTÉ K. lorsque la terre a parcouru le quart de son orbite, l'extrêmité de son axe, appellée pôle arctique, dont l'inclinaison et la direction ne changent jamais, est avancée vers le soleil de 23° ½, puisqu'il est incliné sur l'Éclyptique de 66° ½. Alors les rayons du soleil 1.° ne tombent plus à égale distance des deux pôles, mais dans la partie septentrionale, à 23° ½ de l'équateur, et décrivent le cercle appellé TROPIQUE DU CANCER, nom qu'il emprunte du signe sous lequel nous apercevons le soleil; 2.° les rayons du soleil éclairent, il est vrai, toute la moitié de la surface de la terre pendant le jour, mais le pôle arctique est avancé de 23° ½ dans cette moitié, et le pôle antarctique en est éloigné d'autant de degrés.

Or, puisque non seulement le pôle arctique, mais même les parties du globe jusqu'à 23° ½, sont dans la partie éclairée, il s'ensuit que, sous le cercle polaire, qui est à cette distance, on aperçoit le soleil pendant vingt-quatre heures, quoique la terre ne cesse pas de faire sa révolution. Les parties situées en-deçà du cercle polaire, ont une nuit d'autant plus courte, qu'ils sont plus près du cercle polaire, où l'on n'en a point. En se rapprochant de l'équateur, cette différence devient moins sensible. A Paris, par exemple, au moment du solstice d'été, on a la présence du soleil dès quatre heures du matin, et on ne le perd de vue qu'à huit heures du soir; ce qui donne seize heures de jour, sans compter ni l'aurore du matin, ni le crépuscule du soir. Dans cette position la terre aperçoit le soleil sous le signe du Cancer.

EN AUTOMNE. I. la terre en continuant sa révolution, se trouve, après trois mois, au point opposé à celui qu'elle occupait au printems; elle aperçoit le soleil sous le signe de la Balance; mais la position de la terre est la même par rapport au soleil; c'est-à-dire,

1.º que les extrémités de l'axe terrestre sont à égale distance de cet astre ; 2.º que les rayons du soleil tombent perpendiculairement sur l'équateur ; 3.º enfin que par toute la terre on a égalité de jours et de nuits ; c'est l'ÉQUINOXE D'AUTOMNE.

EN HIVER H. la terre se trouve au point opposé à celui qu'elle occupait en été ; elle voit le soleil entrer dans le signe du Capricorne. Il arrive donc à la terre le contraire de tout ce qu'elle éprouvait six mois auparavant. 1.º Le pôle arctique est avancé de 23º ½ dans la partie non éclairée ; 2.º sous le cercle polaire on a une nuit de vingt-quatre heures ; 3.º les nuits sont d'autant plus longues, que l'on se trouve placé plus près du cercle polaire. A Paris, par exemple, la nuit est de seize heures, et le jour seulement de huit heures ; la partie méridionale du globe éprouve un effet contraire.

Pendant les trois mois que dure l'hiver, la terre revient aux points où elle était lorsqu'avait commencé le printems.

La position de la terre la plus éloignée du soleil se nomme APHÉLIE (4.º position) ; la position la plus proche, PÉRIHÉLIE ; celle qui tient le milieu entre les deux, DISTANCE MOYENNE. Ainsi, c'est à l'inclinaison de l'axe de la terre sur le plan de l'Éclyptique qu'il faut attribuer la vicissitude des saisons. En effet, si cet axe était perpendiculaire au soleil, le milieu du globe terrestre aurait un été perpétuel et éprouverait une chaleur brulante, tandis que les autres parties seraient attristées par un hiver également perpétuel, et ressentiraient plus ou moins les rigueurs du froid.

Si, tandis que la terre continue de s'avancer dans son orbite et change chaque jour de position à l'égard du soleil, je porte de tems en tems mes regards du lieu où je suis, vers cet astre, je le verrai arriver successivement à des points différens de la voute céleste. Le 20 Décembre, par exemple, je le verrai vis-à-vis de la terre dans le signe du CAPRICORNE, ou vers celui du Verseau ; le 19 Janvier dans le signe du VERSEAU, ou vers celui des Poissons ; le 17 Février dans le signe des POISSONS, ou vers celui du Bélier ; le 19 Mars dans le signe du BÉLIER, vers celui du Taureau. Mais, si les mêmes jours, j'étais placé sur la surface du soleil, et que mes regards pussent s'étendre jusqu'à la terre, je pourrais observer comment, dès le 20 Décembre, époque où je la verrais dans le signe de l'ÉCRÉVISSE, elle entre le 19 Janvier dans le signe du LION ; le 17 Février dans le signe de la VIERGE, et ainsi des autres.

Pour peu que l'on jette les yeux avec attention sur la figure de la planche VI, on verra 1.º que l'orbite de la terre n'est point un cercle, mais un ovale ou une ellipse, dont le diamètre le plus long est H, 2.º position jusqu'à K, 4.º position ; on voit que le soleil est beaucoup plus proche de la 2.º, où est la terre pendant l'hiver, que de la 4.º où elle est pendant l'été, c'est-à-dire, que la distance A H est moindre que la distance A K ; on estime cette différence à environ un million de lieues ; 2.º on concevra que la demi-année qui comprend l'été, est un peu plus longue que l'autre qui renferme l'hiver ; je veux dire, que la partie de l'orbite de la terre 1.ᵉ, 4.º et 5.º position, est plus grande que l'autre partie 1.ᵉ, 2.º, 3.º position, et que par conséquent il faut plus de tems pour achever la demi-année de l'été que pour celle de l'hiver, d'environ huit jours. C'est pourquoi le soleil semble se mouvoir un peu plus lentement l'été que l'hiver, par ce que l'orbite de la terre est une ellipse. 3.º On s'apercevra que ce ne sont pas les rayons du soleil qui tombent sur nous, mais ceux que la surface de la terre réfléchit, qui nous échauffent. Ceux qui tombent sur nous le plus directement ou qui approchent le plus de la perpendiculaire, sont en plus grande quantité et agissent sur nous avec plus de force. On sait, par exemple, que la hauteur du pôle de Paris est à peu près de 48° 50′; de plus, on a observé la hauteur méridienne du soleil pour les deux équinoxes environ 42°, pour le solstice d'été environ 65°, et pour celui d'hiver environ 19°. C'est pourquoi si l'on conçoit que dans la fig. 2. pl. VII. C C soit l'horizon, et C M C le méridien de Paris, et que ces angles N B C, O B C, P B C, soient successivement de 19, 42, 65 degrés, on trouvera dans les tables de logarithmes les sinus des différentes hauteurs N R de 30002, O S de 66913, P T de 900631; donc la force des rayons du soleil, dans chacun de ces cas, est proportionnelle aux sinus des angles N B C pour l'hiver, O B C pour le printems et l'automne, P B C pour l'été, et les sinus sont à peu près comme 13, 28, 39. *)

Ainsi la quantité des rayons qui tombent sur la même étendue de surface, est plus grande ou plus petite, selon que leur obliquité est plus petite ou plus grande, et par conséquent la chaleur du soleil dans l'hiver doit être la plus faible, par ce qu'alors les rayons du soleil tombent obliquement sur nous. D'ailleurs les rayons du soleil passant à travers une plus grande partie de l'atmosphère dans l'hiver que dans l'été, paraissent, lorsqu'ils arrivent à nous en B, devoir être plus faibles et moins chauds dans le premier que dans le dernier cas.

Nous avons dit que l'été est de huit jours plus long que l'hiver. Pour expliquer ce phénomène, il suffit de considérer que le mouvement apparent du soleil dans l'Écliptique, ou plutôt le mouvement de la terre dans son orbite, n'est point uniforme, comme le croyaient les anciens; mais que tantôt il s'accélère, et tantôt il diminue, par ce qu'il y a une partie de l'orbite où la vitesse de la terre augmente chaque jour, en parcourant un plus grand espace que dans la partie opposée. Il est donc évident que la terre, par son mouvement réel, ne doit pas parcourir des arcs de même grandeur dans des tems précisément égaux; aussi voit-on qu'elle fait moins de chemin chaque jour pendant l'été que pendant l'hiver. On aperçoit même qu'il s'en faut deux degrés qu'elle ne soit dans le lieu où elle devait être si son mouvement était égal. De là vient que le soleil paraît employer huit jours de plus à parcourir les six signes septentrionaux que les six méridionaux; par ce que depuis l'équinoxe du printems jusqu'à celui d'automne, il s'écoule près de 186 jours et demi, quoique pendant ce tems le soleil ne paraisse parcourir que 180 degrés de l'Écliptique, tandis qu'il n'emploie que 178 jours et demi à parcourir l'autre moitié de l'Écliptique, qui répond aux signes méridionaux.

---

*) Le sinus d'un arc ou d'un angle est une perpendiculaire abaissée de l'extrémité d'un arc sur le rayon ou sur le diamètre qui passe par l'autre extrémité de cet arc. Le sinus d'un arc ou d'un angle de 90° est nommé SINUS TOTAL. M B, par exemple, est le sinus total de l'arc C M; ou de l'angle C B M. Ce sinus est égal au rayon, ou pour mieux dire, c'est le rayon lui-même. Il est appellée SINUS TOTAL, par ce qu'il est le plus grand de tous les sinus. On nomme SINUS-VERSE la partie du rayon interceptée entre le sinus droit et l'extrémité de l'arc. C T est le sinus-verse de l'arc C P, dont P T est le sinus droit.

La cause de la chaleur est une suite de la présence du soleil sur l'horizon, et de la direction de ses rayons. Voici les raisons que l'on donne pour expliquer pourquoi la chaleur est plus grande, lorsque le soleil est à notre égard dans sa plus grande distance : La 1.re est que les rayons du soleil tombent sur la terre beaucoup plus directement en été, et produisent par conséquent un effet tout autre que lorsqu'ils sont fort obliques à notre égard, ainsi qu'il arrive pendant l'hiver. La 2.e est que, toutes choses égales, il tombe beaucoup plus de rayons sur une surface, lorsqu'ils sont à peu près perpendiculaires que lorsqu'ils sont obliques. La 3.e est, qu'en hiver les rayons du soleil traversant obliquement l'air grossier de notre atmosphère, parcourent alors un plus grand espace de cet air grossier, qu'ils ne font pendant l'été, lorsqu'ils tombent assez directement ; de sorte que la force de ces mêmes rayons est, pour ainsi dire, diminuée de moitié, à cause des différentes réfractions qu'ils sont obligés de subir. La 4.e est la longueur des jours. Or, en été la terre est échauffée par les rayons du soleil pendant seize heures à Paris, par exemple, et ne cesse de l'être que pendant huit heures, et c'est le contraire pendant l'hiver. Donc il doit y avoir de la différence dans la chaleur pendant les deux saisons. Pour cela il faut observer que l'action du soleil sur les corps n'est pas passagère, mais permanente et d'assez longue durée ; d'où il suit qu'un corps, une fois échauffé par le soleil, demeure encore échauffé fort longtems, quoiqu'il n'y soit plus exposé. La raison en est évidente ; c'est que les rayons de chaleur qui viennent du soleil, s'introduisent peu à peu dans les corps qui leur sont opposés, et y restent même assez pour y exciter une grande chaleur, et les corps ne se refroidissent qu'à mesure que la chaleur s'évapore ou se communique à l'air qui les environne. Mais si un corps dans des tems inégaux, perd moins de chaleur qu'il n'en acquiert, il parait qu'il doit recevoir continuellement de nouveaux accroissemens de chaleur ; c'est ce qui arrive à la terre, lorsque le soleil parait arriver au premier degré du Cancer, par ce que les degrés de chaleur qui se repandent chaque jour, tant dans notre air que sur la terre, augmentent presque continuellement, de sorte que la terre s'échauffe de plus en plus et même au-delà du solstice d'été. Cela parait devoir être ainsi. Nous avons dit qu'à Paris le plus grand jour est de seize heures. Supposons que ce jour-là la terre et l'air reçoivent 100 degrés de chaleur, et que pendant la nuit, qui n'est que de huit heures, il s'en évapore 50, il restera encore 50 degrés de chaleur. Le jour suivant, le soleil agissant presque avec la même force, en communiquera à peu près 100 autres, dont il se perdra environ 50 pendant la nuit. Ainsi au troisième jour, la terre aura acquis déjà 100 degrés de chaleur ; d'où il suit qu'elle acquiert pour lors beaucoup plus de chaleur pendant le jour, qu'elle n'en perd pendant la nuit. Il doit donc y avoir une augmentation successive de chaleur considérable. De là vient que la chaleur est, pour l'ordinaire, plus grande dans les mois de Juillet et d'Août qu'au tems du solstice d'été ; mais après l'équinoxe, les jours venant à diminuer et les nuits devenant beaucoup plus longues, il doit se faire une compensation, de manière qu'en hiver il doit s'évaporer une plus grande quantité de chaleur de dessus la surface de la terre, pendant la nuit, qu'elle n'en doit recevoir pendant le jour. Ainsi le froid doit se faire sentir à son tour.

Lorsque le soleil n'est encore qu'à 18° sous l'horizon, ce qui augmente plus ou moins la durée du jour, selon que l'on est plus ou moins près des pôles, la lumière que l'on aperçoit le matin avant le soleil, se nomme AURORE; celle qui suit immédiatement son coucher, est le CRÉPUSCULE. Cette augmentation n'est presque pas sensible sous l'équateur, où la sphère étant droite, le soleil descend perpendiculairement au-dessous de l'horizon, et les parallèles qu'il décrit, sont semblables entre eux; de sorte que dans la sphère oblique, telle qu'elle est pour nous, ils sont plus ou moins longs, selon que la latitude du lieu est plus ou moins grande; par ce que les parallèles que le soleil décrit, sont plus ou moins obliques; de sorte que les habitans de la terre, qui sont éloignés de l'équateur de plus de 48°, ont au solstice d'été des crépuscules qui durent toute la nuit et qui leur procurent une lumière suffisante, pour que les nuits ne soient pas entièrement obscures. Mais dans la sphère parallèle, où l'équateur est confondu avec l'horizon, les crépuscules durent plusieurs mois; en sorte que les habitans jouissent pendant presque toute l'année d'une lumière, qui vient immédiatement du soleil ou qui est réfléchie. Cela vient de ce que les parallèles que décrit le soleil, sont parallèles à l'horizon. A Paris le crépuscule du soir se continue avec l'aurore du matin, huit jours avant le solstice d'été et huit jours après; de sorte que pendant quinze jours il n'y a point de nuit close, par ce que pendant tout ce tems-là, le soleil ne descend jamais 18° perpendiculairement sous l'horizon.

On peut dire que pendant l'été il n'y a point de nuit pour les sommets des Alpes; du fond de la plaine, on les voit teints de pourpre, longtems après le coucher du soleil; quand les vallées sont déjà ensévelies dans les ténèbres; et longtems avant l'aurore, ils en annoncent le retour par une belle couleur rose admirablement nuancée sur les glaces d'argent et d'azur qui couronnent leurs cimes.

Dans la sphère parallèle le crépuscule dure 52 jours, par ce que le soleil, soit en montant, soit en descendant, est toujours pendant ces 52 jours au-dessus de 18°; au lieu que sous l'équateur le crépuscule ne dure qu'une heure et vingt minutes de plus sous les tropiques.

C'est la RÉFRACTION ou la courbure des rayons solaires dans notre atmosphère, qui nous fait jouir par anticipation de la lumière de l'astre qui les produit, ou nous les montre encore longtems après qu'il a disparu de notre horizon. Sans cette RÉFRACTION il n'y aurait ni AURORE, ni CRÉPUSCULE; l'éclat du soleil éblouirait brusquement nos yeux, et les ténèbres succéderaient subitement au jour. La durée du crépuscule démontre que les molécules extrêmes de l'atmosphère terrestre, à laquelle on donne communément 18 lieues de hauteur, s'élèvent au moins à 30700 toises au-dessus de la surface du globe. Cependant les petits nuages floconneux, les plus élevés de tous ceux que l'on voit dans les tems sereins, ne sont qu'à 4000 toises au-dessus du niveau de l'Océan. L'homme, par le moyen des aérostats, est parvenu jusqu'à 3600 toises de hauteur; mais à 3300 toises d'élévation on cesse déjà de rencontrer des êtres organisés attachés à la terre; à 2500 toises on ne voit encore que les grandes espèces d'aigles, et surtout le Condor; quelques mouches et quelques papillons ou sphinx se trouvent aussi quelquefois élevés dans ces hautes régions par des courants ascendans. Toute végétation cesse, même dans la zone torride, sur les sommets des montagnes qui s'élèvent à plus de 3000 toises.

La fig. 1. de la pl. VII. indique la réfraction des rayons solaires dans l'atmosphère, c'est-à-dire, la direction qu'ils suivent en passant d'un milieu plus rare dans un plus dense. Dans ce passage les rayons n'arrivent pas à nos yeux par une ligne droite, mais par une ligne courbe. Ce phénomène est prouvé par des observations à la portée de tout le monde. On sait qu'un bâton droit nous parait rompu quand il est plongé dans l'eau. Une pièce d'argent, au fond d'un vase, devient visible quand on a versé de l'eau dans ce vase. Cela arrive par ce que le rayon direct qui se terminait premièrement au front, est rompu de telle manière en passant de l'eau dans l'air, qu'alors il tombe sur l'œil, et lui rend visible la pièce d'argent. Il en est de même des rayons du soleil et des autres astres, qui, en tombant sur notre atmosphère, se rompent, par exemple de E en F, et nous font apercevoir le soleil ou l'astre dans un endroit où il n'est pas; ce qui a l'air d'un paradoxe. Mais ce paradoxe apparent se convertit en une vérité reconnue de tous les astronomes, si l'on fait attention que l'air n'est pas partout également grossier, qu'il l'est même par degrés, à mesure qu'il s'approche de la terre, en sorte que depuis la surface de notre terre jusqu'à l'extrémité de l'atmosphère, les couches doivent être d'un air de plus en plus subtil, de manière qu'un rayon de lumière passant d'un air subtil dans un air moins subtil, et de cet air moins subtil dans un autre encore moins subtil, et ainsi de suite jusqu'à ce qu'il soit parvenu à la surface de la terre, doit nécessairement souffrir de très-petites réfractions insensibles, et décrire à la fin une ligne courbe S E F, et nous faire voir l'astre S en s, c'est-à-dire, plus haut qu'il n'est réellement, à moins toute fois que cet astre ne soit au Zénith Z; car alors il n'y a pas plus de raison pour que le rayon tombant perpendiculairement sur l'atmosphère, se détourne d'un côté plutôt que d'un autre.

Les fig. 2, 3, 4 de la pl. VII. indiquent la durée des crépuscules dans les différentes positions de la sphère, durée qui varie comme celle des jours naturels dans ces mêmes positions.*)

Quoiqu'il n'entre pas dans notre plan de traiter de tous les phénomènes lumineux de l'atmosphère, nous croyons néanmoins à propos de parler de l'AURORE BORÉALE, de ce brillant météore, qui, près de l'horizon, ressemble tant au crépuscule, quoique la cause en soit absolument différente. Ce phénomène ainsi nommé, par ce qu'il a coutume de paraitre du côté du Nord ou de la partie boréale du ciel, n'était pas inconnu des anciens. Mais ce n'est que dans le siècle dernier que l'on a commencé à l'étudier d'après les règles d'une saine physique, et personne ne s'est attaché que MAIRAN à en

---

*) Le jour est ou NATUREL ou ARTIFICIEL. Le naturel est ou ASTRONOMIQUE ou CIVIL. L'astronomique est l'espace qui s'écoule depuis le passage apparent du soleil par le méridien jusqu'à son retour au même cercle. Le jour civil est la durée de 24 heures, qui est à peu près le tems que le soleil nous parait employer à faire une révolution entière autour de la terre. Toutes les nations n'ont pas placé le commencement du jour dans le même instant. Les Babyloniens commençaient à compter le leur du lever du soleil; les Juifs et les Athéniens le comptaient du coucher du soleil; ce qui est encore en usage parmi les Italiens. Tous les autres états chrétiens commencent à minuit. Les astronomes le commencent à midi, et comptent les heures de suite jusqu'à 24. Le jour artificiel a deux parties, dont l'une retient le nom de JOUR, et l'autre s'appelle NUIT. Le jour comprend l'espace de tems, renfermé depuis le prétendu lever du soleil jusqu'à son coucher. La nuit compose l'autre partie.

déterminer les diverses circonstances, dont voici les principales. Ce phénomène se montre presque toujours du côté du Nord, en tirant un peu vers l'Ouest. Il commence ordinairement trois ou quatre heures après le coucher du soleil. Il s'annonce par une espèce de brouillard, qui présente à peu près la figure d'un segment de cercle dont l'horizon forme la corde. La partie visible de sa circonférence paraît bientôt bordée d'une lumière blanchâtre, d'où résulte un arc lumineux ou plusieurs arcs concentriques, dont la distinction est marquée par des bordures composées de la matière obscure du segment. Des jets et des rayons de lumière diversement coloriés, s'élancent ensuite de l'arc ou plutôt du segment nébuleux, où il se fait presque toujours quelque brèche éclairée, qui semble leur donner une issue. Quand le phénomène augmente et qu'il doit occuper une grande étendue, son progrès se manifeste par un mouvement général et une espèce de trouble dans toute la masse. Des brèches nombreuses se forment et disparaissent à l'instant dans l'arc et dans le segment obscur ; des vibrations de lumière et des éclairs viennent frapper, comme par secousses, toutes les parties de la matière du phénomène, qui occupent l'hémisphère visible du ciel. Enfin, lorsque cette matière parvient à sa plus grande extension, il se forme au Zénith une couronne enflammée, qui est comme le point central dans lequel tous les mouvemens d'alentour paraissent concourir. C'est là le moment où le phénomène se développe dans sa plus grande magnificence, tant par la variété des figures lumineuses, qui se jouent de mille manières au haut de l'atmosphère, que par la beauté des couleurs dont plusieurs d'elles sont ornées. Le phénomène diminue ensuite par degré, de manière cependant que les jets lumineux et les vibrations se renouvellent de tems en tems ; mais enfin le mouvement cesse ; la lumière qui occupait les parties méridionales et celles de l'Orient et de l'Occident, se resserre et se concentre dans la partie boréale ; le segment obscur s'éclaircit et finit par s'éteindre, tantôt subitement et tantôt avec lenteur, à moins qu'il ne se prolonge jusqu'à se fondre, en quelque sorte, dans le crépuscule du matin, comme cela a lieu dans la plupart des grandes aurores boréales. On appelle AURORE AUSTRALE un phénomène lumineux, qui produit vers le pôle austral les mêmes effets que produit l'aurore boréale. Ce phénomène a été d'abord attribué aux vapeurs et aux exhalaisons de la terre, qui, après s'être mêlées, entraient en fermentation et finissaient par s'enflammer. D'autres ont imaginé que les glaces et les neiges de la zône polaire réfléchissaient les rayons solaires vers la surface concave des couches supérieures de l'atmosphère, d'où les rayons étaient ensuite renvoyés vers nous, et produisaient toutes les apparences que présente l'aurore boréale. Quelques-uns ont considéré le fluide magnétique comme l'agent de ce phénomène, et la correspondance que l'on avait remarquée, dans certains cas, entre les apparitions de l'aurore boréale et les agitations de l'aiguille aimantée, semblait être favorable à cette opinion. Mairan, qui avait étudié avec tant de soin les circonstances de l'aurore boréale, pense que ce phénomène a pour cause une portion de l'atmosphère solaire, qui descend, en certaines circonstances, dans les régions supérieures de notre atmosphère terrestre, et qui, en conséquence du mouvement diurne de la terre, ou de sa rotation sur son axe, doit être repoussée de l'équateur vers les pôles. Parmi les diverses causes dont on faisait dépendre le phénomène dont il s'agit, l'électricité pouvait être oubliée, et le développement d'une théorie fondée sur cette cause, appartenait, comme de droit, à Francklin. Suivant ce célèbre physicien, le fluide électrique transporté de l'équateur vers les régions polaires, par les nuages qui en étaient chargés, descendait avec la neige et la glace qui couvre ces régions, et après s'y être accumulé, remontait à travers l'atmosphère. Arrivé ensuite dans le vide qui était au-dessus, il se dirigeait du côté de l'équateur, en divergeant comme les méridiens. Là il formait ces jets de lumière et toutes ces variétés de figures qu'on observe dans le spectacle d'une aurore boréale. Parmi ces différentes hypothèses pour expliquer l'aurore boréale, on pourrait être tenté de donner la préférence à la dernière, à l'électricité; mais jusqu'ici, dit le célèbre Haüy, cette préférence n'est fondée sur aucune observation décisive, et l'incertitude qui reste encore sur tout ce qui concerne le phénomène dont il s'agit, sera une nouvelle preuve que ce qu'il y a de plus anciennement connu, n'est pas toujours ce qui l'est le mieux.

L'apparition de l'aurore boréale pour nos contrées ne présente pas le même aspect que pour les régions polaires. Tout se borne pour nous à apercevoir du côté du Nord une masse de lumière rayonante de couleur blanchâtre et purpurine. Ces jets et ces rayons de lumière diversement coloriés, qui s'élancent dans l'air, ces éclairs qui sillonnent toutes les parties de la matière du phénomène, n'existent pas pour nous. Nous pouvons encore moins entendre le pétillement, le fracas et les roulemens qui le rendent si imposant dans les régions polaires. Ce n'est que là qu'il s'offre dans toute sa pompe et sa magnificence. Le ciel y semble parsemé de rubis et de saphirs. L'étonnement et l'admiration s'emparent du spectateur en même tems qu'il se sent saisi de crainte et d'horreur, au bruit des détonnations qui produisent l'effet d'une décharge de plusieurs bouches à feu. Les hommes, les animaux mêmes sont frappés de terreur. Le fidèle compagnon du chasseur se couche à terre, et refusant à son maitre ses services habituels, l'oblige à interrompre ses excursions sur les côtes de l'Océan septentrional, et à suspendre ses occupations. L'aurore boréale est néanmoins un biensfait, qui dédommage les habitans des régions polaires de la longue absence de l'astre du jour. L'éclat de ce météore est si grand, qu'on peut lire et écrire au milieu de la nuit. Toute l'atmosphère est tellement saturée de lumière, qu'après la disparition du phénomène on voit encore clair autour de soi. Plus un pays est froid, plus les aurores boréales y sont fréquentes; de là vient qu'on n'en voit pas à beaucoup près ni aussi grand en nombre, ni d'aussi magnifiques au nord de l'Europe qu'au nord de l'Asie et de l'Amérique. Plus on s'éloigne du pôle, plus elles deviennent rares et perdent de leur magnificence. Nous n'en apercevons qu'une partie, lorsque dans les pays où elles prennent naissance, leur hauteur se monte à 150 milles d'Allemagne. Il faudrait que la lumière s'élevât à 200 milles au-dessus de la surface de la terre, pour qu'il fut possible d'en apercevoir les rayons en Italie. Les pays méridionaux, tels que l'Italie supérieure et moyenne, ne connaissent l'aurore boréale que par les descriptions que les voyageurs ont essayé d'en donner, et par les dessins qu'ils en ont tracés. Mais la plume et le pinceau ne pourront jamais donner qu'une idée, une représentation très-imparfaite du plus magnifique et du plus imposant de tous les météores.

Des vicissitudes des saisons nous sommes conduits naturellement à parler des variations périodiques qu'on observe dans la lumière de la LUNE. Cet astre bienfaisant et pacifique, dont la douce lumière, la marche silencieuse, nous rendent tant de services, mérite une attention particulière. Il est non seulement le compagnon fidèle de notre terre, mais aussi le plus rapproché de nous. Il exerce d'ailleurs sur le globe terrestre et sur son atmosphère des effets bien remarquables, et il a donné lieu à plusieurs utiles découvertes, à une suite d'observations et d'expériences qui ont constaté l'influence des lunaisons sur les variations du tems. La lune partage le mouvement de notre terre autour du soleil, en tournant sur elle-même pendant le cours de sa révolution d'Occident en Orient autour de sa planète principale, et elle mesure par ce dernier mouvement le mois lunaire en 27 jours, 7 heures, 43 minutes, 12 secondes; ce qui forme sa révolution réelle, ou son retour aux étoiles; révolution qui diffère de celle qui ramène les phases, en ramenant la lune vers le soleil, comme elle est indiquée à la page 16.

La lumière dont brille la lune, est celle du soleil qu'elle réfléchit, et nous n'apercevons ce satellite qu'autant que nous pouvons en voir la partie éclairée. C'est ce qui donne lieu aux différens aspects que l'on nomme PHASES ou APPARENCES, apparences que nous voyons liées de la manière la plus frappante aux positions successives de la lune par rapport au soleil.

Si l'on observe la lune lorsqu'elle passe au méridien au milieu de la nuit, sa forme est arrondie et brillante; alors elle se lève quand le soleil se couche, et réciproquement. Si on continue de l'observer pendant plusieurs jours, on la voit peu à peu perdre de sa lumière. La partie éclairée de son disque diminue de largeur; en même tems elle se lève plus tard, et lorsque son disque est réduit à un demi-cercle, elle ne parait plus que pendant la dernière moitié de la nuit. Quelques jours après, ce n'est plus qu'un croissant, dont les pointes sont tournées vers l'Occident, c'est-à-dire, vers le côté opposé au soleil. Alors elle ne se lève que peu de tems avant cet astre; le croissant diminuant de jour en jour, la lune devient tout-à-fait obscure; elle se lève avec le soleil, et on cesse de l'apercevoir. Après avoir été invisible pendant 3 ou 4 jours, elle reparait le soir, à l'Occident, peu de tems après le coucher du soleil; ce n'est d'abord qu'un filet de lumière, qui, s'agrandissant peu à peu, prend en quelques jours la forme d'un croissant, dont les pointes sont tournées à l'Orient, c'est-à-dire, du côté opposé au soleil. Les jours suivans, la lune s'éloigne de plus en plus de cet astre, son disque s'agrandit, et reprend enfin cette forme arrondie et brillante, que nous lui avons vue d'abord. Ces quatre aspects différens sont la NOUVELLE LUNE, le PREMIER QUARTIER, la PLEINE LUNE et le DERNIER QUARTIER. (Pl. VI.)

La NOUVELLE LUNE a lieu au point de sa CONJONCTION avec la terre. La lune est alors entre la terre et le soleil, au point L; la partie éclairée de ce satellite est du côté de l'astre lumineux, et nous ne pouvons l'apercevoir à la simple vue.

Le PREMIER QUARTIER M, a lieu lorsque la lune a fait, après sept jours, le quart de sa révolution; alors nous voyons la moitié de la moitié éclairée; c'est-à-dire, le quart de toute la surface.

La PLEINE LUNE N, arrive lorsque la lune est en OPPOSITION avec la terre, ou lorsqu'après sept autres jours elle est à 180° du point de la nouvelle lune; nous voyons dans toute sa plénitude son disque lumineux.

Enfin le DERNIER QUARTIER arrive après sept autres jours encore; elle se trouve alors dans une position semblable à celle du premier quartier. L'OPPOSITION et la CONJONCTION de la lune avec le soleil sont ce qu'on nomme les SIZYGIES, les points intermédiaires se nomment QUADRATURES. Depuis la conjonction jusqu'à l'opposition la lune croit, et l'on dit qu'elle est dans son COURS; depuis l'opposition jusqu'à la conjonction la lune décroit, et l'on dit qu'elle est dans son DÉCOURS. Elle fait environ 13° du Zodiaque par jour. Il faut observer que la lune décrit une ellipse, en sorte que dans la nouvelle lune et dans la pleine, elle se trouve dans les points les plus voisins de la terre. Lorsqu'elle est dans le milieu du plat de l'ovale et dans les deux quartiers, elle se trouve dans les deux points les plus éloignés de la terre; c'est ce qu'on appelle son APOGÉE et son PÉRIGÉE.

La lune dans son apogée, est à 64 $\frac{2}{3}$ demi-diamètres terrestres de la terre; et dans son périgée à 55 $\frac{3}{4}$ demi-diamètres terrestres.

La lumière que la lune réfléchit sur la terre, n'a point de chaleur sensible; cependant cet astre, par l'effet de son attraction, fait sentir son influence sur le globe, autour duquel elle tourne; elle soulève les eaux de l'Océan, qui retombent par leur propre poids, lorsqu'elle s'éloigne, et présente le phénomène régulier des MARÉES, ou du FLUX et du REFLUX. La lune produit aussi dans l'atmosphère terrestre des modifications fortes, mais en apparences irrégulières, par ce qu'on n'a pas encore pu les soumettre au calcul.

La direction différente des pointes du croissant pouvant faire reconnaitre à la simple inspection de la lune, si elle est dans son cours ou son décours; le vers latin suivant rappellera que cet astre décroit, lorsque les cornes sont tournées vers la droite du spectateur, et qu'il croit lorsqu'elles sont tournées vers sa gauche:

Decrescit dextra, sed crescit luna sinistra.

Si l'ellipse que décrit la lune, correspondait dans tous les points avec l'ellipse que décrit la terre, son centre répondrait toujours avec le centre de la terre et avec le centre du soleil. Ainsi à chaque nouvelle lune, elle nous cacherait le soleil pendant quelques instans, et il y aurait alors ÉCLIPSE DE SOLEIL; à chaque pleine lune, la terre se trouvant entre la lune et le soleil, il y aurait ÉCLIPSE DE LUNE.

Mais les plans des deux orbites, LUNAIRE ET TERRESTRE, sont inclinés l'un à l'autre, e font un angle d'environ 5 $\frac{1}{2}$ degrés; et comme la LIGNE de section de ces deux plans varie en rétrogradant continuellement au point de former un cycle de 19 ans, ce ne peut être qu'à certaines époques de ce cycle que les éclipses de soleil ont lieu.

Lorsque le soleil n'est qu'en partie caché, c'est une éclipse PARTIELLE; une pareille éclipse est visible pour l'Europe (voy. la planche VI.); lorsqu'il est caché entièrement, c'est une éclipse TOTALE; lorsqu'enfin on aperçoit autour de la lune un cercle lumineux, c'est une éclipse ANNULAIRE; les dernières sont très-rares, ainsi que les éclipses totales.

Les éclipses de lune n'ont lieu que dans la pleine lune; elles sont causées par l'interposition du corps de la terre, qui prive, pendant quelque tems, la lune de recevoir la lumière du soleil. Elles n'arrivent pas toutes les fois qu'il y a pleine lune, par la raison exposée précédemment, l'inclinaison de l'orbite lunaire. En R, la lune entre dans le cône d'ombre de la terre; en S, elle est tout-à-fait éclipsée; en T, elle sort du cône d'ombre.

La lune en décrivant son cercle diurne autour de la terre, chaque observateur placé sur la surface terrestre, la voit plus près lorsqu'elle est au Zénith, que lorsqu'elle est à l'horizon. Cette différence produit un effet sensible sur son diamètre apparent, qui augmente à mesure qu'elle s'élève. La valeur totale de cet accroissement depuis l'horizon jusqu'au Zénith, est d'environ $\frac{1}{60}$, par ce que dans l'intervalle la distance de la lune à l'observateur se trouve diminuée d'une quantité égale au rayon de la terre, qui est à peu près la soixantième partie. Le diamètre de la lune est à celui de la terre comme 1 est à 0,273; d'où il résulte que le volume de la lune est à peu près égal à $\frac{1}{49,149}$ de celui de la terre.

La distance de la lune à la terre en demi-diamètres est égale à 59,718.

Quant à la masse de la lune, la valeur qu'on a déduite de l'ensemble des phénomènes sur lesquels cette masse a de l'influence, est égale à fort peu près à $\frac{1}{68,74}$ de la masse de la terre.

On a encore trouvé par la théorie de l'attraction, que la lune n'est pas tout-à-fait sphérique. Elle doit être, comme le sphéroïde terrestre, un peu aplatie aux pôles de rotation et renflée à son équateur. En observant avec soin le disque de la lune lorsqu'il n'est pas entièrement éclairé par le soleil, on remarque sur sa partie obscure des points brillants, dont la lumière s'agrandit et s'étale peu à peu par les progrès des phases. Ces points ne paraissent jamais qu'à peu de distance de la partie éclairée; et lorsqu'ils sont atteints par la lumière générale, ils sont constamment accompagnés d'une ombre plus ou moins intense, qui tourne avec le soleil, comme ferait une ombre portée, c'est-à-dire, de manière à être toujours opposée à cet astre.

On a conclu de ces phénomènes que les points dont il s'agit, sont des montagnes qui s'élèvent sur la surface de la lune, et dont le soleil frappe le sommet avant d'éclairer la base. Lorsque ces montagnes se trouvent sur le bord du disque de la lune, elles y forment des dentelures sensibles, d'après le diamètre desquelles on a pu mesurer leur hauteur. Les inégalités qui hérissent la surface de cet astre, sont proportionnellement beaucoup plus sensibles que celles de notre globe. Mesurées sur une échelle commune, la hauteur des montagnes de la terre, de la lune et de Vénus, auraient suivant les observations les plus nouvelles de Monsieur Schrœter à peu près les rapports représentés par leurs profils (pl. IX. fig. 2, 3, 4,) et la plus haute montagne de la terre aurait 3357 toises d'élévation; la plus haute montagne de la lune 4000 toises, et celle de Vénus 22500 toises; l'atmosphère la plus dense de la terre aurait plus de 4000 toises, et celle de Vénus 6500. Suivant le rapport du diamètre de la lune et de celui de la terre, les montagnes du satellite sont 4 ½ fois plus hautes que celles de la planète principale. Quelle disproportion des montagnes de la lune et de Vénus avec leur diamètre !

On observe aussi sur le disque de la lune des portions assez étendues, qui ne sont jamais autant éclairées que les autres. Elles restent toujours plus ou moins obscures. Il parait assez naturel de penser que ce sont des vallées ou des cavités profondes. On les avait d'abord prises pour des mers; mais comme il n'existe autour de la lune aucune atmosphère sensible, il s'ensuit qu'il ne saurait y avoir de liquide à sa surface; car on démontre en physique, que sans le poids de l'atmosphère terrestre et des vapeurs qui s'y trouvent, tous les liquides qui sont à la surface de la terre, se réduiraient en vapeurs. Ces circonstances physiques s'opposent à ce que la lune puisse être habitée par des êtres animés, semblables à ceux qui peuplent la surface de la terre; car ils ne pourraient y respirer, ni par conséquent y vivre. Tout doit être solide à la surface de cet astre, et il y règne un froid excessif. Mais peut-être, continue un célèbre astronome, cet état n'a pas toujours existé; il est possible que la lune ait eu autrefois une atmosphère, qu'alors elle ait été habitée. Voilà ce qui la fait regarder par quelques philosophes comme un monde glacé et fini.

Enfin on a quelquefois aperçu sur le disque de la lune des points lumineux, qui ont brillé pendant un tems plus ou moins considérable, indépendamment du progrès des phases. On en a vu de semblables même pendant les éclipses de soleil, lorsque la surface que la lune nous présente, est directement opposée à cet astre. L'éclat de ces points s'accroit jusqu'à un certain terme, après quoi ils disparaissent entièrement et brillent quelquefois de nouveau, après des intervalles irréguliers. Ces circonstances ne permettent pas de douter que les points dont il s'agit, ne soient lumineux par eux-mêmes. Il est très-probable que ce sont des volcans, qui ont des intermissions, comme l'Etna et le Vésuve. L'extrême rareté de l'atmosphère lunaire, si toutefois elle existe, n'est pas un obstacle à ces combinaisons, par ce qu'on connait des substances qui développent dans leur ignition le gaz oxigène nécessaire pour que les corps puissent bruler.

L'observation, suivie des taches invariables que présente le disque de la lune, a prouvé que cet astre dirige toujours vers nous à peu près le même hémisphère; il tourne donc sur lui-même dans un tems égal à celui de sa révolution autour de la terre. Cette égalité des mouvemens de rotation et de révolution, qui parait être une loi générale du mouvement des satellites, est extrêmement remarquable.

On a trouvé par expérience que la lumière réfléchie par la pleine lune, est environ

(31)

3oo,ooo fois plus faible que la lumière directe du soleil. Aussi cette lumière réunie au foyer des plus grands miroirs, ne produit-elle pas d'effet sensible sur le thermomètre.

La nature des taches que présente le disque de la lune, a fait l'objet des recherches de plusieurs célébres astronomes, et surtout de Mr. SCHROETER, à qui il était réservé de créer, avec le secours du télescope du célébre Herschel, qui grossit jusqu'à 1000 fois les objets, la science nouvelle de la SÉLÉNOTOPOGRAPHIE, et de surpasser tous ses prédécesseurs par les services qu'il a rendus à la SÉLÉNOGRAPHIE, ou à la description de la lune et des taches ou points remarquables qu'on y distingue.

L'observation, suivie des taches de la lune, nous en ont procuré une carte. Dans celle de la planche IX, on a conservé la nomenclature de RICCIOLI, laquelle est aujourd'hui la plus usitée. Les noms donnés par les astronomes à toutes ces taches, y sont indiqués par des chiffres et des lettres qui correspondent aux noms suivans :

1. Grimaldi; 2. Galilée; 3. Aristarque; 4. Kepler; 5. Gassendi; 6. Schickard; 7. Harpale; 8. Heraclide; 9. Lansberge; 10. Reinold; 11. Copernic; 12. Hélicon; 13. Capuanus; 14. Bouliard; 15. Eratosthène; 16. Timochares; 17. Platon; 18. Aratus; 19. l'île de la baye moyenne; 20. Pilate; 21. Thycho; 22. Eudose; 23. Aristote; 24. Manilius; 25. Ménélas; 26. Hermes; 27. Posidonius; 28. Denys; b. Vulcain; d. Albategnius; 29. Pline; 3o. Cyrille; 31. Fracastor; 32. le promontoire aigu; 33. Messala; 34. le promontoire du sommeil; 35. Proclus; 36. Cléomède; 37. Sirellius; 38. Pelau; 39. Langrenus; 4o. Taruntius.

A. la mer d'humeurs; B. la mer de nuages; C. la mer de pluies; D. la mer de nectar; E. la mer de tranquillité; F. la mer de serenité; G. la mer de fécondité; H. la mer d'Eris (mare crisium). Cette tache qu'Hévelius nomme PALUS MÉOTIDE, s'étend du Sud au Nord jusqu'à 57 milles géographiques d'Allemagne, ou 76 lieues de France, de 20 au degré, et est au moins aussi large.

La surface de cette tache ou contrée serait par conséquent de 2,400 milles carrés géographiques, et embrasserait une partie considérable de la surface de la lune. Mr. Schrœter y a observé entr'autres une cavité entourée de montagnes, laquelle a du Nord au Sud 5 milles d'Allemagne dans son plus grand diamètre, et une chaine de montagnes de plus de 5 milles de longueur.

Saturne, représenté dans la pl. V, est la planète la plus éloignée du soleil après Uranus, découvert en 1781 par Herschel. La première de ces planètes qui brille à la vue simple d'une couleur rougeâtre, dont l'éclat le cède peu à celui des étoiles fixes du premier ordre, lorsqu'elle est vis-à-vis du soleil, est accompagnée outre ses 7 satellites, d'un ANNEAU qui présente dans de fortes lunettes des apparences assez remarquables pour faire l'objet d'un article séparé, et d'une planche qui en indique la forme telle qu'elle a été observée par le célébre Herschel. Pour fournir à Saturne la lumière nécessaire à la distance prodigieuse où il se trouve du soleil, le souverain architecte des mondes lui a donné non-seulement 7 lunes, mais aussi un double anneau qui se meut autour de son globe. Cet anneau n'est pas lumineux par lui-même, puisque son arc antérieur projette sur le disque de la planète une ombre très-sensible. Il disparait dans trois circonstances distinctes; savoir 1.° lorsque son plan passe entre le soleil et la terre, puisqu'alors l'anneau est seulement éclairé par la face que nous n'apercevons pas; 2.° lorsque le plan de l'anneau passe par le centre du soleil, puisqu'alors sa surface ne réfléchit aucune lumière; et 3.° enfin lorsque la terre se trouve elle-même dans le plan de l'anneau, dont l'épaisseur est trop mince pour être aperçue avec des instrumens ordinaires; aussi dans ces deux dernières circonstances, la disparition n'est pas complète lorsqu'on se sert de télescopes de très-forts grossissemens. Les phénomènes de la disparition et de la réapparition de l'anneau se renouvellent tous les quinze ans, c'est-à-dire, à toutes les demi-révolutions de Saturne. Il peut y avoir dans la même année deux apparitions et deux réapparitions, et jamais davantage.

La planète s'offre quelquefois sous une apparence entièrement sphérique; l'anneau se présente ensuite comme une ligne droite, qui va aux deux extrémités du disque. Cette ligne en s'élargissant insensiblement, forme deux anses, qui laissent entre la planète et l'anneau un intervalle qui permet de voir le firmament, ainsi qu'entre l'intervalle qui sépare les deux anneaux. Si nos regards pouvaient planer sur ce corps céleste, ils le distingueraient avec ses deux anneaux plats, comme l'indique la fig. 2. La grandeur de l'anneau est très-considérable; son diamètre étant à peu près 26 fois plus grand que celui de notre globe; la largeur du double-anneau fait 6 ¼ diamètres terrestres; l'épaisseur, que la grande distance où il est de notre terre, ne permet pas de mesurer, parait peu considérable. Ces deux anneaux sont d'une largeur inégale; l'extérieur est à peine la moitié aussi large que l'intérieur. L'inclinaison de l'anneau concentrique à la planète est de 31° 20′, et c'est en vertu de cette inclinaison qu'il ne se présente jamais qu'obliquement à la terre, et par conséquent sous la forme d'une ellipse, dont la largeur lorsqu'elle est la plus considérable, n'est que la moitié de la longueur. C'est l'observation de quelques points brillants de l'anneau, qui a fait connaitre sa rotation d'OCCIDENT en ORIENT.

TABLEAU DE L'ANNÉE

CIVILE,	NATURELLE,	MYTHOLOGIQUE,	ASTRONOMIQUE.
Noms des mois chez les Romains et les nations modernes.	*Époques de la végétation dans les pays tempérés.*	*Les 12 grands DIEUX auxquels les mois étaient consacrés, selon la théogonie des païens.*	*SIGNES du Zodiaque et des 12 maisons du soleil, (dans lesquels il n'entre que le 20 de chaque mois)*
JANVIER. JANUS ouvre au soleil les portes du ciel, après le solstice.	**LA GLACE,** qui retient les germes dans l'inaction.	*JUNON,* déesse de l'air, lequel, dans ce mois, fait le plus sentir sa rigueur.	**LE VERSEAU** ≈ dont le signe abrégé est formé par les ondes qu'il est supposé *verser* de son urne.
FÉVRIER ou le mois d'expiation pour les morts, par lequel se terminait l'année romaine.	**LES DÉGELS,** à la faveur desquels se développent les embrions des végétaux.	*NEPTUNE,* dieu des eaux et du mois où elles inondent la terre.	**LES POISSONS** ♓ dessinés *dos à dos,* conviennent au tems où leur élément occupe le plus d'espace
MARS. Les élémens qui semblent se combattre, font redouter au peuple les effets du soleil; même ceux de la lune, qui en prend le nom de LUNE ROUSSE.	Le **BOURGEONNEMENT** dont les efforts naissans sont souvent interrompus par les giboulées.	*MINERVE,* déesse des arts et des travaux. Ils recommencent dans toute la campagne.	**LE BÉLIER** ♈ représenté par ses cornes, concourt avec la naissance des *Agneaux.*
AVRIL, dans lequel le sein de la terre parait s'OUVRIR de nouveau.	**LE VERT NOUVEAU.** Les tiges des plantes croissent, comme l'homme en son adolescence.	*VÉNUS,* mère des graces, présidait au tems où la nature reprend ses parures et déploie toute sa beauté.	**LE TAUREAU** ♉ que l'on reconnait à sa tête; naissance des *Veaux.*
MAI, mois des MAJEURS, ou vieillards, qui terminait l'année des premiers Romains.	**LES FLEURS** épanouissent leurs pistils et leurs étamines, qui forment le SEXE des plantes.	*APOLLON,* dieu du jour. Les assemblées nationales faisaient sentir le prix de l'alongement du jour en ce mois.	**LES GÉMEAUX** ♊ se donnant les mains, par allusion aux cabris, qui naissent souvent *deux à deux.*
JUIN ou le mois de la JEUNESSE, dans le tems où il commençait l'année.	**LES FRUITS NAISSANS,** premiers produits de la végétation dans sa JEUNESSE.	*MERCURE,* messager des dieux, offrant dans son caducée les nœuds de l'Écliptique, au milieu desquels le soleil va se trouver.	**L'ÉCRÉVISSE OU LE** ♋ **CANCER;** l'action circulaire de ses *pinces,* figure la *marche* rétrograde du soleil.
JUILLET, ainsi nommé en l'honneur de JULES-CÉSAR, réformateur du calendrier; (précédem. Quintilis, le cinquième.)	**LA MATURAISON** et l'abondance des fruits; c'est pour la nature la force de l'âge.	*JUPITER,* le souverain des dieux, répondait au signe du Lion, le roi des animaux.	**LE LION** ♌ désigné par la première lettre de son nom grec, est l'emblême des chaleurs de la Canicule.
AOUT, du nom d'AUGUSTE, qui fixa le calendrier julien; (précédemment Sextilis.)	**LA MOISSON.** Les graines aoûtées caractérisent l'âge mûr.	*CÉRÈS,* déesse des moissons qui souvent prennent le nom même de ce mois.	**LA VIERGE** ♍ ou la moissonneuse, avec son *épi,* rappellée par les deux lettres de son nom grec
SEPTEMBRE, le SEPTIÈME en commençant à celui de Mars.	**LA CHUTE DES GRAINES** ou le RETOUR de la nature au repos.	*VULCAIN,* dieu du feu; prépare dans ses forges le fer employé en ce tems aux labours.	**LA BALANCE** ♎ par *l'égalité de ses bras,* elle exprime l'égalité des jours et des nuits pendant *l'équinoxe.*
OCTOBRE ou le HUITIÈME, du terme numérique OCTO.	**LA CHUTE DES FEUILLES** c'est pour les plantes le commencement de la VIEILLESSE.	*MARS,* dieu de la guerre, dévastant la terre, ainsi que les maladies communes en cette saison.	**LE SCORPION** ♏ Son *dard vénimeux* n'est que la métaphore des *fièvres* automnales.
NOVEMBRE ou le NEUVIÈME depuis Mars. (Renouvellement des baux champêtres; fin d. vacanc.')	**LES FRIMATS.** La suspension de la sève est l'époque de la DÉCRÉPITUDE.	*DIANE,* déesse de la chasse et du mois qui lui est le plus favorable.	**LE SAGITTAIRE** ♐ L'arc et la *flèche* de ce Centaure sont l'attribut des grandes chasses.
DÉCEMBRE, le DIXIÈME mois de l'année romaine.	**LES LONGUES NUITS.** La destruction des plantes annuelles est le symbole de la mort.	*VESTA,* déesse vierge, honorée par le feu perpétuel. Le loisir des foyers resserre les liens de la société.	**LE CAPRICORNE** ♑ indiqué par ses initiales. Le soleil commence à monter, comme cette *chèvre des rochers* de la Grèce.

TABLEAU DE LA SEMAINE

CIVILE, MYTHOLOGIQUE, PLANÉTAIRE, HARMONIQUE, MÉTALLIQUE ET HÉRALDIQUE.

1.	2.	3.	4.	5.	6.	7.
DIMANCHE,	LUNDI,	MARDI,	MERCREDI,	JEUDI,	VENDREDI,	SAMEDI,
jour du soleil.	jour de la lune.	jour de Mars.	j.ʳ de Mercure.	jour de Jupiter.	jour de Vénus.	j.ʳ de Saturne.

Dont les noms sont formés de ceux des sept grands Dieux des planètes :

LE SOLEIL,	LA LUNE,	MARS,	MERCURE,	JUPITER,	VÉNUS,	SATURNE,
ou APOLLON, dieu du jour, de la médecine et des beaux-arts.	ou DIANE, déesse de la chasse, Hécate aux enfers, et la lune dans le ciel.	dieu de la guerre.	l'envoyé de Jupiter et le dieu du commerce et de l'éloquence.	père des dieux et des hommes.	ou CYPRIS, déesse de la beauté, mère des amours, et reine de Chypre.	ou le TEMS, qui dévore tous ses enfans.

L'ancien système suivi par PTOLOMÉE, rangeait les planètes en cet ordre, en commençant par la plus éloignée :

4.ᵉ	7.ᵉ	3.ᵉ	6.ᵉ	2.ᵉ	5.ᵉ	1.ʳᵉ

Ce qui offrit à PYTHAGORE l'harmonie fondamentale des Quintes :

re	sol	ut	fa	si	mi	la.

Les astronomes modernes, fondés sur le système de COPERNIC, les reconnaissent pour

l'ASTRE CENTRAL du système planétaire.	le SATELLITE DE LA TERRE, troisième planète.	la quatrième planète (*)	la prem.ʳᵉ planète, ou la plus proche du soleil.	la neuvième planète.	la deuxième planète.	la dixième (**)

On reconnait le génie symbolique des anciens, dans les sept figures usitées, qui représentent

le DISQUE rayonnant du soleil.	le CROISSANT de la lune.	la LUNE et le BOUCLIER de Mars.	le CADUCÉE de Mercure.	le FOUDRE de Jupiter.	le MIROIR de Vénus.	le FAULX de Saturne (**)
☉	☽	♂	☿	♃	♀	♄

Ces caractères ont été appliqués par les alchimistes, ainsi que les noms mêmes des planètes, aux sept métaux :

L'OR.	l'ARGENT.	le FER.	le VIF-ARGENT.	l'ÉTAIN.	le CUIVRE.	le PLOMB.

Et ce génie emblématique se trouve encore dans les Emaux du Blason (***)

Or, ou jaune.	Argent, ou blanc.	Gueule, ou rouge.	Pourpre, ou violet.	Azur, ou bleu.	Sinople, ou vert.	Sable, ou noir.
1.	2.	3.	4.	5.	6.	7.

Voyez la planche XII. fig. 5.

(*) 5. Cérès ; 6. Pallas ; 7. Junon ; 8. Vesta ; (**) 11. Uranus.

(***) Le mot BLASON vient de l'allemand *blasen*, qui signifie sonner du corps, proclamer, louer à outrance, par ce que c'était la coutume de ceux qui se présentaient pour entrer en lice dans les tournois, de notifier ainsi leur arrivée ; ensuite les héraults sonnaient de la la trompette et *blasonnaient*, c'est-à-dire, proclamaient à haute voix les armes de ces chevaliers, et se répandaient en éloges au sujet des exploits de ces braves.

DE LA LONGITUDE ET DE LA LATITUDE,

Quoiqu'à proprement parler, la terre n'ait ni longueur, ni largeur, on suit encore la manière de parler des anciens, qui comptaient la longueur de la terre d'Occident en Orient, et sa largeur de l'équateur aux pôles.

On entend par LATITUDE d'un lieu sur la terre, la distance qu'il y a de l'équateur à ce lieu, en tirant vers l'un ou l'autre pôle, et cette distance est mesurée par l'arc du méridien compris entre l'équateur et le lieu. Ainsi une ville, qui serait à 15° de l'équateur, aurait 15° de latitude, ou de hauteur du pôle. Ces deux choses sont égales, (pl. XI. fig. 1.)

En effet le Zénith ne peut s'éloigner de l'équateur qu'il ne s'approche du pôle, d'où il faut conclure que le pôle s'éloigne autant de l'horizon que le Zénith de l'équateur. Pour démontrer cette vérité, qui est d'un grand usage, surtout pour les peuples qui ont la sphère oblique, il faut observer que de l'équateur au pôle il y a 90°, que du Zénith à l'horizon il y a également 90° en passant par le pôle. Si l'on ôte de ces deux arcs égaux entr'eux, l'arc du méridien qui leur est commun, savoir la distance du pôle au Zénith, il restera de part et d'autre deux arcs égaux entr'eux, savoir d'un côté la distance du Zénith à l'équateur, ou la latitude, et de l'autre la hauteur du pôle sur l'horizon; lesquelles sont par conséquent égales entr'elles, suivant ce principe, *que si de deux quantités égales on ôte une même quantité, les restes seront égaux entr'eux.* Cette règle reçoit également son application dans la sphère droite et dans la sphère parallèle. Dans la sphère droite (p. XI. fig. 2.) où le Zénith est dans l'équateur, la latitude est nulle, de même que la hauteur du pôle. L'horizon est également nul, puisque les pôles du monde ou de l'équateur sont alors dans l'horizon, et éloignés de l'équateur de 90°. Dans la sphère parallèle (fig. 3.) où l'équateur sert lui-même d'horizon, le Zénith n'est pas différent du pôle du monde, et par conséquent comme la distance du Zénith à l'horizon est de 90°, de même la hauteur du pôle, qui n'est autre chose que le Zénith, y est pareillement de 90°.

Il y a deux latitudes; l'une SEPTENTRIONALE, qui se compte depuis l'équateur jusqu'au pôle arctique; l'autre MÉRIDIONALE, depuis l'équateur jusqu'au pôle antarctique. D'où il s'ensuit que la latitude ne peut jamais être de plus de 90°, par ce que l'arc du méridien compris entre l'équateur et le pôle, n'est qu'un quart de cercle (pl. XII. fig. 1.)

Des 180° de latitude que l'on conçoit de part et d'autre de l'équateur, on n'en marque ordinairement sur les globes que 8 de chaque côté, non compris le pôle, qui est supposé le 9.ᵉ, et ils sont éloignés les uns des autres de 10 degrés. On les trouve tous décrits sur les méridiens des globes et sur les cartes de géographie à droite et à gauche.

Les degrés de latitude sont tous estimés à 25 lieues de 2,282 toises chacune. Ils ont tous même valeur depuis l'équateur jusqu'aux pôles, par ce qu'ils se comptent sur les méridiens, qui sont de grands cercles qui passent par les pôles du monde. Or, les degrés des grands cercles sont tous égaux, et valent par conséquent 20 grandes lieues, 25 moyennes et 30 petites lieues de France. Ainsi en suivant ces mesures et par une simple règle d'arithmétique, on saura à quelle distance de l'équateur est une ville dont on connait la latitude. On verra, par exemple, que Lyon, dont la latitude est de 45 degrés 46 minutes, est éloigné de l'équateur de 915 lieues de 20 au degré, de 1144 de 25 au degré, et de 1372 lieues de 30 au degré.

Il résulte de ce que nous venons de dire, que les lieux situés sous l'équateur, n'ont point de latitude, que ceux qui sont situés de l'un et de l'autre côté de l'équateur, ont plus ou moins de latitude, selon qu'ils en sont plus ou moins éloignés. Enfin que ceux qui sont sous les pôles, ont la plus grande latitude possible.

Les cercles de LONGITUDE sont de grands cercles qui passent par les pôles de la terre, et coupent perpendiculairement l'équateur (pl. XII. fig. 2.) C'est pourquoi ce sont, à proprement parler, des méridiens; ainsi par LONGITUDE on entend l'espace compris entre deux méridiens, ou plutôt la longitude d'un lieu est l'arc du parallèle compris entre le premier méridien et le méridien du lieu. Cet arc est plus ou moins grand, selon que l'on s'approche ou que l'on s'éloigne du premier méridien.

Comme il y a une infinité de lieux sur la terre, tant du côté de l'Orient que du côté de l'Occident, on doit aussi concevoir une infinité de cercles de longitude. Mais pour éviter la confusion, les géographes n'en marquent que 360, qui sont décrits sur l'équateur, et que l'on ne marque que de 10 en 10 ou de 15 en 15 sur les globes ou mappemondes, et de 5 en 5 sur les cartes moins générales, et ces degrés y sont décrits au N. et au S. de toutes les cartes.

De tous ces méridiens, ou cercles de LONGITUDE, il n'y en a que 180 d'entiers. Chaque ligne ne saurait faire le tour entier. Elle forme par conséquent deux méridiens, de sorte que le premier et le 180.ᵉ ne composent qu'un même cercle.

On a été longtems dans l'usage de compter les degrés de longitude depuis 1 jusqu'à 360, en allant vers l'Orient, à partir de la ligne méridienne de l'île de Fer, l'une des Canaries. Mais de nos jours on est convenu que le point de départ pour compter les longitudes, serait le méridien de l'observatoire de Paris, et qu'à partir de ce point, on compterait 180 degrés de longitude orientale, et 180 de longitude occidentale. La longitude de Paris, par rapport à l'île de Fer, est à peu près de 20 degrés.

Les Anglais font la même chose par rapport au méridien de Londres. Cela est assez indifférent en soi; il est pourtant vrai que si tous les astronomes convenaient d'un méridien commun, on ne serait pas obligé de faire des réductions, qui sont nécessaires pour ne pas embrouiller la géographie moderne, et l'on n'aurait pas l'embarras, toutes les fois qu'on voit une carte géographique, de chercher le méridien que l'auteur a choisi.

Un degré de longitude, qui vaut sous l'équateur 25 lieues communes de France, n'en vaut plus que 16 sur le parallèle de Paris, en allant à l'Orient ou à l'Occident. Cette différence vient de ce que les cercles parallèles vont toujours en diminuant de l'équateur aux pôles, et qu'il faut faire bien moins de chemin pour changer de longitude sur les parallèles éloignés de l'équateur, que sur ceux qui en sont proches.

NOUVELLES DIVISIONS DU MÉRIDIEN.

Le quart du méridien, ou cercle de la latitude, a été jusqu'à présent divisé en 90 parties ou degrés; mais pour obtenir une mesure qui servit de type à toutes, on a divisé ce même cercle en 400 parties, que l'on a nommées GRADES ou DEGRÉS.

Chaque grade ou degré est divisé en 10 parties, que l'on nomme MYRIAMÈTRES.

Chaque myriamètre est divisé en 10 parties appellées KILOMÈTRES.

Chaque kilomètre en 10 parties, que l'on nomme HECTOMÈTRES.

Chaque hectomètre en 10 parties, que l'on nomme DÉCAMÈTRES.

Chaque décamètre en 10 parties appellées MÈTRES.

D'où l'on voit que le mètre, qui sert de base aux mesures actuelles, est la dix-millionième partie du quart du méridien, et égale trois pieds, onze lignes, deux cents quatre-vingt-seize millièmes.

En voici la mesure en pieds et en toises :

			Toises.	Pds.	Pouces.	Lignes.
MYRIAMÈTRE (ou lieue act.ᶜ)	10,000 mètres	ou	5130	4	5	3,560.
KILOMÈTRE (ou mille)	1,000 —	ou	513	0	5	3,936.
HECTOMÈTRE	100 —	ou	51	1	10	1,583.
DÉCAMÈTRE (ou perche)	10 —	ou	5	0	9	4,959.
MÈTRE	— —	ou	0	3	0	11,296.

Le mètre se divise en DÉCIMÈTRE (ou palme) ou $\frac{1}{10}$ partie du mètre. CENTIMÈTRE (ou doigt) $\frac{1}{100}$ du mètre ou MILLIMÈTRE (ou trait) $\frac{1}{1000}$ du mètre.

En expliquant le mouvement annuel de la terre, nous avons vu que les portions comprises entre les tropiques, sont les seules que touche la trace de l'Éclyptique, les seules sur lesquelles plongent perpendiculairement les rayons du soleil, qui se dirigent, sur les autres points de la surface terrestre, d'autant plus obliquement, qu'ils sont plus éloignés de l'équateur et plus rapprochés des pôles; de là cette grande inégalité de température attachée aux diverses portions du globe, indépendante de celle des saisons, et beaucoup plus forte qu'elles.

Pour faciliter la description de toutes les parties du globe terrestre, et la relation de position du soleil à leur égard, on la suppose partagée en cinq ZÔNES, d'un mot grec qui signifie CEINTURE, BANDE. Ces cinq zônes ont pour limites les cercles parallèles à l'équateur, que nous avons déjà fait connaître. Une ZÔNE est un espace de terre, diversement appellé de la différente température de l'air qu'on y respire. Il y en a cinq, une TORRIDE, deux TEMPÉRÉES et deux GLACIALES (pl. XII. fig. 3.)

La zône TORRIDE est l'espace compris entre les deux tropiques; ce qui comprend toute l'étendue du Zodiaque. On la nomme TORRIDE à cause des excessives chaleurs que le soleil y cause. L'équateur passe par le milieu et la divise en septentrionale et en méridionale; elle a 47° de largeur, c'est-à-dire, qu'elle occupe sur la terre 1175 lieues de 25 au degré. Elle contient la plus grande partie de l'Afrique, un peu de l'Asie, et une grande partie de l'Amérique.

Les zônes TEMPÉRÉES sont des espaces compris entre les tropiques et les cercles polaires. On les nomme TEMPÉRÉES, par ce qu'elles sont exemptes des excessives chaleurs, et des extrêmes froids, principalement dans le milieu. Il y en a deux, l'une septentrionale, qui s'étend depuis le tropique du Cancer jusqu'au cercle polaire arctique; l'autre méridionale, comprise entre le tropique du Capricorne et le cercle polaire antarctique. Elles ont chacune 43 degrés de largeur, c'est-à-dire, 1075 lieues de 25 au degré.

La septentrionale comprend des pays très-connus et habités. Elle renferme presque toute l'Europe, l'Asie, excepté l'Inde et les îles, un peu de l'Afrique et une grande partie de l'Amérique.

La méridionale comprend l'extrêmité de l'Afrique et de l'Amérique.

Les zônes GLACIALES sont les espaces compris entre les polaires et les pôles. On les nomme GLACIALES à cause des froids excessifs d'un ou de plusieurs mois qu'on y éprouve. L'une s'étend depuis le polaire arctique jusqu'au pôle de ce nom, l'autre est située entre le polaire antarctique et le pôle du même nom. Elles ont chacune 23 degrés 30 minutes de largeur, c'est-à-dire, 587 ½ lieues de 25 au degré. La septentrionale renferme une partie de l'Islande et de la Norvège, la Zemble, le Grœnland et le Spitzberg. La méridionale nous est inconnue. Le célèbre navigateur Cook n'est parvenu qu'à 4 ½ degrés au-delà du cercle polaire antarctique, où il a rencontré des champs de glaces, dans son voyage de 1774.

Les anciens géographes ont établi une division de la terre en CLIMATS (pl. XII. fig. 4.) fondée sur la durée du jour comparée à celle de la nuit, au solstice d'été. Ils n'en comptaient que sept, qui s'étendaient jusqu'au parallèle où le plus long jour d'été est de 16 heures; car ils connaissaient peu de terres à de plus grandes latitudes. Le premier climat commence à l'équateur, où les jours, égaux aux nuits, sont de 12 heures, et se termine au parallèle à l'équateur, sur lequel le plus long jour est de 12 heures 30 minutes. Le second climat se termine au parallèle à l'équateur, sur lequel le plus long jour est de 13 heures, et ainsi de suite pour chaque demi-heure d'augmentation dans la durée du jour solsticial, jusqu'au cercle polaire où le jour embrasse 24 heures. Passé ce terme, la différence des climats se compte par mois, par ce que chaque pôle passe tout l'intervalle compris entre deux équinoxes, ou six mois, dans la partie de la terre éclairée par le soleil (p. VI.) et six mois dans la partie obscure, et que les points intermédiaires y séjournent plus ou moins longtems, suivant l'éloignement où ils sont du pôle. Le premier climat de mois se termine donc au parallèle à l'équateur, placé au-delà du cercle polaire, et dont tous les points sont exposés au soleil pendant un mois, et ainsi de suite jusqu'au pôle, où le jour dure six mois de l'année, et la nuit les six autres mois.

TABLE DES CLIMATS
PAR CLUVIER.

Clim.	Parallèles.	Long.ʳ du jour.	Latitudes.	Dist.ᵉ des clim.
	0	12 h.ᵉˢ 0 min.	0 deg. 0 min.	4 deg. 18 min.
	1	12 h. 15 m.	4 d. 18 m.	0 d. . . 0 m.
1	2	12 h. 30 m.	8 d. 34 m.	8 d. 25 m.
	3	12 h. 45 m	12 d. 43 m.	0 d. . . 0 m.
2	4	13 h. 0 m.	16 d. 43 m.	7 d. 50 m.
	5	13 h. 15 m.	20 d. 33 m.	0 . . . 0
3	6	13 h. 30 m.	23 d. 10 m.	7 d. 3 m.
	7	13 h. 45 m.	27 d. 36 m.	0 . . . . . .
4	8	14 h. 0 m.	30 d. 47 m.	6 d. 9 m.
	9	14 h. 15 m.	33 d. 45 m.	0 . . . . . .
5	10 . . .	14 h. 30 m.	36 d. 30 m.	5 d. 17 m.
	11 . . .	14 h. 45 m.	39 d. 2 m.	0 . . . . . .
6	12 . . .	15 h. 0 m.	41 d. 22 m.	4 d. 30 m.
	13 . . .	15 h. 15 m.	43 d. 32 m.	0 . . . . . .
7	14 . . .	15 h. 30 m.	45 d. 29 m.	3 d. 48 m.
	15 . . .	15 h. 45 m.	47 d. 20 m.	0 . . . . . .
8	16 . . .	16 h. 0 m.	49 d. 1 m.	3 d. 13 m.
	17 . . .	16 h. 15 m.	50 d. 33 m.	0 . . . . . .
9	18 . . .	16 h. 30 m.	51 d. 58 m.	2 d. 44 m.
	19 . . .	16 h. 45 m.	53 d. 17 m.	0 . . . . . .
10	20 . . .	17 h. 0 m.	54 d. 20 m.	2 d. 17 m.
	21 . . .	17 h. 15 m.	55 d. 34 m.	0 . . . . . .
11	22 . . .	17 h. 30 m.	56 d. 37 m.	2 d. 0 m.
	23 . . .	17 h. 45 m.	57 d. 34 m.	0 . . . . . .
12	24 . . .	18 h. 0 m.	58 d. 26 m.	1 d. 40 m.
	25 . . .	18 h. 15 m.	59 d. 14 m.	0 . . . . . .
13	26 . . .	18 h. 30 m.	59 d. 59 m.	1 d. 26 m.
	27 . . .	18 h. 45 m.	60 d. 40 m.	0 . . . . . .
14	28 . . .	19 h. 0 m.	61 d. 18 m.	1 d. 13 m.
	29 . . .	19 h. 15 m.	61 d. 53 m.	0 . . . . . .
15	30 . . .	19 h. 30 m.	62 d. 25 m.	1 d. 1 m.
	31 . . .	19 h. 45 m.	62 d. 54 m.	0 . . . . . .
16	32 . . .	20 h. 0 m.	63 d. 22 m.	0 d. 52 m.
	33 . . .	20 h. 15 m.	63 d. 46 m.	0 . . . . . .
17	34 . . .	20 h. 30 m.	64 d. 6 m.	0 d. 44 m.
	35 . . .	20 h. 45 m.	64 d. 30 m.	0 . . . . . .
18	36 . . .	21 h. 0 m.	64 d. 49 m.	0 d. 36 m.
	37 . . .	21 h. 15 m.	65 d. 6 m.	0 . . . . . .
19	38 . . .	21 h. 30 m.	65 d. 21 m.	0 d. 29 m.
	39 . . .	21 h. 45 m.	65 d. 35 m.	0 . . . . . .
20	40 . . .	22 h. 0 m.	65 d. 47 m.	0 d. 22 m.
	41 . . .	22 h. 15 m.	65 d. 57 m.	0 . . . . . .
21	42 . . .	22 h. 30 m.	66 d. 6 m.	0 d. 17 m.
	43 . . .	22 h. 45 m.	66 d. 14 m.	0 . . . . . .
22	44 . . .	23 h. 0 m.	66 d. 20 m.	0 d. 11 m.
	45 . . .	23 h. 15 m.	66 d. 25 m.	0 . . . . . .
23	46 . . .	23 h. 30 m.	66 d. 28 m.	0 d. 5 m.
	47 . . .	23 h. 45 m.	66 d. 30 m.	0 . . . . . .
24	48 . . .	24 h. 0 m.	66 d. 31 m.	0 d. 0 m.

TABLE DES CLIMATS DE MOIS.

Clim.	Latitudes.	Largeur.	DURÉE de la lumière.
1	66 deg. 31 m.	0 deg. 0 m.	23 j.ʳˢ 11 h.ᵉˢ
	67 d. 15 m.	0 d. 44 m.	59 j. 12 h.
2	67 d. 15 m.	0 d. 0 m.	64 j. 11 h.
	69 d. 30 m.	2 d. 15 m.	89 j. 9 h.
3	69 d. 3 m.	0 d. 0 m.	92 j. 22 h.
	73 d. 20 m.	3 d. 50 m.	121 j. 22 h.
4	73 d. 20 m.	0 d. 0 m.	124 j. 1 h.
	78 d. 20 m.	5 d. 0 m.	155 j. 8 h.
5	78 d. 20 m.	0 d. 0 m.	158 j. 0 h.
	84 d. 0 m.	5 d. 40 m.	183 j. 9 h.
6	84 d. 0 m.	0 d. 0 m.	186 j. 17 h.
	90 d. 0 m.	6 d. 0 m.	0 j. 0 h.

DIFFÉRENTES PROPRIÉTÉS DES ZONES,

suivant les rapports qu'elles ont avec les positions générales de la sphère.

1.º Les peuples qui habitent sous l'équateur, et qui ont par conséquent leur Zénith sous l'équateur, ont la sphère droite. Ils ont toujours les jours égaux aux nuits. Ils voient, dans l'espace de 24 heures, tous les astres monter et descendre au-dessus et au-dessous de l'horizon. Ils ont deux étés et deux hivers fort pluvieux au tems des solstices, lorsque le soleil parcourt les tropiques, par ce qu'il est alors le plus éloigné qu'il soit possible.

L'air que respirent les habitans de l'équateur, est plus tempéré et moins brulant que celui des peuples qui habitent vers les tropiques; 1.º par ce que les jours sous l'équateur sont moins longs que sous les tropiques, et que le soleil y élève, pendant le jour, une grande quantité d'exhalaisons et de vapeurs, qui causent des pluies abondantes, et produisent les vents qui rafraichissent l'air; 2.º par ce que le soleil n'est vertical au Zénith de l'équateur que pendant 24 heures de suite, au lieu que l'Écliptique étant comme couché sur les tropiques, le soleil y est vertical environ quarante jours.

2.º Les peuples placés entre l'équateur et les tropiques, ont la sphère oblique, et par conséquent un de leurs pôles plus élevé. Pour eux commence l'inégalité des jours et des nuits. Ils ont aussi deux fois l'année le soleil vertical à leur Zénith, ou perpendiculairement au-dessus de leur tête, et ces tems-là sont précisément leurs étés, et leurs hivers commencent lorsque le soleil est à l'équateur ou aux tropiques.

3.º Les peuples enfin qui habitent sous les tropiques, ont le pôle élevé de 23º ½. Ils ont leurs plus longs jours de 13 heures ½, et leurs plus courts de 10 ½; ils n'ont qu'une fois l'année le soleil vertical à leur Zénith, mais assez longtems. Ils n'ont que deux saisons, un été extrémément chaud, lorsque le soleil est à leur Zénith, et un hiver, lorsque le soleil est vers l'équateur ou vers l'autre tropique.

Quoique la proximité ou l'éloignement du soleil soit la principale cause du plus ou du moins de chaleur, soit en augmentant, soit en diminuant, à mesure qu'il envoie ses rayons plus ou moins obliquement sur la terre, on peut cependant dire qu'il y a d'autres causes qui concourent à cela; telles que la qualité et l'exposition des terres, les plaines ou les montagnes, les lieux couverts et découverts, les terres sèches ou humides, la longueur ou la brièveté des jours, les vents, les pluies et les rosées etc. C'est une chose constante qu'à toutes les latitudes, et même sous l'équateur, la chaleur diminue et le froid augmente, à mesure qu'on s'éloigne de la surface de la terre; de là vient qu'au Pérou, dans le centre même de la zône torride, les sommets de certaines montagnes sont couverts de neiges et de glaces, que l'ardeur du soleil ne fond jamais. Cela vient probablement de la rareté de l'air, toujours plus grande dans les couches plus élevées de notre atmosphère, par ce qu'un air plus rare et plus subtil, étant plus diaphane, doit recevoir moins de chaleur par l'action immédiate du soleil.

Les anciens conjecturaient seulement que la zône tempérée méridionale était habitée. Ils ne croyaient pas même qu'il fut possible d'avoir aucun commerce avec les habitans de cette zône, par ce qu'ils étaient persuadés que l'Océan s'étendant sur l'équateur, partageait en deux le globe, et divisait ces deux zônes, et qu'il était impossible d'y pénétrer, à cause de l'incendie qui les séparait; de là vient que les Grecs nommaient ces peuples ANTICTONES, c'est-à-dire, habitans d'un lieu, entre lequel et celui qu'ils habitaient, il ne pouvait y avoir de communication.

Les habitans des zônes TEMPÉRÉES sont placés, ou du côté des tropiques, ou au milieu, ou vers les cercles polaires.

Ceux qui sont voisins des tropiques, ont presque toutes choses égales avec ceux qui demeurent sous les tropiques, et ont le pôle d'autant plus élevé qu'ils s'éloignent davantage de l'équateur.

Ceux qui habitent vers le milieu, ont la sphère oblique plus ou moins, selon qu'ils s'approchent des pôles. L'inégalité des jours et des nuits augmente à proportion qu'ils sont plus ou moins éloignés de l'équateur.

Enfin les peuples les plus reculés vers les pôles, ont presque toutes les choses égales avec ceux qui sont sous les cercles polaires. Ils ont des jours de 22, de 23 et presque de 24 heures.

Les habitans des zônes tempérées n'ont jamais le soleil vertical à leur Zénith. Ils ont quatre saisons, deux solstices et deux équinoxes; les jours et les nuits plus longs, le froid et le chaud plus ou moins grand, à proportion qu'ils sont près de l'équateur ou des pôles. Leur pôle est toujours plus élevé que de 23 degrés 30 minutes, moins que de 66 degrés 30 minutes.

Les peuples qui habitent sous les cercles polaires, ont leur plus long jour et leur plus longue nuit de 24 heures; leur pôle est élevé de 66° 30′, de sorte que depuis le 7 Avril jusqu'au 9 de Septembre, ils ont à peu près les mêmes choses que ceux qui sont dans les zônes tempérées.

Ceux qui habitent entre les polaires et les pôles, ont leur plus long jour et leur plus longue nuit au-dessus de 24 heures, mais moindre que de six mois. Ils ont le soleil très-éloigné de leur Zénith, et ne voient que le solstice d'été; celui d'hiver est toujours caché sous leur horizon. Ceux enfin qui demeurent sous les pôles, n'ont en toute l'année qu'un jour de six mois et une nuit de six mois. Ils n'ont aucun Orient ni aucun Occident, et le soleil y fait toutes ses révolutions parallèles à l'horizon.

DIVERSE SITUATION DES HABITANS DE LA TERRE.

La différence des longitudes et des latitudes a pareillement donné lieu aux géographes de diviser les habitans de la terre en trois classes, en PÉRIŒCIENS, en ANTŒCIENS et en ANTIPODES.

1.° Les PÉRIŒCIENS, c'est-à-dire, habitans autour, sont les peuples qui demeurent sous le même parallèle, mais sous deux méridiens opposés; tels sont les peuples de Mexico et de Surate; d'où il s'ensuit qu'ils ont même latitude dans le même hémisphère, même pôle, même climat, même zône, et par conséquent mêmes saisons de l'année. Mais ils différent en longitude de 180°, et ont, à cause de cela, les heures opposées; les uns ont midi, quand les autres ont minuit.

2.º Les ANTŒCIENS, c'est-à-dire, habitans de deux côtés opposés, sont ceux qui ont une même longitude, mais sous deux parallèles opposés, également distants de l'équateur; tels sont les peuples du cap de Bonne-Espérance et ceux du cap Matapan. Ils ont même zône, même élévation du pôle, mais dans différens hémisphères; ils ont aussi en même tems midi et minuit, mais leurs saisons sont contraires; quand les uns ont l'été, les autres ont l'hiver et *vice versa*, et quand les uns ont leurs plus longs jours, les autres ont leurs plus longues nuits.

3.º On appelle ANTIPODES les peuples qui sont distants de tout le diamètre de la terre, comme qui dirait presque pied contre pied, et le Zénith des uns sert de Nadir aux autres. Ils ont même climat, même zône, latitude égale et non la même, c'est-à-dire, dans différens hémisphères; mais ils diffèrent en longitude de 180°. Ils ont tout opposé, heures, jours et saisons.

On voit par ce que nous venons de dire, que les Périœciens ont les mêmes saisons et les heures contraires; que les Antœciens ont les mêmes heures et les saisons contraires, et que les Antipodes ont les heures et les saisons contraires. Les anciens ne pouvaient se persuader qu'il y eut des Antipodes. Cette idée, qui semble renverser à notre égard les habitans de l'autre hémisphère, a embarrassée longtems les anciens philosophes, qui ne pouvaient comprendre que cela fut ainsi. Pline en parle comme d'une chose douteuse. Cette difficulté n'était pas encore levée dans le huitième siècle. Virgile, prêtre associé à St. Boniface pour prêcher en Bavière vers l'an 745, plus savant dans les mathématiques que ne l'étaient les chrétiens de son tems, ayant dit qu'il y avait des Antipodes, fut accusé devant le pape Zacharie, comme s'il eut soutenu qu'il y avait un autre monde, une autre lune etc. Jusques-là on ne pouvait encore agir que par conjecture dans la question du fait, mais heureusement nous ne sommes plus dans ces tems d'ignorance. L'expérience a fait connaitre aux hommes, depuis plus de deux cents ans, que la terre étant ronde, est habitée dans ses parties diamétralement opposées, et les découvertes plus récentes, qui ont enrichi la géographie d'un troisième monde, ont placé les Antipodes de Paris et de Londres au Sud-Est de la Nouvelle-Zélande dans le grand Océan.

NOTIONS PRÉLIMINAIRES DE LA GÉOGRAPHIE PHYSIQUE.

Dénominations géographiques, qui concernent la terre et l'eau, ou nomenclature géodésique et hydrographique.

PRINCIPALES DIVISIONS DE LA TERRE.

Après avoir considéré le globe terrestre dans ses rapports généraux avec les corps célestes, il nous reste à examiner les grands traits qui distinguent les diverses parties de sa surface, et à définir les termes qui composent la nomenclature géographique.

Quiconque a jeté les yeux sur un globe représentant celui de la terre, ou sur une mappemonde, ne peut avoir vu, sans étonnement, que les terres occupent beaucoup moins d'espace que les eaux, en sorte qu'on peut assurer, sans crainte de se tromper, que le quart seulement de la surface du globe terrestre est réservé au séjour de l'homme, tandis que les trois autres quarts sont le domaine des cétacées, des poissons, des mollusques*) et des zoophytes**); disposition singulière, et dont notre faible intelligence ne pourra jamais saisir la raison, pour l'accorder avec les vues du souverain ordonnateur de tout.

Comme le globe terrestre est composé de TERRE et d'EAU, on l'appelle autrement le GLOBE TERRAQUÉ; conséquemment à cette composition, la géographie, pour nous le faire connaitre, le divise d'abord en TERRE et en EAU.

La terre forme les MONDES, les CONTINENTS et les ÎLES. Les grandes parties de terre environnées d'eau de toutes parts, sont les CONTINENTS; les parties moins considérables sont les ÎLES.

L'ensemble des continents et des îles peut se partager en TROIS MONDES, qui se subdivisent en huit parties.

L'ANCIEN MONDE s'étend dans l'HÉMISPHÈRE ORIENTAL du Sud-Ouest au Nord-Est, et comprend deux continents, l'AFRIQUE et l'ASIE avec l'EUROPE, qui, sous le rapport naturel, n'est qu'une prolongation de l'Asie, mais qui, cependant, ainsi que l'Asie et l'Afrique, forme une partie distincte dans l'ancien monde.

Le NOUVEAU MONDE, qui, dans l'HÉMISPHÈRE OCCIDENTAL, s'allonge du Nord au Sud, est formé pareillement par deux continents, l'AMÉRIQUE SEPTENTRIONALE et l'AMÉRIQUE MÉRIDIONALE, qui sont deux parties de la terre aussi distinctes et même mieux séparées que l'Asie et l'Afrique.

Au Sud-Ouest de l'Asie, et dans l'HÉMISPHÈRE AUSTRAL, se présente une terre presque aussi grande que l'Europe, qu'on nomme NOTASIE ou NOUVELLE-HOLLANDE, qui est entourée de plusieurs îles, surpassant en étendue les plus grandes îles du globe. Dans l'intervalle de ces grandes îles se trouve une quantité immense de petites îles, sommets de montagnes sous-marines***) qui forment une suite de petits ARCHIPELS ou groupes d'îles, et s'étendent vers l'Est, jusque dans le voisinage du nouveau monde.

On nomme MONDE MARITIME cette grande division du globe, qui ressemble à un vaste continent submergé, et dont la découverte est encore plus récente que celle du nou-

---

*) Animaux invertébrés, que les naturalistes partagent en deux sections; les MOLLUSQUES CÉPHALÉS NUS; tels sont le calmar, le poulpe, la limace brune etc., et les CÉPHALÉS CONCHYLIFÈRES, appellés TESTACÉS, par ce qu'ils sont couverts d'une enveloppe osseuse, nommée TEST ou COQUILLE.

**) Animaux plantes, les POLYPES etc.

***) Il faut se représenter le fond de l'Océan comme partagé par une foule de montagnes, qui le font correspondre entièrement avec les divers continents, qu'au premier coup-d'œil il semblait diviser. D'ordinaire le sommet de ces montagnes s'élève au-dessus des mers, et telle est l'origine des îles. Les montagnes encore cachées dans le sein des flots, forment les bancs et les écueils, qui rendent tant de parages inaccessibles aux navigateurs.

veau monde. Le MONDE MARITIME se compose de trois parties distinctes: l'AUSTRALIE, qui comprend la NOTASIE ou NOUVELLE-HOLLANDE, et les grandes terres ou ÎLES AUSTRALIENNES qui l'entourent à l'Est; le GRAND ARCHIPEL de NOTASIE ou les nombreuses îles situées au Sud de l'Asie; et enfin les petits Archipels épars sur le GRAND OCÉAN, qu'on désigne par le nom collectif de POLYNÉSIE. On réunit aussi l'Archipel d'Asie, l'Australie et la Polynésie, sous la dénomination générale d'OCÉANIQUE.

Dans les divisions indiquées ci-dessus, se trouvent compris tous les continents et presque toutes les îles de la terre. Les îles ou les Archipels qui sont près des continents, en sont justement considérés comme des dépendances; c'est ainsi que les ÎLES BRITANNIQUES appartiennent à l'EUROPE, celles du JAPON à l'ASIE, celles des ANTILLES à l'AMÉRIQUE, MADAGASCAR à l'AFRIQUE; mais il est quelques autres îles ou Archipels qui sont isolés sur le vaste Océan, et qui doivent être considérées comme des parcelles de la terre, distinctes des HUIT GRANDES PARTIES que nous y avons remarquées. La description de ces petites portions de terre, nommées PÉLAGIENNES par Mr. Walckenær, appartient à celle des mers qui les renferment, et dont elles ne sont en quelque sorte que des accidens.

Comme ces TROIS MONDES se rétrécissent vers le Midi et s'élargissent vers le Nord, il en résulte que l'HÉMISPHÈRE SEPTENTRIONAL renferme la plus grande masse de terres, et pourrait être appellé aussi l'HÉMISPHÈRE TERRESTRE. L'HÉMISPHÈRE AUSTRAL, qui, dans sa plus grande partie, est recouvert par les eaux de l'Océan, pourrait, à juste titre, être nommé HÉMISPHÈRE MARITIME.

Les continents et les îles offrent un assemblage d'élévations et d'enfoncemens, qui se combinent d'une infinité de manières différentes. Les plus grandes élévations ou les CHAÎNES DE MONTAGNES donnent naissance aux plus grands FLEUVES, qui coulent dans les mers et forment des cavités ou des BASSINS, dont les fleuves marquent le fond. De chaque côté de ces IMMENSES COURS D'EAU s'élève à une distance plus ou moins grande, d'autres hauteurs, qui sont sillonnées elles-mêmes par des BASSINS SECONDAIRES, où coulent les rivières qui se versent dans les fleuves, et ces bassins secondaires sont subdivisés eux-mêmes par les BASSINS TERTIAIRES des RUISSEAUX et des TORRENS qui affluent dans les RIVIÈRES; enfin chacun de ces écartemens des montagnes et des collines forment des VALLÉES, dont la réunion concourt à composer un BASSIN. Quelquefois un grand nombre de ces bassins, qui s'élèvent graduellement, sont surmontés par de grands espaces ou des contrées entières, qui prennent le nom de PLATEAUX; de leurs flancs s'étendent des montagnes dans toutes les directions. Les plateaux sont, en quelque sorte, les troncs, dont les chaînes de montagnes sont les branches. Le plus vaste et le plus célèbre de tous les plateaux, est le GRAND PLATEAU DU TIBET, au centre de l'Asie; des monts qui le forment, découlent les grands fleuves de la Chine, de l'Inde et de la Tartarie. La chaîne de montagnes la plus élevée du globe est celle de QUITO*) dans les Cordillières de l'AMÉRIQUE MÉRIDIONALE; elle donne naissance à l'AMAZONE ou MARANNON, le fleuve le plus considérable de tout le globe. Notre Europe s'enorgueillit de ses ALPES et de ses PYRÉNÉES; les Alpes donnent naissance au DANUBE, au RHÔNE et au RHIN; les Pyrénées à l'EBRE et à la GARONNE. Ces points de vue généraux

---

*) Voyez la planche représentant les principales hauteurs du globe.

ne sont point des règles invariables, que la nature s'est prescrite. Le WOLGA, le plus grand fleuve de l'EUROPE, a sa source dans de légères collines, sur un plateau peu élevé, et d'où cependant coulent plusieurs autres fleuves considérables; tels que le DON, le DNIEPER, la DWINA et la DUNA. Le fleuve du PARAGUAY, dans l'AMÉRIQUE MÉRIDIONALE, sort des marais de XARAYÈS. En ASIE, l'OBY et le JÉNISSEI traversent l'immense chaîne ALTAÏQUE, qui ne forme pas les limites de leurs bassins. En AFRIQUE, le NIL coule jusque dans la mer dans un bassin formé par une étroite vallée, bordée de chaque côté par des déserts stériles.

On distingue dans une MONTAGNE ou MONT, sa BASE, ou le pied qui est l'endroit où elle commence à se séparer de la PLAINE; le FLANC, qui forme la PENTE, et est au-dessus de la BASE; la CROUPE, qui surmonte le FLANC; le SOMMET, qui repose sur la CROUPE; la CÎME, qui couronne le SOMMET, et le POINT CULMINANT, qui est l'extrêmité de la CÎME.

Les montagnes, au lieu de s'élever de la base au sommet par une pente insensible, sont souvent taillées en gradins réguliers, qui se nomment ASSISES. Quand le sommet d'une montagne est conique ou pointu, on le nomme PIC, ou PITON, ou PUY; et un mont se trouve souvent désigné par la forme de son sommet; c'est ainsi qu'on dit le PIC DE TÉRÉNIFFE et le PUY DE DÔME. Un sommet prismatique ou anguleux, prend le nom d'AIGUILLE, de DENT ou de CORNE; s'il est détaché, on le nomme BRÈCHE. Un sommet arrondi, comme la plupart de ceux de la chaîne des VOSGES, s'appelle BALLON*). Si le sommet est aplati, on le nomme TABLE ou PLATEAU. Une suite de sommets aigus ou de pentes rapides, prend le nom de CRÊTE ou d'ARÈTE; cette crête est souvent DENTELÉE ou en SCIE, comme SIERRA-MORÈNA en Espagne. Les montagnes sont ou isolées ou assemblées en CHAÎNES; plusieurs chaînes se réunissent en NŒUDS. Quand une chaîne se divise, elle forme des EMBRANCHEMENS, où elle jette des RAMEAUX; quand ceux-ci sont courts, et que leur direction est à peu près perpendiculaire à celle de la chaîne, ils se nomment CONTREFORTS. Lorsque l'arète qui unit les sommets des chaînes de montagnes, s'abaisse en devenant concave, elle forme alors des PASSAGES ou DÉFILÉS, qui se nomment COLS, PORTS, PORTES ou PYLES. Les montagnes, soit isolées, soit en chaînes, ont le plus souvent leur pente la plus roide du côté de l'Ouest, quand leur direction est du Sud au Nord; et quand elles s'étendent de l'Est à l'Ouest, leur pente la plus roide est fréquemment du côté du Midi.

Les montagnes sont aussi classées d'après l'époque présumée de leur formation, ou d'après la nature des terrains dont elles sont formées. Les plus hautes sont ordinairement PRIMAIRES ou GRANITIQUES; les plus élevées après elles sont CALCAIRES ou SECONDAIRES; les montagnes TERTIAIRES sont plus basses encore; les petites élévations du sol se nomment COLLINES, et MAMELONS lorsqu'elles sont arrondies et isolées. On rencontre assez souvent dans les montagnes des excavations naturelles, qui se nomment GROTTES, CAVERNES, LABYRINTHES, SOUTERRAINS, souvent ornés par des pilastres d'albâtre, qu'a construits la main lente des siècles et dont les parois façonnées par la filtration de l'eau, présentent ces surprenantes cristallisations qu'on nomme STALACTITES, quand elles restent suspendues à leurs voûtes; et STALAGMITES, lorsque les gouttes qui tiennent la matière calcaire en dissolution, sont tombées et ont formé les colonnes ou les pyramides, dont les bases reposent sur le sol. Quelque-

---

*) C'est ainsi qu'on dit le Ballon de Sulz. Voyez la planche XV.

fois ces cavernes offrent un des plus beaux phénoménes du monde glacial. D'énormes glaçons en forment la coupole, le fronton, les colonnades et le péristile, et éblouissent les yeux de l'éclat dont les fait briller le soleil, qui y verse toutes les couleurs, tous les arcs-en-ciel, et mille configurations qui varient suivant le point de vue où l'on se place. Telle était la caverne au pied du Montanvert d'où sort l'Arveron, avant que l'explosion d'une arme à feu eut fait crouler ce palais de glace sur deux victimes d'une fatale imprudence. C'est dans les montagnes que se trouvent les riches mines des métaux; ces immenses carrières de granit, de marbres de couleurs diverses, et qu'on recueille les diamans et les pierres précieuses. C'est enfin du sein des montagnes que sourdissent les EAUX MINÉRALES, souvent si salutaires à la santé.

La nature déploie dans les montagnes ses plus étonnans aspects, et tous les charmes de ses beautés pittoresques; des vallées riantes ou fertiles, asiles de l'industrie et du bonheur, contrastent avec les sommets nus et stériles qui les entourent, avec ces vastes croupes revêtues de neiges éternelles, et avec ces GLACIERS resplendissans ou ces amas de montagnes de glaces, séjour du silence et de la mort *). C'est de ces hauteurs sublimes des montagnes qu'on respire un air plus pur, qu'on éprouve un sentiment plus vif et plus délicieux de son existence; que l'on contemple les nuages et le tonnerre roulant loin au-dessous de ses pieds, et qu'on embrasse par la vue cet immense horizon, où des royaumes entiers paraissent rapetissés et aplatis comme sur nos cartes. Mais c'est aussi dans les montagnes que les forces de la nature semblent dans une lutte continuelle, et menacent le plus l'existence des hommes et des animaux. La neige ou les pierres s'agglomèrent en tombant, se grossissent en roulant, et forment ces terribles AVALANGES ou AVALANCHES, qui engloutissent des villages entiers; des rochers se brisent et s'écroulent, écrasent les habitations, remplissent des lacs, ou obstruent des rivières qu'ils font déborder. C'est enfin dans les montagnes, ou près des chaînes qu'elles forment, que l'on contemple avec effroi le plus étonnant, le plus majestueux, le plus terrible de tous les phénomènes naturels, celui des VOLCANS (voy. la pl. XIII.) Des tourbillons épais d'une noire fumée, une flamme lugubre, des nuages massifs de cendre ou de pierres jaillissent d'un CRATÈRE bouillonnant **), et manifestent au-dehors le mouvement convulsif

---

*) Celui du GRINDELWALD à 20 lieues de Berne, près d'un village qui porte son nom et celui de FURCA, auquel le Rhône doit sa naissance, sont rangés parmi les plus remarquables. Ce dernier surtout s'élève dans toute sa beauté. C'est une masse immense de glace qui s'étend en amphithéâtre entre deux piles de rochers hérissés. Quand le soleil darde perpendiculairement ses rayons sur ce glacier, il lui donne l'éclat et la transparence du cristal, tandis que les ombres de ses vastes fragmens, admirablement coloriés, coupent sa blancheur par toutes les teintes d'un bleu vraiment céleste. En général on ne peut mieux donner une idée de l'immense quantité de glace hérissée de pointes irrégulières et coupée de profondes crevasses, que présentent les GLACIERS, qu'en la représentant comme une mer qu'une gelée subite aurait surprise au fort d'une violente tempête.

**) Cette cavité de forme conique, change d'étendue à chaque éruption du volcan. En 1750 le cratère du Vésuve avait 2400 pas de tour, sur 200 pieds de profondeur. Celui de l'Etna est beaucoup plus grand. On peut descendre dans ces cavités, mais non sans danger.

des entrailles de la terre; des flots brûlans de LAVES s'en échappent, s'épanchent, et recouvrent un sol riche et fécond d'une croûte pierreuse et stérile, qui laisse d'éternelles empreintes de ces affreuses éruptions *). Souvent plus terribles encore, elles sont accompagnées de TREMBLEMENS DE TERRE; le sol d'une vaste contrée s'agite, tremble, s'élève, s'abaisse, tournoie, s'entr'ouvre, et engloutit en un instant des villes entières **).

La plus longue chaîne de volcans est celle que présentent les ANDES dans l'Amérique méridionale.

C'est toujours rélativement au niveau des mers qu'on évalue les hauteurs respectives des montagnes. Les plus hautes qu'on ait mesurées jusqu'à présent sont dans le nouveau monde. Le CHIMBORAZO dans la NOUVELLE-GRENADE, est la plus élevée de toutes celles que l'on connaisse (voy. la pl. XIV.) Cependant on a tout lieu de présumer, que les hauts sommets qui sont près de la PAZ, dans le nœud principal de la CORDILLIÈRE DES ANDES, sont encore plus élevés, et ils sont peut-être surpassés par les montagnes de la chaîne qui, en ASIE, sépare le TIBET de l'INDE. La LIMITE INFÉRIEURE DES NEIGES PERPÉTUELLES, ou de celles que la chaleur du soleil en été ne peut fondre en totalité, varie selon le degré de latitude et selon l'exposition des montagnes.

La nature suit, dans la direction des principales chaînes de montagnes, une loi dont elle ne s'écarte point. Les chaînes de montagnes les mieux liées, les plus étendues, les plus élevées, dirigent toujours dans le sens des plus grandes dimensions des continents

---

*) Souvent ces fleuves embrasés se prolongent jusqu'à la mer. La lutte qui s'engage alors entre les deux élémens, fait frissonner d'horreur. Imaginez, dit Brydone, un torrent de dix milles de largeur, et élevé à une hauteur énorme, roulant sur le flanc de l'Etna, et versant tout-à coup ses flammes dans la méditerranée. Le fracas de la chûte égale les éclats du plus fort tonnerre; à l'instant l'onde écumante se retire, décroit devant le feu, et semble avouer la supériorité de cet élément. Pendant ce combat effroyable, des nuages de vapeurs obscurcissent la face du soleil, et couvrent toute cette scène d'un voile de ténèbres et d'horreur. Les ruines de Torre del Greco et du Val de Passy attestent les desastres qu'entrainent ces torrens de laves embrasées.

**) Les plus terribles tremblemens de terre que l'on connaisse, sont celui de 1746, qui engloutit les villes de LIMA et de CALLAO en Pérou; celui de 1755, qui ravagea Lisbonne; et celui de 1783, qui dévasta presque toute la Calabre. L'histoire ne fait aucune mention des éruptions antérieures à celle qui arriva sous Titus l'an 79 de notre Ère, ou 832 de Rome. L'embrasement du Vésuve fut si violent, qu'il ruina des villes entières avec une grande étendue de pays. Les cendres en volèrent, dit-on, jusque dans l'Afrique, l'Égypte et la Syrie. Pline l'ancien ou le naturaliste, périt dans cette éruption. Ce jour affreux, ce jour funeste vit engloutir en un quart d'heure la ville de POMPÉIA, tandis que ses habitans étaient plongés dans le sommeil. SORENTE, STABIÆ OU STABIES et HERCULANUM qui étaient voisines, subirent le même sort, avec une foule de villes et de villages. Les descendans de ceux qui avaient péri à POMPÉIA, avaient replanté sur ces cendres, de la vigne, des muriers, des figuiers, de sorte que les toits de cette ville étaient des vergers et des champs. Au commencement du 18.ᵉ siècle on voulut bêcher. On enfonce la pioche plus avant, quelque chose résiste; c'était une ville, Pompéia. On se promène aujourd'hui dans quelques rues de cette ville qui a été exhumée, ainsi qu'HERCULANUM, par un roi de Naples, secondé par le zèle éclairé de son premier ministre, qui avait rassemblé dans le superbe palais de Portici, bâti sur les ruines mêmes de cette dernière ville, les morceaux précieux que renfermaient ces villes souterraines. On a dit avec vérité, que les hommes ressemblent aux fournis, qui, après qu'un accident a détruit leurs fourmillières, le moment d'après la refont.

ou des îles; les plus hautes ensuite, dans les sens des presqu'îles ouvertes ou fermées qui les terminent; et les moindres chaînes se subordonnent, dans leur direction, à celle de la plus grande dilatation des terres qu'elles traversent.

Les intervalles qui séparent soit les pics entr'eux, soit les plateaux, sont des VALLÉES quelquefois très-profondes, mais qui ne descendent pas jusqu'au niveau du sol général, sur lequel prend naissance la masse entière des montagnes qui composent une même chaîne. La vallée prend le nom de VALLON ou de VAL, quand elle est plus resserrée. Si elle s'élève entre deux contreforts, vers le sommet d'une chaîne, on l'appelle GORGE; elle conduit alors au COL. Quand c'est une déchirure, c'est-à-dire, une excavation dont les parois sont verticales, on la nomme RAVINE ou RAVIN; le fond en est alors occupé par un cours d'eau, soit permanent, soit accidentel.

Les vallées forment un système d'embranchemens qui correspondent à celui des montagnes; leur fond ou la rencontre des pentes qui les comprennent, est la ligne la plus basse du terrain, que les Allemands appellent THALWEG, et qu'on a proposé de nommer FIL D'EAU.

Les enfoncemens remarquables sont indiqués par la réunion des eaux, qu'il faut distinguer en EAUX COURANTES et en EAUX STAGNANTES. Les bassins de celles-ci qui reçoivent les premières, occupent un espace relevé de tous côtés, forment des ÉTANGS, des LACS, des MERS INTÉRIEURES. Les ÉTANGS diffèrent des LACS, en ce qu'ils sont moins grands, souvent marécageux, peu profonds, que généralement ils n'ont point d'écoulement, et ne reçoivent point d'eau courante. Les MERS INTÉRIEURES sont des lacs immenses, où se rendent des fleuves considérables.

Les divers COURS D'EAU qui ornent, rafraîchissent et fertilisent la surface du globe, se nomment SOURCES, immédiatement à leur sortie du sol à travers lequel ils filtrent; les sources produisent les RUISSEAUX, qui prennent le nom de TORRENS, lorsqu'ils coulent avec rapidité; on donne aussi ce dernier nom à un cours d'eau passager qu'aucune source n'alimente, mais que produisent temporairement de grandes pluies ou la fonte des neiges. Les RUISSEAUX et les TORRENS, en se réunissant dans un terrain plus bas, donnent naissance aux RIVIÈRES, et les rivières, par leur réunion dans le fond d'un même bassin hydrographique, forment les FLEUVES. Le mot FLEUVE semble désigner une GRANDE RIVIÈRE; mais l'usage n'a pas pu établir, malgré les définitions des géographes, une distinction bien précise entre ces deux mots, et l'on dit encore la RIVIÈRE DES AMAZONES, quoique cette rivière soit le plus grand fleuve du monde. La cavité qu'occupe un cours d'eau, en est le LIT; les bords s'appellent RIVES, quand ils sont peu élevés, et que le cours d'eau n'est pas encaissé; dans le cas contraire, ils se nomment BERGES. La rive d'un cours d'eau qui se trouve à la droite de celui qui le descend, est la RIVE DROITE, et la rive opposée, la RIVE GAUCHE; ainsi cette dernière se trouve à la droite de celui qui le remonte, et la rive droite est alors à sa gauche. L'endroit où un cours d'eau décharge ses eaux dans un autre, ou dans un lac, ou dans la mer, se nomme EMBOUCHURE; et le lieu de jonction de deux cours d'eau se nomme CONFLUENT. Quand un CONFLUENT est formé par les côtés allongés d'un angle aigu, il prend le nom de BEC; tel est le BEC D'AMBÈS à la jonction de la GARONNE et de la DORDOGNE, etc.

Les fleuves et les grandes rivières se déchargent souvent dans la mer par plusieurs BRAS et plusieurs EMBOUCHURES; ils forment alors un DELTA, comme celui du NIL, du GANGE, du RHIN etc.; l'extrêmité des différens BRAS du DELTA, formés par un fleuve, à son EMBOUCHURE, prennent le nom de BOUCHES; telles sont les bouches du RHÔNE, du NIL, etc. Les fleuves et les rivières ont souvent aussi des embouchures tellement évasées, que l'eau y pénètre par le flux et qu'elles ressemblent à un golfe allongé; on nomme ESTUAIRES ces sortes d'embouchures. Le fleuve SAINT LAURENT, celui des AMAZONES et de RIO DE LA PLATA, sont au nombre des plus vastes estuaires qui soient sur le globe. Le RHIN, le WAAL et la MEUSE réunissent leurs eaux dans un grand estuaire, avant de les verser dans la mer. L'estuaire de la Garonne se nomme GIRONDE. Souvent le flux de la mer, en pénétrant dans l'estuaire, s'oppose à l'écoulement des eaux des fleuves, ou des rivières, et produit un FLOT ou une BARRE D'EAU; c'est ce phénomène que dans la GIRONDE on nomme le MASCARET, et que les Indiens du fleuve des AMAZONES ou du MARANNON appellent la POROROCA. Un bruit effrayant annonce la pororoca à deux lieues de distance. Ce bruit augmente et devient terrible, lorsqu'elle s'approche; bientôt on voit une montagne d'eau de 12 à 15 pieds de hauteur, qui s'avance avec rapidité; d'autres la suivent successivement, et les flots pressés occupent toute la largeur de ce vaste estuaire, et forment une immense muraille liquide, qui se précipite avec une vitesse prodigieuse, brise et rase, en passant, tout ce qui lui résiste, entraîne les arbres, les rochers, et des grands espaces de terre qu'elle a détachés.

Quelquefois les eaux d'un ou de plusieurs fleuves ou rivières, avant de s'écouler dans la mer, s'épanchent sur un rivage plat, peu profond, et offrent à leurs embouchures des espèces de golfes qu'on désigne par le nom de LAGUNES. Au fond du GOLFE ADRIATIQUE, le TAGLIAMENTO, l'ADIGE, le PÔ etc. et leurs affluens forment les LAGUNES DE VENISE, et toutes celles qui l'avoisinent. Les lagunes sont en partie produites par des barres de sable et par des dépôts successifs, que les grands fleuves forment à leur embouchure. Quand le lit d'un cours d'eau change brusquement de niveau, il forme une CHÛTE ou un SAUT. Si ses ondes se précipitent d'une grande hauteur, se brisent sur des rochers, écument et rejaillissent, ce SAUT se nomme CASCADE. Si un fleuve ou une grande rivière tombe en formant plusieurs cascades de suite, et fait entendre au loin le fracas de ses flots bondissans, cette suite de chûtes ou de cascades se nomme CATARACTES *).

Les extrémités des terres ou des continens et des îles que baignent les eaux de l'Océan, se nomment CÔTES. Les côtes sont nommées ÉCORES ou ACORES, quand elles s'enfoncent rapidement sous l'eau; BASSES, lorsqu'elles s'abaissent par des pentes insensibles; elles sont bordées par des FALAISES, c'est-à-dire, par des rochers coupés à pic ou par de petites collines calcaires; par des DUNES ou MONTICULES sablonneux; par des GRÈVES ou plaines sablonneuses, qui sont presque de niveau avec la surface des eaux. Enfin les côtes sont SAINES, lorsqu'elles ne sont point hérissées d'écueils; ESCARPÉES, lorsqu'un sol

---

*) Parmi les cataractes, la plus remarquable et l'une des plus fameuses du monde, est le SAUT DE NIAGARA dans le haut Canada. A cet endroit le fleuve, large de 2,000 pieds, tombe de 142 pieds de hauteur perpendiculaire.

de roche s'étend à découvert, ou sous l'eau jusqu'au rivage: DENTELÉES, lorsqu'elles sont ceintes de rochers, qui quelquefois forment un labyrinthe d'ILOTS; bordées de RÉCIFS, lorsque les ÉCUEILS les entourent à une certaine distance, et en interdisent l'approche aux vaisseaux. Les côtes sont ordinairement escarpées du côté de l'Ouest, tandis que vers l'Est elles s'élèvent en pente douce; ce qui est dû probablement au mouvement général des eaux de l'Océan, d'Orient en Occident.

Une position de terre qui avance dans la mer et qui ne tient au continent, ou à l'île dont elle dépend, que par un terrain étroit, se nomme PRESQU'ÎLE OU PÉNINSULE; la portion resserrée de terre qui l'empêche d'être entièrement entourée d'eau, est un ISTHME. Il est cependant deux ISTHMES célèbres qui n'appartiennent à aucune presqu'île, savoir l'ISTHME DE PANAMA, qui unit l'Amérique méridionale à l'Amérique septentrionale, et l'ISTHME DE SUEZ, qui réunit l'Afrique à l'Asie et à l'Europe.

Une petite avance de terre dans la mer se nomme PROMONTOIRE, et les parties simplement saillantes des côtes, se nomment CAPS; les saillies les moins considérables et peu élevées s'appellent POINTES. Ainsi les côtes, en se resserrant, forment des ISTHMES, projettent des PÉNINSULES, qui présentent plusieurs PROMONTOIRES, terminés par plusieurs CAPS, où l'on distingue diverses POINTES.

Les CAPS les plus remarquables sont ceux qui terminent les continents au Sud, et ceux qui servent à établir les limites des Océans, savoir: le CAP HORN à l'extrêmité de la TERRE DE FEU; le cap de BONNE-ESPÉRANCE, qui termine l'AFRIQUE; le cap COMORIN, qui termine l'INDE; le cap de ROMANIE, à l'extrêmité de la péninsule de MALAKKA; et enfin le CAP SUD, dans la TASMANIE ou la terre de VAN-DIEMEN, qui de même que celui de la TERRE DE FEU, présente un front âpre et prononcé aux régions glacées du pôle austral. On nomme BRAS DE TERRE l'espace de terre qui s'avance dans la mer, mais qui tient au continent par un côté très large, tel que l'ESPAGNE, l'ITALIE, l'ARABIE, l'ASIE-MINEURE, l'INDE et la contrée entre l'INDE et la CHINE.

PRINCIPALES DIVISIONS DE L'EAU.
Nomenclature hydrographique.

Jusqu'àprésent nous n'avons observé le globe que dans son élément solide ou terrestre, il est tems de le considérer dans les EAUX qui l'environnent, le coupent et le traversent. L'eau se divise en OCÉANS, MERS, GOLFES, DÉTROITS, etc. Quoiqu'il n'y ait à proprement parler qu'une seule mer, un seul fluide continu, répandu autour de la terre, et qui vraisemblablement s'étend d'un pôle à l'autre, en couvrant à peu près les $\frac{1}{7}$ de la surface du globe, tous les golfes, toutes les méditerranées ne sònt que des parties détachées, mais non pas séparées de cette mer universelle qu'on nomme OCÉAN. Ce n'est que pour plus de commodité dans l'usage journalier que l'on distingue différentes sections de l'Océan.

Les massifs de glace qui entourent les deux pôles, ont jusqu'ici interdit à l'homme l'accès à ces deux extrémités du globe. Ces portions de l'Océan, ces deux empires de l'hiver, forment les MERS GLACIALES ARCTIQUES et ANTARCTIQUES. Les continents cernent presque entièrement la mer glaciale arctique, et plusieurs fleuves s'y déchargent; tandis que la mer glaciale antarctique est ouverte de toutes parts, et ne semble qu'une continuation de l'Océan, qui se rétrécit vers le Nord, et s'élargit vers le Midi, où les extrêmités des terres marquent les points de partage des trois grandes divisions qu'il faut y reconnaitre: l'OCÉAN ATLANTIQUE, le GRAND OCÉAN *), l'OCÉAN INDIEN. Les deux premières divisions s'étendant du Sud au Nord, jusqu'aux mers glaciales, se subdivisent en trois parties; on désigne par le nom d'ÉQUINOXIALE, celle qui est comprise entre les deux tropiques; les deux autres par les noms de BORÉALE et d'AUSTRALE.

L'Océan, en pénétrant dans l'intérieur des terres, forme des MERS MÉDITERRANÉES, qui sont autant de subdivisions des trois grandes divisions que nous venons d'indiquer, et qu'on désigne aussi par les noms

1.º de MÉDITERRANÉES PROPREMENT DITES, lorsqu'elles sont presque entièrement entourées par les terres des continents, et qu'elles ne communiquent avec l'Océan que par une ouverture peu large, que l'on nomme DÉTROIT. Telle est celle qui est séparée de l'Océan par le détroit de GIBRALTAR, et qu'on nomme exclusivement la MER MÉDITERRANÉE, la MER NOIRE, la MER BALTIQUE, etc.

2.º MÉDITERRANÉES PERCÉES, lorsque leur enceinte est formée par des CONTINENTS et des ÎLES, ou par plusieurs rangées d'îles, et qu'elles communiquent par conséquent à l'Océan par plusieurs détroits. Telles sont les mers d'OCHOTSK ou de LAMA; de TARTARIE ou du JAPON, etc.

3.º MÉDITERRANÉES OUVERTES, lorsqu'elles ne sont que des enfoncemens très-larges de l'Océan, entre des côtes très-écartées. Telles sont la mer de GUINÉE, sur la côte d'Afrique; celle de PANAMA entre les deux Amériques, etc.

Lorsque l'Océan ou les mers pénètrent dans les terres, et forment des enfoncemens trop peu considérables pour mériter le nom de mers, ces enfoncemens ou ces avances se nomment GOLFES; et comme les golfes ne sont que de petites méditerranées, ils doivent être de même divisés en GOLFES PROPREMENT DITS. Tels sont le GOLFE ARABIQUE, le GOLFE PERSIQUE. En GOLFES PERCÉS; tels sont ceux de l'ARCHIPEL, de MARMARA etc. En GOLFES OUVERTS, tels sont ceux de GASCOGNE, de SIAM, de CARPENTARIE au nord de la NOTASIE OU NOUVELLE-HOLLANDE.

Lorsqu'un golfe percé a une forme très-allongée, que ses sorties sont larges, et non resserrées par des détroits, il prend le nom de BRAS DE MER, ou de MANCHE, ou de CANAL; tels sont le canal de MOSAMBIQUE, le canal de SAINT-GEORGE, le canal de la MANCHE, etc. Lorsque dans un canal, les terres se rapprochent beaucoup entre elles, l'étroit passage de mer qu'elles forment, se nomme DÉTROIT; mais quand, en se rapprochant, elles restent encore écartées, l'endroit le moins large ou le plus resserré du canal prend le nom de PAS, tel est le PAS DE CALAIS. Le nom de MANCHE est synonyme de CANAL; la MANCHE DE TARTARIE est l'extrémité nord de la mer du Japon. La MANCHE

---

*) C'est à tort qu'on lui a donné le nom de MER DU SUD ou PACIFIQUE, qui ne convient qu'à quelques-unes de ses parties.

PROPREMENT DITE, est le CANAL ou le BRAS DE MER qui sépare la France de l'Angleterre. Les deux DÉTROITS les plus remarquables, sont celui de GIBRALTAR, entre l'Europe et l'Afrique, et celui de BERING, entre l'Amérique et l'Asie.

La PLAGE est un rivage de la basse mer, où l'on peut ancrer à quelque distance de la terre. La RADE est un espace de mer renfermé entre deux portions de côtes, situées de manière que les vaisseaux puissent y ancrer, sans être trop exposés aux vents ou à la mer de large.

La BAYE est un enfoncement plus profond de la mer, mais trop petit pour mériter le nom de golfe, cependant assez considérable pour recevoir un grand nombre de vaisseaux. C'est par un abus extraordinaire de ce mot, que les grandes mers MÉDITERRANÉES d'HUDSON et de BAFFIN, d'OMAN et de BENGALE ont été désignées sous le nom de BAYES. Un enfoncement de mer demi-circulaire et peu profond, plus petit que celui de baye, se nomme ANSE; une CALE ou CALANQUE est une petite anse; et une CRIQUE est une CALANQUE très-étroite, où de très-petits bâtimens seulement peuvent pénétrer. Un petit enfoncement de la mer dans les terres, où les vaisseaux peuvent séjourner à l'abri des vents et de l'agitation des flots, se nomme un PORT. Pour ne rien laisser à désirer, un port doit être précédé d'une bonne rade, où les vaisseaux puissent, dans toutes les saisons, ancrer avec sûreté, et y attendre la circonstance favorable, soit pour entrer, soit pour gagner la pleine mer. Le mot HAVRE désigne un port peu vaste et peu profond.

L'eau de la mer est salée*), et parait d'un bleu-verdâtre, lorsqu'une cause quelconque n'en altère point la couleur. La profondeur de l'Océan varie, et n'est guère connue que dans le voisinage des terres; mais il est probable qu'elle n'égale pas la hauteur des montagnes, les plus élevées; la sonde **) n'a jamais atteint à plus de 780 toises de profondeur. Les grandes différences de profondeur qu'offrent les eaux de l'Océan, font reconnaitre que la portion du globe qu'il recouvre, a comme la terre ses montagnes et ses vallées. Les terres escarpées indiquent une mer profonde; un sol bas, au contraire, marque que la terre se projette sous l'eau par une pente douce. Dans quelques endroits, non seulement la mer permet, par son peu d'épaisseur, d'apercevoir son fond, mais elle laisse, par intervalle, à découvert, son lit, qui forme des BAS-FONDS, ou des ÉCUEILS, ou des BANCS DE SABLE. Ces derniers sont souvent fréquentés par d'énor-

---

*) Les physiciens s'exercent depuis longtems sur la cause la plus probable de la SALURE de l'Océan, et sur la manière de désaler l'eau de la mer. Hallay croit avoir résolu la première question. Mook a inventé un instrument pour découvrir quelle est la salure de la mer, à quelque profondeur que ce soit; et HANTON est le premier qui ait trouvé le secret de rendre douce l'eau de la mer. L'eau de la mer est plus pesante que l'eau de rivière; un pied cube de la première pèse 72 livres, et la même quantité d'eau douce ne pèse que 70 livres.

**) La SONDE est un gros plomb oblong, en forme de prisme ou de pyramide tronquée, auquel on attache une longue corde appelée LIGNE SECONDE, et que l'on jette dans la mer pour en connaitre la profondeur. La base du plomb est cave, pour recevoir une boulette de suif, afin qu'il s'y attache quelque partie du fond, pour en connaitre la couleur et la qualité; s'il ne s'y attache rien, le suif reste net et pointillé, et alors on connait que le fond est de roche; le nombre des brasses du fond et sa qualité servent à déterminer le parage où l'on se trouve. La brasse est de cinq pieds.

mes cétacées et par des légions innombrables de poissons, dont la pêche devient une source de richesses. Un vaste banc de sable est celui de TERRE-NEUVE.

Les BANCS DE SABLE, les ÉCUEILS et les ILES doivent être considérés comme les sommets des montagnes que la mer renferme.

L'Océan a quatre sortes de mouvemens, qu'on peut distinguer d'après les causes qui les produisent. Les MOUVEMENS SYDÉRIQUES, qui dépendent de l'attraction de la lune et du soleil. Les MOUVEMENS PROPRES, dont l'origine est dans l'élément même qui est agité, et qui forment les COURANS GÉNÉRAUX et les COURANS PARTICULIERS. La troisième sorte de mouvement des mers comprend ceux que lui communiquent l'impulsion des vents, ou les MOUVEMENS ATMOSPHÉRIQUES. La quatrième sorte peut être appelée MOUVEMENS ACCIDENTELS OU MOUVEMENS INTERMITTANS, par ce qu'ils sont produits par les ébranlemens que les volcans ou d'autres causes impriment à la surface du globe. Les MOUVEMENS SYDÉRIQUES altèrent la forme de l'Océan, et produisent les MARÉES, qui sont l'élévation ou l'abaissement successif des eaux répété deux fois dans chaque intervalle de tems compris entre deux retours consécutifs de la lune au méridien supérieur. L'élévation ou marée montante, se nomme FLUX OU FLOT. L'abaissement ou marée descendante, s'appelle aussi REFLUX OU JUSANT. Le moment de la plus grande élévation est la PLEINE MER, et la BASSE MER celui du plus grand abaissement. Comme la lune agit sur toute la masse des eaux, il en résulte que le FLUX et le REFLUX sont nuls ou imperceptibles dans les mers, où les eaux de l'Océan ne parviennent que difficilement, et par des détroits resserrées, comme dans la MER MÉDITERRANÉE, la MER BALTIQUE, les mers d'HUDSON et de BAFFIN. Les eaux de l'Océan se portent, par un MOUVEMENT GÉNÉRAL OU PROPRE, d'Orient en Occident, dans une direction contraire à celle de la rotation du globe, mais semblable à celle des vents alisés ou constans, qui sont une des causes de ce GRAND COURANT ÉQUATORIAL. La chaleur du soleil, en fondant journellement une grande quantité de glaces polaires, produit un autre mouvement, qui porte les eaux de l'Océan des pôles vers l'équateur. Ces deux MOUVEMENS GÉNÉRAUX et DIRECTS, modifiés par les obstacles particuliers et par les MOUVEMENS RÉFLÉCHIS, donnent naissance aux COURANS PARTICULIERS, qu'on observe dans différentes mers.

Les vents inégaux et partiels font naître des ONDES et des FLOTS, qui s'élèvent en montagnes écumantes, roulent, bondissent et se brisent l'un contre l'autre; un vent fort, égal et soutenu, produit la LAME; celle-ci souvent s'avance en masse et sur un même front comme une montagne liquide, se précipite sur le rivage, se rompt, rejaillit, et, en rétrogradant, cause le RESSAC, qui repousse les navires que le vent favorise, et porte vers la terre. Si le vent tourbillonne, la LAME sera COURTE, la mer DURE, ou il y aura au moins du CLAPOTIS*). Lorsque la vague, poussée par le vent, rencontre quelque obstacle et rejaillit contre les rochers, elle s'élève alors quelquefois à 180 ou 200 pieds de hauteur. Enfin, quand les courans se trouvent comprimés contre des détroits, et

---

*) Le CLAPOTIS est un mouvement vif de la mer, lorsqu'elle s'élève en petites lames courtes et serrées les unes contre les autres; de manière qu'elles se succèdent vivement en venant des côtes, et donnent des mouvemens désagréables aux vaisseaux.

que le vent souffle en opposition avec le reflux qu'ils produisent, alors les vagues luttent contre les vagues, les flots se soulèvent, forment de bruyans TOURBILLONS, et entraînent dans l'abîme les poissons, les bateaux, et même les grands navires qui s'en approchent; tels sont le célèbre MALSTRŒM, non loin des côtes de Norwège, et le fameux gouffre de CHARYBDE dans le détroit de Sicile, qui a été parcouru par le fameux plongeur PESCECOLA.

Le plus singulier de tous les phénomènes qu'offre la surface de l'Océan, est la PHOSPHORESCENCE de ses eaux, qu'on observe partout, mais plus fréquemment entre les tropiques. Ici, la surface de la mer étincelle et brille comme une étoffe d'argent; là, les vagues se déploient en nappe immense de soufre et de bitume embrâsé; ailleurs on dirait une mer de lait, dont on n'aperçoit pas l'extrémité; quelquefois des étoiles brillantes semblent jaillir par milliers du fond des eaux, ou elle paraît rouler sous ses vagues des masses rouges incandescentes, tantôt carrées, tantôt globuleuses, tantôt se déployant en guirlandes éclatantes, ou s'échappant en serpentaux lumineux. Souvent même des jets de feux étincelans s'élancent au-dessus de la surface de l'Océan, et quelquefois on le voit comme décoré d'une immense écharpe de lumière mobile, onduleuse, dont les extrémités vont se rattacher aux bornes de l'horizon. Ces phénomènes, dont plusieurs écrivains ont essayé de développer les véritables causes, paraissent entièrement dûs aux mollusques et aux zoophytes, qui flottent à la surface de l'eau, et qui peuvent à chaque instant modifier leurs formes déjà irrégulières et bizarres. Quelques espèces, telles que le Salpa, réunies en nombreuses légions, composent des bancs de 30 à 40 lieues d'étendue, qui resplendissent dans les ténèbres de couleur de rose, d'azur et d'opale. Les MERS BLANCHES ou de LAIT ont été observées par les anciens et par les premiers navigateurs modernes, sur les côtes occidentales de l'Inde; et ce phénomène, ainsi que celui de la MER DE FEU, est fréquent dans l'espace de mer compris entre les ÎLES CÉLÈBRES, PAPOU et les ÎLES MOLUQUES. Souvent aussi la présence d'une seule espèce de crustacées microscopiques sur la surface des flots, leur donne une couleur rouge, sans les rendre lumineux, et produit ces MERS DE SANG, dont plusieurs navigateurs ont parlé. Quelquefois les œufs de certains animaux marins, semblables à une poussière grisâtre, ou à de la sciure de bois, recouvrent dans l'Océan des espaces de plus de 20 lieues. Ces MERS DE POUSSIÈRE ont été vues aux environs de la NOUVELLE-GUINÉE ou de PAPOU, et près des côtes de la NOTASIE OU NOUVELLE-HOLLANDE.

DES DIVERSES ESPÈCES DE SOLS, ET DU CLIMAT PHYSIQUE.

Le sol fertile de la terre, dont l'eau ne baigne ou n'humecte pas la surface, se couvre cependant d'arbres qui, réunis en grandes masses, forment les FORÊTS, dont les plus grandes et les plus vastes se trouvent dans le NOUVEAU MONDE. Lorsque les arbres ne couvrent point une grande étendue de pays, ils ne forment point de FORÊTS, mais des BOIS; et enfin quand ils sont réunis en masses encore moins considérables, ils composent des BOCAGES, dans lesquels on pénètre plus facilement, et qu'on peut parcourir sans s'égarer. Ce qu'on appelle STEPPES, dans le nord de l'ASIE; DJENGLE, dans l'HIN-DOUSTAN; KARROUS, en AFRIQUE; SAVANNES, LANOS et PAMPAS, dans le NOUVEAU MONDE, est formé par des parties non cultivées de la surface de la terre, dont le sol, quoique productif, n'est pas propre à de grandes forêts, est dépourvu de montagnes, et s'étend en vastes plaines. Il est encore d'autres déserts peu étendus, qui prennent les noms de LANDES ou de BRUYÈRES; telles sont les landes du centre de l'ESPAGNE, celles de BOR-DEAUX; telles sont encore les plaiues entre le RHIN et le WESER.

Il ne faut pas confondre ces déserts avec les DÉSERTS PROPREMENT DITS, et ainsi nom-més dans le sens stricte du mot; ceux-ci offrent d'immenses espaces stériles, où les vé-gétaux ne peuvent croître, où les hommes et les animaux ne peuvent subsister. L'inté-rieur de l'AFRIQUE et de l'ARABIE est, en grande partie, composé de ces désolantes soli-tudes, sans verdure, sans eau, dévorées par un sol brûlant, n'offrant que des plaines sablonneuses, des montagnes encore plus arides, sur lesquelles l'œil s'étend et le regard se perd, sans pouvoir s'arrêter sur un seul objet. Souvent un vent embrâsé souffle, suffoque les hommes et les animaux, soulève et roule des colonnes et des montagnes de sable, qui engloutissent tout sur leur passage et ensévelissent des caravannes entières, dont les routes, depuis des milliers d'années, n'ont point encore changé de direction. Celle qui va actuellement de Pafilet à Tombuctu, c'est-à-dire, de Fezzan à Darfour, est la plus considérable de ces expéditions hardies, dont le succès repose tout entier sur l'existence du chameau, que les mythes de l'Orient nomment avec raison le VAISSEAU DU DÉSERT. Les plaines centrales de l'Afrique occupent une surface près de trois fois plus grande que la mer méditerranée. Au milieu de ces Océans de sable se trouvent des espaces resserrés, arrosés par de nombreuses sources, ombragés par des arbres bien-faiteurs, où la nature développe souvent avec une surprenante fécondité ses productions les plus choisies, où l'homme et les animaux habitent et séjournent avec délice. Ces terres heureuses, placées au milieu des déserts, comme les îles au milieu des mers, se nomment OASIS; les plus célèbres sont celles qui se trouvent dans le GRAND DÉSERT AFRICAIN, à l'Ouest de l'ÉGYPTE. C'est dans ces OASIS qu'était situé le temple de Jupiter Ammon, célèbre par le voyage périlleux d'Aléxandre-le-Grand, entrepris par la folle vanité de passer pour le fils de Jupiter.

Il ne faut pas confondre le mot CLIMAT, employé dans une acception physique, avec la signification indiquée à la page 38; celui-ci est purement astronomique, l'autre a rapport aux irrégularités que présentent les vents à divers degrés de latitude et dans les différentes régions; irrégularités qui sont les effets combinés des courans aëriens gé-néraux, des brises partielles, de l'élévation du lieu, de sa situation à l'égard des mers, de la direction des montagnes et de la nature du sol. Toutes ces choses influent sur le climat, puisqu'elles tendent à refroidir ou à échauffer l'air dans une région particu-lière du globe, indépendamment de l'action immédiate du soleil, et du degré plus ou moins grand d'éloignement où il se trouve de l'équateur. Les courans aëriens ou les vents sont produits par l'agitation presque continuelle qui règne dans l'atmosphère raré-fiée ou condensée par la présence ou l'absence du soleil, et sans cesse modifiée par les fluides qui s'échappent de la terre, et par la grande masse d'eau qui s'évapore con-

tinuellement de tous les points de sa surface, et pour d'autres causes qui nous sont in‑
connues. La plupart des vents proviennent de l'échauffement ou du refroidissement des
différentes régions de l'atmosphère, particulièrement les vents constans et périodiques,
qu'on observe sous la zône torride. Les vents CONSTANS ou ALISÉS règnent toujours entre
les deux tropiques, et soufflent constamment tant dans l'océan ATLANTIQUE que dans le
GRAND OCÉAN et dans la partie méridionale de l'océan INDIEN. Les MOUSSONS, qui sont des
vents PÉRIODIQUES, soufflent six mois d'un côté, et les six autres mois de l'année du
côté opposé, dans plusieurs parties de la zône torride, et principalement dans la mer
des Indes. Ces changemens de directions arrivent particulièrement lorsque le soleil
passe d'un hémisphère dans l'autre. Outre ces vents généraux, la succession du jour et
de la nuit, par le changement subit qu'elle fait éprouver à la température, produit ces
vents particls, mais périodiques, qu'on nomme BRISES DE TERRE ET DE MER. C'est entre
les tropiques que cet effet est le plus régulier. La brise de mer souffle généralement
depuis six heures du matin jusqu'à six heures du soir, et la brise de terre depuis sept
heures du soir jusqu'à huit heures du matin. C'est une règle assez générale, que les
vents sont d'autant plus faibles et plus constans, qu'on se rapproche des régions équa‑
toriales, et d'autant plus forts et plus variables qu'on s'en éloigne. Les vents ETHÉSIENS
sont ceux que l'on observe particulièrement dans l'ancienne Grèce, la mer Egée etc.,
et qui s'élèvent le matin aux approches de la canicule, c'est-à-dire, à l'époque de l'an‑
née où le soleil se lève avec la belle étoile du grand Chien.

Les vents IRRÉGULIERS sont ceux dont l'époque, la durée et la direction sont variables.
Les plus remarquables dans nos climats sont les vents du SUD‑OUEST, qui font baisser
le baromètre, amènent la pluie et produisent une température douce; par ce que les
couches d'air qu'ils apportent, ayant été en contact avec une grande partie de la sur‑
face des mers (voy. pl. II.), arrivent plus saturés d'eau que l'air qu'ils remplacent, et
que s'élevant ensuite en vertu de leur moindre pesanteur spécifique, elles éprouvent
une diminution de pression, qui les porte au-de-là du point de saturation, et leur
fait abandonner une partie de l'eau qu'elles tiennent en dissolution. Les VENTS DU
NORD‑OUEST, qui font monter le baromètre, amènent le beau tems et produisent une
température froide; par ce que les couches d'air qu'ils apportent, et qui n'ont été en
contact qu'avec les terres du continent, ont éprouvé, en franchissant les montagnes,
une diminution de pression qui leur a fait abandonner de l'eau, de manière qu'elles
arrivent moins saturées et avec une faculté dissolvante, propre à rétablir la trans‑
parence de l'atmosphère. Lorsque les vents ont traversé de vastes déserts de sables for‑
tement chauffés par la chaleur du soleil, alors l'atmosphère se trouble, une teinte de
pourpre la colore, l'air perd son élasticité, il se charge d'épaisses vapeurs, qui étendent
un voile funèbre sur toute la nature. Une chaleur sèche et brûlante se manifeste; des
tourbillons semblables à ceux d'une fournaise ardente, se succèdent par intervalles,
accablent et suffoquent souvent les hommes et les animaux. Les plus terribles de ces
vents sont ceux qui soufflent de l'intérieur des déserts de SAHARA et de l'ARABIE, et qui
en Afrique se nomment SAMOUM; en Arabie SAMIEL; en Égypte KHAMSIN; en Italie SIROCCO;
en Espagne SOLANO; et sur la côte d'Ouest d'Afrique, HARMATTAN.

Les accidens qu'occasionne quelquefois la violence des vents, sont compensés bien au-de-là par les avantages que nous procurent ces courans d'air. Ce sont eux qui, dans les grandes villes, font succéder un air sain à un air vicié par des émanations nuisibles. Ils transportent les nuages destinés à répandre sur la terre les pluies qui la fertilisent; ils sont les véhicules d'une multitude de graines qui, pourvues d'ailes ou d'aigrettes, voltigent de toutes parts pendant l'automne, et entretiennent entre les différens sols une circulation de richesses végétales.

La surface du globe terrestre contient environ 16,500,000 lieues carrées.

L'Europe et l'Asie	1,600,000	—
L'Afrique	920,000	—
Le nouveau continent	1,220,000	—
La Notasie ou Nouvelle-Hollande	230,000	—
Les îles du monde maritime, environ	300,000	—
Il reste dans cette hypothèse pour la surface de l'Océan et des mers	12,230,000	—

quarrées, ce qui forme à peu près les trois quarts de la surface terrestre.

Principales mesures géographiques anciennes et modernes, rapportées à la Toise et au Mètre.

	Toises.	Mètres.
Mille romain, cité dans Pline	757,5.	1476,4.
Mille de strabon, suivant Cassini	766.	1493.
Stade égyptien, suivant Fréret et Leroi, et qui parait être celui de 500 au degré	114,1.	222, 2.
Le même, suivant Mr. Nouet, astronome de l'expédition française en Égypte	118,5.	230, 7.
Stade des anciens romains, de 265 pieds Romains, et Stade olympique, estimé la 8.ᵉ partie du mille romain	94,7.	184, 6.
Stade de ptolomée, de 700 au degré	81,4.	158, 7.
Stade, égal au 10.ᵉ du mille romain	75,7.	147, 6.
Stade de 1100 au degré	51,8.	101.
Schœne égyptien, estimé à 4 milles romains	3030.	5905, 6.
Rast des germains, valant 2 lieues gauloises, et Parasanges des perses, ou Agash des turcs; toutes ces mesures étant évaluées à 3 milles romains, ce qui revient à peu près à 25 au degré	2272,4.	4429, 2.
Lieue des germains ou de scandinavie, valant 2 rats	4545.	8858, 4.
Lieue gauloise		
Grand mille arabique, usité au tems des croisades, mesures estimées à un mille romain et demi	1136.	2214, 5.
Lieue marine, de 20 au degré	2851.	5555, 5.

	Toises.	Mètres.
MILLE GÉOGRAPHIQUE OU NAUTIQUE, de 60 au degré .	950.	1851, 8.
LIEUE COMMUNE DE FRANCE, de 25 au degré . .	2280.	4444, 4.
PETITE LIEUE DES ENVIRONS DE PARIS, ou lieue de poste	2000.	3898, 1.
LIEUE d'une heure de chemin	2500.	4872, 5.
MILLE OU LIEUE D'ALLEMAGNE *), contenant 2000 perches ou verges du Rhin.	3866.	7527.
LA LIEUE D'ESPAGNE, contenant 4 milles romains anciens ; il faut environ 19 de ces lieues pour faire un degré.	3030.	5905, 6.
GRANDE LIEUE D'ESPAGNE, estimée à 5 milles romains .	3787.	7382.
MILLE D'ANGLETERRE, d'environ 69 au degré . .	830.	1617, 7.
MILLE ROMAIN MODERNE, suivant Baccowich . .	764.	1489, 1.
MILLE GREC MODERNE . . . . MILLE TURC, et WERST COMMUN DE RUSSIE, estimé à 7 stades olympiques	663.	1292.
AUTRE WERST DE RUSSIE, de 500 sagènes . . .	547.	1066, 1.
COSS DE L'INDE, d'environ 37 au degré . . .	1541.	3003.
LIS CHINOIS, contenant 1800 TCHÉ, suivant Pingré .	295.	575.
LE CHEMIN que fait une caravanne dans une heure, est évaluée par d'Anville à environ . . .	1900.	3073.
LA JOURNÉE de caravanne est estimée de 8 à 9 lieues communes de France, ou 35 à 40 kilomètres.		

	Pieds.	
BRASSE ; mesure que les marins employent dans leurs sondes	5.	1,624.

---

*) Assez ordinairement on compte le mille d'Allemagne sur le pied de 15 au degré, ce qui ne donnerait pour sa valeur que 3800 toises ; mais sur ce pied la conversion des milles d'Allemagne en lieues marines est très-facile, puisqu'il suffit d'ajouter au nombre des premières le tiers de ce nombre pour obtenir celui des secondes ; ainsi 36 milles d'Allemagne équivaudraient à 48 lieues marines.

La PERCHE OU VERGE dont se compose la lieue d'Allemagne indiquée ci-dessus, contient 12 pieds du Rhin ; le PIED DU RHIN est égal à 0,967 du pied français, et à 0,314 du mètre, ainsi la perche du Rhin vaut 11 pieds, 6, ou 3 m., 776.

VARIÉTÉS DE L'ESPÈCE HUMAINE.

L'examen des différences qui existent entre les divers peuples du globe terrestre et qui distinguent d'une manière si variée les branches de la souche de l'espèce humaine, forme le principal objet de l'ETHNOGRAPHIE, que Voltaire a appellée la PHILOSOPHIE DE LA GÉOGRAPHIE, et Meiners l'HISTOIRE DE L'HUMANITÉ.

Ces différences sont établies principalement sur le langage, la couleur de la peau, la charpente osseuse, le caractère moral, la manière de vivre, de se nourrir, de se vêtir, de se loger, les mœurs, les coutumes, la forme du gouvernement, les opinions religieuses, les préjugés, les superstitions, l'état actuel de la civilisation.

Dès le seizième siècle les savans naturalistes se sont occupés à ranger sous des classes distinctes les variétés de l'espèce humaine. Monsieur Blumenbach les a réduites à cinq types principaux. Nous les donnons ci-dessous avec les modifications de Monsieur Malte-Brun; et pour ajouter à l'intérêt de cette partie de la science encore très-imparfaite, mais très-importante pour la géographie et l'histoire, et pour toutes les autres branches des connaissances qui en dépendent, nous y joignons les remarques et la classification du savant et estimable auteur de la cosmographie ou description de la terre, dont nous avons emprunté d'importans articles.

I.re VARIÉTÉ CENTRALE DE L'ANCIEN CONTINENT.

La première variété occupe les parties centrales de l'ancien continent, savoir: l'Asie occidentale, l'Afrique orientale et septentrionale, l'Indoustan et l'Europe. Ses caractères sont la couleur et la peau plus ou moins blanche ou brune, les joues teintes d'incarnat, les cheveux longs, bruns ou blonds, la tête presque sphérique, la face ovale, étroite, les traits médiocrement prononcés, le front uni, le nez légèrement arqué, la bouche petite; les dents incisives des deux mâchoires placées perpendiculairement; les lèvres et surtout l'inférieure, mollement tendues; le menton plein et rond. La régularité des traits de ce visage, qui est celui des peuples d'Europe, le fait en général regarder comme le plus beau et le plus agréable. Les traits de l'Hindou, ceux de l'Abyssinien et du Bréber, habitant du mont Atlas, ne diffèrent pas essentiellement de ceux des Européens. Il n'y a que la peau qui est rembrunie par l'effet du climat, et qui d'ailleurs, chez l'Hindou et l'Abyssinien même, prend une teinte très-claire dans les provinces montagneuses. Mr. Blumenbach désigne cette race sous le nom de CAUCASIENNE; mais ce nom, dit Mr. Malte-Brun, blesse les droits de l'histoire civile, qui n'a aucune raison pour croire les peuples du Caucase plus anciens que ceux du mont Atlas ou des Alpes. Ni la physiologie, ni la géographie physique, ne fournissent la moindre preuve d'une origine commune de cette variété de l'espèce humaine; elle a pu se former partout où existent les causes physiques dont elle dépend.

II.ᵉ VARIÉTÉ ORIENTALE DE L'ANCIEN CONTINENT.

La deuxième variété est celle qu'on avait d'abord si mal désignée sous le nom de TAR-
TARE, quoique les Tartares proprement dits n'y appartiennent point. Mr. Malte-Brun
l'appelle VARIÉTÉ OU RACE ORIENTALE DE L'ANCIEN CONTINENT. En voici le caractère :
couleur jaune ; cheveux noirs, roides, droits et peu fournis ; la tête presque quadrangu-
laire ; la face large, à la fois plane et déprimée ; les traits peu marqués et comme fon-
dus ensemble ; l'espace entre les sourcils, large et uni ; le nez petit et camus ; les joues
globuleuses et saillantes en dehors ; l'ouverture des paupières étroite et linéaire ; le
menton pointu.

Cette variété se compose de tous les Asiatiques à l'Orient du Gange et du mont Be-
lour, excepté les Malais de l'extrémité de la péninsule au-delà du Gange. En Europe
on la retrouve, selon Blumenbach, chez les Lapons, chez les Finois ; et en Amérique
chez les Esquimaux répandus depuis le détroit de Behring jusqu'au Groënland. Mais
Mr. Malte-Brun s'est convaincu qu'il faut rapporter les Finois, descendans des anciens
Scythes d'Europe, à la première variété, dont ils forment une très-ancienne subdivision.

La race orientale de l'ancien continent, circonscrite dans les bornes qui viennent
d'être tracées, offre une remarquable identité de teinte, de physionomie, de forme de
crâne et même de langues.

III.ᵉ VARIÉTÉ AMÉRICAINE.

La variété américaine se rapproche, à plusieurs égards, de celle que nous venons de
considérer. En voici les principaux caractères : couleur cuivrée ; cheveux noirs, droits,
roides et rares ; front court ; les yeux enfoncés ; le nez presque camus et cependant
saillant. En général, les pommettes éminentes ; la face large sans être plane ni déprimée ; les traits, vus de profil, paraissant très-prononcés et comme profondément
sculptés. La forme du front et du vertex est souvent ici un produit de l'art.

Cette variété occupe toute l'Amérique, excepté les extrémités septentrionales, habitées par les Esquimaux. Elle paraît renfermer plusieurs branches, qui diffèrent considérablement, soit par le teint, qui, blanc chez les Kristinaux, arrive presque au noir
chez les Bresiliens, soit par les traits et par la forme du crâne, tantôt aplati et tantôt allongé. Tous ces peuples ont de la barbe, mais elle est faible. Il y en a qui,
à l'instar de quelques nations mongoles et malayes, se l'arrachent.

IV.ᵉ VARIÉTÉ DES TERRES OCÉANIQUES.

Cette variété est désignée par Blumenbach sous le nom de RACE MALAYE. En voici
le caractère encore très incertain : couleur basanée ; cheveux noirs, mous, épais, abon-
dans et frisés ; la tête légèrement rétrécie ; le front un peu bombé ; le nez gros,
large, épaté ; la bouche grande ; la mâchoire supérieure un peu avancée ; les traits,
vus de profil, paraissent marqués et distincts.

Cette variété comprend les insulaires de la mer pacifique, les habitans des îles Marianes, Philippines, Moluques, de la Sonde, et les indigènes de la péninsule de Malakka,
la plupart des habitans de la Nouvelle-Hollande et ceux de la Nouvelle-Zélande, peut-
être même quelques-unes des nations de Madagascar.

V.ᵉ VARIÉTÉ NÈGRE.

La cinquième grande division du genre humain, ou la variété nègre, ne présente rien de douteux. Les caractères sont: la couleur noire; les cheveux noirs et crépus; la tête étroite, comprimée sur les côtés; le front très-convexe, vouté; les os de la pommette saillans en avant; les yeux à fleur de tête; le nez gros et se confondant presque avec la mâchoire supérieure, qui est portée en avant; le bord alvéolaire étroit et allongé; les dents incisives supérieures placées obliquement; les lèvres, particulièrement la supérieure, gonflées; le menton retiré; les jambes en général cambrées.

Cette variété, répandue dans toute l'Afrique occidentale et méridionale, se retrouve sur les côtes de Madagascar, probablement sur celles Nord-Ouest, de la Nouvelle-Hollande, dans les grandes îles de Van-Diemen, de la Calédonie et de la Nouvelle-Guinée; on croit même qu'elle occupait anciennement les îles Philippines, Borneo, Java et Sumatra. Les haraforas, qui habitent encore l'intérieur de quelques-unes de ces îles, sont nègres; les indigènes des îles Andaman le sont également. Ainsi, toutes les régions de la zône torride, à l'exception de l'Amérique, ont produit des peuples nègres; preuve manifeste de l'influence des climats sur les variétés de l'espèce. Mais quand nous observons les différences entre un véritable nègre, au teint de jayet, aux cheveux laineux, longs; un Diéménois, un nouveau Calédonien, un Papous au teint couleur de suie, aux cheveux frisés; nous restons incertains si ces trois races, séparées d'ailleurs par des mers et des montagnes, sont chacune originaire de leur domicile actuel, ou si elles descendent d'une souche commune.

Les hottentots forment encore une exception remarquable. La forme de leur crâne est celle de la race malaye; ils ont le teint et la barbe faible de la variété mongole; mais leur chevelure laineuse les rapproche des nègres.

Les différences que présentent la couleur de la peau, des cheveux, des yeux, la grandeur de la taille, le plus ou le moins d'embonpoint, ne sont pas les plus fortes de celles que l'on observe parmi les hommes. Ces différences peuvent être produites par l'action plus ou moins prononcée du soleil et de la chaleur, par une nourriture plus ou moins abondante. Les naturalites trouvent dans la charpente osseuse du corps humain, et surtout dans celle de la tête, des différences entre les hommes, plus essentielles, plus radicales, et sur lesquelles le climat et le mode d'existence a moins d'influence. Le nègre, par la configuration de son crâne, par ses joues proéminentes, par son front plat, ses mâchoires avancées, comme dans les singes, diffère beaucoup des habitans blancs de presque toute l'europe, de la perse et de l'arabie, chez qui le front forme une ligne presque droite et perpendiculaire avec les parties inférieures du visage. Les Kalmouks ou les Mongols, dont les pommettes des joues sont très-saillantes, le visage plat, les yeux petits, bridés, obliques; par ce que l'angle extérieur est relevé en l'air, se distinguent aussi par des traits constans de la race nègre et de la race blanche ou scythe. Les couleurs mêmes de ces différentes races ne tiennent point au climat, mais à des causes fondamentales. Le Kalmouk jaunâtre se trouve à côté des blanches tribus des Circassiens et des Géorgiens. Les indigènes de la tasmanie ou de la terre van-

DIEMEN, à une latitude australe, correspondante à celle de l'ANGLÉTERRE, sont aussi bruns que les Hottentots d'AFRIQUE; tandis que les naturels de la NOTASIE, plus rapprochés de l'équateur, sont d'une couleur beaucoup plus foncée. Les Lapons, les Samoyèdes et les Kamtzchadales, dans la zône glaciale, ont une peau plus brune que les Arabes, les Hindous et les Malais, dans la zône torride. Les Abyssins hâlés sont entourés de hordes noires. La race noire de la POLINÉSIE et de MADAGASCAR, se conserve et se perpétue parmi les habitans olivâtres originaires de l'ARABIE ou de MALAKKA. Les Guèbres, qui habitent l'INDE depuis des siècles, se distinguent des Hindous par la blancheur de leur teint. Les descendans non mélangés des anciens Flibustiers, qui les premiers ont conquis et peuplé les ANTILLES, sont aussi blancs que les Européens établis dans ces îles, depuis un petit nombre d'années. D'autres faits démontrent que les traits généraux et la coupe du visage se perpétuent, sans altération, de siècle en siècle. On a examiné des momies *) parfaitement conservées et prises dans les pogées ou catacombes **) les plus profondes de THÈBES, et l'on s'est convaincu que les antiques Égyptiens ne ressemblent ni aux Coptes, ni au Nègres, ni aux Chinois, comme on l'avait prétendu; mais aux Égyptiens actuels de la HAUTE-ÉGYPTE, à ceux qui habitent près de THÈBES et aux environs des cataractes, surtout aux Cheyks de village, et aux principales familles qui sont moins mélangées. L'angle facial ***) de cette race est le même que dans les Européens; mais de tous les signes distinctifs, le plus frappant c'est l'inclinaison en arrière du nez et du front; les têtes grecques ont le nez et le front

---

*) Les MOMIES ou MUMIES sont des cadavres d'hommes ou d'animaux, desséchés et embaumés.

**) Tombeaux souterrains, dont nous aurons occasion de parler.

***) Si l'on fait passer, par la racine des dents de la mâchoire supérieure et la partie la plus saillante du frontal, une ligne qui vient en couper une autre, tracée horizontalement sur la joue, de la racine du nez à l'extrémité inférieure de l'oreille, ces deux lignes formeront un angle (voy. la pl. III.) Cet angle, tracé sur le profil GREC, sera à peu près droit, c'est-à-dire, d'environ 90 degrés; mais à mesure que la tête humaine s'éloigne de ce type de la beauté, l'angle facial devient plus aigu. Il n'est plus que de 70 degrés pour la tête du NÈGRE et du CALMOUCK. Celui de la tête du singe n'a que 45 degrés. Suivant Mr. Humboldt, l'angle facial est plus aigu dans l'AMÉRICAIN que dans le MONGOL; mais le même angle est plus ouvert que dans le NÈGRE. Il n'y a pas de race sur le globe, dans laquelle l'os frontal soit plus déprimé en arrière, ou qui ait le front moins saillant que la race américaine; ce caractère rapproche cette race de celle des anciens ÉGYPTIENS.

On a remarqué que, de tous les animaux, l'homme est celui dont le crâne est le plus grand relativement à la face; et comme le volume du cerveau est naturellement proportionné à la capacité de la boîte osseuse, il s'ensuit que l'homme est aussi de toutes les créatures celle dont le cerveau est proportionnellement le plus considérable. Ces rapports de grandeur entre la face et le crâne, donnent assez bien la mesure de l'intelligence des individus; de sorte qu'on peut conclure que l'intelligence de l'homme diminue à mesure que l'angle facial de la tête humaine devient plus aigu. Cette règle est aussi applicable aux animaux, et leur instinct est d'autant plus borné, que ces deux lignes forment un angle plus aigu. L'angle facial du chien est plus ouvert que celui du mouton, et les poissons qui, de tous les animaux, ont le moins d'instinct, sont aussi ceux dont la face offre l'angle le plus aigu par la réunion de ces deux lignes.

sûr un même plan, mais perpendiculaire; dans les Européens septentrionaux ces deux traits font un angle rentrant, plus ou moins prononcé.

Monsieur Walckenaer distingue trois races d'hommes, la BLANCHE OU SCYTHIQUE, la MONGOLE OU JAUNE, l'ÉTHIOPIENNE OU NOIRE. Ces trois races présentent des différences très-caractérisées dans leur nature physique et morale; les autres races qu'on a voulu définir avec précision, n'offrent que des caractères ou des variétés de ces trois races principales. Ainsi, continue ce savant auteur, les races malayes ou indiennes semblent être un mélange de la race éthiopienne avec la race blanche ou scythique, et on les retrouve encore toutes deux distinctes et séparées dans plusieurs îles de la POLYNÉSIE, où ce mélange s'est opéré. Les Chinois et les Japonais ne paraissent être que des variétés de la race mongole ou jaune, mêlée avec la variété indienne ou malaye. Quant à la prétendue race américaine, elle n'est qu'une pure fiction des naturalistes modernes, trop prompts à généraliser, et qui ont assigné à cette race des caractères, qui ne conviennent peut-être pas à deux peuplades des deux vastes continents d'AMÉRIQUE. Le défaut de poils sur le corps tient à l'usage de s'épiler, qui est universel parmi les habitans de l'hémisphère occidental; la couleur cuivrée est loin d'être générale. Quand on recueille le témoignage des meilleurs observateurs, on demeure convaincu que les naturels du NOUVEAU MONDE ne diffèrent pas sensiblement par leurs formes des diverses races mongoles et scythiques; et que parmi eux des nations grandes et vigoureuses se trouvent peu éloignées d'autres petites et faibles. Il existe aussi une grande diversité dans leurs traits, la couleur de leurs cheveux, leur teint plus ou moins basané, et les formes et la proportion des diverses parties de leur corps.

De toutes ces différentes races d'hommes, la race blanche ou scythique paraît douée à un plus haut degré que toutes les autres, de cette flexibilité dans la constitution physique, qui permet à l'homme de résister aux climats les plus opposés, et de cette force intellectuelle, qui le rend capable d'ajouter sans cesse à la perfectibilité de son espèce. C'est aussi cette race qui domine sur la plus grande partie du globe; dans la Tartarie indépendante, la petite Boukarie, la Perse, l'Arabie, l'Égypte, l'Abyssinie, le nord de l'Afrique, et dans toute l'Europe; et par les colonies sorties de l'Europe, elle forme les seuls peuples civilisés qui existent dans les deux Amériques. La race mongole ou jaunâtre s'étend au nord de la longue chaîne de montagnes qui traverse l'Asie, dans la Mongolie et la Mantschourie, et dans le vaste empire de la Chine. La race éthiopienne ou noire est la moins répandue, et ne forme de nations nombreuses que dans la partie de l'Afrique située sous la zône torride.

Toutes ces races d'hommes sont attachées aux contrées qu'elles habitent, au climat sous l'influence duquel elles sont nées, aux usages de leurs ancêtres, et ce sentiment est d'autant plus vif, que les peuples sont moins avancés dans la civilisation. Le Nègre pleure d'attendrissement lorsque dans les colonies européennes il revoit les arbres de sa patrie; l'air du ranz des vaches*) fait deserter le soldat suisse; le Lapon,

---

*) Ceux qui ont visité les vallées et les glaciers de l'Helvétie, connaissent les RANZ DES VACHES si célèbres, dont la mélodie pure et touchante produit des effets si surprenans sur les ames des Suisses, et rappè?

sous un ciel plus doux , loin de sa cabane enfumée, et sans ses rapides traîneaux, languit et meurt: c'est au bruit des chansons joyeuses et au milieu des danses libres que le Tongouse pêcheur jette ses filets dans les rivières, qui charient de gros glaçons; et le sauvage chasseur d'Amérique préfère ses sombres forêts, les dangers et les privations de son mode d'existence à la sécurité des villes et à l'abondance de la vie agricole. Cependant la race blanche ou scythique s'est répandue et domine dans toutes les parties du globe; la race mongole ou kalmouque a formé peu de colonies et est restée dans ses déserts. L'avidité des colons européens a fait transporter dans le nouveau monde, une portion nombreuse de la race éthiopienne ou nègre, et le mélange de cette race avec celle des blancs a produit la race mixte des ZAMBOS, qui est peut-être la plus corrompue de toutes celles qui habitent le globe.

PEUPLES D'EUROPE
DIVISÉS EN DOUZE NATIONS D'APRÈS LEUR ANCIENNETÉ PRÉSUMÉE.

CLASSE I.re Les BASQUES, les anciens VASCONES des Romains, conservés dans la chaîne des Pyrénées.

— II.e Les GALICS qu'on retrouve chez les habitans de l'Irlande (6), des hautes Terres de l'Ecosse et des îles Westernes (7).

— III.e Les peuples d'origine CIMBRIQUE ou KYMRIQUE, les plus anciens habitans des parties occidentales de la France et de l'Angleterre (5) se nomment euxmêmes KYMRI, et ceux de la petite Bretagne, ou ceux de France, BREYZARDS.

— IV.e Peuples GERMANIQUES, divisés en deux familles, 1) peuples TEUTONIQUES; 2) peuples SCANDINAVES. Les peuples TEUTONIQUES se subdivisent a) en ALLEMANDS (9), qui habitent la Bavière, la Saxe, le Mecklembourg, la Westphalie, le Hanovre, la Hesse, la Franconie, et généralement toutes les contrées de l'ancien empire d'Allemagne; d'une partie des districts situés entre la France et le Rhin, de la Suisse, de l'Autriche propre, de la Prusse, du Holstein — mêlés avec d'autres peuples de race différente, en Bohème, en Hongrie, en Moravie, en Silésie, en Transylvanie, en Styrie, en Dalmatie, en Esthonie, en Ingrie, en Livonie, en Courlande; (b) en HOLLANDAIS (8) (Duitsch), en FLAMMANDS (Vlœmske), qui habitent la Hollande et le Brabant ou la Belgique. Les peuples SCANDINAVES sont les DANOIS (Danske), appellés originairement JUTIENS; les NORWÉGIENS (Norske); les ISLANDAIS (1); les SUÉDOIS (15) (Suenske).

---

lent à ceux qui étaient éloignés de leur patrie, le souvenir du jeune âge, et le charme attaché aux lieux où l'on a vu le jour. C'est ce regret de la patrie que les Français appèlent MALADIE du pays. Des mots KÜHE-REIHEN ou KUH-REIHEN, on a formé en français celui de RANZ DES VACHES. On croit assez généralement que le premier ranz des vaches a pris naissance dans les Alpes d'Appenzell. Au reste, il ne faut pas croire qu'il n'y existe pour tous les montagnards helvétiens qu'un seul ranz; bien au contraire, chaque contrée a , pour ainsi dire, depuis un tems immémorial, son air ou son poëme champêtre. Il existe peut-être dans la Suisse plus de cinquante ranz des vaches, ayant tous un caractère rustique, plus ou moins remarquable, à raison des mœurs, du génie et du degré de civilisation des montagnards qui les chantent.

Classe V.ᵉ Cette grande classe comprend les peuples provenus du mélange des nations soumises aux Romains, avec les peuples teutoniques qui, dans le 5.ᵉ siècle, ont envahi successivement ce pays; tels sont les ITALIENS (10), les ESPAGNOLS (3), les PORTUGAIS (2), les FRANÇAIS (4), les GRISONS, les WALAQUES (20).

— VI.ᵉ Peuples SLAVES, originaires des bords septentrionaux de la mer noire, qui sont probablement les SARMATES des Grecs et des Romains; tels sont les RUSSES (32), les SERVIENS (Serbelin), les CROATES (16), les WENDES, les POLONAIS (12) (Polaki), les BOHÉMIENS (11) (Tcheks), les LUZACIENS (Sorabes, Serske), les BOSNIAQUES, les USCOQUES, les MORLAQUES, les ESCLAVORIENS, les DALMATES, les RAGUSAINS.

— VII.ᵉ Les GRECS (19) répandus dans toutes les provinces de l'empire ottoman situées en Europe, dans toutes les îles de l'Archipel et en Asie-mineure.

— VIII.ᵉ Les TARES (26) peuple tatar, originaire du Turkestan, entre les monts Altaï et le lac Aral.

— IX.ᵉ Les LETTONS OU LATWI, qui ne se rencontrent plus que comme serfs de familles allemandes, en Samogitie, en Courlande, dans une partie de la Livonie appelée LETLAND, dans une portion de la Lituanie et sur le Curisch-Nerung.

— X.ᵉ Peuples TCHOUDES, les anciens Scythes d'Hypocrate; tels sont les SUOMOLAIN ou FINOIS, ou FINLANDAIS (108), nommés par les Russes TCHOUCHNA; les SAME ou LAPONS (109), les ESTHONIENS et les LIVES.

— XI.ᵉ Les HONGROIS (20), qui se nomment eux-mêmes MADJARS. Ils habitaient anciennement entre le Wolga, le Tobol et le Jaïk, d'où ils ont émigré vers le 7.ᵉ siècle pour se transporter sur le Dnieper; et vers la fin du 9.ᵉ siècle ils franchirent les monts Krapacks, et s'établirent dans le pays qu'ils habitent. Leur nom de MADJAR se retrouve encore sur le Wolga; celui de HONGROIS est dû à l'erreur, qui a fait confondre ce peuple avec les HUNS venus des frontières de la Chine.

— XII.ᵉ Les ALBANAIS, qui se nomment eux-mêmes SKIPATAR; les Turcs les appélent ARNAUTS; ils habitent l'Illyrie et les côtes de l'Adriatique (16, 17, 18), et sont répandus dans l'empire turc. Il paraissent issus des ALAINS qui, dans le 4.ᵉ siècle, entrainés par les HUNS, ont envahi l'Europe.

Il y a encore en Europe trois nations originaires d'Asie, qui sont restées étrangères au milieu des Européens, et ont conservé leur caractère primitif. Ce sont les HÉBREUX ou JUIFS, les ARMÉNIENS et les BOHÉMIENS. L'origine des deux premiers peuples est connue; quant au dernier, il parait certain aujourd'hui que c'est une tribu des PARIAHS des bords du Sindeh ou de l'Indus, qui émigra en Occident vers le commencement du 5.ᵉ siècle, lors de la conquête de ce pays par Tamerlan. Les Bohémiens sont répandus dans toute l'Europe et surtout en Hongrie. C'est en Pologne que les Juifs sont les plus nombreux (voy. pl. XXI.)

PEUPLES D'ASIE

DIVISÉS EN TREIZE CLASSES.

L'Asie actuelle est habitée par des peuples de race et d'origine diverses, se distinguent sous plusieurs rapports des Européens, et présentent entr'eux des différences frappantes tant par leur langage, la figure et la couleur du corps, que par le caractère moral, le genre de vie, le degré de culture, les mœurs, les usages, les opinions. On peut les diviser, selon Mr. Walckenaer, en treize classes; savoir:

CLASSE I.ʳᵉ La RACE POLAIRE, qui occupe un plus vaste espace qu'en Europe; tels sont les SAMOYÈDES proprement dits (105); les OSTIAKS (106); les KAMATCHINZY, à la droite du Jénisseï; les KAROGAZ et les TAÏGINZ sur la rive de Tussewa; les TOUBINSK, sur la rivière de Touba; les KOÏBALS dans les districts de Krasnoyarsk et Koustnez; les MOTORES, sur la rivière de Touba à l'orient de Jénisseï; les SOYÈTES dans les mêmes montagnes à l'ouest du lac Baïkal.

— II.° PEUPLES MÊLÉS AVEC LES TATARS ET D'AUTRES TRIBUS, et qui habitent les frontières de l'Europe et de l'Asie de chaque côté des monts ourals; tels sont les TCHEREMISSES (35) et les VOTIAKS (34); les PERMIENS OU BIARMIENS (107); les VOGOULS ou les OSTIAKS, dans la province de Tobolsk; les MARDOUINS, dans les gouvernemens de Kasan, d'Orenbourg et de Nichny; les TEPTIERAÏS dans le gouvernement d'Orenbourg.

— III.° TATARES DÉGÉNÉRÉS, dans la partie inférieure du bassin du Léna jusqu'à la mer glaciale et à l'extrêmité N. E. de l'Asie; tels sont les YOUKHAGUIRES (104); les JAKOUTS (100); les TCHUTCHIS (103); les KORIAKS (102); les KAMTZCHAKDALS (116); les habitans des KOURILES (117).

— IV.° PEUPLES DE RACE TATARE, divisés en deux grandes familles, les TATARS SEPTENTRIONAUX et les TATARS MÉRIDIONAUX. Les premiers sont les TATARS proprement dits; tels sont les NOGAÏS (21) dans la Crimée; les TATARS DE KASAN; les KALMOUCKS (39); les TATARS TROUCHMANS du Daguestan et du Schirvan; les KOUMANIENS, qui résident dans les environs du fleuve Kouma, entre la mer caspienne et le golfe d'Azof, d'où sont probablement issus les COSAQUES du Don (22) et de la mer noire; les BASKIRES (38); les KARAKALPAKS (91); les KIRGUISES (92) etc. Les TATARS MÉRIDIONAUX comprennent les TURCS (26); les OÏGHOURS, qui habitent les monts Bogdo, et occupent le pays situé entre Hami et Turfan dans la Mongolie; les TURCOMANS (31); les TATARS USBEKS (30); les BOUKHARIENS (90); les KARAMANIENS, race d'origine turque, qui sous un prince nommé KARAMAN, ont formé en Asie-mineure une principauté appelée KARAMANIE, détruite ensuite par les OSMANLIS, autre race turque qui, sous la conduite d'un chef nommé OSMAN, a fondé l'empire turc actuel.

Classe Ve Race des mongols (87), les huns de l'antiquité et confondus mal à propos avec les Tatars. Ils se subdivisent en plusieurs tribus ou nations qu'on peut renfermer sous deux grandes divisions, les mongols proprement dits et les mongols mélangés. Parmi les premiers sont les kalkas (97) au nord du désert de Cobi; les ortous au nord de la grande muraille; les kalmouks ou les eleuts, la plus nombreuse et la plus connue de toutes les nations mongoles, qui se partageait en quatre grandes hordes; savoir les chochots (88); les soungares (95); les derbets, sur le Wolga; les bourats (98), les plus laids de tous les peuples mongols.

Parmi les mongols mélangés, au nord des Eleuts, dans le bassin de la Léna, aux sources du Jénisseï et le long de la chaîne altaïque, sont les tschoulyms entre l'Obi et le Jénisseï; les telouts ou kalmouks blancs des Russes; les kistins sur le Tom; les abinzes (93); les jakouts (100); les youkaguirs (104) appartiennent à ces races mélangées, ainsi que les tchouvaches (36) que les Russes appèlent tatars des montagnes.

— VIe Race des mantchous au N. E. des Mongols, à l'extrêmité de l'Asie. On distingue parmi les peuples de cette race les kins, nommés aussi nieutchés; les mantchous (86); les daouriens (90); les tongouses (98); les lamouts (101).

— VIIe Peuples du sud-est de l'asie, qui paraissent appartenir à la même race; savoir les chinois (83); les coréens (84); les japonais (82); les habitans de formose, lioukiou et madjicosema, les tibétains (77); les siamois (80); les arakhaniens, les barmas (78), les péygouans (79), les anamites (81) ou tonkinois, les cochinchinois, les habitans de camboye et de laos.

Les malais (164) n'appartiennent ni par leur conformation physique, ni par leur langage, à la grande classe des peuples dont nous venons de faire l'énumération.

— VIIIe La race des hindous (74), que l'on peut diviser en hindous septentrionaux et en hindous méridionaux ou du Dekhan. Parmi les premiers sont les habitans de kamboul et de kandahar, les cachemiriens, les habitans du moultan, du tatta ou du sind, du guzerate ou de surate, d'agra ou de dehli, d'allahabad etc. Parmi les seconds sont les malabares (72); les habitans de kanara, les dekhanais, les concanais, les marattes (73); les habitans de la côte de coromandel, les chingalais (71) ou les habitans de l'intérieur de l'île de Ceylan.

— IXe Tribus sauvages, réléguées dans les montagnes ou dans les lieux d'un difficile accès, qui diffèrent entièrement des peuples au milieu desquels elles se trouvent et auxquels elles livrent une guerre continuelle, et qui sont évidemment les malheureux restes des véritables indigènes de ces contrées; tels sont les aïnos, indigènes de jesso, de saghalien, et d'autres tribus des montagnes de la Chine, de la Cochinchine, de Tchittigang, d'Arakhan, de Malakka etc.

Classe X.ᵉ Vers l'Ouest on trouve les afghans ou patans (41), qu'on croit originaires de l'Hindou-Koh et des montagnes de Candahar; ils dominent dans la Perse orientale et dans le N. O. de l'Hindoustan. Les séiks (76) sont une race mélangée d'afghans.

— XI.ᵉ La race des persans (29), aujourd'hui dominés par des hordes de Turcs et d'autres Tatars. Les tadjics, de même que les coptes et les fellahs en Égypte, sont les anciens habitans des contrées qu'ils habitent, c'est-à-dire, de la Perse, de la grande Boukharie ou de la Bactriane.

— XII.ᵉ Peuples de la turquie d'asie et de l'arabie, considérés comme issus d'une seule grande race qu'on nomme sémitique, qui se subdivise en sémitiques du nord ou araméens; c'est-à-dire, ceux qui dans les environs de Moussoul parlent le chaldéen, et ceux qui, répandus dans la Judée et dans quelques cantons de la Syrie, parlent la langue syriaque; en sémitiques du centre ou cénanéens, c'est-à-dire, ceux qui parlent le samaritain et l'hébreu; en sémitiques du sud ou les arabes (28). Les arméniens (25) vers les sources de l'Euphrate et du Tigre, forment une nation nombreuse qui ne peut se rapporter à la classe des peuples sémitiques.

— XIII.ᵉ Les peuples du caucase, qui habitent les vallées et les montagnes qui s'en détachent, sont les géorgiens (24); ils se nomment eux-mêmes kartuliens; ils habitent les contrées situées au sud du Caucase et arrosées par le Kur. Les imirétiens, au N. O. des Géorgiens; les mingréliens à l'est des imirétiens; les kourdes (27) au S. des Mingréliens; les suanes au N. des Mingréliens; les abasses ou abasgues au N. des Imirétiens et à l'est des Mingréliens; les tchercasses ou circassiens (23) du Kouban, au N. du Caucase. Ce sont les anciens scythes d'Hérodote, qui étaient dans la presqu'île de Crimée et se réunirent dans la suite aux amazones, les abkases à l'Ouest, les basianes à côté des Suanes et au Sud des Tchercasses; les ossètes sur la rive gauche du Terck, les kistes ou les ingousches vers les sources du Terck et de la Sunscha. Ils se nomment eux-mêmes lamur, c'est-à-dire, habitans des montagnes; les leghiens, dans le Leghistan, à côté des Kistes (voy. pl. XXIII—XXIV.)

PEUPLES D'AFRIQUE
DIVISÉS EN QUATRE CLASSES.

Classe I.ʳᵒ Race maure (42) à laquelle on a donné une origine arabe ou asiatique, et qui paraît être, selon Mr. Walckenaer, celle des véritables indigènes des parties septentrionales et orientales de l'Afrique. Dans les états barbaresques, en Égypte et en Abyssinie, cette race s'est beaucoup mêlée avec les Arabes, qui au 7.ᵉ siècle s'y sont répandus, par les armes, la religion et le commerce, et avec d'autres peuples venus d'Europe et d'Asie. Cependant elle est suffisamment reconnaissable dans les abyssins (50), qui forment une race essentiellement distincte des Arabes. La RACE MAURE s'est conservée plus pure dans les montagnes de l'Atlas, parmi les KABYLES ou BREBERS ou BERBERS (43), d'où vient le nom de BARBARIE; parmi les Kabyles des montagnes septentrionales du royaume de Maroc, de celles d'Alger, de Tripoli et de Tunis; parmi les AMARZIGHS, nommés par les Arabes SCHILLA ou SCHULLA, à l'extrémité sud de l'Atlas; parmi les TOUARYKS (46) et les TIBBOS ou TIBBOUS (48). Les COPTES ou KOPHTES (47) semblent être un faible reste des descendans des anciens Égyptiens.

CLASSE IIe RACE DES NÈGRES qu'on a nommée peut-être improprement RACE ÉTHIOPIENNE; ce sont les habitans primitifs de l'Afrique occidentale et centrale; ils ont pénétré, vers l'Est, jusqu'en Nubie, en Abyssinie, en Égypte, et sur la côte orientale. Cette race est la plus nombreuse de l'Afrique. Nous ne connaissons point les peuples nombreux qui habitent l'Afrique centrale ou le Soudan. Cependant nous sommes certains que les habitans du Darfour sont de véritables Nègres, et il paraît que les habitans de Bournou, de Kordofan, de Sennaar, sont aussi Nègres. Les FOULLAHS (51), d'un noir rougeâtre, habitent principalement le Sénégal; il en existe des tribus jusqu'au S. du Fezzan, sur les Confins et même dans l'intérieur du royaume de Bournou; ils habitent encore sur le Joliba ou Niger (49) dans les royaumes de Masina, de Tombouctou. Au sud de l'Abyssinie sont les GALLAS, les CHILLOUKS, les NUMBOS, les ZIMBAS. Les Abyssins nomment SCHINGALLA tous les Nègres en général. Parmi les Nègres de la Sénégambie on remarque les JALOFS (52), les plus noirs et les plus beaux des Nègres; les MANDINGUES (54) qui possèdent le riche pays de Bambouk; les SOUSOUS de Sierra-Leone; sur la côte d'or les FETOU, les AKIM, les AKRA, les AMINAS, les DAHOMAYS (55), les habitans de BENIN (56), les CALBONGOS (57). Les naturels du CONGO, quoique noirs comme les Nègres de Sénégambie, semblent former cependant une race différente, et se rapprochent par les traits des Européens. Le plus terrible et le plus dégoûtant cannibalisme règne parmi les habitans de l'intérieur de cette partie de l'Afrique, particulièrement chez les DJAGAS.

Les Nègres de la côte orientale d'Afrique, également originaires de l'intérieur, sont les MOUDJOUS, Nègres très-laids sur la côte de Mozambique (64); les MONGALLES (65); les MAKOUAS ou MAKOUANAS, depuis Melinda jusque dans le voisinage des CAFFRES; les Nègres de Madagascar ou les MADACASSES (69). Cette île a sur ses côtes plusieurs colonies arabes très-nombreuses.

IIIe RACE DES HOTTENTOTS ET DES CAFFRES qui occupe toute l'Afrique méridionale. Cette classe est distinguée des Nègres par un angle facial moins obtus, un front bien voûté, un nez saillant; mais elle s'en rapproche, dans plusieurs tribus, par des lèvres épaisses, des cheveux sinon laineux, du moins crépus, un teint qui varie du brun jaunâtre au noir clair. Les NOMAQUOIS et les DAMARAS au N. O. de la région du Cap; les KORUNAS à l'est des Nomaquois;

les GOUANQUAS à l'est des Koronas et vers les montagnes de la Caffrerie, appartiennent à la race des HOTTENTOTS. Mais ceux que les Hollandais appèlent BOSCHIMANS et qui se nomment eux-mêmes HOUZOUANAS et SAAB, qui habitent aussi au N. E., forment une variété particulière. A l'est des BOSCHIMANS sont les CAFFRES, leurs ennemis, grands, vigoureux et bien proportionnés; leur peau est brune ou ressemble à celle du fer nouvellement forgé, leurs cheveux sont noirs, crépus et courts, leur barbe est peu fournie. Le nom de CAFFRES n'est qu'une dénomination générale, qui signifie INFIDÈLES; il a été donné par les Arabes, qui se sont établis dans la partie septentrionale de la côté orientale d'Afrique, à tous leurs voisins non Musulmans, comme les Européens ont donné le nom de PAYENS aux peuples qui ne sont ni Chrétiens, ni Juifs, ni Mahométans. Les tribus des Caffres, les plus voisines de la région du Cap, se nomment KOUSSAS; plus au N. E. sont les TAMBOUAKIS et les HAMBOHNAS. Au N. des HOTTENTOTS et des BOSCHIMANS et à l'ouest des montagnes de la Caffrerie est la grande nation des BETJOUANAS (60), qui paraissent tenir plus à la race des CAFFRES qu'à celles des BOSCHIMANS et des HOTTENTOTS.

CLASSE IV.ᶜ Peuples originaires des autres continents, qui possèdent de vastes territoires et forment des nations nombreuses; tels sont les Arabes des états barbaresques (42) et des côtes de l'Afrique orientale; et les Européens du cap de Bonne-Espérance, et les divers établissemens de Sénégambie, de Guinée, de Sofala et de Mozambique. La race de GUANCHES ou des indigènes des CANARIES, ne nous est connue que par les momies embaumées que ce peuple nous a laissées (voy. pl. XXIV.)

PEUPLES DU NOUVEAU MONDE
PARTAGÉS EN TROIS CLASSES.

AMÉRIQUE SEPTENTRIONALE.

Les habitans du nouveau monde peuvent se partager en trois classes: les EUROPÉENS, les INDIGÈNES et les NÈGRES esclaves.

Parmi les Européens on distingue les BLANCS nés en Europe d'avec les CRÉOLES, qui sont nés en Amérique; mais ce dernier nom n'est employé que dans les colonies espagnoles et dans les Antilles. Les CHAPETONS sont des hommes nés en Espagne, qui ont été s'établir en Amérique. La supériorité que les Chapetons affectent sur les Créoles, ceux-ci la prennent sur les MÉTIS, qui sont les descendans des blancs et des indigènes; les MULATRES résultent du mélange des blancs et des Nègres, et les ZAMBOS de celui des Nègres avec les indigènes. Parmi les Européens, les plus nombreux sont les ANGLAIS dans les États-Uunis, dans les contrées de l'Est et dans le centre; les ESPAGNOLS dans la

Nouvelle-Espagne, dans les contrées du Sud; les FRANÇAIS du Canada dans les contrées du Nord. Les NÈGRES transportés d'Afrique dès l'an 1503, forment la principale masse de la population dans le grand Archipel des Antilles. Depuis quelques années ils sont seuls maîtres de Saint-Domingue ; mais dans les Antilles ils sont sous la domination des blancs, principalement des Anglais, des Espagnols, des Français, des Danois et des Hollandais.

Quant à la classification des peuples de l'AMÉRIQUE SEPTENTRIONALE, il résulte des efforts infructueux qu'on a faits pour y réussir, cette vérité certaine que les peuples de l'Amérique septentrionale sont de la même race que les peuples du nord-ouest de l'Asie, et que les faits semblent prouver que les races du Nord et celles du Sud doivent être différentes. Les principales qu'on a observées, sont: AU NORD, dans le Grœnland et sur les terres de Hudson et du Labrador, les GRŒNLANDAIS (110) et les ESKIMAUX (111) à cheveux noirs et à visage plat, qui appartiennent à la race polaire des LAPONS en Europe et des SAMOYÈDES en Asie; les ESKIMAUX dressent leurs tentes le long de l'Océan arctique; Les HURONS (123) habitent plus au sud à l'est du lac de ce nom; les IROQUOIS qui forment cinq nations; les autres peuplades s'étendent vers le lac Ontario; les SIOUX (120); les CHIPAWAYS, de même que les Sioux, divisés en plusieurs tribus; la plus célèbre est celle des ALGONQUINS (122); les MIAMIS près du lac Erié et sur le Wabach; les APALACHES (130), les CHIKARAS et les CHACTAS à l'embouchure du Mississipi; les MANDANES sur les bords du Missouri; les OSSAGES (127) et les PAWNIS à l'ouest du Missouri et du Mississipi; les CARAÏBES (131 ou ARAOUKS; les CHOCHONISES dans la chaîne des monts rocheux (118). Ils forment, en quelque sorte, la nuance des peuples des régions du centre et de celles de l'Ouest. Les SOLKUKS à l'ouest des monts rocheux; ils ont le crâne tellement plat, que son sommet est sur une ligne perpendiculaire à celle du nez. On a trouvé dans les monts rocheux un village nommé TCHOPPOUNICHS, qui contenait toute la nation des TCHOPPOUNICHS. Le village ne consistait lui-même qu'en une seule maison bâtie en terre et en bois, qui a 150 pieds de long. Les tribus les mieux connues de Nootka et de la Californie, sont les RAMSENS et les ESCELENS aux environs de Monterey. Les principales tribus, qui résident de l'autre côté des montagnes, sont les KIAWAYS; les APACHES (128); les AZTÈQUES OU MEXICAINS (133) paraissent être originaires d'un peuple qui, des bords du golfe de Californie, s'est avancé vers le Sud. La plus grande partie des naturels du Nouveau-Mexique a été civilisée, et dans ce qui reste des vingt-quatre tribus anciennes, les KÉRÈS, forment une des plus puissantes.

AMÉRIQUE MÉRIDIONALE.

Si on excepte quelques petites portions sur la côte ou dans la Guyane, où les HOLLANDAIS, les FRANÇAIS et les ANGLAIS se sont établis, on peut considérer que toutes les contrées civilisées de l'Amérique méridionale sont occupées par des habitans de la péninsule hispanique, ou par des ESPAGNOLS et des PORTUGAIS ou des descendans de ces deux nations européennes. Les premiers dominent dans toute la partie occidentale; l'extrémité sud ou la Patagonie est entièrement occupée par les indigènes. C'est en se mêlant avec ces derniers, que les PORTUGAIS et les ESPAGNOLS ont formé une race mixte. La race NÈGRE transportée dans ces contrées par les ÉUROPÉENS, s'y est considérablement multipliée, et forme même dans la GUIANE une république indépendante, composée d'esclaves révoltés ou affranchis, dont le nombre se monte à plus de 20,000 individus. Parmi les INDIGÈNES divisés en un grand nombre de petites peuplades, les moins féroces et celles qui se civilisent le plus facilement, sont les GUARANIS (149), les TOUPIS (147), dont les langues sont les plus répandues dans la partie orientale du continent de l'Amérique septentrionale, ainsi que celle des OMAGUAS (140). Les mœurs douces et aimables des PÉRUVIENS (145), aujourd'hui mêlés avec les Espagnols, leurs vainqueurs, ont agréablement occupé le burin de l'histoire et les pinceaux des romanciers. Dans la Nouvelle-Grenade, les MOSCOS (139) approchaient beaucoup de la civilisation des PÉRUVIENS. On a récemment visité plusieurs nations jusqu'ici inconnues, qui sont répandues entre la Tungaragua et le Marannon. Les CARAPACHOS et les CHIVEOS sont aussi blancs que les Allemands en Europe, et ainsi que les MOYORANAS. ils ont une barbe touffue, caractère qui se trouve encore parmi les TOPINAMBOUS (141) du Brésil, et d'autres indigènes du Nouveau-Monde. Les CASSIBOS sont accusés d'Antropophagie, ainsi que les CARAPACHOS; ceux-ci forment la plus belle race du monde, suivant les missionnaires qui comparent leurs femmes aux Circassiennes et aux Géorgiennes. Plus au Sud sont les nombreuses tribus des MOXOS (143) et des CHIQUITOS (146) etc. A l'est de Quito et sur les bords du Marannon, jusqu'à l'embouchure de Rio-Negro, sont les MAYNAS, au nombre de 18,000; ils ont été convertis au christianisme. Les OMAGUAS (140), qui aplatissent extrêmement la tête de leurs enfans; les YAMEOS à l'est des Omaguas; les ACHAGUAS sur la rive gauche de l'Orénoque sont, comme les SALIVI, un peuple doux, et propre à l'agriculture etc. Plus à l'est sur l'Orénoque sont les OTTOMAQUES, race farouche, sale et indolente; ils mangent une certaine terre glaise qu'ils pétrissent en boules de quatre à six pouces de diamètre, et qu'ils brûlent extérieurement à petit feu jusqu'à ce que la croûte devienne rougeâtre. Avant de manger ces boules, ils les humectent de nouveau. Il est remarquable que les OTTOMAQUES en mangeant une si grande quantité de terre, n'en éprouvent aucune incommodité. On a retrouvé l'usage de cette nourriture parmi quelques autres tribus du Nouveau-Monde, chez quelques Nègres de la côte de Guinée, parmi les insulaires de Java, dans la Nouvelle-Calédonie, et même en Europe dans un canton de la Haute-Lusace. Mr. Vauquelin a trouvé du cuivre en assez grande portion dans le talc friable, dont les habitans de la Nouvelle-Calédonie font usage pour appaiser leur faim. Dans une plaine boisée, qui est entourée par quatre rivières, l'Orénoque, l'Atapabo, le Rio-Negro et le Casiquiaré, on trouve des rochers qui sont couverts de figures symboliques colossales, représentant des crocodiles, des tigres, des ustensiles de ménage, et les images du soleil et de la lune. Ce coin de terre est aujourd'hui inhabité dans une étendue de plus de 500 milles carrés, et n'est fréquenté que par des troupes de singes qui vivent en société, et de tapirs. Les peuples qui entourent ce district, sont ravalés au degré le plus bas de la civilisation; elles attestent donc le séjour d'un peuple plus civilisé, qui aujourd'hui n'existe plus dans ce canton. Vers l'Est dans la Guiane sont les GALIBIS (138), doux, humains et faciles à civiliser, ainsi que les ARAOUAKS. Il ne faut pas confondre avec les derniers les CARAÏBES (136), remarquables par leur bravoure et leur caractère intraitable. Les WORROWS, entre Demerary et Surinam, remarquables par la beauté de leurs traits, ainsi que les ARAOUAKS et les GUARAUNAS. Parmi les nations sauvages du Brésil on doit nommer les TOUPIS (147); les TOPINAMBOUS (141) et les MARJATS; remarquables par leur férocité. Les PÉTIVARS au N. E. sont doux, hospitaliers; les maris se mettent au lit, et se font soigner lorsque leurs femmes sont accouchées. Le peuple le plus nombreux et le plus intéressant à connaître dans les contrées centrales, sont les GUARANIS (149), qui se divisent en trois classes; savoir les GUARANIS MÉRIDIONAUX OU PROPREMENT DITS; c'est des individus de cette nation que se composaient les célèbres missions des Jésuites dans le Paraguay; les GUARANIS OCCIDENTAUX, qui s'étendent au N. O. jusqu'aux bornes du Pérou, et les GUARANIS SEPTENTRIONAUX ou les TOUPIS. Les nations de ces contrées ont coutume de se percer la lèvre inférieure pour y introduire un corps quelconque de bois, de gomme ou de pierre. Cet usage, en apparence si bizarre, de se percer les oreilles, le cartilage du nez, les lèvres, se trouve différemment modifié chez presque tous les peuples sauvages des huit parties du globe. Dans les contrées méridionales, les ARAUCANS forment la nation la plus nombreuse. Cette liberté qu'ils avaient défendue contre les PÉRUVIENS, ils l'ont conservée, malgré les attaques répétées des ESPAGNOLS; et après une guerre opiniâtre, ils ont forcé en 1773 les fiers conquérans du Nouveau-Monde à recevoir un ambassadeur de leur nation, en résidence à SAINT-JAGO. Ils possèdent la contrée fertile entre les rivières Bobbio et Valdivia. Les MOLLUCHES, les PUELCHES (151), les PAMPAS, les HUELCHES, les TEHUELHETS, répandus à l'est de la Cordillière et dans les plaines orientales de la Patagonie, paraissent tous issus des AUCAS. Les TEHUELHETS ou PATAGONS sont justement célèbres par leur haute stature; des mesures exactes ont démontré que leur taille ordinaire est en six et sept pieds. A l'extrémité du continent et sur la côte Ouest, sont les CAUCAES, les HUILLIS et les POYAS. Aucune de ces tribus n'est féroce, et en général c'est dans les contrées du Sud que se trouvent, sur ce continent, les peuples indigènes les plus dignes de fixer l'attention et les plus propres à recevoir les bienfaits de la civilisation.

PEUPLES DU MONDE MARITIME.

La population du monde maritime se compose de trois races; 1.º les MALAIS, à demi-civilisés; 2.º les COLONS CIVILISÉS, originaires d'Europe et d'Asie, et 3.º les INDIGÈNES DE L'INTÉRIEUR, presque partout entièrement sauvages.

ARCHIPEL DE NOTASIE.

La RACE MALAYE parait originaire de Sumatra; elle s'est répandue dans la presqu'île de MALAKKA et dans toutes les îles du monde maritime. Elle se distingue par une couleur jaune basanée, les cheveux noirs, mous, épais, abondants et frisés; la tête rétrécie au sommet, le front un peu bombé, les os de la pommette arrondis et point saillans, mais la mâchoire supérieure un peu portée en avant, le nez gros, aplati, sans être ni épaté, ni camus.

Différentes races asiatiques et européennes se sont mêlées avec les Malais; mais il n'y a eu presqu'aucun mélange parmi les tribus natives de l'intérieur, qui offrent dans chaque île des différences très-prononcées; plusieurs d'entre elles paraissent appartenir à la race des Noirs à cheveux laineux de PAPOU et d'autres îles de l'Australie. Les ESPAGNOLS ont en partie peuplé LUZON, PANAY, MINDORO et MINDANAO. Les PORTUGAIS, les HOLLANDAIS et les ANGLAIS se sont répandus dans les chaînes d'îles sumatriennes et bornéenes, et principalement dans les îles de SUMATRA, de JAVA, de BORNÉO et des MOLUQUES. Les Espagnols ont seuls formé des établissemens dans les ÎLES PHILIPPINES. Des CHINOIS et des JAPONAIS, issus des plus basses classes, exercent leur industrie mercantile à JAVA et à BORNÉO. On trouve, dans l'intérieur de l'île de Sumatra, trois peuples principaux, les BATTAS (163) au Septentrion; ils sont cannibales; les REDJANGS, petits, minces, à teint jaune, dans le voisinage de Bencoulen. Les LAMPONGS ou indigènes du Sud. Les MACASSARS (162) et les BOUGUIS, habitans des îles célèbes. Presque toute la population de JAVA se trouve aujourd'hui mêlée avec les MALAIS, ce qui a formé une race mixte, dont les individus ont un teint plus jaune que celui des MALAIS. Dans l'intérieur de TIMOR, indépendamment des races MALAYES et EUROPÉENNES, on trouve dans l'intérieur une race d'hommes noirs ou de NÈGRES OCÉANIENS. Les indigènes de l'intérieur de BORNÉO paraissent aussi MALAIS d'origine. L'intérieur de cette île recèle une race de NÈGRES OCÉANIENS. Les indigènes d'origine MALAYE qu'on trouve aux PHILIPPINES, ont dans leurs mœurs une telle ressemblance avec ceux de SUMATRA, qu'on ne peut douter qu'ils ne soient issus d'une souche commune; ils se divisent en deux classes, les TAGALIENS (166) et les BISSAYENS. On trouve une autre race de couleur noire, qu'on nomme YGORATES, FINGUIANES, CALINGAS, ITALONES, dans l'île de LUZON et HARAFORAS dans l'île de MINDANAO. Ces NÈGRES OCÉANIENS sont moins noirs que les Nègres de GUINÉE, et ont les cheveux longs et laineux.

LA POLYNÉSIE.

Cette partie du monde maritime est presque entièrement peuplée par des habitans malais d'origine, mêlés avec quelques NÈGRES OCÉANIENS, qui sont probablement les restes de la population primitive. Si on excepte ce petit nombre d'indigènes, malgré les grands espaces de mer qui séparent ces îles, la ressemblance des traits physiques, des langues, des usages, des mœurs et des habitudes de ces différens insulaires, démontre qu'ils appartiennent à une seule et même race. Indépendamment de cette communauté d'origine, il est encore des indices qui montrent entre les naturels de quelques-uns de ces Archipels une parenté plus étroite. Cependant les insulaires des îles SANDWICH (169) sont plus bruns que ceux d'O-TAÏTI, quoiqu'à la même distance de l'équateur (155). Les naturels des NOUVELLES-MARQUISES, des îles WASHINGTON, sont d'un brun très-foncé, presque noir; mais les chefs de la noblesse, moins exposés aux ardeurs du soleil, ont un teint plus clair; on a observé la même chose dans les autres Archipels. Les insulaires des ÎLES MARQUISES l'emportent sur tous les autres par les belles proportions de leurs formes et la régularité de leurs traits; les femmes y sont d'une beauté remarquable. Dans l'ARCHIPEL DES NAVIGATEURS les hommes ont une haute stature et une force peu commune; les NATURELS DES ÎLES DES AMIS (156) au contraire, sont petits et d'une taille encore inférieure à celle des O-TAÏTIENS. Dans plusieurs îles on observe encore des restes de la race des NÈGRES OCÉANIENS. Dans les ÎLES CAROLINES il y a des Nègres esclaves, tant il est vrai que l'esclavage parait être d'un bout du monde à l'autre la destinée des hommes de cette couleur.

L'AUSTRALIE.

L'espèce humaine se montre sur toute l'étendue de l'AUSTRALIE, dans un état de dégradation qui attriste et humilie. On y connait quatre races d'habitans distinctes; les NOTASIENS ou indigènes de la NOTASIE ou NOUVELLE-HOLLANDE, qu'on trouve sur toutes les côtes de ce continent, et dans l'île MALLICOLO, une des NOUVELLES-HÉBRIDES; les NÈGRES OCÉANIENS, ou la race noire hideuse et féroce qui peuple la grande île de PAPOU, qui est répandue dans toutes les ÎLES AUSTRALIENNES de la zône torride, et sur quelques points de la Notasie; les MALAIS ou POLYNÉSIENS, qui ont peuplé les deux grandes îles de la NOUVELLE-ZÉLANDE (157); et enfin les EUROPÉENS qui résident dans les colonies formées par les ANGLAIS. Les NOTASIENS sont pour la plupart d'une couleur cuivrée; leurs cheveux sont noirs, longs, sans être laineux comme ceux des Nègres d'Afrique; leur barbe est noire et épaisse; ils ont les sourcils prononcés, le nez aplati, les narines larges, les yeux creux, les lèvres épaisses, une bouche d'une largeur démesurée; leurs bras, leurs jambes et leurs cuisses sont d'une extrême maigreur. Les TASMANIENS, ou les indigènes de VAN-DIEMEN ou de TASMANIE (170) sont plus bruns que les NOTASIENS, quoiqu'ils habitent un climat plus froid; ils ont les cheveux courts, laineux et crépus, tandis que ceux de la NOUVELLE-HOLLANDE les ont droits et roides. Les TASMANIENS diffèrent peu des NÈGRES OCÉANIENS, et ils ressemblent aux naturels de la NOUVELLE-CALÉDONIE (158). Les NÈGRES OCÉANIENS paraissent former la grande majorité des habitans de PAPOU (161). L'aspect de ces peuples est hideux et effroyant; leur peau est d'un noir luisant, dure, et souvent défigurée par des cicatrices. Ils ont de grands yeux, le nez plat, la bouche très-grande, la lèvre supérieure très-épaisse, les cheveux laineux d'un noir luisant ou d'un rouge vif; la petite île de SALAVATTY est peuplée par des individus de cette race. Toutes les îles au N. de PAPOU sont peuplées par une très-belle race de MALAIS ou POLYNÉSIENS. Dans l'ARCHIPEL DE LA LOUISIADE, la population se compose de NÈGRES OCÉANIENS, mélangés avec une autre race. Les deux races de POLYNÉSIENS et de NÈGRES OCÉANIENS paraissent être mélangées dans les ARCHIPELS DE SALOMON et de SANTA-CRUZ. C'est dans l'Archipel des HÉBRIDES ou du SAINT-ESPRIT que s'est opéré le mélange de toutes les races sauvages du MONDE MARITIME. Les naturels de la NOUVELLE-ZÉLANDE (157) diffèrent du reste de l'AUSTRALIE; ils sont MALAIS et POLYNÉSIENS, et de la même origine que les habitans des îles de la Société (155); leur couleur est basanée et un peu plus foncée que celle des Espagnols; leur chevelure est noire; ils égalent pour la taille les plus grands Européens; leurs traits sont en général réguliers et agréables. La RACE EUROPÉENNE, d'origine ANGLAISE, ne s'est mêlée avec aucune des races sauvages d'Australie.

GÉOGRAPHIE POLITIQUE.

Les habitans de la plupart des grandes divisions de la terre, indiquées à la page 43, sont liés entre eux en sociétés plus ou moins grandes, sous un gouvernement particulier.

Une société composée d'un nombre plus ou moins considérable de familles, soumises à un gouvernement particulier et indépendant, qui veille à la sûreté de chacun et au bien-être général, est ce qu'on nomme un ÉTAT.

On donne aussi le nom d'ÉTAT à un pays habité par une pareille société.

On appelle GOUVERNEMENT ou CONSTITUTION, l'autorité souveraine à laquelle une nation obéit.

L'essence et le caractère distinctif d'un état consistent dans sa CONSTITUTION FONDAMENTALE. Cette constitution résulte des rapports mutuels du chef avec ses sujets et des sujets avec leur chef. La puissance d'un état est mue par un ressort qu'on nomme AUTORITÉ SOUVERAINE. C'est de la diversité de cette autorité que naît la différence des états, qui sont MONARCHIQUES, lorsque l'autorité souveraine est entre les mains d'un seul; et LIBRES, lorsque l'autorité souveraine est entre les mains de plusieurs.

Les états monarchiques sont ABSOLUS ou LIMITÉS. Ils sont ABSOLUS lorsque le chef commande sans autre loi que sa volonté; LIMITÉS, lorsque le chef est obligé de suivre certaines lois fondamentales. Ceux des Souverains qui gouvernent leurs états sans la participation ni le consentement de leurs sujets, sont des MONARQUES ABSOLUS.

Les personnes qui sont à la tête des états monarchiques, portent le titre d'EMPEREUR, de CZAR, de ROI, de SULTAN, de PACHA. Il en est d'autres dont la dignité est moins éminente; tels sont les ÉLECTEURS, les ARCHIDUCS, les GRANDS-DUCS, les DUCS, les PRINCES, les COMTES etc., et dans quelques pays les EMIRS, les CHÉRIFS etc.

On nomme encore ÉTATS l'assemblée des personnes, qui concourent avec le Souverain à l'administration publique. Une pareille assemblée est appelée DIETE, PARLEMENT, SÉNAT etc. Sous le rapport de l'avénement au trône, les gouvernemens monarchiques sont HÉRÉDITAIRES ou ÉLECTIFS. Dans les premiers, le Souverain parvient au trône par droit de succession; dans les derniers, par voie d'élection. Il y a des états où les MALES seuls ont droit à la couronne, comme en France, en Turquie; et d'autres où les FEMMES y sont admises, comme en Russie, en Danemark, en Suède, dans la Grande-Bretagne etc.

Sous le rapport de l'autorité souveraine, les ÉTATS LIBRES sont
1.º ARISTOCRATIQUES, lorsque l'autorité n'est conférée qu'à un certain nombre de personnes.
2.º OLIGARCHIQUES, lorsqu'elle est entre les mains d'un petit nombre de personnes.
3.º DÉMOCRATIQUES, lorsque tout le peuple y a part.
4.º ARISTO-DÉMOCRATIQUES, quand l'autorité est partagée entre le peuple et la noblesse.

Il y a encore des contrées où les hommes habitent sous des tentes, dans des cavernes et sous l'ombre hospitalière des arbres. Mais les demeures des peuples civilisés, c'est-à-dire, des peuples qui s'adonnent à la culture des terres, des arts et métiers, des sciences et des lettres, sont les villages, les bourgs, les villes, les forteresses. Tout ce qui s'appelle manufactures et fabriques, commerce, sciences et beaux-arts, devrait être le partage des villes ; et l'agriculture, l'éducation des troupeaux avec ce qui en dépend, l'occupation exclusive des bourgs et des villages. Mais cette distinction n'a plus lieu de nos jours, et l'on voit dans plusieurs parties des états européens une quantité de villes se livrer de préférence à l'économie rurale, pendant que les bourgs et les villages cultivent le commerce et les arts. Les villes seules autrefois étaient pour l'ordinaire fermées de murs, avec des tours, des fossés et des remparts ; mais aujourd'hui il y en a beaucoup, tant anciennes que modernes, qui sont absolument ouvertes, tandis qu'on trouve des bourgs, des villages même avec portes et murailles.

On considère en général dans un état, ses BORNES, son ÉTENDUE, sa SITUATION et sa DIVISION. Ses bornes sont NATURELLES, quand elles sont déterminées par les montagnes, les mers, les fleuves et le langage. Elles sont POLITIQUES, quand elles sont fixées par des traités. La situation se détermine par la latitude et la longitude. La surface est mesurée en lieues ou milles carrés. La DIVISION est GÉOGRAPHIQUE quand elle naît du nombre des provinces, départemens etc., qui composent un état, ou des chaînes de montagnes, des vallées, des forêts et des fleuves dont il est entrecoupé. Elle est HISTO-RIQUE quand on décrit les accroissemens successifs d'un état dans l'ordre chronologique. Enfin elle est POLITIQUE quand elle suit l'ordre établi dans le gouvernement politique d'un état, et qu'elle indique chacune des provinces, chacun des départemens, des cercles etc. d'un état.

Les COLONIES sont des provinces éloignées ou voisines de la mère-patrie. En s'en dé-tachant, elles parviennent quelquefois à se rendre indépendantes et à former des états particuliers ; tels sont les États-Unis de l'Amérique septentrionale. Quand la géographie considère les habitans d'un état, elle en observe le NOMBRE, les CLASSES PRINCIPALES, le LANGAGE, la RELIGION, la CIVILISATION etc.

La POPULATION est indiquée le plus exactement par le dénombrement des habitans. Les registres des naissances peuvent servir à déterminer la population sans recourir à ce dénombrement. Il faut pour cela connaître le rapport de la population aux naissan-ces. Le moyen d'y parvenir le plus exact, consiste 1.° à choisir plusieurs communes dans chaque département, pour avoir un milieu entre les petites différences que les causes locales apportent dans les résultats ; 2.° à faire le dénombrement des habitans de ces communes à une époque donnée ; 3.° à déterminer par le relevé des naissances du-rant plusieurs années, qui précèdent ou suivent cette époque, le nombre correspondant des naissances annuelles. Ce nombre, divisé par celui des habitans, donnera le rapport des naissances à la population d'une manière d'autant plus précise, que le dénombre-ment sera plus considérable. Ces calculs de probabilités sont ce qu'on nomme ARITH-MÉTIQUE POLITIQUE. Les principales CLASSES d'une nation se composent de la NOBLESSE, du CLERGÉ, des BOURGEOIS et des PAYSANS. Ces derniers sont LIBRES ou SERFS, c'est-à-dire, de condition servile, soumis à certaines redevances et à certains droits envers les seigneurs.

Tous les peuples, à l'exception d'un petit nombre de sauvages, croyent à une vie à venir, liée à l'existence actuelle, et ont une espèce de culte divin. Mais ils diffèrent entre eux dans la manière de rendre ce culte à la divinité. La religion est DOMINANTE dans un pays, quand elle jouit de grands priviléges ou quand elle est professée par le plus grand nombre des habitans; elle est TOLÉRÉE seulement dans le cas contraire.

Comme c'est moins à la différence des climats et des races qu'aux progrès de la civilisation, aux circonstances qui les accompagnent, aux causes qui les modifient, qu'il faut attribuer la différence des gouvernemens, des mœurs, des habitudes, on verra, sans doute, avec intérêt dans ce porte-feuille un tableau général des parties habitables du globe où brille le flambeau de la civilisation. Mr. Walckenaer nous servira encore de guide. On verra par ce tableau qu'il y a à peine un sixième de ces parties de la terre qui jouisse de ce bienfait. Ce tableau sera suivi de ceux des RELIGIONS et des LANGUES.

Un état a besoin, pour sa conservation et sa sûreté intérieure et extérieure, de REVENUS et de FORCES MILITAIRES ou d'une FORCE ARMÉE. Les revenus se composent des productions naturelles et industrielles et du numéraire. Si les revenus ne suffisent pas aux besoins de l'état, il en résulte ce qu'on appelle DETTE NATIONALE.

La force armée se divise en TROUPES DE TERRE ET DE MER. Les troupes de terre consistent en INFANTERIE et en CAVALERIE. Celle-ci est composée de CUIRASSIERS, de DRAGONS, de HUSSARDS, de LANCIERS etc. Les troupes d'infanterie et de cavalerie se divisent en RÉGIMENS, en BRIGADES et DEMI-BRIGADES etc. On divise encore l'infanterie en BATAILLONS et en COMPAGNIES, et la cavalerie en ESCADRONS. L'ARTILLERIE comprend les corps du GÉNIE, des CANONIERS, des SAPEURS etc.

Les états plus ou moins bordés par la mer, sont tous ou engagés par leur situation, ou forcés par le besoin de pourvoir à leur sûreté et aux progrès de leur commerce, d'avoir une MARINE, c'est-à-dire, un certain nombre de vaisseaux pourvus d'hommes, de canons, et de tout l'attirail nécessaire tant pour l'attaque que pour la défense. On les nomme VAISSEAUX DE GUERRE, qu'on distingue en VAISSEAUX DE HAUT BORD, ou VAISSEAUX DE LIGNE, c'est-à-dire, ceux qui, par leur grosseur et la nature de leur armement, peuvent être rangés en lignes ou en ordre de bataille dans une affaire; ils portent 50 jusqu'à 120 canons; et en FRÉGATES, CORVETTES, KUTTERS etc., qui sont des bâtimens peu chargés de bois et plus légers à la voile. Un grand nombre de ces bâtimens ou forteresses mouvantes forme ce qu'on appelle une FLOTTE, et quand il y en a moins de dix, c'est une ESCADRE. Ceux qui les montent, marins et soldats, se nomment ÉQUIPAGE.*) La FORCE DE L'ÉQUIPAGE se règle d'après le calibre et le nombre des canons. En tems de guerre on équipe aussi des vaisseau armés en course.

DIVISION GÉNÉRALE DE LA TERRE SOUS LE RAPPORT DE LA CIVILISATION.

En Europe . . . { Tous les états qu'elle renferme, à l'exception des portions les plus orientales qui sont situées dans l'EMPIRE RUSSE et habitées par des peuples NOMADES, sont parvenus au dernier période de la civilisation, avec des nuances diverses et des degrés différens.

---

*) On a coutume de compter à part les officiers qui forment ce qu'on appelle l'état-major.

En Asie . . . . {
La CHINE . . . .
L'HINDOUSTAN . . . .
La PERSE . . . .
La TURQUIE D'ASIE . . . .
Quelques portions du TIBET . . . .
de la PETITE BUKHARIE.
de l'ARABIE.
} Ces contrées réunies forment un tiers de ce vaste continent.

En Afrique. {

au Nord. {
TRIPOLI
TUNIS
ALGER
MAROC
} États barbaresques.

à l'Est. . {
L'ÉGYPTE.
L'ABYSSINIE.

Quelques faibles colonies sur la côte de MOZAMBIQUE.
La colonie du CAP.

au Sud . {
Les tribus de CAFFRÉS, les plus voisines de la région du Cap, sont dans un état de civilisation pastorale très-perfectionnée, et se distinguent par des mœurs plus douces et mieux réglées que les autres indigènes non-civilisés de l'Afrique.

à l'Ouest {
Quelques établissemens sur la côte occidentale, qui cependant, ainsi que l'Abyssinie, n'offrent qu'une civilisation bien imparfaite.

Dans l'Amérique septentrion.ᵉ {

à l'Est. . [Les ÉTATS-UNIS . . . .

au Sud . {
La NOUVELLE-ESPAGNE.
Le MEXIQUE. . . . . . .
Les ANTILLES . . . . .
} Environ un tiers de ce continent.

Dans l'Amérique méridionale. {
Partagée en deux grands empires possédés par deux peuples civilisés, les Portugais et les Espagnols, qui en exceptent l'extrémité du Sud, habitée par les ARAUCANS, les PUELCHES et les PATAGONS. Mais ce vaste continent n'est que faiblement peuplé, et se trouve partagé, pour la plus grande partie, entre un grand nombre de tribus de sauvages chasseurs. On doit en excepter quelques districts ou provinces assez étendues et réellement civilisées, dont les villes de SANTA-FÉ-DE-BOGOTA, de QUITO, de LIMA, de la CONCEPTION AU CHILI, de CAYENNE, de SAINT-SALVADOR, de SPIRITU-SANTO, de BUENOS-AYRES et de l'ASSOMPTION, sont considérées comme les capitales.

Dans le monde maritime. {
La colonie anglaise du PORT-JACKSON.
La colonie établie par le même peuple dans la TASMANIE, sur la côte septentrionale de la NOTASIE, de la terre VAN-DIEMEN.
L'ARCHIPEL DE NOTASIE. . . . . . faible lueur de civilisation.
La POLYNÉSIE . . encore inconnue, malgré les efforts que les Anglais et les Anglo-Américains ont faits pour l'introduire aux îles SANDWICH, MARQUISES et de la SOCIÉTÉ.

DIVISION GÉNÉRALE DE LA TERRE PAR LA DIFFÉRENCE DES RELIGIONS.

Le CHRISTIANISME, né au sein du Judaïsme, fondé sur la révélation et la divinité de J. C.

EUROPE . . . . excepté dans la TURQUIE.

ABYSSYNIE.

Au CAP DE BONNE-ESPÉRANCE, dans les colonies européennes.

Dans les CANARIES.

Sur les côtes de SÉNÉGAMBIE.

En ÉGYPTE parmi les COPTES et dans les états barbaresques.

Dans les ÉTATS-UNIS . . . .

Dans le CANADA . . . .

Dans la NOUVELLE-ESPAGNE . . . . la seule

Dans le MEXIQUE . . . . reconnue.

Dans les vastes et riches contrées possédées par les Espagnols et les Portugais . . . . .

En ASIE, elle règne en souveraine dans les villes possédées par les Européens.

Dans le MONDE MARITIME elle est répandue au PORT-JACKSON, à O-TAÏTI et dans d'autres îles de la Polynésie.

Le MAHOMÉTISME, ou plutôt l'ISLAMISME, après le christianisme une des religions les plus raisonnables qui se soient introduites parmi les hommes. . .

Dans la TURQUIE D'EUROPE, la PERSE, la TARTARIE INDÉPENDANTE, l'ASIE-MINEURE, l'ARABIE, l'ÉGYPTE, les ÉTATS BARBARESQUES de TRIPOLI, de TUNIS, d'ALGER et de MAROC; dans le FEZZAN, la NUBIE, le DARFOUR, le BOURNOU, parmi les MAURES DU DÉSERT, dans plusieurs états nègres de la SÉNÉGAMBIE, et sur plusieurs points de la côte occidentale d'Afrique. Ainsi tous les Arabes modernes et anciens, les Maures, les Turcs, les Brebers et une partie des Nègres, professent l'islamisme.

Le CHAMISME OU LAMISME, reconnaissant un être suprême tout-puissant, éternel, infini, auteur de l'univers, et une nombreuse suite d'esprits et de dieux subordonnés en rangs et en pouvoirs, qui gouvernent le monde . . . .

Dans le TIBET, où réside le DALAÏ-LAMA, ou GRAND-LAMA, chef spirituel et temporel de ce pays; suivie par les TATARS, les SAMOYÈDES et par tous les peuples polaires, ainsi que par les MANTSCHOUS, les BOURATS et les TONGOUSES; propagée chez les KORIAKS, les TCHOUKS et les habitans des îles ALEOUTSKIE et des RENARDS.

Chez les ARAUCANS du Chili, le même que celui d'Asie, si ce n'est qu'ils ne reconnaissent point de LAMA ou de DIEU sous une forme humaine. Il est remarquable qu'ils désignent leurs esprits mâles sous le nom de GEN; les Arabes se servent de celui de GIN, qui est évidemment le même que celui de GENII chez les Latins et dans les langues modernes.

Le BRAHMISME OU PARABRAHMIS-
ME qui ne reconnaît qu'un seul dieu nommé PARABRAHMA, qui n'agit pas, qu'il n'est pas permis de figurer, et qui délègue ses pouvoirs à BRAHMA, à VISNOU et à SIVA, et à une foule de divinités subalternes, le soin de régir le globe que nous habitons. . . . .

L'HINDOUSTAN. — On peut considérer les Hindous comme livrés à toutes les absurdités du POLYTHÉISME, qui a été la religion de toutes les nations de l'Antiquité, à la réserve du peuple hébreu. Ce polithéisme grossier des Hindous réunit les dégoutantes rêveries de l'IDOLATRIE et de la ZOOLATRIE des anciens Égyptiens, aux trop riantes et trop voluptueuses superstitions des Grecs.

Le BOUDHISME, qui est la croyance des sectateurs de BOUDHA, croyance qui ne semble être que le BRAHISME dégagé de ses superstitions les plus grossières et les plus sanguinaires.

SIAM, son principal siège . . . dominante.
L'île de CEYLAN . . . . Idem.
L'empire de BARMAS. . . . . . —
L'ANAM, c'est-à-dire, le TONKIN, la COCHINCHINE et CAMBOYE . . . dominante.
Dans l'HINDOUSTAN, le JAPON, la CHINE, où GAUTAMA ou BHOUD, prophète ou dieu de cette religion, est connu sous le nom de FO.

Le FÉTICHISME, d'après le nom de FÉTICHES qu'on donne aux idoles de certains peuples nègres. Les peuples sauvages livrés à ce guerre de superstition, sont ceux de . . . . . .
Le mot FÉTICHISME vient du mot portugais FETISSO, qui désigne quelque chose de saint, de surnaturel.

La Polynésie.
L'intérieur de l'Afrique, les Nègres indigènes, qui n'ont point adopté l'islamisme.
Des deux AMÉRIQUES.

Parmi les peuples dispersés sur la surface du globe, qui ne sont point réunis en corps de nation, et qui sont restés fidéles à leur croyance religieuse, on distingue surtout les JUIFS, qui dominaient en PALESTINE; ensuite les GUÈBRES OU PARSIS, adorateurs d'un seul Dieu, sous l'emblème du feu, descendans des anciens PERSES et des anciens BACTRIDNS. Les Guèbres chassés de Perse, se sont principalement retirés dans l'INDE à BOMBAY et dans les environs. Les JUIFS beaucoup plus nombreux, sont répandus dans toutes les contrées du globe, surtout dans le nord de l'AFRIQUE et dans les ÉTATS BARBARESQUES.

DIVISION GÉNÉRALE DE LA TERRE PAR LA DIFFÉRENCE DES LANGUES.

Après la religion et le gouvernement il n'y a pas de liens plus puissans entre les hommes que les LANGUES. Dans les premières périodes de la société, chaque peuplade sauvage a un langage particulier et tout différent de celui des peuplades voisines; mais lorsque la civilisation perfectionnée donne naissance à des états assez étendus, régis par un seul gouvernement, alors les dialectes particuliers des diverses peuplades primitives disparaissent peu à peu, ou se mêlent avec le dialecte de la tribu principale, qui prévaut sur toutes les autres, et forme une langue. L'usage de cette langue se répandra chez un grand nombre de nations, et semblera pouvoir aspirer à une durée illimitée, si le peuple qui la parle, se distingue par ses productions littéraires, si ce peuple étend au loin ses relations par le commerce, s'il subjugue un grand nombre d'autres peuples, ou s'il voit naître dans son sein une religion qui se propage sur une grande partie du globe.

Les langues sous le rapport de leur extension, sont GÉNÉRALES OU PARTICULIÈRES; sous le rapport de la situation géographique des peuples qui les parlent, elles sont ORIENTALES OU OCCIDENTALES; elles sont MORTES quand elles ne sont plus en usage que parmi les gens de lettres, et VIVANTES quand leur usage est commun à toutes les classes de la société. Les langues sont NATURELLES quand elles sont propres au continent où elles ont été ou sont en usage, et ÉTRANGÈRES quand elles se sont introduites d'un continent dans un autre à la suite des invasions d'un peuple conquérant. On considère enfin les langues comme MÈRES, ou comme ayant transmis beaucoup de leurs traits à celles qui en dérivent et qu'on nomme, par cette raison, LANGUES FILLES.

L'Europe a plusieurs langues GÉNÉRALES, dont quatre NATURELLES et une ÉTRANGÈRE.

Les langues naturelles sont la GRECQUE, la LATINE, la TEUTONIQUE et la SCLAVONE; l'étrangère est la TURQUE, qui vient de l'Asie.

Les deux langues anciennes les plus répandues autrefois sont:

La LANGUE GRECQUE *) parlée anciennement depuis les COLONNES D'HERCULE jusqu'à l'INDUS, et depuis les sources du NIL jusqu'à l'OXUS. Nulle autre langue ne peut lui être comparée par le nombre et la beauté des productions littéraires; et pour connaître toute sa gloire et l'étendue de ses bienfaits, il suffit de nommer l'évangile, les poëmes d'Homère et les ouvrages d'Aristote. Aujourd'hui elle est encore reconnaissable sous la plume et dans la bouche des descendans subjugués et avilis des anciens Grecs.

La LANGUE LATINE *), qui est devenue l'expression du sentiment, la langue de l'esprit, la peinture de la poésie sous la plume de CICÉRON et des CÉSAR, des SALUSTE et des TITE-LIVÉ, des HORACE et des VIRGILE, et a été redevable aux conquêtes des Romains, d'une aussi grande extension que la langue grecque, en devenant la langue dominante du vaste empire romain, depuis l'OCÉAN ATLANTIQUE jusqu'à la MER CASPIENNE; depuis les MONTAGNES D'ÉTHIOPIE jusqu'à celles qui separent la CALÉDONIE (l'Écosse) du reste de l'ILE D'ALBION (l'Angleterre). Cette langue, quoique morte, est restée la langue sacrée et savante de l'Europe. Les langues filles de la latine sont:

---

*) On a marqué d'un astérisque les langues anciennes qui sont encore en usage parmi les savans.

La LANGUE ITALIENNE, qui parait être, surtout pour les mots, une modification de la langue latine, mais qui, par la syntaxe, se rapproche de toutes les langues modernes, parmi lesquelles les chefs-d'œuvres littéraires qu'elle a produits et qui rappèlent les beaux noms de PÉTRARQUE, de l'ARIOSTE, du TASSE, de MÉTASTASE et d'ALFIERI, lui assignent un des premiers rangs . . . . } ne s'est pas étendue au-delà des limites de . . } l'ITALIE; c'est une des causes de de son inévitable décadence.

C'est celle dont la littérature s'est formée la première lors de la renaissance des lettres. Elle s'est divisée en différens dialectes; les peuples germaniques, qui ont envahi la haute et moyenne Italie, ont introduit un grand nombre de mots de leurs idiomes. D'un autre côté les ARABES, les NORMANDS, les ARAGONAIS, ont exercé une forte influence sur le langage de l'ITALIE MÉRIDIONALE.

La LANGUE FRANÇAISE, qui a moins de magie, mais plus de sagesse, et doit être sous ce rapport la langue favorite des philosophes. Elle a dû la gloire de s'étendre parmi un si grand nombre de peuples, à la situation géographique de la FRANCE, aux conquêtes des Français, à leur influence dans les affaires de l'Europe, à son extrême clarté, et au génie des nombreux écrivains qui l'ont cultivée et se sont approprié toutes les beautés grecques et latines . . . . } dominante en . . . . . . } FRANCE, dans le CANADA à SAINT-DOMINGUE, à la MARTINIQUE, à l'ÎLE-DE-FRANCE, à l'ÎLE-DE-BOURBON, et dans les divers points du globe où les Français ont eu des établissemens.

parlée et entendue . . } dans les hautes classes de la société des autres états de l'Europe.

C'est dans le 12.ᵉ siècle qu'on a commencé à écrire la langue française ou romane, abandonnée auparavant au vulgaire. Elle se divisa presque dès sa naissance en deux grands dialectes, celui du Nord ou LANGUE D'OIL, ou celui du Sud ou LANGUE D'OC.

La LANGUE ESPAGNOLE, que les Suèves, les Wisigoths et les Arabes ont contribué à modifier, mais qui, avec l'ITALIEN, se rapproche le plus du LATIN. Les fortes aspirations qui la distinguent, lui viennent du teutonique ou de l'arabe. Elle doit son extension au règne brillant de CHARLES-QUINT, aux découvertes des COLOMB, des CORTEZ et d'autres conquérans du nouveau monde. La langue ESPAGNOLE est dérivée du CASTILLAN, l'un des deux dialectes qui ont prévalu sur les différens autres qui se sont partagé la PÉNINSULE HISPANIQUE . . . . } parlée en . . . . } ESPAGNE, dans la NOUVELLE-ESPAGNE, dans le vaste empire espagnol de l'AMÉRIQUE MÉRIDIONALE, dans l'ILE DE CUBA, dans quelques îles des ANTILLES, aux PHILIPPINES, aux îles MARIANES ou dans les colonies espagnoles de l'Archipel de NOTASIE et de POLYNÉSIE.

La LANGUE PORTUGAISE, qui doit son extension au loin bien plus aux colonies et aux conquêtes des Portugais qu'au génie du CAMOÉNS et d'autres poëtes recommandables. Cette langue est dérivée du GALLICIEN . . . . . .

parlée en Europe dans { le PORTUGAL par moins de deux millions d'habitans.

se propage . . . . { dans les vastes solitudes du BRÉSIL.

en usage . . . . { au CONGO, à MOZAMBIQUE et parmi les Portugais établis sur le continent africain.

LANGUES GERMANIQUES.

La LANGUE TEUTONIQUE, qui est la langue naturelle du nord et du nord-ouest de l'Europe, porte avec elle les caractéres de la plus haute antiquité; mais elle s'est corrompue et en a formé plusieurs autres qui n'en sont que des idiomes; savoir:

La LANGUE ALLEMANDE, la plus universellement répandue après la française, ayant tout ce qu'il faut pour arriver au plus haut degré de toutes sortes de richesses, par la faculté de composer des mots, faculté commune aux langues germaniques et aux langues slavones, et que n'ont point les langues filles du latin

domine en . . . . { ALLEMAGNE.

prévaut dans. . . . . . { quelques provinces de la FRANCE à l'ouest du Rhin.

riche de ses productions littéraires, elle semble prétendre à devenir la langue nationale du . . { vaste empire des Czars.

La LANGUE ANGLAISE, la plus illustre de toutes les filles de la langue teutonique, ayant pour tige primitive celle que parlaient les ANGLO-SAXONS, originaires du canton nommé ANGLIA, situé dans le midi de la CHERSONÈSE CIMBRIQUE (le Jutland), entre Flensbourg et Sleswick, et mêlée ensuite avec le DANOIS et le FRANÇAIS. Après cette derniére langue, elle a, dans les tems modernes, enrichi les lettres et les sciences d'un grand nombre de productions utiles et brillantes; elle doit son immense extension et ses étonnans progrès à la puissance maritime du peuple qui la parle, et aux colonies qu'il a fondées.

parlée dans . . . . . . { les ÎLES BRITANNIQUES.

en vigueur. . . . . . . { aux ÉTATS-UNIS de l'Amérique septentrionale, dans l'île de la JAMAÏQUE, aux ANTILLES que possèdent les Anglais, dans l'HINDOUSTAN, à CEYLAN, dans la NOTASIE et dans quelques autres points du MONDE MARITIME.

La LANGUE HOLLANDAISE, qui a de même régné à son tour par ses colonies lointaines. Cette langue, ainsi que celle des Flamands, est un mélange des dialectes des Francs, des Frisons, et des Saxons . . . . } restreinte en Europe au très-petit pays de . . . { La Hollande.

} a regné à . . . . { JAVA, dans l'île de CEYLAN, au cap de BONNE-ESPÉRANCE.

La LANGUE DANOISE, formée plutôt que la hollandaise, rivalisant à présent avec l'allemand pour la hardiesse de la composition des mots, et la surpassant par la douceur et l'harmonie. . . . } domine en . . . . { Danemark.

La LANGUE SUÉDOISE, qui, aussi susceptible de perfection, a besoin de génies originaux dans les belles-lettres pour égaler le danois. . . . . } domine en . . . . { Suède.

Le DANOIS, le SUÉDOIS et l'ISLANDAIS avec l'ancien NORWÉGIEN, sont trois principaux dialectes de la langue SCANDINAVE, qui dérive vraisemblablement de la langue GOTHIQUE. La langue NORWÉGIENNE n'est plus en usage que parmi les habitans des campagnes. L'ISLANDAIS se rapproche le plus de l'ancienne langue GOTHIQUE.

LANGUES SLAVONES.

Le SLAVON, qui a été la langue naturelle des peuples SLAVES, originaires des bords septentrionaux de la MER NOIRE, qui sont probablement les SARMATES des Grecs et des Romains, s'est aussi corrompue et a formé plusieurs dialectes; savoir:

Le RUSSE, le POLONAIS, le BOHÉMIEN, le HONGROIS, l'ESCLAVON PROPRE.

La langue RUSSE vulgaire actuelle contient un grand nombre de mots finois, grecs, mongols, allemands et français; mais cette nouvelle langue ne date, en quelque sorte, que du 18.ᵉ siècle; le vieux russe ou slavon est le dialecte des SERVIENS, par lesquels les RUSSES ont reçu le christianisme et les premiers élémens des lettres; il s'est conservé dans les livres de l'église; et jusqu'à Pierre-le-Grand, il a été employé seul pour la littérature. Le dialecte des Serviens est en usage chez les BOSNIACQUES, les ESCLAVONIENS, qui seuls ont retenu le nom de la nation primitive, et enfin chez les DALMATES et les RAGUSAINS.

La LANGUE TURQUE, qui est un dialecte de la langue TATARE, originairement aussi pauvre que celle de tous les peuples nomades; mais elle s'est enrichie et s'enrichit encore tous les jours des dépouilles du PERSAN et de l'ARABE. De tous les dialectes tatars, le plus pur est celui de CRIMÉE, ensuite le TATAR-KAZAN, et après lui le TATAR-NOGAIS. . . } parlée dans la . . . . { TURQUIE D'EUROPE et dans les autres portions de l'empire turc.

LANGUES LES PLUS RÉPANDUES EN ORIENT.

L'ARABE, qui s'est étendu par les conquêtes de l'islamisme bien au-delà des limites de la presqu'île où il a pris naissance. Il a autant de ressemblance avec l'HÉBREU*, l'ARMÉNIEN ou l'ANCIEN SYRIAQUE*, que l'ITALIEN, l'ESPAGNOL et le FRANÇAIS en ont entre eux ; ce qui indique une identité d'origine entre les anciens peuples des bords de l'EUPHRATE et d'une partie de l'ASIE-MINEURE, de la SYRIE et de l'ARABIE. Le KOUFIQUE est l'ancien ARABE ; il est invariable ; mais le nisky ou l'ARABE VULGAIRE varie selon les différens pays où on le parle. .

langue vulgaire dans. . { l'ARABIE, la SYRIE, le DIARBEKYR, l'IRAK-ARABY, l'ÉGYPTE, les ÉTATS BARBARESQUES, le SAHARA.

langue sacrée et savante de la . . . . { TURQUIE, de la PERSE, de CACHEMIRE, d'une partie de l'HINDOUSTAN, de la BOUKHARIE, d'une grande partie de la TARTARIE INDÉPENDANTE, tels que le TURKESTAN et le KARISME, toutes ces parties de l'AFRIQUE et de MADAGASCAR, où la religion du Koran a pénétré.

Le PERSAN, qui offre de grandes richesses en poésie : SAADY, HHAFIZ, DJAMY et une foule d'autres écrivains ont prouvé que leur nation ne le cédait pas aux Arabes, soit pour l'imagination, soit pour la fécondité ; elle a même plus de grace et de goût dans le style, et c'est à juste titre qu'on nomme les PERSANS les Français de l'Asie. Le PARSIS, la langue sacrée des Guèbres ou Parsis, est la tige primitive du PERSAN actuel.

parlé dans . . . . { les vastes contrées comprises entre le Tygre et le Sind.

très-répandu dans . . . { l'Hindoustan.

Les autres langues de l'Hindoustan paraissent toutes dérivées du SANSCRIT, qui est la langue des livres sacrés des Hindous, qui s'honorent de leur Homère, de leur Sophocle et de leur Anacréon. La langue SANSCRITE se rapproche, tant par ses mots que par ses formes grammaticales, du ZEND, du PERSAN, du TURC, du TEUTONIQUE ou ancien GOTHIQUE, du GREC, du LATIN et de l'ISLANDAIS. Ces restes d'un vocabulaire et d'une grammaire commune à tant de nations si éloignées les unes des autres, prouvent qu'elles descendent d'une souche aujourd'hui perdue, ou qu'à une époque reculée elles ont eu entre elles des rapports communs de voisinage.

Les deux langues les plus répandues dans les vastes plaines du centre et du nord de l'Asie sont :

L'OÏGHOUR, source d'où est sortie la langue TURQUE.

Le MANTSCHOU, langue incomparablement moins difficile que la chinoise . . . . } qui a pénétré dans . . { la CHINE, depuis que les TATARES-MANTSCHOUS en ont fait la conquête, et menace de supplanter la langue CHINOISE plus ancienne et parlée peut-être par plus de cent millions d'individus.

Le MALAIS est pour le MONDE MARITIME ce que le français est pour l'EUROPE, le persan pour l'HINDOUSTAN. Cette langue est une des plus répandues de toutes celles que l'on parle sur le globe. . } domine dans . . . . . . { toute la presqu'île de MALAKKA, le grand ARCHIPEL DE NOTASIE.

n'est pas inconnu dans { plusieurs contrées de l'AUSTRALIE.

est commune aux . . . { Chinois, aux Indiens et aux Européens, et leur fournit les moyens de communiquer entr'eux.

Le JAPONAIS est une langue mère qui ne ressemble ni à aucune autre langue connue, quoique cependant il soit certain que les Japonais doivent leurs sciences, leurs arts et leur civilisation aux Chinois . . . . } domine dans . . . . . . { l'empire de Japon.

La LANGUE ALGONQUINE est une des plus riches de l'Amérique septentrionale *) . . . . } parlée par . . . . { sept tribus qui résident sur le lac des deux montagnes, et dispersées le long des côtes septentrionales des lacs ONTARIO et ERIÉ.

La langue la plus répandue parmi les indigènes de l'Amérique septentrionale est

LA LANGUE MEXICAINE OU ATZÈQUE, qui n'a offert aucune analogie avec les langues de l'Asie, auxquelle on a voulu la comparer } elle s'étend . . . . . . { dans l'Amérique septentrionale, depuis le 37° jusqu'au lac Nicaragua, sur une largeur de 400 lieues.

Les trois langues les plus répandues parmi les indigènes de l'Amérique méridionale sont :

Le QUITCHNA ou le PÉRUVIEN que parlaient les anciens habitans du PÉROU, qui sous plusieurs rapports étaient plus civilisés que les Mexicains . . . . } en vigueur chez . . . . { tous leurs descendans, non seulement dans toute l'étendue du PÉROU, mais jusque dans le TUCUMAN.

Le CHIBEA, la langue la plus usité aprè la péruvienne . . . . . } parlé par . . . . { tous les habitans primitifs de la NOUVELLE-GRENADE.

Le GUARANI, qui est une tige de celle des TOUPIS, qui se parle sur toute la côte du BRÉSIL . . . . . } parlé par . . . . { le peuple du PARAGUAY, nommé aussi GUARANIS.

---

*) L'IROQUOIS, et une infinité de dialectes sur lesquels les relations des voyageurs donnent des détails.

Les planches que nous destinons à représenter ce que nous aurons occasion de dire sur les mœurs et les usages des peuples, n'étant pas dans des dimensions assez grandes pour faire remarquer le caractère national de la physionomie, nous joignons à notre porte-feuille cinq planches de têtes, que réclame d'ailleurs ce que nous avons dit à l'article de la classification des variétés de l'espèce humaine.

Physionomies de la pl.° 21.°
- Allemand . . . fig.° 1 .
- Anglais . . . . — 2 .
- Hollandais . . . — 3 .
- Français . . . . — 4 .
- Espagnol . . . — 5 .

Peuples d'Europe.

Physionomies de la pl.° 22.°
- Chinois . . . . — 1 . [Asie.
- Kalmouck . . . — 2 . [Asie.
- Hindou . . . . — 3 . [Asie.
- Kopte . . . . — 4 . [Afrique.
- Arabe-Bédouin . — 5 . [Asie.

Physionomies de la pl.° 23.°
- Turc . . . . . — 1 . [Asie et Europe.
- Juif . . . . . — 2 . [Ancien monde.
- Kamtzchakdal . . — 3 . [Asie.
- Homme de l'Isle de Tchoka . . — 4 . [Asie sur la côte de Tartarie.
- Samoyède . . . — 5 . [Asie.

Physionomies de la pl.° 24.°
- Hottentot . . . — 1 . [Afrique.
- Houzouanas ou Boschimans . . — 2 . [Afrique.
- Nègre de Guinée — 3 . [Afrique.
- Indien de la Floride — 4 . [Amérique septentrionale.
- Homme de la baye de Nootka . . — 5 . [Côte N. O. de l'Asie.

Physionomies de la pl.° 25.°
- Malais . . . . . — 1 .
- Homme des îles Sandwich . . . . — 2 .
- Homme de la Nouvelle-Zélande . — 3 .
- Homme de l'île de Tanna . . . . — 4 .
- Homme de la Nouvelle-Hollande . — 5 .

Monde maritime.

Topographie des peuples			Terme	Description
	leur organisation, en		Indigènes	naturels.
			Aborigènes	étrangers.
	la situation des pays	qu'ils habitent	Insulaires	
			Montagnards	
			Ultramontains	qui demeurent au-delà des montagnes ou des monts. Les Italiens et les Espagnols sont ultramontains par rapport à nous, et nous par rapport à eux.
		qu'ils avoisinent	Riverains	qui habitent les bords des rivières.
	leur couleur		Blancs	
			Jaunâtres	
			Cuivrés	
			Basanés	
			Noirs (Nègres)	
			Mulâtres	dans le royaume de Loango en Afrique.
			Albinos (Nègres blancs)	Mr. de Saussure parle de deux jeunes ALBINOS de la vallée de Chamouni. *(Voyez la pag. 59 et suivantes.)*
	leur conformation quant	à la figure distinguée en	Européens	
			Asiatiques	
			Africains	
			Américains	
			Malais	
		à la taille distinguée en	Gigantesque	comme les PATAGONS, sauvages, hauts de 6 à 7 pieds.
			Moyenne	comme le commun des hommes.
			Petite	comme les Lapons.
			Crétins	espèce mal conformée, et qui est très-commune dans le Valais, les Alpes, le Savoie et le Piémont. Les CRÉTINS sont connus en Bretagne sous le nom de CACOUS et CAQUEUX; à la Rochelle sous le nom de COLIBERTS OU ESCLAVES, et dans les Landes de Gascogne sous celui de CACHETS. D'après le témoignage de Mr. de Saussure, tous les GOÎTREUX ou les CAGOTS ne sont pas Crétins.
		aux particularités qu'elle offre parmi les	Hottentots	peuple de Cafrerie, dont les femmes ont reçu, dit-on, de la nature un tablier (v. le voyage de Levaillant).
			Bohémiens	caste vagabonde répandue dans diverses contrées de l'Europe, surtout en Hongrie et en Espagne, où les femmes disent la bonne aventure et les hommes sont maquignons; ils y sont appelés GITANOS, et ils ont le teint basané, les sourcils fortement acqués et le nez aquilin.
	leurs castes, dont les principales sont les		Landinos	c'est le nom qu'au Pérou les Espagnols donnent aux Indiens élevés parmi eux.
			Créoles etc.	voyez la page 70.
			Nomades	peuples dont toute la vie, toute l'occupation est de faire paître leurs troupeaux, qui n'ont point de demeure fixe, mais en changent sans cesse suivant la commodité des pâturages. Tels étaient anciennement les ARABES, les NUMIDES, les SCYTHES. Chez les modernes ce sont les MAURES, appelés Maures-des-Champs. Parmi les Tartares, les BASKIRES, les KALMOUKS, les MOSCOIS, les OSTIAKS sont nomades seulement en été.
	leur manière de vivre, relativement à leurs	habitudes, en	Sauvages	d'après leur manque de civilisation.
			Barbares	
		alimens, en	Canibales	vivant de chair humaine.
			Antropophages	
			Ichthiophages	vivant de poissons.
			Lothophages	ceux dont la principale nourriture était le LOTHOS, espèce de lis aquatique.

A N C I E N   M O N D E.

L'ancien monde, sous le rapport de son étendue, comme sous celui des peuples civilisés qui l'habitent, réclame en premier notre attention; mais comme il se subdivise en trois parties distinctes, l'EUROPE, l'ASIE et l'AFRIQUE, nous commencerons par la première. Quoique la moins étendue, l'Europe exerce sur les autres contrées du globe une si grande influence, et leur est si fort supérieure par sa civilisation, que cette prééminence lui appartient à juste titre *).

GÉOGRAPHIE MATHÉMATIQUE DE L'EUROPE.

L'ÉTENDUE de l'Europe d'occident en orient se prend depuis le détroit de GIBRALTAR jusqu'à celui de WAIGATZ, ou depuis le cap SAINT-VINCENT, à 37° 30′ de latitude nord et 11° 19′ de longitude ouest, jusqu'à l'embouchure de l'OURAL à GOURIEF, à 47° 7′ de la latitude et 49° 39′ de longitude orientale, et depuis le cap MATAPAN, à 36° 23′ de latitude et 20° de longitude orientale, jusqu'au cap NORD en Laponie, à 71° 10′ et à 23° 40′ de longitude orientale ; ou si l'on veut jusqu'à l'extrémité de NOVAJA ZEMLIA, où le cap GALANIA projette vers le pôle boréal cette barrière de glace qui sépare les mers de l'Europe de celles d'Asie, à 70° de latitude septentrionale et à 68° 40′ de longitude orientale.

La LONGUEUR de l'Europe en mesure géométrique du S. O. au N. E., c'est-à-dire, depuis le cap SAINT-VINCENT jusqu'au détroit de WAIGATZ, est de 1190 lieues de 25 au degré, 529 myriamètres. Sa LARGEUR prise du cap NORD au cap MATAPAN, en Morée est de 912 lieues de 25 au degré, 405 myriamètres. Sa SURFACE en lieues carrées est présentée d'une manière si diverse, qu'on doit la regarder comme incertaine. Cependant on peut la supposer d'environ 313,000 lieues carrées. Sa POPULATION est d'environ 170,000,000 d'habitans. Ses BORNES sont au N. l'Océan boréal; à l'E. la rivière d'OIA, qui se jette dans le détroit de Waigatz; les monts OURALS, l'OURAL jusqu'à son embouchure dans la mer caspienne; la mer caspienne depuis cette embouchure près de GOURIEF, la MER NOIRE, le détroit de CONSTANTINOPLE, la mer de MARMARA, l'HELLESPONT et l'ARCHIPEL; au S. la MÉDITERRANÉE, à l'O. l'Océan atlantique **). Ses CLIMATS, à compter du 5.ᵉ climat d'heures au 2.ᵉ climat de mois donnent, pour plus long jour au Sud, un jour de 14 heures; au milieu, un de 16 heures ¼; au nord, un d'environ 2 mois.

GÉOGRAPHIE PHYSIQUE DE L'EUROPE
RÉLATIVEMENT AUX TERRES.

MONTAGNES. — L'Europe présente cinq grands systèmes de montagnes particulières : 1.° les ALPES; 2.° les PYRÉNÉES; 3.° les montagnes de la TURQUIE D'EUROPE; 4.° les CARPATHES OU CRAPACKS; 5.° les DOFRINES OU ALPES SCANDINAVES.

---

*) Dans l'état actuel du monde politique, l'Europe est la GRANDE MÉTROPOLE et forme la première division.
**) Mr. Toulouzan de Saint Martin ne fait de l'Europe et de l'Asie qu'une seule partie. Voyez dans le Journal de physique an 1816, les mémoires de ce Savant sur les méthodes classiques et naturelles appliquées à la géographie physique.

1.º Lè système des alpes est, des cinq masses européennes, la plus imposante et la plus formidable. Elle embrasse les montagnes à la gauche du Rhin et au sud du Danube: elle comprend toutes celles de l'Italie et celles de la France, jusqu'aux extrémités de l'Auvergne. La Suisse, ce plateau le plus élevé de l'Europe, qui semble être formé par des montagnes entassées sur des montagnes, est le noyau de ce vaste système. Les vosges, le jura, les appennins, les cévennes, le mont-d'or (mont. d'Auvergne) sont ses dépendances. La chaîne des Alpes, proprement dite, partant des environs de Nice, se courbe au nord de l'Italie jusque vers Trieste, domine en vraie souveraine le reste de son système. C'est dans cette portion qu'on rencontre les tableaux les plus gigantesques, les horreurs les plus sublimes, les glaciers les plus immenses, les monts les plus élevés. C'est là que l'on trouve le mont cénis, les saints bernards, le mont rosa, le simplon, le saint gothard; au milieu de tous ces géants, un autre vrai géant pour eux-mêmes, le mont-blanc, le point le plus élevé de notre Europe, dont la hauteur diffère peu du célèbre chimborazo, le pic dominateur de la terre connue. (Voy. la pl.º XIV.)

La chaîne des Alpes plonge rapidement du côté de l'Italie et s'abaisse avec facilité par échelons sur les revers opposés. Ce système donne naissance aux plus grands fleuves de l'Europe. Les eaux septentrionales forment le cours du rhin et celui du danube. Les eaux du midi alimentent le rhône et créent le pô; enfin la loire le plus grand fleuve de France; la seine et la meuse doivent leur origine aux versans de l'Ouest. Voilà les grands traits de l'hydrographie des Alpes.

2.º Le système des pyrénées embrasse toutes les montagnes de la péninsule espagnole. L'énorme et sourcilleuse chaîne qui, sous le nom de pyrénées, sépare la France de l'Espagne, est comme la mère de ce système. Elle atteint le plus haut degré d'élévation au monnt-perdu (voy. la pl.º XIV.) Sa pente est en général moins rapide vers la France, et beaucoup plus brusque du côté de l'Espagne; deux chaînes de communication serpentent à ses extrémités près de Bayonne et vers les rives de la Méditerranée. La merveilleuse brèche de rolland décore son centre; des eaux minérales sont à ses pieds du côté de la France; d'immenses lacs gémissent prisonniers dans ses flancs élevés, et sa crête demeure couronnée d'une neige éternelle. Toutes les autres chaînes de l'intérieur de l'Espagne suivent à peu près, par une symétrie singulière, la même direction que les Pyrénées, et déterminent ainsi deux grands écoulemens à l'Est et à l'Ouest. La Méditerranée reçoit l'ebre et le xucar, et l'Océan le douero, le minho, le tage, la guadiana et le quadalquivir. Les Pyrénées renferment beaucoup de richesses métalliques, mais elles demeurent sans exploitation. La cordillière méridionale de l'Espagne forme au Sud le rempart de cette péninsule ouverte, et complète avec les pyrénées les cévennes, les alpes suisses, tyroliennes, carniques, pannoniennes, dalmatiennes, les monts balkans et emineh, ce vaste système de montagnes, lequel joint à la chaîne de l'atlas en Afrique, au liban et au taurus en Syrie et en Asie-mineure, forme un cirque immense à l'entour du bassin de la Méditerranée.

3.º Les montagnes de la turquie d'europe, qui forment les chaînes des monts emineh, des monts balkan ou hémus et argentorato, élèvent les sommets classiques du iinde, du parnasse, d'olympe et de pélion ou tomohr etc. Ces ramifications classiques de la grande péninsule grecque, le berceau et l'asile des muses, le théâtre des tems héroïques et le séjour des dieux mêmes, ne sont aujourd'hui que le repaire des brigands et la demeure de vrais barbares. Le noyau de ce système se trouve à peu près vers le milieu de la péninsule d'où partent trois branches principales; l'une se rend vers Constantinople, l'autre prolonge la Dalmatie, et la troisième pénètre jusqu'aux extrémités de la Morée.

4.° Les KARPATHES occupant le milieu de l'Europe, forment le système le plus étendu en largeur et le moindre en élévation; ils embrassent toutes les montagnes qui se trouvent entre le Niester et le Bog, le Danube, le Rhin et la Baltique. Ces montagnes se nomment SZEMENIK, CHAMAN, CHAKOÏ, et plus au Nord, dans la Buchowine et la Gallitzie, elles forment la haute chaîne des monts Krapaks; elles entourent la Hongrie et se prolongent vers l'Ouest, au nord de la Moravie et de la Bohême, sous les noms de monts SUDÈTES, RIESENGEBURGE OU MONTS GÉANTS, ERZGEBURGE OU MONTS MÉTALLIQUES; elles redescendent par un de leurs embranchemens vers le Midi', cernent le côté occidental de la Bohême, et prennent d'après les forêts qui les couvrent, le nom de BÖHMER-WALD; mais un embranchement assez élevé, qui porte le nom de KAHLENGEBURGE, s'étend des sources de la DRAVE à celles de l'ODER, joint la chaîne septentrionale avec la chaîne méridionale; enfin la chaîne septentrionale, en continuant à l'Ouest, se rapproche de la chaîne méridionale ou des ALPES DE SALTZBOURG, où elles donnent naissance au fleuve du MEIN, qui s'écoule à l'Ouest dans le RHIN; et ces mêmes chaînes continuent vers l'Ouest par un autre embranchement qui forme le FICHTELGEBURGE et les ALPES DE SUABE, juxqu'aux hauteurs de la FORÊT NOIRE, où se trouvent les sources du DANUBE. Un autre embranchement file au nord du Mein, et prend successivement les noms de HERZBERG, de THURINGER-WALD et de RHÖNGEBURGE. Les sommets du système carpathien déterminent quatre pentes principales, qui suivent à peu près la direction des quatre points cardinaux. La partie de l'Est donne naissance au BUG et à quelques autres petites rivières qui vont alimenter la mer noire. Toutes les eaux du Midi se portent dans le DANUBE; vers l'Ouest elles se rendent dans le Rhin; enfin celles du Nord s'écoulent dans le BUG, la VISTULE, l'ELBE et le VESER. Toute la partie septentrionale au nord du système, compose une immense plaine, qui descend par une pente insensible vers la Baltique; aussi les rivières que nous venons d'indiquer, ont-elles un cours très-lent, et les terrains environnans sont souvent remplis de lacs et de marais. Le système carpathien est le plus riche de l'Europe; il offre tous les métaux en profusion. Cependant l'or abonde plus particulièrement sur les revers méridionaux en Hongrie; à l'opposite, la Gallitzie montre les mines de sel les plus riches que l'on connaisse; l'étain se trouve dans la Bohême, et l'argent et le cuivre semblent s'être réservé la THURINGE et le HARTZ.

5.° Les DOFRINES OU ALPES SCANDINAVES s'étendent depuis le cap NORD jusqu'au cap LINDESNŒS en Norwège. Le nœud ou le point central de cette grande chaîne, qui se bifurque au Midi, se trouve au DOVREFIELD, qui paraît être un des sommets les plus élevés au Nord; elle prend successivement les noms de LANGFIELD, SOGNEFIELD, FELDFIELD, HARDANGERFIELD et JOGLEFIELD; mais on la désigne fréquemment par le nom général d'ALPES SCANDINAVES. Les rochers que ces montagnes projettent vers l'Ouest, découpent d'une manière très-remarquable les côtes de la Norwège et forment des milliers d'écueils anguleux, sans cesse aiguisés par le frottement des flots. Les îles de SCHETLAND, les ORCADES et ces rangs redoutables de montagnes qui, en Écosse, forment ce qu'on appelle les HIGLANDS ou HAUTES TERRES, feraient penser que la chaîne des ALPES SCANDINAVES se prolonge sous les flots, jusque dans les îles BRITANNIQUES. Quoiqu'il en soit, la chaîne la plus élevée d'Écosse est celle des monts GRAMPIENS. Les quatre premiers massifs ont entre eux des liaisons manifestes. Les PYRÉNÉES tiennent aux ALPES par les montagnes du LANGUEDOC; les ALPES s'unissent aux KARPATHES au travers du Rhin et du Danube près de GOBLENTZ et en AUTRICHE; les ALPES joignent l'HÉMUS en CROATIE et celui-ci les KARPATHES au travers du Danube.

VOLCANS. — Il y a trois grands volcans en Europe, l'HEKLA en Islande, le VÉSUVE au royaume de Naples, et l'ETNA ou MONT-GIBEL en Sicile, qui a une circonférence de 60 lieues; (voy. leur hauteur pl.° XIV.)

CAPS. — Les principaux caps sont le cap NORD au septentrion de la Norwège, dans l'île de MAGEROÉ; le cap LINDESNŒS au sud de la Norwège; le cap LÉZARD au S. O. de l'Angleterre; le cap de la HOGUE au N. O. de la France; le cap FINISTÈRE au N. O. de l'Espagne; le cap SAINT-VINCENT au S. O. du Portugal; le cap CORSE au N. de la Corse; le cap PESARO au S. de la Sicile; le cap MATAPAN au S. de la Morée.

ILES. — Les principales îles sont:

DANS LA MER GLACIALE. la NOUVELLE-ZEMBLE (Novaja Zemlia) qui semble vouloir prolonger de ce côté l'immense empire de Russie; les îles du SPITZBERG, qui s'allongent vers le nord depuis le 76° 30' — 80° 7'.

DANS L'OCÉAN ATLANTIQUE, l'ISLANDE (la Thule des anciens) plus rapprochée du nouveau monde que de l'ancien; l'Archipel des îles de FEROÉR; les ORCADES au N. de l'Écosse; les HÉBRIDES ou WESTERNES au N. O. de l'Écosse (les anciennes Ebudes); les îles BRITANNIQUES, qui comprennent les îles principales de la GRANDE BRETAGNE et de l'IRLANDE; l'île de GUERNESEY (l'ancienne Sarnia); de JERSEY (l'ancienne Cæsaræa); BELLE-ISLE (Colonesus).

DANS LA MER BALTIQUE — SÉELAND, FIONIE ou FUNEN etc.

DANS LA MER MÉDITERRANÉE, les BALEARES; savoir MAJORQUE (major insula), MINORQUE (minor insula), les PITHIUSES, savoir IVIZA (Ebusus), FORMENTERA; la CORSE (Corsica); la SARDAIGNE (Sardinia); ELBE, les îles de LIPARI, la SICILE, MALTE (Melita).

DANS LA MER IONIENNE, CORFOU (ancienne Corcyre), SAINTE MAURE (Leucas), CÉPHALONIE (Cephalonia), ZANTE (Zacynthus), CÉRIGO (Cythera).

DANS L'ARCHIPEL, CANDIE (Creta), NÉGREPONT (Eubæa, Eubée), STALIMÈNE (Lemnos).

Nous parlerons dans la suite des petites îles de ce nombreux Archipel, qui ont une célébrité classique.

PRESQU'ÎLES. — Les grandes sont la SCANDINAVIE, l'ESPAGNE, l'ITALIE, la TURQUIE D'EUROPE. Les petites sont le JUTLAND, faisant partie du Danemark; la ci-devant BRETAGNE en France; la MORÉE, faisant partie de la Turquie, à laquelle elle tient par l'ISTHME DE CORINTHE; la CRIMÉE, faisant partie de la petite Tartarie, à laquelle elle tient par l'isthme de PRÉCOP, situé entre la mer noire et celle d'Azof.

GÉOGRAPHIE PHYSIQUE DE L'EUROPE

RÉLATIVEMENT AUX EAUX.

MERS EXTÉRIEURES, INTÉRIEURES ET GOLFES. — Les mers EXTÉRIEURES prennent en particulier le nom des côtes qu'elles bordent; mais en masse, elles font partie de l'Océan septentrional et de l'Océan atlantique. Ces mers sont celles du PORTUGAL, de l'ESPAGNE, formant la BAYE DE CADIX; de FRANCE, formant le GOLFE DE GASGOGNE au S. O. de la France; d'ANGLETERRE (mer britannique) formant le GOLFE DE MURRAY à la côte orientale de l'Écosse; d'ALLEMAGNE, entre le Danemark et l'Allemagne d'un côté, l'Écosse et l'Angleterre de l'autre; de HOLLANDE, formant le golfe de ZUIDERZÉE; de NORWÈGE et de RUSSIE, formant le golfe de WARANGER sur la côte de la Laponie; du NORD, entre les côtes de la Norwège et l'Amérique.

Les mers INTÉRIEURES sont celles d'Irlande entre l'IRLANDE et la Grande-Bretagne; de la MANCHE, entre l'Angleterre et la France (Pas-de-Calais); la mer BLANCHE, ou le golfe de BIELOI-MORE, formé par la mer glaciale; la BALTIQUE, entre le Danemark, la Suède et la Russie d'un côté, l'Allemagne et la Russie de l'autre, formant les golfes de BOTHNIE au N.; de FINLANDE à l'E.; de RIGA ou de LIVONIE au S. E.; de DANTZIG au S.; la MÉDITERRANÉE au S. de l'Europe en la séparant de l'Afrique, formant les golfes de LYON au S. de la France; de GÊNES à l'E.; de VÉNISE (mer adriatique) entre la Turquie et l'Italie; de TARENTE à l'E. de Naples et de LEPANTE en Morée. L'Archipel entre la Grèce et l'Asie, formant le golfe SALONIQUE; la mer de MARMARA, entre l'Archipel et la mer noire; la mer NOIRE, entre l'Europe et l'Asie; la mer d'AZOF au N. E. de la mer noire.

DÉTROITS. — Les principaux sont ceux de WAIGATZ, entre l'île de ce nom et la Russie; du SUND, entre la Suède et l'île de Séelande; le grand BELT, entre les îles de Séelande et de Funen; le petit BELT, entre l'île de Funen et le Jutland. Ces trois détroits de la Baltique se déchargent dans le CATTÉGAT. On nomme ainsi cette étendue d'eau qui, au N. de la Baltique, se prolonge entre les côtes du Danemark et de Suède, et qui, dans sa situation plus septentrionale, se joint à l'Océan. Ce CATTÉGAT est fameux par les difficultés qu'il brésente à la navigation. Le PAS-DE-CALAIS, dans la Manche, entre la France et l'Angleterre; le détroit de GIBRALTAR, au S. entre l'Espagne et l'Afrique, joignant l'Océan à la Méditerranée; le détroit de CORSE, OU BOUCHES DE SAN-BONIFACIO, entre la Corse et la Sardaigne; le PHARE DE MESSINE, entre la Sicile et l'extrémité méridionale de l'Italie; l'EURIPE, qui sépare l'île de Négrepont de la Livadie; le détroit des DARDANELLES, qui joint l'Archipel à la mer de Marmara; le détroit ou canal de CONSTANTINOPLE, qui joint la mer de Marmara à la mer noire; le détroit de CAFFA (Théodosia) qui joint la mer noire à celle d'Azof ou de Zabache.

LACS. — Les principaux sont ceux d'ONÉGA, de LADOGA et de PEYPUS en Russie; de WENER et WETTER en Suède; de ZURICH en Suisse; de GENÈVE, de NEUCHATEL au S. O. de la Suisse; de CONSTANCE, au S. O. de l'Allemagne; de LOCARNO ou MAJEUR de LUGANO, de COME, en Italie; le PLATTENSÉE en Hongrie.

Bancs de sable. — Les bancs de sable ou bas-fonds qu'on croit être les cimes des mon‑ tagnes sous-marines, et qui sont fréquentés par les morues et autres sortes de poissons, sont ceux de goodwin sur la côte de Kent, qui offrent plus de dangers aux marins que d'attraits aux pêcheurs; mais sur les côtes de Hollande, il est des bancs qui abondent en excellens poissons, comme le turbot, la sole, la plie, etc. Au-delà, vers le Nord, est dogger-bank, qui s'étend au S. O. ou au N. O., occupant un espace de 60 lieues et se di‑ rigeant vers le Jutland. Entre dogger-bank et wellbank au S. sont les silverpits ou mines d'argent des marins, lesquelles fournissent à Londres la morue. Au N. E. de dogger-bank se trouve horn-riff, langue étroite qui s'étend jusqu'au Jutland. Jutts-riff est un banc de sable qui se développe, en forme de croissant, dans la mer d'Allemagne. Il commence à l'embouchure de la mer d'Allemagne. Mar-bank s'élève vis-à-vis de Berwick; mais il n'a que 15 lieues de long. Plus à l'E. on rencontre le loug-foatys, d'une grande étendue. De la côte de Buchan un autre banc traverse la mer d'Allemagne vers jutts-riff. Ce qu'on appelle les fosses de montrose (Montroses Pitts) par ce qu'elles sont sous la latitude de cette ville, sont des cavités de 3 à 4 milles de diamètre, ayant 70 à 100 brasses de profondeur, avec un fond fangeux, sur un sable de gravier de 50 milles de long, couvert de 40 brasses d'eau.

Les principales rivières . . . . . . voyez le tableau suivant.

Le climat de l'Europe présente beaucoup de variétés.

Dans le climat du nord, depuis le 75°—65°, dans la Russie septentrionale, la Suède, la Norwège, l'Écosse septentrionale, le printems ne commence qu'au mois de Mai ou de Juin; l'été y est de courte durée et finit dans le mois de Septembre et même dans le mois d'Août. Il n'y a le plus souvent que deux saisons, un hiver long et abondant en neiges, et un été court et chaud. Toute espèce de végétation cesse au-delà du 65°.

Dans le moyen climat, depuis le 60°—50°, dans la Russie méridionale, le Danemark, la Prusse, la Pologne, l'Allemagne, la Hongrie, la Gallitzie, la France septentrionale, l'Angleterre, la Suisse, le printems commence aux mois de Mai et d'Avril, et l'été dure dès le mois de Juillet jusqu'au mois d'Octobre.

Dans le climat du sud, depuis le 50°—35°, en Portugal, en Espagne, dans la France méridionale, en Italie, en Turquie, le printems commence en Janvier ou en Février, et l'été au mois d'Avril ou de Mai. Les mois d'Octobre et de Novembre sont fort pluvieux, et ordinairement la neige n'est pas de durée et le froid est peu sensible.

L'Europe étant située dans la zône tempérée de l'hémisphère septentrional, et la plus grande partie de ce continent étant exposée à un froid rigoureux et continu, la richesse de ses productions indigènes doit être fort bornée. En effet, l'Europe est redevable de ses plus belles productions végétales aux autres continents, surtout à l'Asie, d'où elles ont été apportées et acclimatées.

Les principales rivières de l'Europe sont en :

RÉGIONS AUXQUELLES ELLES APPARTIENNENT.	LEUR DÉNOMINATION — MODERNE.	ANCIENNE.	LIEUX DE LEUR SOURCE.	LEUR DIRECTION.	PRINCIPALES VILLES QU'ELLES ARROSENT.	LONGUEUR DE LEUR COURS.	LIEUX DE LEUR EMBOUCHURE.
Irlande	le Shannon	Ivernis	dans le lac d'Allen, au Comté de Leitrim	du N. au S.O.	James, Town, Longfort et Kilfargus.	52 l. 23 myr.	dans l'Océan atlantique S.O. de l'Irlande.
Écosse	Spey	Spea	dans le lac Badenoch, au Comté d'Inverness	du S. au N.E.	Clunie, Ruthven, Durchal et Gordon	env. 40 l. 17	Idem, près d'Elgin.
Angleterre	la Saverne	Sabrina	à Plinlimmon-Hill, au N. du pays de Galles	du N. au S.O.	Shrewsbury, Bridgenorth, Worcester etc.	env. 40 l. 17	dans le canal de Bristol.
	la Tamise	Tamesis	formée par la Tame et l'Yse qui se réunissent à Watingfort.	de l'O. à l'E.	Oxfort, Addington, Vallingfort, Reading, Windsor, Kingston, Londres, Woolwick, Gravesend		
Portugal et Espagne	le Miuho	Minius	près de Castro del Rey en Gallice	du N. au S.O.	Lugo, Orense et Tuy	env. 50 l. 22½	dans la mer brittannique.
	le Duero	Durius	au mont Orbio dans la Castille vieille	de l'E. au S.O.		env. 80 l. 22½	dans l'Océan à 7 lieues de Tuy.
	le Tage	Tagus	à las Veguillas près des montagnes de Cuenca en Arragon, au lac de Guadiana près d'Alcazar de Juan, Castille vieille.	Idem	Aranjuez, Toléde, Alcantara, Santaren, Lisbonne	160 l. 70	dans l'Océan au-dessous de Lisbonne.
	la Guadiana	Anas		Idem	Calatrava, Mérida, Badajoz	env. 155 l. 65	dans l'Océan près d'Aymonté.
Espagne	le Quadalquivir	Bætis	au N. de Sierra Ségura aux extrémités du royaume de Murcie	Idem	Baeza, Anduxar, Cordoue, Séville, St. Lucar	91 l. 40½	dans l'Océan près de San-Lucar de Baramoda.
	l'Ebre	Lerus	dans les Asturies, à Fontibre	du N.O. au S.E.	Loggono, Calahorra, Tudela, Sarragosse, Tortosa	env. 120 l. 53½	dans la Méditerranée au-dessous de Tortosa.
France	la Moselle	Muscella	au mont des Faucilles	du S. au N.	Toul, Pont-à-Mousson, Metz, Thionville, Trèves, Coblence	80 l. 35½	dans le Rhin à Coblence.
	la Meuse	Mosa	près de Meuse, dép. de la Haute-Marne.	Idem	Neufchâteau, Verdun, Stenay, Sédan, Namur, Liège, Mæstricht	150 l. 66⅘	dans l'Océan près de Gravesand.
	la Seine	Sequana	à Chanceau, qui est à 6 lieues de Dijon.	du S.E. au N.O.	Troyes, Melun, Paris, Nantes, Rouen, le Havre	120 l. 53¾	dans la Manche au Hâvre-de-Grace.
	la Loire	Ligeris	au mont Gerbier-le-joux, dép. de l'Ardèche	de l'E. à l'O.	Nevers, la Charité, Orléans, Blois, Tours, Saumur, Nantes	150 l. 66⅘	dans la mer de France près de Bourgneuf, à 10 lieues de Nantes.
	la Garonne	Garumna	au Val d'Aran dans les Pyrénées.	du S. au N.O.	Toulouse, Agen, Bordeaux	102 l. 45½	dans la mer de France au-dessous de Bordeaux.
	le Rhône	Rhodanus	au mont de la Fourche en Valais	de l'E. à l'O.	Sion, Genève, Lyon, Vienne, Valence, Avignon, Tarascon, Arles	130 l. 57⅘	dans la Méditerranée au-dessous d'Arles, par plusieurs embouchures.
Italie	le Pô	Eridanus, Padus	au mont Viso, à 3½ l. de Château-Dauphin	de N. au S.E.	Turin, Casale, Plaisance, Crémone	110 l. 48⅘	dans le golfe de Vénise, par plusieurs embouchures.
	l'Adige	Athesis	au mont Brenno, au nord du Tirol	de l'O. à l'E.	Brixen, Trente, Vérone	70 l. 31½	dans le golfe de Vénise au-dessous d'Adria.
	l'Arno	Arnus	dans l'Apennin, à ⅘ l. de Cornivolo.	du N. au S.	Florence, Pise	58 l. 25⅘	dans la Méditerranée au-dessous de Pise.
	le Tibre	Tiberis	Id. sur les Confins du duché d'Urbin, à ⅘ l. de Bastione	du N. au S.	Citta-di-Castello, Rome, Ostie	66 l. 29⅘	dans la Méditerranée à Ostia, 5 lieues de Rome.
France et Allemagne	le Rhin	Rhenus	au mont St. Gothard en Helvétie.	du S. au N.O.	Coire, Constance, Schaffouse, Bâle, Huningue, Strasbourg, Spire, Worms, Manheim, Mayence, Coblence, Cologne, Düsseldorf, Arnheim, Utrecht, Leyde	300 l. 133½	se perd dans les sables près de Leyde.
Allemagne	le Veser	Visurgis	formé par la Vera et la Fulde, qui prennent cours dans la Franconie	Idem	Hamelen, Minden, Nienbourg, Breme	103 l. 45½	dans la mer d'Allem.e (long.e or.e 6o. (latit.e 53° 35′.)
	l'Elbe	Albis	au nord de la Bohème, dans le Comté de Kœnigsgrœtz.	du S. au N.E.	Dresde, Magdebourg, Hambourg	160 l. 80	Idem à 10 lieues de Hambourg.
	l'Oder	Viadrus	en Moravie, près de l'Oder, village qui lui a donné son nom	du S.E. au N.	Brieg, Breslaw, Glogaw, Francfort, Stetin	175 l. 77⅞	dans la Baltique près de l'île d'Usedom.
Allemagne, Hongrie, Turquie	le Mein	Menus	a deux sources sur les Confins de la Bohème, qui se réunissent à Aclinbach	de l'E. à l'O.	Bamberg, Würtzbourg, Hanau, Francfort, Mayence	75 l. 33½	dans le Rhin à Mayence.
	le Danube	Danubius et Ister	à Doneschingen, dans le roy.e de Würtemberg	de l'O. à l'E.	Ulm, Ratisbonne, Passau, Vienne, Presbourg, Bude, Belgrade	450 l. 203	dans la mer noire près de Kilia-Nova.
Pologne	la Vistule	Vistula	près de Teschen, dans la Haute-Silésie.	du S. au N.	Cracovie, Sendomir, Varsovie, Thorn, Culm, Dantzick	250 l. 111½	dans la Baltique près de Dantzick.
Pologne et Russie	le Niemen ou la Memel	Crosanus	près de Kormin en Lithuanie.	de l'E. à l'O.	Grodno et bourgs ou villes de peu d'importance	150 l. 66½	Idem au nord du lac Curich-Haf.
	le Nieper	Boristhenus	dans la forêt de Wolchoneck près de Wolock	du N. au S.E.	Smolensko, Kiow.	350 l. 155½	dans la mer noire près d'Oczakow.
	la Dwina	Chesinlas	formée du Zug et Seckon de la prov. d'Archangel	du S. au N.	des bourgs ou villes de peu d'importance	185 l. 82⅘	dans la mer blanche à Archangel.
Russie	le Wulga	Rha	dans la forêt de Wolchoneck, à 5 l. de Smolensko	de l'E. au S.	Tver, Uglitsch, Jeroslaw, Casan, Astracan	460 l. 204½	dans la mer caspienne, à 18 l. d'Astracan.
	le Don	Tanaïs	au lac d'Iwan, dans la province de Moscow	du N. au S.O.	Woroneck et des pays peu peuplés	250 l. 111½	dans la mer d'Azof.
Laponie suédoise	la Tornea	—	dans les Dofrines, au lac appelé Tornea-Trask (long.e 17° 10′ or.e)	du N.O. au S.			

PRODUCTIONS DE L'EUROPE.

VÉGÉTALES. — Grains de toute espèce; froment, seigle, épeautre, maïs ou blé de Turquie, orge, avoine, pois, fèves, vesses, haricots, lentilles, millet, blé sarrasin, oublé-noir, riz, etc. etc.

FRUITS. — Les pays de l'Europe où croissent aujourd'hui les plus beaux et les meilleurs fruits, les ont tirés de l'Italie, qui les tient elle-même de la Grèce, de l'Asie et de l'Afrique. En effet, les POMMES viennent originairement de la Syrie, de l'Égypte et de la Grèce; les ABRICOTS, d'Épire; les meilleures POIRES d'Aléxandrie, de la Syrie, de la Numidie et de la Grèce; les CITRONS et les ORANGES, de la Médie, de la Perse et de l'Assyrie; les FIGUES de l'Asie; les GRENADES de Carthage; les CHATAIGNES de Castania en Magnésie, autrefois province de Macédoine; les CERISES de Cérasonte, ville du Pont; les AMANDES de l'Asie; les meilleures NOIX de la Perse; les grandes NOISETTES OU AVELINES du Pont; les OLIVES de Paphos, dans l'île de Chypre; les PÊCHES de la Perse; les PRUNES de l'Arménie et de la Syrie; les COINGS de l'île de Candie. Le MURIER, moins estimé pour son fruit que pour les feuilles, qui sont la meilleure nourriture des vers à soie, surtout celles du murier blanc; la VIGNE, qui a certainement pris naissance en Asie, d'où elle a été transportée en Grèce, puis en Italie, dans la Gaule Narbonnoise et de là dans les autres contrées de l'Europe; les POMMES DE TERRE, apportées en Europe de la Virginie, dans l'Amérique septentrionale, en 1585, par l'amiral Dracke; le TABAC (1) qui nous est venu d'Amérique; le COTON (2); la CANNE A SUCRE (3); l'OLIVIER, le FIGUIER, le LIÈGE, le CHATAIGNER, le CITRONIER, l'ORANGER, le CHANVRE, le LIN, la GARANCE, le PASTEL, le SAFRAN, la NOIX DE GALLE, le HOUBLON, le bois de CHARPENTE et de CONSTRUCTION, le GOUDRON, la SOUDE, la POTASSE, la MANNE, les ÉPONGES, les RÉSINES etc.

MINÉRALES. — Terres argilleuses. — La terre à PORCELLAINE, la terre à FOULON, la terre SIGILLÉE (4), le TRIPOLI. — Terres colorées ou colorantes. — La CRAIE, le SANDARAQUE (5).

---

(1) Les Américains du continent l'appellent PETUN; ceux des îles, YOLI, et ce sont les Espagnols qui lui ont donné le nom de TABAC.

(2) L'arbrisseau qui porte le coton, est rare en Europe, et ne croit que dans quelques districts de l'Espagne, de Sicile et de Naples, dans les îles de Malte, de Gozzo, dans quelques contrées de la Turquie et îles de l'Archipel.

(3) C'est de l'Asie qu'on l'a transplantée dans le midi de l'Europe, puis aux îles canaries, et de ces îles en Amérique et aux Indes orientales.

(4) La terre sigillée ou sigillaire, ainsi nommée de différens sceaux qu'on y imprime, et qui lui donnait des vertus imaginaires, était employée autrefois en médecine; elle est très-propre à faire de jolis vases. La plus renommée de l'Europe est celle que l'on creuse depuis longtems, avec des cérémonies religieuses, dans l'île de Stalimène, autrefois Lemnos, dans l'Archpel.

(5) Le SANDARAQUE est une combinaison de soufre et d'arsenic. Il ne faut pas le confondre avec le sandaraque végétal, qui est une espèce de résine qui découle du genevrier et du cyprès.

les OCRES, le TALC, MARBRES, ALBATRE, GRANIT, pierre à CHAUX, BASALTE ou marbre de couleur, PLATRE, AMIANTE, ASBESTE ou lin MINÉRAL INCOMBUSTIBLE. — Pierres précieuses. — Le DIAMANT, qui est blanc ou jaunâtre; le RUBIS, qui est rouge; le SAPHIR, qui est bleu céleste; la TOPAZE, qui est jaune ou brun; l'ÉMERAUDE, qui est verte; la CHRYSOLITE, qui est verte-jaune; l'AMÉTISTE, qui est violette ou pourpre; le GENAT, qui est rouge foncé; l'HYACINTHE, qui est rougeâtre, tirant sur le jaune ou le violet; l'AIGUE-MARINE, qui est d'un verd céladon; l'OPALE, qui est d'un blanc bleuâtre; des CRISTAUX, des AGATES, des JASPES, des TURQUOISES (de couleur bleue), des LAPIS-LAZULI etc. — Sels. — Sel marin, sel GEMME ou minéral, sel COMMUN, l'ALUN, le SALPÈTRE, le VITRIOL etc. — Bitumes. — Le PÉTROLE ou NAPHTE, appelé par les anciens HUILE DE PIERRE OU ACIDE DE MÉDÉE; l'ASPHALTE (6), l'AMBRE ou SUCCIN, le JAYS ou JAYET; la HOUILLE, appelée tantôt CHARBON DE TERRE, tantôt CHARBON DE PIERRE; la TOURBE, le SOUFRE etc. — MÉTAUX. Le MERCURE ou VIF-ARGENT, l'ANTIMOINE, le ZINC, le BISMUTH, le COBALT, l'OR, le PLATINE, l'ARGENT, le CUIVRE, le FER, l'ÉTAIN, le PLOMB, des eaux THERMALES et MINÉRALES, des productions volcaniques.

Quelques géographes divisent l'Europe, d'après les bornes naturelles, en Europe OCCIDENTALE et en Europe ORIENTALE, en tirant une ligne de la mer blanche par le milieu du golfe de Finlande, à la côte septentrionale de la mer adriatique. D'autres la divisent en Europe SEPTENTRIONALE, CENTRALE et MÉRIDIONALE. Nous suivrons cette dernière division. Voyez le tableau suivant des états de l'Europe.

---

(6) L'huile de Gabian, qui n'est pas éloigné de Béziers, l'huile minérale de l'Écosse etc. sont autant d'espèces de pétroles; lequel est blanc, jaune, roux, verd ou noirâtre, suivant les lieux qui le produisent.

NOMS DES RÉGIONS	CAPITALES	DISTANCE DE PARIS	Surface en milles d'Allemag.e dans le rapport de 9 milles à 25 lieues de France	POPULATION	REVENUS	FORCE MILITAIRE	RELIGION	GOUVERNEMENT	NOMS DES SOUVERAINS
Le Danemark	Copenhague	240 l. N. E.	2,500	1,800,000	5,000,000 flor.	100,000 hom. 17 vaiss. de lig. 3 frég. etc (en 1800.)	luthérienne, entière liberté des cultes	monarchique héréditaire illimité	Frédéric VI.
Les Îles de Feröé									
L'Islande	Reikiavick	1000 l. N. O.							
La Suède	Stockholm	380 l. N. E.	15,805	3,230,000	5,000,000 Rixd.	60,000 hom. 12 vaiss. de lig. 8 frég. etc	luthérienne, liberté des cultes	monarchique limité	Charles XIII.
La Norwège	Christianis	350 l. N. E.							
L'Angleterre	Londres	98 l. N. O.	3,448	12,596,803	48,426,000 Lster.	en 1815 100,000 hom. 871 vaiss. Dont 255 vaisseaux de ligne.	anglicane dominante presbytérienne et catholique etc.	monarchique limité	George III. George, prince de Galles, déclaré Régent le 10 Janvier 1811.
L'Écosse	Edimbourg	228 l. N. O.	1,634						
L'Irlande	Dublin	110 l. N. O.	1,514	3,849,498					
La Russie	Petersbourg	544 l. N. E.	386,000 dont 89,000 en Eur	47,000,000, dont 6,000,000 en As.	220,000,000 Rhl	600,000 h. 355 v. dont 32 v. de lig. etc	grecque, entière liberté des cultes	monarchique illimité	Aléxandre I. (Paulowitsch.)
Le Royaume de Pologne	Varsovie	556 l. N. E.		4,500,000					
Le Royaume des Pays-Bas	Bruxelles	75 l. N. E.					réformée et cathol., liberté des cultes	monarchique héréd.	Guillaume I.
	Amsterdam	105 l. N. E.							
(La France	Paris		10,000 environ	29,150,000	760,000,000 fr.	150,000 hom. 50 vaiss. de lig. 40 frég. etc	cathol. lib. des cultes	monarchique héréd.	Louis XVIII.
(La Suisse ou l'Helvétie	Berne	128 l. N. E.	871	1,645,000	25,000,000 fl.	19,600 hommes.	catholique, réformée	républicain	Les députés de 22 cant. forment la diète.
	Bâle, etc.	117 l. N. E.							
L'Empire d'Autriche	Vienne	380 l. S. E.							
Le Royaume de Hongrie	Presbourg	319 l. E.	11,500	24,000,000	250,000,000 fr.	530,000 hommes (en 1815.)	catholique	monarchique héréd.	François I.
Le Royaume de Bohême	Prague	315 l. N. E.							
Le Royaume de Prusse	Berlin	215 l. N. E.	5,000	10,000,000	40,000,000 Rixd.	235,000 hommes.	réf. tolérance génér.	monarchique	Frédéric-Guillaume III.
Le Royaume de Bavière	Munich	182 l. E.	1,300	3,400,000	40,000,000 flor.	50,000 hommes.	catholique	Idem	Maximilien-Joseph.
Le Royaume de Saxe	Dresde	212 l. N. E.	380	1,240,000	12,000,000 flor.	35,000 hommes.	luthérienne	Idem	Frédéric-Auguste.
Le Royaume de Hanovre	Hanovre	170 l. N. E.	660	1,240,000		25,000 hommes.	Idem	Idem	(Au Roi d'Angleterre.)
Le Royaume de Würtemberg	Stuttgard	232 l. N. E.	368	1,260,000			Idem	Idem	Frédéric-Guillaume-Charles.
Le Grand-Duché de Bade	Carlsruhe	189 l. N. E.	272	1,340,000	11,000,000 flor.	20,000 hommes.	Idem	Idem	Charles-Louis-Frédéric.
La Saxe-Électorale	Cassel	170 l. N. E.	190	1,141,000	6,000,000 flor.	12,000 hommes.	Idem	Électeur	Guillaume.
Le Grand-Duché d'Hesse-Darmstadt	Darmstadt	148 l. N. E.	200	500,000	4,000,000 flor.		Idem	Grand-Duc	Louis.
Le Duché de Holstein	Altona	196 l. N. E.		570,000	3,690,000 flor.	8,000 hommes.	Id.		(Au Roi de Danemark.)
Le Duché de Luxembourg	Luxembourg	91 l. N. E.	114	330,000			Id.	Duc	(Au Roi des Pays-Bas.)
Le Duché de Saxe-Weimar	Weimar	178 l. N. E.	50	9,500		1,200 hommes.	luthérienne	Id.	Charles-Auguste.
Le Duché de Saxe-Gotha	Gotha	164 l. N. E.		170,000	1,500,000 flor.	2,400 hommes.	Idem	Id.	Émile-Léopold-Auguste.
Le Duché de Saxe-Meiningen	Meiningen	190 l. N. E.	54 3/4	181,000	1,500,000 flor.		Idem	Id.	Bernard-Éric Freund.
Le Duché de Saxe-Hildbourghausen	Hildburghausen	195 l. N. E.	20	56,269	360,000 flor.		Idem	Id.	Frédéric.
Le Duché de Saxe-Coburg	Coburg	191 l. N. E.	11	33,000	150,000 flor.		Idem	Id.	Ernest.
Le D. de Brunswick-Wolfenbüttel	Brunswick	205 l. N. E.	17 3/8	52,260	425,000 flor.		Idem	Id.	Charles-Frédéric-Auguste-Guillaume.
Le Duché et Principauté de Nassau	Wiesbade	125 l. N. E.	71	209,000	850,000 flor.	3,000 hommes.	Idem	Prince	Frédéric-Guillaume.
Le G. D. de Mecklenbourg Schwerin	Schwerin	220 l. N. E.	228	270,000	1,760,000 flor.		Idem	Id.	Frédéric-François.
Le Duché de Strélitz	Neu-Strélitz	212 l. N. E.	48	350,000	1,800,000 flor.		Idem	Id.	Charles-Louis-Frédéric.
Le Grand-Duché d'Oldenbourg	Oldenbourg	164 l. N. E.	97	55,000	550,000 flor.	1,000 hommes.	Idem	Id.	Pierre-Frédéric-Louis.
Le Duché d'Anhalt Dessau	Dessau	208 l. N. E.	17	160,000	600,000 flor.		Idem	Duc	Léopold-Frédéric-François.
Le Duché Bernbourg	Bernbourg	200 l. N. E.	16	54,000	510,000 flor.		réformée	Id.	Aléxis-Frédéric-Chrétien.
Le Duché Kœthen	Kœthen	208 l. N. E.	13	35,200	450,000 flor.		Id.	Id.	Louis.
La Principauté de Schwarzenbourg-Sonderchausen	Sonderchausen	165 l. N. E.	19	29,000	230,000 flor.		Id.	Prince	Gunther-Frédéric-Charles.
La P. de Schwarzenbourg-Roudolstadt	Roudolstadt	176 l. N. E.	22	45,000	150,000 flor.		luthérienne	Id.	Frédéric-Gunther.
La P. de Hohenzollern-Hechingen	Hechingen	144 l. S. E.	5 1/2	50,000	200,000 flor.		catholique	Id.	Frédéric-Herrmann-Otton.
La P. de Hohenzollern-Sigmaringen	Sigmaringen	143 l. S. E.	19	14,000	80,000 flor.		Id.	Id.	Antoine-Aloys-Meinrad-François.
La Principauté de Lichtenstein	Voduz		12	38,490	300,000 flor.		Id.	Id.	Jean-Joseph.
La Principauté de Reuss	Greitz	202 l. N. E.	28	5,000	40,000 flor.		luthérienne	Id.	Henri XIII.
La Principauté de Lippe-Detmold	Detmold	145 l. N. E.	24	76,531	550,000 flor.		réformée	Id.	Paul-Aléxandre-Léopold.
La Princip. de Lippe-Schaumbourg	Buckebourg		8	70,792	300,000 flor.		Id.	Id.	Amélie-Charlotte-Louise.
La Principauté de Waldeck	Korbach	162 l. N. E.	21 3/4	23,105	185,000 flor.		luthérienne	Id.	George-Frédéric-Henri.
Villes libres	Lübeck	199 l. N. E.		25,520	400,000 flor.				
	Francfort	128 l. N. E.		40,485					
	Brème	169 l. N. E.		59,855					
	Hambourg	186 l. N. E.		111,000					
	Cracovie	330 l. N. E.		24,000					
Le Portugal	Lisbonne	409 l. S. O.	1,655	3,683,000			catholique exclusive	monarchique	Jean-Marie-Louis-Joseph.
L'Espagne	Madrid	309 l. S. O.	8,910	10,351,075	71,000,000 fr.	36,000 hommes, 48 vaisseaux, dont 18 de ligne, 12,000 matelots.	Idem	Idem	Ferdinand VII.
Le Royaume de Sardaigne	Turin	152 l. S. E.	1,350	3,800,000	336,000,000 fr.	137,602 hom. 150 v. dont 74 de ligne.	catholique	Idem	Victor-Émanuel.
	Gênes, etc.	222 l. S. E.		80,000	40,000,000 fr.	36,000 hommes.			
Le Royaume Lombard-Vénitien	Milan	219 l. S. E.					Id.	Idem	(A l'Empereur d'Autriche, Vice-Roi l'Archiduc-Antoine.)
	Vénise	284 l. S. E.	800	4,000,000					
Le Duché de Parme-Plaisance, et Guastalla	Parme	287 l. S. E.	900	400,000			Id.		Marie-Louise, fille de l'Emp. François d'Autriche.
Duché de Modène	Modène	229 l. S. E.	95	396,000	2,000,000 fr.		Id.		François IV, Archiduc d'Autriche.
Duché de Lucques	Lucques	250 l. S. E.	23	120,000	6,000,000 fr.		Id.		Marie-Louise, fille du roi Charles IV.
Grand-Duché de Toscane	Florence	268 l. S. E.	350	1,150,000	1,800,000 fr.		Id.		Ferdinand III, Archiduc d'Autriche.
La République de Saint-Marin	Saint-Marin	250 l. S. E.	1 1/2	[illegible]			Id.		Gonfalonier.
Les États du Pape	Rome	302 l. S. E.	550	1,500,000	3,000,000 d'écus	5,000 hommes.	Id.		Pie VII.
Le Royaume de Naples, ou des deux Siciles	Naples	366 l. S. E.	1,437	4,590,000	6,564,000 Rixd	16,000 hommes, 38 vaisseaux.	catholique exclusive	monarchique	Ferdinand IV.
Les Îles de Malte, Gozzo et Comino	Malte, ou la cité La Valette		8	140,000	Autref. 720,000 f.	Autrefois au besoin 1600 hommes.	Idem		(Au Roi d'Angleterre.)
Les Îles Ioniennes	Corfou, Céphalonie, Paxos, St. Maure, Théati, Zante, Cérigo		44	187,000			mahométane-grecque	républicain	(Sous la protection de l'Angleterre.)
La Turquie d'Europe	Constantinople	542 l. S. E.	42,000 9,000 p. l'Eur.	29,500,000 dont 18,000,000 p. l'E.	165,000,000 fr.	348,400 hommes.	mahométane	despotique	Mahmoud II, neveu de Sélim III.

Confédération germanique (accolade regroupant les États allemands, du Duché de Holstein à la Principauté de Waldeck).

Italie (accolade regroupant les États italiens, du Royaume Lombard-Vénitien au Royaume de Naples).

TABLEAU DES ÉTATS DE DANEMARK.

DIVISIONS GÉNÉRALES.	DIVISIONS PRINCIPALES.	CHEFS LIEUX DES DIVISIONS PRINCIPALES.	SUBDIVISIONS PRINCIPALES.	CHEFS-LIEUX.	DISTANCE DE PARIS.	POPULATION.
I. Isles de la Baltique	Baillage ou diocèse de Séeland	Copenhague	L'île de Séeland	Copenhague (1)	250 L. N. O.	90,000
				Elseneur (2)	246	8,000
			L'île de Bornholm	Roune (3)	205	5,500
			Les îles d'Amak, Mœn, Samsœ, Fanœ etc.			
	Baillage ou diocèse de Fionie (Fyen)	Odensée	L'île de Fionie	Odensée (4)	214	6,500
			Les îles de Laland et de Langeland	Rudkobing	210	5,000
			Filster et quelques îlots	Nikoping (5)	221	5,200
II. Presqu'île de Jutland (Jylland)	Jutland septentrional (Norre-Jylland)	Aalborg	Baillage ou diocèse d'Alborg	Aalborg (6)	296	4,500
			— de Wiborg	Wiborg (7)	284	4,000
	Jutland méridional (Soder-Jylland) ou duché de Sleswick	Sleswick	— de Aarhuus	Aarhuus (8)	285	4,700
			— de Ripen	Ripen (9)	306	5,600
			Duché de Sleswick	Sleswick (10)	290	8,000
			Isles de Sylt, de Foër ou Foro, d'Amrume, de Nordstrand, d'Alsen, d'Aeroë	Sonderborg dans l'île d'Alsen (11)		
III. Holstein	Duché de Holstein	Glückstadt	Holstein propre { Dytmarche, Stormarie, Wagrie }	Kiel (12)		
				Glückstadt (13)	206	6,000
				Adeslœf		
			Seigneurie de Pinneberg et Altona	Altona (14)	196	24,500
IV. Le Lauenbourg	Duché de Saxe-Lauenbourg	Lauenbourg		Lauenbourg (15)	191	4,000
V. Isles au Nord	L'Islande (16)			Reikiawick	1000 environ	500
				Skalholt	1000	
	Les îles de Ferœe			Isle Stromœ		

POSSESSIONS DU DANEMARK EN ASIE, EN AFRIQUE ET EN AMÉRIQUE.

Les Danois possèdent en

- **Asie** — sur la côte de Coromandel { Tranquebar, le fort Dancborg, Fredericsnagor. } — des établissemens au Bengale et au Malabar, trois des îles de Nicobar.
- **Afrique** — sur la côte de Guinée { Christianabourg, Friedensbourg. }
- **Amérique** — le Groenland*) dont le chef-lieu est Hernkout; aux Antilles les îles de { Ste. Croix, St. Jean, St. Thomas. }

*...graphes qui placent ce pays en Europe; mais il est évident qu'il appartient à l'Amérique. Le Danemark réclame contre le Souverne... ...longueur sur 100 de largeur. Le froid excessif qui y règne, en fait un séjour affreux, où la nature ne produit rien. Il fut découvert en 1553. On ...n'alter que... à fixer la baleine...

NOTES RELATIVES AU TABLEAU.

(1) Port de mer dans le détroit du Sund, au S. O. Cette ville est appelée par les Danois *Kiobenhavn*, c'est-à-dire, le port des marchands, parce qu'autrefois elle leur servait d'asile contre les pirates de la mer baltique.

(2) Port de mer, situé à l'endroit le plus étroit du Sund-Bive. Son véritable nom est *Hessingœr*.

(3) C'est le lieu d'exil où la cour envoie ceux qui ont encouru sa disgrâce.

(4) C'est une ville si ancienne que les auteurs danois croient qu'elle a été fondée par Odin, qui, à la fois conquérant, législateur et prophète, répandit dans le nord de l'Europe un système religieux, dont il emprunta les principes des mythologies de l'Orient, mais qu'il sut adapter au caractère général des peuples septentrionaux. On croit que c'est dans cette ville qu'on parle le plus correctement le danois.

(5) Elle a un château qui est l'ancienne demeure des rois de Danemark.

(6) Sur un canal qui joint le golfe de Lymfiord à la mer.

(7) Elle est renommée par la foire la *Schnopsting*, qui se tient vers Pâques.

(8) Port de mer sur le lac Guble, qui la traverse. Le canal du lac en forme le port.

(9) Ville très-ancienne à une lieue de la mer; l'évêché en fut fondé en 946 par Otton I. Plusieurs rois de Danemark y ont leur tombeau.

(10) Sur le golfe de Schley. Elle se nommait autrefois *Hethebyr*, de la reine *Hetha*, qui la fonda à une époque qu'on n'assigne pas; d'abord florissante au 9.e siècle, détruite au 10.e, rebâtie depuis, dévorée par les flammes au 15.e elle était encore florissante en 1713, époque où elle perdit ses souverains, et avec eux ses ressources,

(11) *Helgoland*, qui appartient aujourd'hui aux Anglais, est une île située dans l'Océan germanique, à 6 milles de l'Elbe. Ses habitans, au nombre d'environ 2400, sont descendans des Frisons, dont ils conservent la langue et les usages avec un scrupule religieux. Les hommes ne quittent presque jamais la mer; ils sont pilotes côtiers et s'adonnent à la pêche; les femmes sont chargées de tous et autres travaux. Les Helgolandais ne s'expatrient jamais; l'isolement où ils se trouvent, conserve la simplicité et la pureté de leurs mœurs.

(12) Port au fond d'un golfe de la Baltique.

(13) Près de l'embouchure de l'Elbe, avec un bon port sur le fleuve, et une forte citadelle bâtie par Christian IV.

(14) En face de Hambourg. Les Hambourgeois s'y portent en foule les dimanches et les jours de fête, pour assister au spectacle ou pour jouir de l'air par des jardins, ou de la beauté des sites que présentent les bords de l'Elbe.

(15) Cédé au Danemark en 1815 avec la ville de *Ratzebourg*, en indemnité de la Norvège. Une partie du duché de Lauenbourg, situé à la gauche de l'Elbe, appartient au G. D. de Mecklenbourg-Strélitz.

(16) Une circonstance vraiment remarquable dans l'histoire de la littérature européenne, c'est que les lettres ont fleuri dans la république d'Islande depuis le 11.e siècle jusqu'au 14.e. Ainsi pendant que les Islandais cultivaient leur esprit et s'occupaient à répandre des connaissances utiles, le Danemark et la Norwège étaient couverts, comme le reste de l'Europe, des ténèbres de l'ignorance et de la barbarie. On leur doit l'*Edda*, source de nos lumières sur l'ancienne mythologie des Goths. C'est de l'Islande que les Suédois, les Norwégiens, les Danois, les Orcadiens, ont tiré la première connaissance de leur histoire. L'Islande déjà si intéressante sous le rapport de l'histoire littéraire, est peut-être celui de tous les lieux du monde qui mérite le plus l'attention des géologistes et des observateurs de la nature. Voici le tableau que trace Mr. Walkenaer de cette île merveilleuse, sortie de l'abîme de la mer à une époque qu'on ne peut assigner. Plusieurs volcans, tels que l'*Hekla*, le *Torfa*, la [illegible] (pl. XXVI.) vomissent fréquemment des torrens de flammes et de fumée; l'île entière est couverte de leurs débris accumulés [pendant des] siècles, et bouleversés les uns sur les autres par l'effet de leurs terribles éruptions et par les tremblemens de terre qui les précèdent ou les accompagnent. Les montagnes sont déchirées, fracassées et étonnent les regards par leurs formes et bizarres; les précipices, les fissures que l'on rencontre à chaque pas, dans toutes les directions et varient de mille manières par leurs infractions et leurs profondeurs. Des cataractes chaudes tombent sur les rochers et s'exhalent en vapeurs. Les marais, les lacs, les fondrières, les torrens qui entre[coupent les] plaines et les vallées, les nombreux estuaires qui isolent de grandes parties et les allongent en une multitude de presqu'îles, tout contribue à la [illegible] et au désordre de cette terre arctique. D'innombrables glaciers éblouissent le [voyageur qui] gravit sur leurs cîmes, ou trompent ses regards par un aspect général et terreux qui déguise leur nature. Du sein de ce sol couvert de frimas s'élèvent au milieu des sources sulfureuses et bouillantes. L'une d'elles, nommée Geysir [le] Furieux (v. pl. XXVI.) fait jaillir ses flots brûlans jusqu'à 90 pieds de hauteur, d'un bassin de 60 à 90 pieds de diamètre, et couvert de 72 pieds de profondeur. Des [îles] de glaces chargées d'ours maritimes et d'autres animaux redentables, se [détachent des] pôles, viennent fondre sur les côtes septentrionales, brisent, par leurs énormes chocs, des rocs, des écueils et des promontoires, ou bloquent, durant l'hiver des districts entiers. Quelquefois des pins et d'autres arbres résineux, que les [eaux de cette] zone charrient en grand nombre, s'allument par le frottement des énormes [glaces] s'entrechoquent. Peu de nuits se passent sans que les aurores boréales [offrent des] scènes majestueuses, dont elles augmentent, par leur lumière rougeâtre, [illegible] la sublimité. On voit fréquemment des glaces enflammées s'agiter dans l'[air], des feux follets, des étoiles tombantes et des flocons de neige lumineux. [Quelques som]mets de l'intérieur connus seulement des habitans par l'aspect lointain de [leurs] sommets couverts de neige, s'enflammèrent à la suite d'un violent tremblement; de vastes torrens de laves s'écoulèrent de cette affreuse région jusqu'à [la mer], engloutirent tout sur leur passage pendant plus d'un an; un nuage épais et de fumée couvrit l'île entière, et lui déroba, durant de longs intervalles, [la lumière] du soleil; les bestiaux furent presque entièrement détruits, et un quart [des habitans] périt des suites de cette effroyable éruption. Les saisons sont en Islande [plus rigoureuses que leur] latitude extérieure; le mercure y gèle fréquemment en hiver, et il a été [des étés] où [l'on éprouve] une chaleur de 32 à 33 degrés, qui serait à peine supportable [à] de Paris. L'intérieur de l'île est entrecoupé par une vaste masse de mont[agnes] inhabitées, et la population est disséminée sur les côtes jusqu'à environ [des] rivages. Reikiawick, sur la côte ouest, est depuis 1815 la capitale et [la seule ville] qui mérite le nom de ville. Braastad, sur la même côte, est sous le 64e [degré]; à un collège avec trois professeurs et une bibliothèque publique.

En 870, des Norwégiens se réfugièrent en Islande avec leurs familles, [pour fuir la] tyrannie d'un certain Hérald. La religion chrétienne y fut portée [illegible]. Les habitans jusqu'alors en république, reconnurent les rois de Norwége [pour souve]rains en 1261, et la réunion de ce royaume au Danemark les soumit [illegible]. On divise l'Islande en quatre parties correspondantes aux quatre points car[dinaux]: le baillage du Nord, celui de l'Est, celui de l'Ouest et celui du Sud. Ces [parties sont] divisées en districts (Syssel) et ces derniers en paroisses. Il existe une [aussi] quatre districts commerciaux; savoir Reikiawick, Erkefiord, Eyafiord et Isa[fiord]; [l'île est] arrosée par trois principales rivières, la Skalfanda, l'Orafiord et le H[illegible] [qui des]cendent des hautes montagnes qui coupent l'île et dont la principale [s'étend] de l'E. à l'O.

DOCUMENS GÉOGRAPHIQUES QUI EN INDIQUENT

Les États du Danemark se composent

		LA SITUATION.	LES BORNES.	L'ÉTENDUE qui (long. / larg.)		la surface	le climat	LES PRODUCTIONS.	LE CLIMAT ET LE SOL.
	de l'Islande (1) qui est	Une île de la mer du nord, entre le 17.e et 29.e deg. long.e oc.e, le 63.e et 67.e de la lat.e N.		100 l.	75 l. (2)	4,840 l. carr. (3)	le 1.er climat de mer (4)	MINÉRAUX. Une infinité de sources chaudes ou bouillantes, du basalte ou marbre de couleur, des mines de fer, de cuivre, de plomb, et surtout de soufre. VÉGÉTAUX. Très-peu de bled et encore moins de légumes. (5) ANIMAUX. Bœufs des chevaux petits, mais excellens, moutons de la petite espèce, beaucoup de renards et autres bêtes fauves, des faucons les plus estimés de l'Europe. (6) INDUSTRIELLES. Du poisson sec, du suif, de l'huile de baleine, des peaux assez bien préparées, des cygnes, des plumes et de l'edredon. (7)	CLIMAT. L'air est froid, mais sain; cependant le froid n'y est pas en proportion de la latitude. SOL. Aride et en grande partie impropre à la culture.
	du Danemark proprement dit (8)	entre le 50° 30' et le 8° 30' long.e oc.e, le 54° 30' et le 57° 30' de la lat.e N.	au N. le Cattégat, à l'O. la mer d'Allem.e, au S. la mer d'Allem.e et la mer balt.e, à l'E. le Sund, qui la sépare de la Suède et la mer balt.e	80 l.	60 l.	1,660 l. carr. (9)	le 11.e d'heures (10)	MINÉRAUX. Charbons de terre, tourbe, salines, terres calcaires et à porcelaine, ciment qu'on tire de Bornholm, et plusieurs sortes de grès. VÉGÉTAUX. Bled et orge, bled sarrasin, pommes de terre, fruits, houblon, lin, chanvre, et bois de construction (11) ANIMAUX. Bétail à corne, chevaux très-renommés, porcs, oies, et volaille en abondance, ainsi que toute espèce de poissons de mer. INDUSTRIELLES. Draps estimés, toiles, gants, chapeaux, papier, cuirs crus et apprêtés, salpêtres et boissons distillées etc.	CLIMAT. L'air quelquefois humide, mais le plus souvent froid et sain. Dans le Jutland et les îles de la Baltique on n'y connaît que l'été et l'hiver; le passage du froid au chaud étant subit. (12) SOL. D'une fertilité étonnante. Dans le Holstein et le Jutland l'agriculture peut être comparée à celle de l'Angleterre. (13)
	du Duché de Lauenbourg	cédé au Danemark en 1815 en indemnité de la Norwège. Une partie du Duché appartient au G. D. de Meklenbourg-Strelitz.	au N. le Holstein à l'O. et ... au S. le D. de Hanovre à l'E. le G. D. de Meklenb.-Schwerin			33 l.		MINÉRAUX. Tourbe. VÉGÉTAUX. Grains, lin. ANIMAUX. Bestiaux, abeilles.	

(1) Le premier nom de l'Islande fut *Snæland*, c'est-à-dire, *Schneeland*, pays des neiges. Un Suédois, nommé *Gardar*, la nomma *Gardarsholm*; enfin *Floeki* la nomma *Islanda*, c'est-à-dire, *Island*, à cause des glaces éternelles qui la couvrent. Selon quelques géographes, l'Islande est la *Thule* des anciens. Quelques géographes plus modernes pensent que cette île doit faire partie de l'Amérique. Elle a été peuplée par des colonies venues de *Norwège*.

(2) Il est des endroits où elle a plus de 30 lieues.

(3) Qui, à raison de la population, donnent 10 habitans par lieue carrée.

(4) D'où il résulte que dans cette île il y a un mois de jour et un mois de nuit.

(5) On y cultive la pomme de terre avec quelque succès. Si la nature a refusé aux contrées les plus septentrionales du globe les plantes légumineuses et céréales des zones tempérées, elle a doté à plusieurs régions des terres polaires ce qu'ils ont de désagréable au goût et de nuisible dans un autre climat, et offert un aliment dont le besoin a su tirer un parti avantageux. Tels sont le roseau (Arundo arenaria L.) qui croît abondamment dans la partie orientale de l'île et dont on fait de la farine; la grande bistorte (Polygonum bistorta L.) dont on fait du pain noir à la vérité, mais sain; la mousse d'Islande (Lichen islandicus L.) dont l'Islandais fait du gazon, qui, mêlé avec du lait et de l'eau, donne une gelée très-nourrissante; mêlée avec un peu de farine, on en fait même du pain.

(6) On en exporte tous les ans pour 1000 liv. sterlings. On est surpris de ne point trouver, avant l'an 1770, le Renne en Islande, tandis que les parties septentrionales des deux mondes, entre lesquelles cette île est située, en sont pourvues, surtout le Groenland. Il est vraisemblable que ... ils déchirent l'Europe vers le 9 et le 10.e siècle, débarquant sur ... montant les rivières, pillant, brûlant et saccageant. Ils parcoururent ... l'Allemagne et la France sous le nom de *Normands*, et l'Angleterre et l'Islande sous celui de *Danois*.

(9) Qui, à raison de la population, donnent 903 habitans par lieue carrée.

(10) Ce qui donne 17 heures et demie pour le plus long jour, et ... le plus court.

(11) Dont l'exportation est considérable et d'un grand rapport.

(12) Il faut remarquer, relativement à la température du *Groenland* (... parlerons dans la suite) que l'hiver le froid y est excessif, et que ... jours d'été dont jouit cette contrée, la chaleur est insupportable.

(13) Les îles offrent généralement un aspect gracieux et riant. Ce ... entrecoupées de collines, tantôt isolées, tantôt contiguës et form... vallons. La province de Jutland présente des traits plus sauvages, ... tems plus variés et plus imposans.

Parmi les eaux, il faut remarquer l'*Elbe*, le *Guden*, l'*Eyder*, cette dernière rivière terminaient, dit-on, l'empire romain du côté ... on lit sur une des portes de Rendsbourg, située près de l'*Eyder*: *Eoterminus imperii*.

Les lacs sont en Jutland ceux d'*Æmild*, *Riss*, *Aus*, *Salten* ... Au nord du Jutland, la mer entre dans les terres, y forme une ... miniature, qui sépare du reste du Jutland une longue presqu'île, ...

eland, c'est-à-dire, *Schneeland*, *pays des*
, la nomma *Gardarsholm*; enfin *Florko* la
i cause des glaces éternelles qui la couvrent.
st la *Thule* des anciens. Quelques géogra-
loit faire partie de l'Amérique. Elle a été
rwège.

·o lieues.

nt 10 habitans par lieue carrée.

· a un mois de jour et un mois de nuit.

quelque succès. Si la nature a refusé aux
globe les plantes légumineuses et céréales
leurs végétaux des terres polaires ce qu'ils
ible dans un autre climat, et offert un
· parti avantageux. Tels sont le roseau
ent dans la partie orientale de l'île et dont
· (Polygonum bistorta L.) dont on fait du
usse d'Islande (Lichen islandicus L.) dont
vec du lait et de l'eau, donne une gêlée
e farine, on en fait même du pain.

liv. sterlings. On est surpris de ne point
en Islande, tandis que les parties septen-
elles cette île est située, en sont pourvues,
ble que cette espèce d'animal a péri dans
ouvée l'Islande. On a transporté de la
si utiles aux habitans des terres polaires,
la devait être dans un climat qui leur est
ourriture.

plus de 200 quintaux. C'est le duvet doux,
int un aigle, mais une espèce d'oie des
dans nos contrées, et qui ne descend guère
et oiseau s'appelle *Eider*, son duvet *Eider*
dont on a fait ensuite *edre-don*, et par
mot reçu.

ns, dont le nom moderne est composé
es *Danois*. Le premier de ces noms est
gnait vers l'an 1098, et le second répond
omains avaient formés sur les frontières
ce, on appella *Marca* ou *Marchia* ce que
u établissait sur chaque *marca* ou fron-
our la défendre et celui qui le comman-
, dont les Italiens ont fait *Marchione* et
m de *marche* est encore usitée dans cer-
de France, avant la révolution nommée
es confins du Poitou et du Berry. Les
u Danemark; mais ce pays ne put suffire
ms. Ils s'unirent aux Teutons qui, selon
èrent inonder l'empire des Romains, qui,
it à eux et les exterminèrent. Ceux qui
Jutes. Devenus encore trop nombreux,

ils désolèrent l'Europe vers le 9 et le 10.e siècle, débarquant sur les côtes, re-
montant les rivières, pillant, brûlant et saccageant. Ils parcoururent de cette manière l'Allemagne et la France sous le nom de *Normands*, et envahirent l'Angleterre et l'Irlande sous celui de *Danois*.

(9) Qui, à raison de la population, donnent 903 habitans par lieue carrée.

(10) Ce qui donne 17 heures et demie pour le plus long jour, et 7 et demie pour
le plus court.

(11) Dont l'exportation est considérable et d'un grand rapport.

(12) Il faut remarquer, rélativement à la température du *Grœnland* (pays dont nous
parlerons dans la suite) que l'hiver le froid y est excessif, et que dans le peu de
jours d'été dont jouit cette contrée, la chaleur est insupportable.

(13) Les îles offrent généralement un aspect gracieux et riant. Ce sont des plaines
entrecoupées de collines, tantôt isolées, tantôt contiguës et formant d'agréables
vallons. La province de Jutland présente des traits plus sauvages, mais en même
tems plus variés et plus imposans.

Parmi les *eaux*, il faut remarquer l'*Elbe*, le *Guden*, l'*Eyder*. Les rives de
cette dernière rivère terminaient, dit-on, l'empire romain du côté du Nord, et
on lit sur une des portes de Rendsbourg, située près de l'Eyder: *Eydora romani
terminus imperii*.

Les *lacs* sont en Jutland ceux d'*Asmild*, *Eves*, *Ans*, *Sulten Knuss* et *Moss*.
Au nord du Jutland, la mer entre dans les terres, y forme une méditerranée en
miniature, qui sépare du reste du Jutland une longue presqu'île. Ce golfe s'appelle *Limfiord*. Il y a plusieurs autres golfes de même nature, que les Danois
appellent *Fiords*. Le *canal de Sleswick - Holstein*, en séparant les duchés de
Sleswick et de Holstein, joint la mer baltique à l'Océan germanique.

Les *détroits* sont ceux du *Sund*, du *grand* et du *petit Belt*. Le premier est
le plus remarquable. Les vaisseaux qui le passent, y acquittent le péage à l'endroit le plus étroit, où se trouve Helsingoer ou Elseneur, ville forte, à côté de
laquelle est le château de Kronbourg, près duquel il est plus sûr de passer à
cause des courans nombreux et contraires qui sont dans ce détroit. L'opinion
générale que cette forteresse commande le passage du Sund, et que les vaisseaux
ne peuvent se dispenser de passer sous ses batteries, n'est pas fondée, attendu
que le détroit a assez de profondeur partout, pour que les plus grands bâtimens
puissent ranger de près la côte de Suède. Le péage du Sund, auquel ont ac-
quiescé, par différens traités, les nations commerçantes de l'Europe, est une
branche de revenu considérable pour le Danemark.

ETHNOGRAPHIE DE L'ISLANDE.

PLANCHE XXVI.

En général, l'Islandais n'offre rien à l'extérieur qui le distingue dans l'histoire naturelle de l'homme. Si quelque chose pouvait être regardé comme une particularité, ce serait, ce semble, la longueur de l'épine dorsale par rapport aux autres parties du corps. Si celles-ci étaient proportionnées à la longueur du torse, il faudrait qu'il y eut parmi les Islandais une foule de géants. Or, on ne trouve parmi ces insulaires que des hommes de moyenne taille, qui ne sont pas fort vigoureux. Les habitans actuels de cette terre polaire sont d'origine diverse; ils offrent un mélange de Suédois, de Norwégiens, de Danois et d'Écossais. L'Islandais a un caractère analogue au pays qu'il habite. Il semble que le rire soit étranger à sa physionomie, et il faut convenir que les objets qui frappent sans cesse sa vue, sont peu faits pour égayer ses traits. Les Islandaises ne se font pas remarquer par leur beauté, mais elles paraissent généralement bien faites, ont de belles dents et la peau blanche. Leur genre de vie est fort simple. Les poissons de toutes espèces dont la mer d'Islande abonde, font leur principale nourriture, et leur principale boisson consiste dans l'eau ou le petit-lait. Néanmoins les Islandais ne deviennent pas fort âgés; il est très-rare de voir parmi eux des vieillards septuagénaires. Ces insulaires sont fort adroits, bons marins, et quelques-uns ont fait d'utiles découvertes; témoins EYREK-RANDA, qui fit connaitre la Grœnlande en 952; HERJULFSON et ERICHSSON, qui découvrirent une autre partie de l'Amérique en 1001. Un beau trait qui caractérise les habitans de l'ancienne Thule, ce sont leurs vertus hospitalières, qui les rangent à juste titre parmi les peuples amis de l'humanité. On entend rarement parler chez eux de vol. Leurs principales occupations consistent dans la pêche et le soin de leurs troupeaux. Ils sont si attachés à leur pays natal, qu'ils se croient malheureux partout ailleurs ; ils sont naturellement graves et très religieux ; jamais ils ne traversent une rivière ou tout autre passage dangereux sans se découvrir la tête et implorer la protection divine. Leur reconnaissance ne disparait pas avec le danger ; ils rendent graces à Dieu de les avoir conservés. Lorsqu'ils se rassemblent, leur passe-tems favori consiste à lire leur histoire. Ils goutent un plaisir singulier à s'en rappeler les anciennes époques. Le souvenir du passé les console du présent. Le chef de la maison lit le premier, et chaque membre de la famille prend le livre tour-à-tour. On recommence quand il est achevé. Aussi la plupart des Islandais réciteraient de mémoire toute la suite des événemens qui intéressent leur patrie. Quelquefois ils chantent des vers dont le sujet est toujours analogue au pays, et des refrains qu'on répète en chœur. Ils connaissent aussi la danse et quelques jeux. Ils réussissent principalement aux échecs, et le plus mince des campagnards de l'Islande en donnerait des leçons aux plus huppés des citadins de nos capitales. Les Islandais sont en général mal logés; leurs maisons sont composées de cinq à six pièces, qui ne reçoivent le jour que par des ouvertures pratiquées dans le toit, et fermées par de petits carreaux de verre, et communément par une espèce de parchemin bien tendu et transparent, qui se fait avec la membrane qui enveloppe l'estomac du bœuf ou de la vache. Il n'y a que la salle de travail qui ait des fenêtres. Les meubles répondent à la grossièreté des habitations. Les personnes un peu aisées ont un appartement destiné à y loger les étrangers, et c'est la principale chambre de la maison.

La planche XXVI présentant un groupe d'Islandais, donne une idée de leurs costumes. L'Islandais debout entre deux Dames de qualité, est représenté en habit de fête, devant eux sont deux habitans de la classe inférieure occupés du produit de leur pêche. Le bleu et le noir sont les couleurs qui entrent de préférence dans l'habillement des Islandais. Celui du pêcheur est fait d'une peau de mouton, dont le côté lanifère est tourné en dedans. Les longues vestes des hommes sont souvent de drap noir nommé WADMAL, et les souliers de peau de phoque. Le second plan de la gravure représente le célèbre GEYSER, dont les éruptions qui se succèdent souvent jusqu'à deux cents fois dans l'espace de dix minutes, sont produites par l'accumulation des eaux de sources qui remplissent son bassin de 90 pieds de diamètre, et sont même provoquées par les pierres qu'on jette dans son cratère. Cette dernière circonstance produit de sourdes détonnations, dont l'effet approche de celui des détonnations des bouches à feu. La dernière qui est la plus forte, ébranle toutes les terres voisines de cet étonnant réservoir, d'où s'élance alors, jusqu'à la hauteur de 92 pieds, une énorme colonne d'eau bouillante, qui défie tout ce que le génie de l'homme a imaginé dans ce genre à Cassel et à Marly.

Le dernier plan représente l'HEKLA, si rédoutable autrefois par ses éruptions dont on a compté jusqu'à seize dans l'intervalle de sept siècles et demi, depuis 1004—1755. A côté de ce volcan on aperçoit quelques-uns des nombreux glaciers, que dans l'île on nomme JOKULS ou plutôt FALL-JOKULS, par ce que ces montagnes sont continuellement couvertes de neige et de glace à leur sommet; elles ont cela de remarquable, qu'elles croissent, décroissent, s'élèvent, s'abaissent et diminuent perpétuellement.

Le luthéranisme est la religion tolérée en Islande. La langue islandaise est la même qu'on parlait en Suède, en Danemarck et dans la Norwège; elle s'est conservée si pure chez ces insulaires, qu'ils lisent et entendent avec facilité les plus anciennes traditions historiques.

LA SUÈDE ET LA NORWÈGE.

DOCUMENS GÉOGRAPHIQUES QUI EN INDIQUENT

Les États de la Suède se composent de

	LA SITUATION.	LES BORNES.	L'ÉTENDUE EN long.	L'ÉTENDUE EN larg.	la surface.	le climat d'heures.	LES PRODUCTIONS.	LE CLIMAT ET LE SOL.
La Suède est située entre (1)	entre les 55 et 70.º degré de la-titude N. et les 8 et 29.ᵉ degré de long E. ayant . .	au Nord la mer glaci-ale, à l'O. la Norwè-ge, le Ca-tégat et le Sund; au S. la mer baltique, et à l'Est la Russie d'Europe.	267 l.	160 l.	30,000 l. carr. (2)	entre le 13ᵉ d'h. et le 1.ʳ de mois (3)	MINÉRALES. Cristaux, améthystes, topase, porphires, lapis-lazuli, agathes, cornalines, perles et autres fossiles, ainsi que beaucoup des marbres, des mines d'argent, de plomb, de fer (4), de cuivre (5), d'aimant et de vif-argent. VÉGÉTALES. Bled, dans les provinces méridionales (6), seigle, avoine, menus grains (7), ainsi que quelques fruits et d'abondans pâturages dans le Gothland et pays adjacens (8), bois de charpente. (9) ANIMALES. Les mêmes qu'en Danemark, si ce n'est que les chevaux et les fancons de Suède (10) sont plus es-timés, et que les rennes, les animaux qui fournissent les fourures et le gibier, suffisent pour la consomma-tion du pays; mais le bétail à cornes et les moutons n'y suffisent point, et l'on est obligé d'en importer. Le poisson de toutes les espèces et surtout le hareng, y abonde. (11) INDUSTRIELLES. Les mêmes qu'en Danemark, mais dont les principales branches sont le fer en barre (12), la tôle, le fer-blanc, le fil de-fer, des clous, des ancres, des canons, de l'acier, le bois en planches, le bray, le goudron, la potasse, verreries, soieries, tanneries etc. (13)	CLIMAT. Dans les parties méridio-nales il est toujours tempéré, mais dans les septentrionales le froid est dense et des plus rigoureux. (14) L'atmosphère toutefois y est pure, salubre et peu su-jette aux vicissitudes des tem-pératures (15); aussi les cen-tenaires n'y sont-ils point ra-res. SOL. Assez semblable à ce-lui de Danemark; mais en général on ne trouve de ter-rain qui réponde aux sueurs du cultivateur que dans les vallées, où souvent la fertilité est étonnante. (16)
La Nor-wège (17) située	entre les 58 et 71.ᵉ de-gré de la-titude N. et les 13 et 10ᵉ de lon-gitude E.	au Nord la mer glaci-ale, à l'O. la mer du N., au S. le Caté-gat, à l'E. la Suède, et au N. la Russie . .	340 l.	80 l. (18)	12,000 l. carr. (19)	le 14.ᵉ d'h.ˢ et le 17.ᵉ (20)	MINÉRALES. Très-abondantes en carrières de beau marbre, en mines de fer et de cuivre (21), d'argent, vif-argent, sel, aimant, vitriol, charbon de terre, amiante etc. VÉGÉTALES. Seigle, orge, avoine, blé-sarrasin, pois, lin et chanvre. ANIMALES. Très-riches en oiseaux de proie et en bêtes fauves. (22) INDUSTRIELLES. Toiles de très-belle qualité, verreries, fourrures, plumes d'aigle et peaux de chèvres (23), poisson sec appelé *Stockfisch*, huile de baleine, pêche du hareng et bois de construction.	CLIMAT. L'air y est pur et serein vers le N., et à l'E., mais humide et mal-sain vers l'O. et le S. (24) SOL. Pierreux, inégal et marécageux.

NOTES RÉLATIVES AU TABLEAU.

(1) La Suède s'appelait autrefois *Swithiod*, nom qu'elle reçut ou prit des *Swenions*, ses premiers habitans. Les géographes ont fait de *Swithioud*, *Suecia*, et de celui-ci nous avons fait *Suède*. La nation suédoise se nomme *Swenska*, de *Swen*, jeune, noble, soldat. La suède fut envahie, comme tout le Nord, par les Goths venus des contrées orientales. On y trouve quelques-uns de leurs monumens. Elle forme depuis très-longtems un royaume. Son histoire se perd dans l'obscurité du passé. Les Goths inondèrent l'Europe sous le nom de Visigoths et d'Ostrogoths, en occupaient la partie méridionale. Elle fut réunie depuis 1395 jusqu'en 1521 au Danemark, contre lequel les Suédois se révoltèrent, sous la conduite de Gustave-Vasa, qui les délivra de ce joug et mérita de devenir le roi de cette contrée. Frédéric V, auquel Ulrique-Éléonore, sœur de Charles XII, avait cédé la couronne, n'ayant pas d'enfant, les états élurent, en 1743, un duc de Holstein, dont un des descendans occupe encore le trône.

(2) Ce qui ferait 100 habitans par lieue.

(3) Donnant 18 heures et demie pour le plus long jour, et 6 heures pour le plus court jour, pour la Suède proprement dite. Un jour, une nuit d'au mois pour la Laponie septentrionale.

(4) Dont on exporte annuellement plus de 400,000 quintaux.

(5) Dont on évalue l'exportation annuelle à plus de 6,000 quintaux.

(6) Les vallées produiraient du bled en abondance, mais on y manque de bras et d'instruction, les deux mobiles de l'agriculture ; de manière que cette denrée précieuse est loin de suffire au besoin du pays, et qu'annuellement on en importe plus de 300,000 tonneaux.

(7) Ces productions sont dues au Gothland.

(8) En général la végétation est très-prompte en Suède, et il faut qu'il en soit ainsi, car on y a peu de jours d'été.

(9) Dont on exporte annuellement pour plus de 7,000,000 francs de notre monnoie.

(10) On dit que les faucons de Suède y reviennent toujours, dans quelque contrée de l'Europe qu'on les exporte, et des voyageurs racontent qu'on tua en Finlande, il y a quelques années, un faucon qui portait au col une plaque aux armes de France, avec le chiffre de la faconnerie.

(11) La pêche du hareng forme en Suède une des branches les plus importantes du commerce ; elle se fait principalement sur la côte qui s'étend de Gothenbourg à Marstrand.

(12) Le fer de la Suède passe pour le meilleur. Les mines les plus renommées sont celles de *Sahla Afœrtad*, *Soetet*, *Fahlun*, *Mora Elfdal* etc. Les mines de fer de Suède et les mines d'argent de Norwège sont les plus riches de l'Europe.

(13) Les vaisseaux de retour pour la Suède se chargent volontiers de lin écru, dont on veud, année commune, pour plus de 5,000,000 de francs, et de tabac, dont on débite annuellement plus de 100,000 quintaux.

(14) On y passe immédiatement du froid le plus âpre à des chaleurs qu'on est étonné d'éprouver dans des contrées aussi septentrionales que la Suède.

(15) Les fréquentes aurores boréales dont nous avons donné la description avec une planche, et les brillans clairs de lune, suppléent à la lumière pendant les longues nuits d'hiver ; et pendant les longs jours d'été la nuit se fait désirer ; la fraicheur qui l'accompagne, est très-favorable à la végétation.

(16) La configuration de la Suède offre beaucoup de montagnes qui entrecoupent le pays. On disingue parmi les *fleuves* la *Dal-Elbe*, qui donne son nom à la Dalécarlie ; c'est le plus large fleuve de la contrée ; dans le Gothland, le *Nibre*, où l'on pêche des perles ; le *Goetha-Uffwe*, la *Motala* ; en Laponie la *Tornea*, l'*Akunis-Jocki*, la *Lulea* etc. Les *lacs* sont ceux d'*Hornawam*, d'*Enara* en Laponie ; de *Wener* en Westgothie ; de *Meler* en Sudermanie ; de *Heilmar* en Néricie, de *Wetter* en Ostrogothie.

(17) Les anciens la nommaient *Norrlke*, *Norrige*, *Aerigon*, *Norwegia* ou *Norrigia*. Quelques géographes prétendent que son nom est formé du danois *Nortweg*, chemin du Nord. La Norwège, qui fait de nos jours partie des états de la Suède, a formé un royaume indépendant depuis 875 — 1396. Uni a la Suède, on l'appelait jadis *Scandinavie*.

(18) Quelquefois n'est que de 40 à 50 lieues.

(19) Qui, à raison de la population, donnent 80 habitans par lieue carrée.

(20) Donnant pour Berghen 19 heures pour le plus long jour, et 5 heures pour le plus court ; pour Dronthem 20 heures et demie pour le plus long jour, et 3 et demie pour le plus court.

(21) Dont on exporte par an plus de 1000 quintaux. Le produit annuel des mines de Norwège est de 3 millions de francs.

(22) Les oiseaux de proie consistent en faucons et en aigles; il y a aussi des oiseaux et volailles, des grives de plusieurs sortes, des canards sauvages, des coqs de bruyères. Les bêtes fauves consistent en élans, rennes, lynx, ours de très-petite taille, dont les gens du pays font d'excellens jambons, et en hermines connues par leurs fourrures.

(23) Dont l'exportation est considérable et d'un grand rapport. Le pin et le sapin sont pour la Norwège une source importante de revenus, un objet considérable d'exportation.

(24) Dans une étendue de plus de 13° du Sud au Nord, la température de l'air ne saurait être la même. Les parties les plus septentrionales qui regardent l'Orient et que les montagnes ne défendent pas des vents du Nord, sont exposées à des hivers rigoureux; mais ,presque toute cette longue côte que la mer borde au couchant, jouit ordinairement d'un air assez tempéré au milieu même de l'hiver. Il est rare qu'un froid excessif y continue quinze jours ou trois semaines de suite. Il pleut fréquemment à *Berghen* au milieu de l'hiver, et les ports de Lübeck, de Hambourg et d'Amsterdam, sont dix fois fermés par les glaces,

pendant que celui i de cette ville le sera à peine une seule. Les vapeurs qui s'élèvent sans cesse de l'Océan, adoucissent sans cesse la rigueur du froid. Les *montagnes* de la Norwège se composent de deux chaines principales, le *Langfield* et le *Koelen*, qui se dirigent du Sud au Nord. Elles sont unies ensemble par une autre chaîne, le *Dovrefield*, dont la direction est de l'Ouest à l'Est. Cette dernière chaîne divise en quelque sorte le midi de la Norwège en deux parties par rapport au climat; les vents et les alternatives de pluie et de beau tems y sont directement contraires de chaque côté de cette chaîne. Il y a une infinité de lacs en Norwège, tous très-poissonneux, le *Mioesen*, le *Rand*, le *Faemund* etc. La plus grande des nombreuses cataractes qui gênent la navigation des rivières, est celle qui se trouve à l'embouchure du *Glommen*, près de Frederikstadt. Le fameux goufre de *Maelstrom* ou tournant d'eau formé par des courans entre les îles méridionales du Lofoden, fameux par des descriptions emphatiques, n'est réellement dangereux et n'offre un aspect effrayant que lorsque le vent de Nord-Ouest souffle en opposition avec le reflux.

La Norwège a cinq golfes principaux, *Christiania*, *Stevanger*, *Hardanger*, *Sognefiord* et *Drontheim*. La principale *baye* est celle de *Waranger*, au N. E. de la Laponie norwégienne.

BIBLIOTHÈQUE ROYALE

TABLEAU STATISTIQUE DE LA SUÈDE.

Les États de la Suède sont :		PRINCIPAUX LIEUX	SITUATION TOPOGRAPHIQUE.	Distance de Paris.	Populat.ⁿ
Laponie ou Westrobothnie, ou Bothnie occid.ᵉ sous-divisée en	Torneolappmark	Torneo	à l'extrémité du golfe de Bothnie .		600
	Luleolappmark		qui n'ont point de villes, mais des villages ou bourgades ambulantes, que les Lapons changent d'après la commodité des fourrages et des chasses.		
	Pitéalappmark .	. . . .			
	Asellappmark. .				
	Umeolappmark .	Umeo [1]. . . .	sur la rivière du même nom . . .	505	1,060
Suède septentrionale, ou Norrland.	Angermanie. . .	Hernoesaud [2].	à l'embouchure de l'Agerman . . .	465	
	Jemtie	Kals-Strand. . .	sur la Strom.	510	
	Medelpadie . . .	Sundswall . . .	sur le bord de la mer, dans une plaine	455	
	Herjeadal. . . .	Luisnedal. . . .	sur la Luisnan	470	
	Helsingie	Hudnickswall . .	sur une langue de terre, baignée pᵉ la mer	436	
	Gestrikland. . .	Gefle [3]	à l'est de Falun		6,000
	Dalécarlie. . . .	Falun [4]. . . .	entre deux lacs et deux montagnes .	423	7,000
Suède prop. dite ou Suède centrale	Warmie	Carlstadt	où la Clara se jette dans le Wener.	433	
	Westmanie. . .	Westerohs . . .	sur la Swart, qui communique au Meler	455	
	Néricie	Oerebro [5] . .	sur le lac Hilemar, où elle a un port.	410	
	Upland	(Stockholm [6] .	entre la mer et le lac Meler . . .	380	80,000
		(Upsal [7]	sur la Sala, qu'il traverse . . .	391	9,700
	Sudermanie. . .	Nikoping [8] . .	sur la Motala, à son embouchure .	398	8,000
	Dalie	Omal [9]. . . .	sur les bords du lac Wener . .	452	
Gothie ou Gothland, qui renferme au . . (S.O.) (S.E.)	Westrogothie. .	[Gotheborg [10].	à l'embouchure du Moln-Dal . . .	455	20,000
		[Wenersborg . .	sur la Gotha-Elbe près du Wener .	455	
	Halland	Halmstadt. . . .	sur la Nissa, à son embouchure .	320	
		Helsingborg [11]	sur la rive orientale du Sund . .	290	3,000
	Scanie [Skone] .	Landscrone. . .	sur le Sund et au S. de Helsingborg [12]	274	3,400
		Lund	en plaine, à 2 lieues de la mer [13] .	300	
	Blekingen	[Carlskrona . . .	sur la Docka [14] au bord de la Baltique	320	11,000
		[Carlshamm . . .	port de mer à l'O. de Carlskrona .	328	
	Smaland	Calmar [15] . .	sur les rives du Sund	310	
	L'île d'Oeland .	Borgholm. . . .	à l'ouest de l'île	310	4,500
	L'île de Gothland	Wisby [16] . .	à N. O. de l'île, sur une colline; elle a un bon port	360	
	Ostrogothie. . .	Norkoeping [17]	sur la Motala, à son embouchure .	350	
Norwège à l'O. de la Suède . .	Aggerhus	[Christiania [18]	sur la baye d'Ansele	350 N.O.	1,000
		[Fredericshall[19]	à l'embouchure de Fest-Daab . .	331	3,600
	Christiansand. .	Christiansand[20	port de mer, sit. dans un terr." saboneux	315	7,000
	Berghen	Berghen [21]. .	port de mer entouré de montagnes.	360	18,000
	Trontheim . . .	Drontheim [22].	sur le Nidder . elle est presque toute entourée de la mer	376	8,000
	Finmark	Wardhus [23] .		632 N.E.	
Iles voisines qui dépendent de la Norwège. [24].	Karm				
	Bommel		à l'entrée du golfe de Drontheim		
	Sartar				
	Hilteren				
	Les îles Wikten		plus au Nord. .		
	Les îles Lofoden				
	Suroë				
	Mageroë		à la hauteur du Finmark.		
	Wardhus				

NOTES RÉLATIVES AU TABLEAU.

[1] Elle fut bâtie par Gustave-Adolphe; elle a un bon port.

[2] Chaque année il s'y tient une foire considérable.

[3] Ses rues sont larges, droites, bien pavées et extrêmement propres.

[4] On l'appelle dans le pays *Gamla Kopper-Berg*, ancienne montagne de cuivre. C'est dans la province de Dalécarlie dont les mines et les forges sont la principale, et l'on peut dire l'unique richesse, qu'habite un peuple brave, loyal, attaché de tout tems à ses Souverains et à la liberté. C'est surtout en Dalécarlie que s'est conservé le souvenir du libérateur de la Suède. L'habitant des campagnes, l'artisan, le peuple, tous enfin connaissent Gustave Wasa; ils se rappellent que c'est à leurs ancêtres qu'il a dû la couronne; leur ame en est exaltée, et ils en parlent avec complaisance et avec fierté. Les Dalécarliens sont dans l'usage de toucher la main aux princes et même au Roi lorsqu'ils le rencontrent.

[5] A quelques lieues de cette ville sont les eaux minérales d'Oxega, qui ont une très-grande réputation.

[6] Les meilleurs historiens placent la fondation de Stockholm dans le milieu du 13.ᵉ siècle, mais ce n'est que dans le milieu du 17.ᵉ que la résidence des rois y a été transportée d'Upsal où elle avait été jusqu'alors. — Port de mer, arsenal, académie, quelques manufactures.

[7] Elle tire son nom de sa position, *up*, sur, *sala*, la Sala, sur la Sala. C'est la ville savante de la Suède, à cause de son université. Les maisons sont la plupart de bois et couvertes de gazon qui, en été, offre un parterre fleuri. C'est dans ces cabanes que l'immortel *Linné* a régénéré l'étude de l'histoire naturelle, que *Wallérius* et *Cronsted* ont fondé la minéralogie moderne, que *Bergmann* a perfectionné la chimie et la géographie physique etc.

[8] C'est-à-dire, nouveau lieu de commerce. C'est dans cette ville, dit-on, qu'on parle le suédois avec le plus de pureté.

[9] Ville commerçante particulièrement en planches, bois de charpente et goudron.

[10] Elle doit sa fondation à Charles IX, et ses embellissemens à Gustave-Adolphe. C'est après Stockholm la ville qui fait le plus grand commerce.

[11] Assis sur une colline et ayant dans ses environs des eaux minérales très-recommandables.

[12] Elle fut cédée à la Suède en 1659, et Charles IX y fonda une université en 1668.

[13] C'est un des chantiers de la marine suédoise. Le port en est sûr, et peut contenir une escadre considérable.

[14] *Docke* est un grand bassin orné avec beaucoup d'art dans une montagne près du chantier de la marine, et qui sert de retraite aux plus grands vaisseaux.

[15] Elle est distinguée en ancienne et nouvelle ville. La première, célèbre par l'union de Calmar, qui, en 1397, réunit sur la tête de Marguerithe de Waldemar les couronnes de Suède, Norwège et Danemark; la seconde, par le soin que *Christine* prit de l'embellir.

[16] Elle a un bon port.

[17] Célèbre par la manufacture de laiton, ses papéteries, imprimeries et manufactures d'armes.

[18] *Anslo*, un des faubourgs de Christiania, était autrefois une ville opulente, qui devint la proie des flammes en 1624, et qui fut rebâtie la même année par Christian IV, dont elle a pris le nom. C'est après Bergen la principale ville de la Norwège, et elle en est considérée comme la capitale. Elle fait un commerce considérable, et est sans contredit la plus jolie ville du pays.

[19] Elle a soutenu plusieurs sièges contre les Suédois, et ce fut devant cette ville qu'en 1718 Charles XII, qui l'assiégeait, fut tué d'un fauconneau parti du fort Over-Bierget.

[20] Port de mer, fondé par Christian VII en 1642. Elle a un siège épiscopal et un collège.

[21] Elle a un bassin très-vaste, qui permet aux vaisseaux d'entrer dans l'enceinte même de la ville. Elle est défendue par le fort de Fredericsbourg.

[22] Les Suédois s'en emparèrent en 1658, les Danois la leur reprirent la même année; elle leur est restée par le traité de Copenhague de 1660; elle est presque tout entourée de la mer; elle a une société des sciences et une rafinerie de sucre. Elle commerce en bois, poissons, suif, et s'est enrichie par le cuivre des mines de Roesraas.

[23] Elle fait un grand commerce de *Stock-fisch*, qu'on pêche principalement dans le mois de Janvier.

[24] C'est là que se trouvent les pointes les plus septentrionales de l'Europe, le *Cap-nord* dans l'île de Mageroë, et le cap *Stat*; la ville de *Wardoe* dans l'île de ce nom; *Wardoehuus*, forteresse la plus septentrionale du globe; et *Meso*, port de mer le plus au N. de la Laponie norwégienne ou Finmark.

ETHNOGRAPHIE DE LA LAPONIE.

PLANCHE XXVI.

La Laponie se présente sous un aspect hideux; elle semble être le tombeau de la nature, la terre proscrite, et l'on réserve ordinairement au Lapon le dernier rang parmi les nombreuses variétés de l'espèce humaine. On accuse la nature de l'avoir traité avec rigueur, et on le regarde comme le plus misérable des hommes; car on ne peut concevoir que le bonheur puisse exister dans un pays privé chaque année pendant plusieurs mois de la présence de l'astre du jour, et dont le sol resserré par un froid excessif, n'offre pour parure que la mousse et quelques végétaux rabougris. Ce jugement est néanmoins précipité et l'expérience en a démontré le peu de solidité. En effet le Lapon aime son pays et le trouve préférable aux contrées les plus favorisées de la nature; il est donc heureux. Transplanté sous un climat moins rigoureux, il tombe dans la mélancolie, dépérit et meurt bientôt en regrettant sa cabane enfumée et ses rapides traineaux. Plusieurs géographes prétendent que tous les Lapons sont d'origine finoise. Cependant les hommes actifs et industrieux qui habitent le Grand-Duché de Finlande, ont, pour porter le nom de Finois, un droit garanti par l'usage, et ils seraient, avec raison, fâchés de se voir confondus dans la même classe que les Lapons. Tous les Finois-Lapons sont sujets norwégiens et tous les Lapons appartiennent à la Suède. Mais si l'on parle de ce peuple en général, on ne peut plus lui appliquer la dénomination de Finois. Les Lapons sont de petite taille, mais leur force surpasse celle des habitans de la zône tempérée. Leur tête est grosse; leurs yeux ordinairement bleus, sont enfoncés et chassieux. Ils ont une grande bouche, des joues creuses, un menton long et pointu et un teint très-basané. Les traits des Laponnes, un peu moins repoussans, sont cependant incompatibles avec la beauté. Ce peuple dont les facultés intellectuelles sont excessivement bornées, est plongé dans l'ignorance la plus profonde. La pauvreté de sa langue annonce celle de ses idées, et à peine sait-il compter au-delà de dix. La superstition, fille de l'ignorance, règne chez les Lapons. Ils sont soupçonneux, colères, brutaux, menteurs et paresseux; mais ils sont probes, charitables et hospitaliers. Leur habillement consiste dans une tunique de peau de mouton, un habit de dessus en drap grossier ou en peau de renne et un étroit pantalon. Leurs souliers grossièrement fabriqués de peau de mouton, sont pointus et recourbés par le bout comme les sabots des Chinois et garnis en mousse. L'habillement des femmes diffère peu de celui des hommes. On distingue les Lapons en Lapons des côtes et en Lapons pasteurs. Les premiers s'établissent dans les lieux les plus poissonneux et y forment des habitations ou des huttes couvertes d'écorce et de terre, et dont la porte est si basse qu'on ne peut y passer qu'en rampant. Un trou ménagé au sommet de la hutte, livre un passage à la fumée, qui néanmoins remplit toujours l'intérieur de cette misérable habitation, dont la planche XXVI présente la forme, ainsi que celle d'une espèce de magasin destiné à serrer les provisions et où l'on monte au moyen d'un escalier formé

par des entailles pratiquées dans la pièce de bois qui soutient cette cage qui ressemble
assez à un colombier. Le lait du renne aigri, forme la principale nourriture des Lapons. Pendant l'été ils le préparent en le faisant bouillir avec de l'oseille. L'hiver ils
le recueillent et le conservent plusieurs mois dans un estomac de renne, après l'avoir
mêlé avec des sucs d'airellé. Il se durcit tellement par la gêlée, que pour le manger
on est obligé de le couper par tranches avec une hache. Les Lapons des montagnes
ajoutent souvent à ce mets la chair du renne. Ceux des côtes se nourrissent de celle
du bœuf, du mouton, du loup, du renard, en un mot ils mangent la chair de toute
espèce d'animal, excepté celle du cochon qu'ils ont en horreur. Ce sont les hommes
qui se chargent du soin de la cuisine et de tout ce qui concerne l'économie du ménage. Les femmes ont en partage la préparation des vêtemens et la fabrication des
ustensiles de bois. La boisson des Lapons est ordinairement la neige fondue. Rien n'é-
gale la passion qu'ils ont pour le tabac quand ils le mâchent; ils crachent dans leurs
mains et se frottent le nez avec cette salive imprégnée de tabac, afin de se procurer
une double jouissance. Les Lapons des côtes ne changent que deux fois de demeure
pendant l'année, au printems et en automne; mais ils n'abandonnent leur habitation
que pour la reprendre avec le retour de la saison. Les Lapons des montagnes sont au
contraire continuellement errans; le milieu de l'été les voit se rapprocher des côtes de
la mer, et aux annonces de l'automne ils retournent vers leurs montagnes. Le Lapon
se transporte rapidement d'un lieu à un autre, dans un traîneau en forme de nacelle
et attelé d'un renne. Une corde passée dans la bouche du coursier et entre les jambes, remplace la bride de nos chevaux. Cet animal docile obéit à la voix de son maitre,
et lorsque celui-ci veut voyager avec toute la vitesse possible, il se met à genoux dans
son traîneau et prie le renne d'accélérer sa marche. Encouragé par des sons devenus
familiers, l'animal redouble effectivement de vitesse, et parcourt dans l'espace d'une
heure trois ou quatre lieues sur terre et six à sept sur la glace.

Une certaine espèce de LICHEN (*Lichen islandicus*, L.) qui croit abondamment dans
la Laponie, forme la nourriture de cet animal, qui fait la principale richesse du pays.
Avant que le Danemark eut envoyé des missionnaires dans la Laponie, les habitans de
cette contrée étaient adonnés à l'idolâtrie la plus grossière, et il paraît presque certain
qu'une partie d'entr'eux n'ont point encore renoncé aux erreurs de leurs ancêtres,
quoiqu'ils dérobent soigneusement aux missionnaires la connaissance de leurs pratiques
superstitieuses. Ils adoraient entr'autres divinités THOR ou THIERMES, qu'ils représentaient
par le simulacre grossier d'une figure humaine en bois de bouleau, et ils enfonçaient
dans la partie qui formait la tête, un clou d'acier, auquel ils attachaient un caillou,
afin que THOR put allumer du feu à volonté, et ils lui donnaient pour signe distinctif
un marteau. Cette idole placée derrière leur cabane, était élevée sur un plancher et
ils l'entouraient d'une haie de branches de pin. Derrière l'idole ils plaçaient les cornes et les principaux os de la tête des rennes qu'ils avaient immolés en son honneur,
et ils déposaient leurs offrandes devant elles. Certaines montagnes et un grand nombre
de rochers remarquables par la singularité de leurs formes, étaient autrefois le lieu de
leurs sacrifices et des pratiques pieuses des Lapons; ils sont encore aujourd'hui l'objet

de leur vénération. Quelques-uns d'entr'eux y vont de grand matin en pélerinage, revêtus de leurs meilleurs habits; ils n'offrent point de nouveaux sacrifices, mais ils se gardent bien de toucher aux ossemens, restes des anciennes offrandes, car ils croiraient commettre un grand sacrilège. Jamais ils ne placent leurs tentes dans le voisinage de ces lieux sacrés, afin de ne point troubler la tranquillité de la divinité, et ils n'oseraient y tuer un animal quelconque. Lorsqu'une femme passe près d'un de ces endroits, elle est obligée de se couvrir le visage ou de détourner la tête. Ils font des offrandes lorsque des épidémies règnent parmi les rennes, ou en cas de maladies, de mariages stériles. C'est toujours à un magicien qu'ils demandent à laquelle de leurs divinités il faut s'adresser, quelle offrande il faut porter, en quel endroit il faut la déposer. Le magicien se sert souvent de son tambour magique, qui est une boîte ovale couverte d'une peau et garnie de plusieurs cordons et de différens ornemens; des figures de corps célestes, d'animaux, d'oiseaux, et plusieurs autres caractères sont tracés sur cette peau. Le sorcier pose un anneau sur le tambour, y frappe avec une baguette qui est une corne de renne, et d'après la figure sur laquelle la vibration de la peau fait tomber l'anneau, il répond à toutes les questions et prédit l'avenir. Ils attribuent à leurs sorciers le pouvoir de procurer ou d'empêcher le vent et la pluie, de produire et de détruire les insectes, de parler aux revenans; mais ils croient que le tonnerre poursuit les magiciens, et de là leur proverbe : *Sans le tonnerre, le monde périrait par la magie.*

En vain les rois de Suède ont rendu des ordonnances très-rigoureuses contre les prétendus nécromanciens; ils n'ont pu détruire le penchant de ce peuple pour l'art illusoire et méprisable des enchantemens, des divinations et des sortilèges. La stérilité est, comme chez les Juives, un opprobre parmi les Laponaises. Le père donne à l'enfant nouveau né un renne femelle; lorsqu'il a fait la première dent, le père, s'il est riche, lui fait présent d'un second renne. Les parens ne souffrent pas qu'un jeune homme se marie avant qu'il soit en état de tuer un renne. Les Lapons enterrent leurs morts sans cercueil, tout habillés et quelquefois tout nus suivant les cantons. Ceux qui sont payens, enterrent leurs plus célèbres chasseurs près des endroits destinés aux sacrifices; ils couvrent ordinairement le tombeau d'un traîneau renversé, et ils y placent quelques nourritures.

ISLES BRITANNIQUES. ANGLETERRE.

DOCUMENS GÉOGRAPHIQUES QUI EN INDIQUENT

Les îles britanniques prises		LA SITUATION.	LES BORNES.	LÉTENDUE EN long.	larg.	la surface.	le climat d'heures.	LES PRODUCTIONS.	LE CLIMAT ET LE SOL.
ensemble sont situées entre sont bornées		le 7 et 19.e deg. de longitude [1], le 50 et le 61.e de lat.e	au N. par la mer du Nord, à l'O. par l'Océan atlantique, au Sud par le canal de la Manche, à l'E. par la mer d'Allem.	126 l.	100 l.	5,494 l. carr. [3]	le 19.e [4]	MINÉRALES. Étain excellent [5], cuivre, zinc, plomb, fer, marbre granit [6], alun, salines [7], terre à foulon, charbon de terre. [8] VÉGÉTALES. Bled, seigle, avoine, légumes, menus grains, chanvre, lin, pâturages excellens, pommes [9], houblon. [10]	CLIMAT. L'air y est humide sans y être mal-sain. Il est chargé de brumes pendant une très-grande partie de l'année.
séparément, se divisent en	Angleterre [2], située entre	le 1.er deg. 30' et le 8° 40' de longit.e occidentale, le 49° 55' et le 55° 45' de latit.e	au N. l'Écosse, à l'O. le canal de St. George, au S. la Manche qui la sépare de la France, à l'E. la mer d'Allemagne,					ANIMALES. Bœufs fort grands, chevaux [11], moutons [12], et toute espèce de poissons. INDUSTRIELLES. Draps, ouvrages en acier et tout ce que l'homme est capable d'inventer et de perfectionner.	SOL. On remarque des endroits où il n'est pas absolument des meilleurs; mais partout l'industrie et l'intelligence l'ont rendu propre à la culture des fourrages et des grains de toute espèce. [18]
	Écosse [14], située ent.e	le 3° 20' et le 8° 20' de long.e occidentale, le 54°et le 59° de latit.e	ayant au N. la m.r du Nord, à l'O. an S. l'Anglet.e à l'E. la mer d'Allemagne,	100 l.	60 l.	3,088 l. c.s [15]	le 11.e [16]	MINÉRALES. Plomb, cuivre, fer, argent, marbres, pierre à chaux, alun, terre à foulon. VÉGÉTALES. A peu près les mêmes qu'en Angleterre. ANIMALES. De même, excepté que la race des chevaux est loin d'égaler celle d'Angleterre. INDUSTRIELLES. A Édimbourg et dans les environs l'industrie est dans la plus grande activité.	CLIMAT. Il y est beaucoup plus tempéré que ne le peut faire présumer la latitude de cette contrée. SOL. Il n'y est fertile que là où l'industrie le rend tel; encore n'y parvient-elle que dans le midi de l'Écosse. [17]
	l'Irlande [8] située entre	le 8° 20' et le 10° 20' d. long.e occident.e, le 51 et 55° de latitude,	ayant au N. à l'O. au S. l'Océan atlant.e, à l'E. la mer d'Irlande,	95 l.	54 l.	3,051 l. c.s [19]	le 10 et le 11.e [20]	MINÉRALES. Mines de cuivre, de plomb, de fer [21], des ardoises, du charbon de terre. VÉGÉTALES. A peu près les mêmes qu'en Angleterre et en Écosse. ANIMALES. Comme en Écosse, excepté que le bétail y est plus fort et de meilleure espèce. [22] INDUSTRIELLES. Manufactures de toiles.	CLIMAT. Doux, mais extrêmement variable; l'air y est plus humide qu'en Angleterre, et l'hiver moins rigoureux. SOL. Fertile là où il y a des bras et la volonté de les faire agir. [23]

NOTES RÉLATIVES AU TABLEAU.

(1) Prise du méridien de Paris et distinguée selon sa position en orientale et occidentale.

(2) L'Angleterre d'abord appelée *Albion*, de la blancheur de ses dunes, reçut des Romains celui de *Britannia*, Bretagne, dont les racines lettiques sont *brit, peint, tain*, pays, par ce que les habitans de cette île, à l'arrivée des Romains, étaient dans l'usage de se peindre le corps à la manière des insulaires dont parlent nos voyageurs modernes. Elle ne prit le nom d'*Angleterre* qu'en 828, époque où, sous ce nom, *Egbert*, 17.ᵉ roi des Saxons occidentaux, élevé à la cour de Charlemagne, réunit sous sa domination les royaumes saxons de l'heptarchie.

(3) La surface, d'après *Playfair*, est de 49,450 milles carrés; lesquels, à raison de la population estimée à 8,400,000 habitans, en donnent environ 168 par mille.

(4) Ce qui donne pour le plus long jour 16 heures, et pour le plus court 9 heures.

(5) Il se trouve particulièrement dans le pays de Galles et est appelé *Étain de cornouailles* (Cornwall). Cent mille ouvriers, dit-on, sont employés à l'exploitation des mines de cette contrée. Elles étaient célèbres du tems des Phéniciens; ce sont les plus riches qu'il y ait.

(6) Elle se tire de Devonshire.

(7) Elles sont dans le Cheshire et le Northumberland.

(8) Les seules mines du Northumberland en envoient à Londres annuellement plus de 600,000 mesures (Chaldrons).

(9) Le cidre d'Herfort et de Devonshire est estimé à Londres.

(10) Il est de première qualité et dans le midi de l'Angleterre; il forme une branche considérable de commerce.

(11) Excellens coursiers, et sous ce rapport souvent inappréciables pour les courses qui ont rendu quelques lieux célèbres, comme *Newmarket* en Epsom etc. Les courses de chevaux durent communément une semaine, et donnent lieu dans les villes de province à des bals et à des spectacles qui y attirent beaucoup de femmes. Celles d'Epsom sont les plus fréquentées par les personnes de Londres, qui n'en est qu'à 15 milles; mais c'est à Newmarket, bourg fort triste près de Cambridge, où viennent très-peu de femmes, que courent les meilleurs chevaux et que se font les plus gros paris. Les personnes qui ont des chevaux à faire courir, s'arrangent ensemble pour le jour et pour les paris, qui se combinent avec un art infini et qui souvent varient plusieurs fois pendant les courts instans que dure la course. Ces courses sont plus ou moins longues, et se font en long ou en rond, selon la nature du terrain, qui est indiqué par des poteaux. Pour que le poids que porte chaque cheval, soit le même, on égalise avec des plaqués de plomp celui des postillons ou *jockeis*, et on les repèse après la course, pour voir s'ils n'en ont pas jeté. Ces postillons, très-légèrement vêtus, s'élèvent sur leurs étriers, se penchent sur la tête de leurs chevaux, et après les avoir ménagés au commencement de leur carrière, les animent vers la fin avec la voix, le fouet et l'éperon. Des juges placés près du but, et dont le jugement est irrécusable, nomment le cheval qui l'a atteint le premier, et décident ainsi des paris. Il y a des exemples de chevaux qui arrivent si également, que la course est déclarée nulle. Cette passion des Anglais pour les courses, ou plutôt pour le jeu, leur occasionne beaucoup de dépenses et a ruiné plusieurs familles. Comme spectacle, leur beauté dépend du grand nombre des spectateurs, de chevaux et d'équipages. (Pl. XXXII.)

(12) Ils y sont de première qualité pour la laine, une des plus précieuses pour la fabrique des draps.

(13) CONFIGURATION DU SOL. Les *montagnes* de l'Angleterre ne forment point de chaînes très-étendues ni très-prononcées, et ne s'élèvent pas à une grande hauteur. Les principales sont le *Peack* dans le Derbishire; le *Cheviot Hills*, qui s'étend du N. au S. au travers des provinces de Northumberland et de Cumberland; le *Chiltern*, qui traverse le Buckinganishire; le *Malvern*, dans le Worcestershire; le *Wrekin*, dans le Shropshire; le *Plinlimmon* et le *Snowdon* dans le pays de Galles. *Rivières*, outre celles du tableau général, la *Medway*, qui arrose le Sussex et le comté de Kent; la *Saverne*, qui se jette dans le canal de Bristol; le *Trent* qui, joint à l'Ouse, prend le nom de *Humbert*; la *Tyne*, qui se jette dans l'Océan à Tinmouth, la *Tees*, qui se jette dans l'Océan au-dessous de Stockton; l'*Eden*, qui arrose Appleby et Carlisle; l'*Avon*, qui se jette dans la mer d'Irlande au-dessous de Preston; la *Mursey*, dans

la mer d'Irlande, au-dessous de Liverpool. *Lacs,* çeux de *Soham-Mere, Wittlesea-Mere, Ramsey-Mere,* dans l'île d'Ely; *Winander-Mere,* dans le Westmorland et dans le Lancaster, etc.

(14) L'*Écosse* porta d'abord le nom de *Calédonie,* de ses premiers habitans, les Calédoniens, qui furent subjugués par les *Pictes;* mais les *Scots* (colonie irlandaise qui s'y établit vers le commencement de l'ère chrétienne) après la retraite des Romains, lors de l'invasion des Goths, lui firent donner celui de *Scotland,* que nous traduisons par celui *d'Écosse.*

(15) C'est-à-dire d'après *Playfair,* 27,793 milles carrés, qui, à raison d'une population de 1,600,000, en donnent 57 par mille.

(16) Ce qui donne pour le plus long jour 17 heures et demie, et pour le plus court 7 et demie.

(17) CONFIGURATION DU SOL. Principales *montagnes,* les *Grampians,* chaîne qui s'étend dans les comtés de Perth, Angus, Mearus et Aberdeen. Les montagnes de *Lowlands,* ou des basses terres, au midi et à l'est des Grampians; les montagnes de *Highlands,* ou hautes-terres, qui commencent au-delà d'Inverness. Les Grampians peuvent être considérés comme une grande chaîne frontière, qui s'étend depuis Loch-Lomond jusqu'à Stonehaven. Le Ben-nevis dans l'Invernesshire est considéré comme le plus haut sommet de la Grande-Bretagne; il a 4,330 pieds de hauteur. *Rivières,* outre la *Spey,* on distingue la *Forth,* la *Tay,* la *Dée,* la *Tweed,* la *Clyde,* l'*Humber,* la *Ribble, Mersey* etc. *Lacs* (appelés *Loch* dans la géographie d'Écosse): ils sont très-nombreux. On distingue principalement *Loch-Tay, Loch-Lohmond, Loch-Ness, Loch-Awe, Loche-Tyne,* qui est une espèce de mer, et *Loch-Spinie,* près d'Elgin, dont le bassin est toujours rempli de cygnes. *Baies;* les plus remarquables sont celles de *Glenluce,* de *Wigtown,* de *Solwai,* de *Murrai,* de *Gromarty* etc.

(18) Nommée par les Irlandais *Erinland,* ce qui dans la langue du pays signifie *pays d'Ouest.* Le nom latin *Hibernia* vient du mot phénicien *Abernae,* qui signifie *la partie la plus éloignée à l'Ouest.* Anciennement elle reçut quelquefois le nom de *Insula sacra sancta,* par ce qu'il ne devait y exister aucun animal vénimeux, et que la nation était fertile en savans et en saints dans le moyen âge.

(19) Selon Playfair, la surface est de 27, 457 milles carrés, qui, à raison de la population de 4,000,000 hommes, en donnent 152 par mille carré.

(20) Ce qui donne pour le plus long jour 16 heures et demie vers le S., 17 heures et demie vers le N., et pour le plus court 9 heures vers le S., 7 heures et demie vers le N.

(21) Quelques-unes de ces mines contiennent des parties d'argent, telles que celles de Wicklou.

(22) Les salaisons qu'on en fait, forment une branche d'exportation considérable.

(23) Cette île est un excellent pays, dont le sol presque partout gras et friable, est propre à tous les climats du N., et surtout aux pâturages que l'humidité habituelle de l'air maintient toute l'année dans une verdure, à la beauté de laquelle rien n'est comparable en Europe.

CONFIGURATION DU SOL. L'Irlande forme un contraste frappant avec l'Écosse; elle est presque toute unie, fertile et abondante en pâturages; elle offre peu de hauteurs remarquables, qui méritent à peine le nom de collines; les principales sont le *Mourne* et l'*Iveagh* dans le comté de Dawn. *Rivières;* outre le *Shannon,* le *Ban,* la *Bogne,* le *Liffey,* le *Barrow,* le *Nore* et le *Suir.* Les *Baies* les plus remarquables sont celles de *Carrick-Fergus,* de *Cardingford,* de *Cork,* de *Baltimore,* de *Bantry,* de *Galloway,* de *Donegal* etc. Les *Lacs* sont en très-grand nombre; les plus considérables sont ceux de *Reagh* et de *Killarney.* Ce dernier est justement célèbre; la nature semble s'être plue à y réunir tous les genres de beautés pittoresques; la poésie les a célébrées, et l'art de la gravure s'est surpassé pour en reproduire les points de vue les plus romantiques. *Marais;* il y en a de très-vastes; celui d'*Allen* a 80 milles d'étendue et contient 300,000 acres; il y en a encore d'autres très-étendus et plus petits épars dans le royaume.

Un phénomène bien remarquable en histoire naturelle, qu'on remarque sur la côte d'Irlande, dans le comté d'Antrim, c'est une réunion immense de basaltes dont le nombre est de plus de 30,000. Ces prismes de grosseur et de formes très-variées sont poreux et percés de petits trous. Leur couleur, un peu noire partout où ils sont baignés par les eaux de la mer, devient blanchâtre dans les endroits qui restent toujours exposés à l'action de l'air et du soleil. Ce lieu célèbre, nommé *la chaussée des géants,* forme, sans contredit, la plus imposante de toutes les productions volcaniques. Une suite de colonnes plus ou moins régulièrement placées, décorent cette côte dans une étendue de plusieurs milles, et viennent se terminer à *Fair-Head,* pointe énorme. D'autres prismes, aussi variés dans leurs formes et leurs combinaisons, s'élèvent au milieu de la mer autour de la petite île de Rhagery, et terminent cette scène majestueuse qui, par sa richesse et sa variété, l'emporte sur l'île de Staffa, mais qui n'a rien de comparable à la régularité de la grotte de Fingal, dont il est parlé plus bas.

§ *Les îles voisines de l'Angleterre* sont l'île de *Man* dans la mer d'Irlande, qui dépend du comté de Cumberland; l'île d'*Anglesey*, dans la même mer, dépendant de la principauté de Galles; les *Sorlingues* ou anciennes *Cassitérides*, dépendantes du comté de Cornouailles, dont la principale est *Ste. Marie*; l'île de *Wight*, dans la Manche, dépendant du comté de Hautz; l'île de *Jersey*, dans la Manche, à six lieues des côtes de France. *Guernesey*, au Nord; l'île d'*Alderney*, au N. E. de la précédente; l'île *Sark* à l'Est.

Isles de l'Écosse. On les classe en trois divisions; les *Hébrides*, ou les îles de l'Ouest (Western-Islands); les *Orcades*, groupes de 67 îles, dont 29 habitées; les îles de *Schetland*. Chacun de ces derniers archipels nourrit plus de 20,000 hommes. Les petits chevaux de *Schetland* sont devenus un objet de luxe et de curiosité en Angleterre. Les solitaires îles *Western* n'ont dû quelque célébrité qu'aux poëmes galliques attribués à *Ossian*, et aux admirables cavernes basaltiques de l'île de *Staffa*. Il parait qu'Ossian, ce barde célèbre, vivait vers la fin du 3.ᵉ siècle, entre la chûte des Druides dont il fut un des derniers disciples, et l'établissement du christianisme. On doit à M.ʳ *Macpherson* une éloquente traduction des œuvres de ce poëte, écrites en langue *erse*, qui est la même que l'irlandaise, et qui est un mélange de l'ancien celte et de la langue punique, qu'on appèle *galic* dans les Higlands. L'île de *Staffa* gît par le 57° de latitude nord; elle est entièrement formée de prismes d'une pierre noire, compacte. Ces espèces de colonnes de basalte, qui ont quelquefois jusqu'à 45 pieds de hauteur, sont réunies en faisceaux, et couronnées par un peu de terre végétale et de petits prismes d'un moindre calibre que ceux dont la charpente de l'île est formée. Les Hébrides et par conséquent Staffa, sont presque généralement regardées comme des restes de volcans antiques, qui jadis exercèrent leurs furies destructives dans ces contrées, occupées aujourd'hui par la mer, qui, à son tour, sans cesse en courroux, sape à chaque instant les fondemens de Staffa. Déjà ses coups réitérés ont ébranlé et détruit un certain nombre de prismes; elle s'est ouvert un passage au milieu d'eux et semble vouloir les engloutir tous dans son sein et dérober par là un des plus beaux monumens volcaniques. Parmi les ouvertures qu'elle s'est pratiquées, la plus importante et la plus gigantesque est celle que les habitans des Hébrides nomment *la grotte du Fingal* ou *grotte mélodieuse* (pl. **XXXIII**.) C'est vraiment un temple naturel,

qui, par son style sévère, son aspect majestueux, ne craint point la comparaison des monumens égyptiens. Ce n'est pas tout : à l'extrémité de cet antre, dans un lieu sombre et silencieux, le voyageur étonné entend quelquefois des sons doux et mélodieux, qui sortent d'une cavité qui est souvent cachée par les flots; en cela semblable au colosse de Memnon, qui salue le soleil par ses chants, *Staffa* semble par les siens rendre hommage à Neptune. La nature n'offre rien de plus parfait dans ce genre; des colonnés basaltiques décroissantes en ornent les côtés, et le long de leurs bases règnent de nombreux degrés, restes d'autres prismes brisés par les flots et dont le sommet forme une belle voute que les stalactites jaunes semblent décorer de caissons et de rosaces dorées. La mer est le pavé de cet auguste temple, dont l'aspect, tantôt riant, tantôt sévère et terrible, varie au gré du plus inconstant des élémens. Tout l'art et tout l'effort des hommes n'en sauraient élever ni d'aussi durables, ni d'aussi majestueux, et ce qui est plus admirable, ajouteraient à peine à sa régularité.

Voici les dimensions de cette grotte d'après le chevalier Banks, qui voyageait dans les Hébrides en 1772:

Longueur.	371	pieds.
Largeur à l'entrée. .	53	—
Largeur au fond . .	20	—
Hauteur à l'entrée .	117	—
Hauteur au fond . .	70	—
Profondeur à l'entrée	18	—
Profondeur au fond .	9	—

On remarque à l'habillement des *Écossais* qu'il leur a été permis de reprendre, il y a quelques années et auquel ils tiennent beaucoup, quelque chose de l'habillement romain; des bas d'étoffes rayées en losanges et liés au-dessous du genou, un jupon court qui leur tient lieu de culottes, une ou deux petites vestes assez serrées, et un manteau de 5 à 6 aunes de long, qu'ils portent lié en écharpe quand il fait beau; le jupon et le manteau sont toujours d'une étoffe de laine rayée de couleurs foncées et tranchantes. Ils portaient autrefois un *poignard* et un couteau dans des gaines attachées à leur ceinture, près d'une large poche de cuir, qui leur servait de bourse. L'habillement des femmes ne diffère point de celui des Anglaises. La fierté dans la misère, la paresse, effet de la vanité, et la curiosité, enfant de l'oisivité, voilà les traits qui caractérisent les *Higlanders*, qui d'ailleurs sont bons, honnêtes, hospitaliers, peu intéressés, mais sensibles à l'excès aux injures, au mépris, durs à eux-mêmes, et couchant souvent en plein air sur leurs bruyères, enveloppés dans leurs manteaux; ils aiment la guerre et en bravent avec courage les fatigues et les dangers.

TOPOGRAPHIE DES ISLES BRITANNIQUES. ANGLETERRE.

L'Angleterre est divisée en 52 Comtés ou Hires, dont

Divisions topogr.es	COMTÉS.	Principaux lieux.	Leur SITUATION TOPOGRAPHIQUE.	Dist.c de Paris.	Population.
6 au Nord.	Northumberland (1)	Newcastle	sur la Tine	168 l. N.	40,000
	Cumberland (3). . .	Carlisle.	sur l'Eden	176	10,000
	Durham (4). . . .	Durham	sur une colline près de la Wera .	168	7,500
	Westmorland. . . .	Kendal	sur la Ken	155	8,000
	Lancashire (5) . . .	Lancaster.	sur le Lou	160	16,000
	Yorkshire	York	sur l'Ouse qui le traverse. . . .	158	14,000
	Cheshire.	Chester.	sur la Dée	158	14,500
18 au Mil.	Derbyshire	Derby	sur le Dewent	132	10,500
	Nottingamshire . . .	Nottingham. . . .	sur le Witham.	138	30,000
	Lincolshire (6) . . .	Lincoln	Idem	133	
	Rutlandshire	Oukham	dans une vallée	122	
	Leicestershire (7) .	Leicester (8). . .	sur la Sour.	128	17,000
	Staffordshire (9) . .	Stafford	sur la Sow, en plaine	136	
	Shropshire.	Shrewsbury (10).	dans une presqu'ile formée p.r la Saverne	132	16,500
	Herefordshire . . .	Hereford	sur la Vera.	132	
	Monmouthshire . . .	Monmouth (11) ·	à la jonction de la Wie et du Monow	132	2,000
	Glocestershire. . . .	Glocester (12). .	sur la Saverne.	118	8,900
	Worcestershire . . .	Worcester (13) ·	sur une colline au bord de la Saverne	130	25,000
	Warwickshire (14).	Warwick (15). .	Id. sur les bords de l'Avon sur la Nyne	124	
	Nortamptonshire . .	Northampton (16)	sur la Nyne	116	
	Hugdingdonshire . .	Hudingdon (17) .	sur l'Ouse	115	
	Bedfordshire (18). .	Bedford	Idem	115	
	Buckinganshire (19)	Buckingham . . .	Idem	113	
	Oxfordshire.	Oxford (20) . . .	s. une coll. à l. jonct. du Cherwel et d. l'Isis	115 N. O.	15,000
12 à l'O., formant le pays de Galles.(23)	Anglesey (ile). . . .	Beaumaris (21) ·	sur le canal de Menai	183	
	Caernarvonshire (22)	Caernarvon. . . .	Idem	184	
	Denbighshire	Denbigh	sur une colline, aux bords de la Clwyd	175	
	Flintshire	Flint	sur la Dée	162	
	Merionethshire . . .	Dolgelly . . . . ·	dans une vallée sur l'Avon . . .	166	
	Mongomeryshire . .	Mongomery . . ·	sur le penchant d'une colline. . .	152	
	Radnordshire	New-Radnor . . .	dans une vallée	150	
	Cardiganshire	Pembrocke. . . .	sur le port de Milfort	177	
	Pembrokeshire . . .	Caermarthen. . .	sur la Teiwy	167	3,500
	Caernarthenshire. .	Liandaff	sur la Taw.	153	
	Glamorghanshire . .	Brecknok.	à la jonction de l'Usk et de l'Hondrey	152	4,000
	Brecknokshire . . .	Cardingan	sur la Teiwy	173	
10 au Sud.	Cornouailles	Launceston	sur une colline près de la Tamer .	169	
	Devonshire	Exeter (24). . . .	sur l'Ex	110	18,000
	Sommersetshire . . .	Bristol (25). . . .	sur l'Avon, au fond du golfe. . .	110	64,000
	Dorsetshire	Dorchester	sur une colline près de la Frome .	94	4,000
	Wiltshire	Salisbury (26) . .	dans une vallée sur l'Avon . . .	110	
	Berkshire	Reading (27). . .	à la jonction du Kennot et de la Tamise	113	
	Hampshire.	Winchester (28).	dans une vallée sur l'Itchen . . .	106	6,000
	Surrey.	Guilford	sur la Wey.	113	
	Kent	Cantorbery (29) ·	sur la Stour	80	12,000
	Sussex	Chichester	en plaine, à 4 lieues de la mer .	101	8,000
	Middlesex	Londres (30) ·	sur la Tamise, où remontent les vaisseaux à 60 l. de son embouchure	98	1,100,000
6 à l'Est.	Hertfordshire	Hertford	sur la Lée	107 N	
	Cambridgshire . . .	Cambridge (31) .	en plaine sur le Cem	113	7,500
	Norfolk	Norwich	sur l'Yarre, qui la traverse . . .	128	45,000
	Suffolk.	Ipswich.	sur l'Orwell	116	
	Essex	Chelmford		108	

NOTES RÉLATIVES AU TABLEAU.

[1] Il tire son nom de l'*Umber* qui l'arrose, et signifie *pays de l'Umber au Nord*.

[2] Elle a un bon port et fait un grand commerce.

[3] Ses lacs offrent les plus beaux paysages. — Mines de cuivre.

[4] Il y a des mines de fer, de plomb et de charbon.

[5] Mines de charbon, bled, poissons, manufactures d'étoffes de soie et de coton. *Liverpool*, un des premiers ports de l'Angleterre, peuplé de 100,000 habitans, et *Manchester*, grande ville commerçante, même population. — Manufact.[4] de velours et de coton; l'ancien *Eboracum* des Romains. Constantin y naquit et Sévère y mourut. *Hull*, grand port de mer: 30,000 ames.

[6] Fertile en bled et en pâturages, qui nourrissent des chevaux et des moutons très-estimés.

[7] Moutons à longue laine et excellens chevaux. Mines de charbon, manufactures de bas.

[8] Sous le règne de Henri V, il se tint dans cette ville un parlament, dont on a un bill qui condamnait au feu toute espèce d'hérétique.

[9] Mines de fer et de charbon, carrières de pierres d'albâtre, poteries recherchées.

[10] Elle a plusieurs manufactures de gros draps; elle fait aussi le commerce de ceux qu'on fabrique dans le comté de Montgomery et qu'on exporte de Shrewbury en Amérique.

[11] Henri V. y naquit et fut appelé *Henri de Monmouth*.

[12] On y voit le tombeau de Robert, duc de Normandie, fils ainé de *Guillaume-le-Conquérant*, et celui de l'infortuné Édouard II.

[13] En 1651 *Cromwel* y battit les Écossais, armés pour rétablir Charles II sur le trône.

[14] Territoire très-productif. — Température douce. On y trouve aussi *Birmingham*, ville très-manufacturière, peuplée de 75,000 habitans. — Manufactures de boutons dorés et d'ouvrages en vernis et en émail.

[15] Très-ancienne; les Romains y avaient une légion.

[16] Célèbre par la bataille qui s'y donna en 1460, dans laquelle Henri VI fut battu et fait prisonnier.

[17] C'est la patrie de Cromwel.

[18] Grand nombre de manufactures de menues-merceries, beaucoup de bled.

[19] Remarquable par sa richesse et sa température très-saine.

[20] Université renommée, et célèbre par les marbres d'Arundel dont elle possède une partie, le monument de chronologie le plus précieux qu'il ait au monde, rélatif à l'histoire de l'ancienne Grèce.

[21] C'est le meilleur mouillage de l'Angleterre.

[22] Cette contrée présente un aspect sauvage; les habitans, dont les mœurs conservent depuis très-longtems leur simplicité primitive, ont une langue qui tient beaucoup du celtique et qui est commune à toute la principauté de Galles. Ils tirent leur origine de la Gaule belgique. Les bestiaux sont l'unique richesse du pays, dont l'air est froid et vif. Au milieu de ce comté se trouve le *Snowdon*, la montagne la plus élevée du canton et même de toute l'Angleterre.

[23] C'est de ce pays que le fils ainé du Roi prend le titre de *Prince de Galles*, depuis Édouard I, qui en fit la conquête en 1282.

[24] Elle était autrefois la résidence des rois saxons de Westsex, qui habitaient le château de Rougemont, nommé ainsi à cause de sa couleur. Il y a dans le même comté *Plymouth*, à l'embouchure de la Plym et de la Tamer. C'est un des meilleurs ports de l'Angleterre, où abordent le plus souvent les vaisseaux de hauts bords de la marine royale. *Plymouth* a trois ports, dont l'un peut recevoir 100 voiles.

[25] *Bath*, dans le même comté, est renommé par ses bains chauds et par la société qu'ils y attirent. On y vient au printems pour la santé, et en automne pour le plaisir. — *Bristol* est très-renommé par sa bière, qu'on exporte dans toutes les parties de la Grande-Bretagne. Elle a 32,000 habitans.

[26] La cathédrale de cette ville est une curiosité par sa structure gothique et la hardiesse de ses voûtes.

[27] *Windsor* est aussi dans le Berkshire, et est célèbre par son château bâti par Édouard III, embelli par tous ses successeurs. Édouard III y institua l'ordre de la Jarretière. Il y était né.

[28] Dans le Nampshire est *Portsmouth*, situé sur l'île de Portsey. C'est le principal rendez-vous de la marine royale. Près de là est la rade de *Spithead*, où les escadres s'assemblent en tems de guerre.

[29] Ville ancienne, célèbre par les reliques de *St. Thomas* de Cantorbery. Son archevêque est primat de l'Angleterre. On trouve dans le même comté *Greenwich*, où est l'observatoire royal; *Douvres*, où l'on aborde de Calais.

[30] La plus grande, la plus peuplée peut-être des villes de l'Europe, et la plus importante par son commerce et ses richesses. Il y a de fort beaux ponts, entr'autres celui de *Westminster*; de belles rues avec des trettoirs, une bourse, une amirauté, des hôtels publics et particuliers, des hôpitaux, celui de *Greenwich* pour les marins et celui de *Chelsea* pour les troupes de terre; l'observatoire de *Greenwich* est cher à la science; une cathédrale (St. Paul), le plus vaste et le plus beau des temp'es après St. Pierre; quelques monumens qui méritent l'admiration des voyageurs: parmi lesquels il faut distinguer une colonne de 195 pieds, élevée en mémoire du fameux incendie de 1666, qui détruisit une partie considérable de cette ville, ravagée un an auparavant par la peste, qui enleva plus de 90,000 personnes. Il faut ajouter à cela la *Tour*, ancienne forteresse sur la Tamise, renfermant plusieurs rues, des magasins, des arsénaux, la monnoie et le trésor. C'est en même tems une prison d'état. Le *Westminster*, grande église gothique, où les rois sont couronnés et enterrés, et beaucoup d'hommes d'état, de guerriers et de gens de lettres célèbres, y partagent leur sépulture. Le parc *St. James* et le palais de ce nom, demeure des rois, bâti par Henri VIII etc.

[31] Célèbre par son université.

TOPOGRAPHIE STATISTIQUE DES ISLES BRITANNIQUES. ÉCOSSE.

Divisions topogr.ᵉˢ	COMTÉS.	Principaux lieux.	Leur SITUATION TOPOGRAPHIQUE.	Dist.ᵉ de Paris.	Populat.ⁿ
12 au Nord	Orkney	Kirkwal (1) . . .	au bord de la mer, à l'Est . . .	3₂3 l. N.	
Highlands ou monta-gnes . .	Caithness	Wick	port de mer sur l'Océan germanique	311	
	Sutherland	Dornock	à l'entrée du golfe de ce nom . .	290	
	Ross	Tayne	dans le golfe de Donoch	280	
	Cromartie	Cromartie . . .	au fond du golfe de Murray . . .	276	
	Inverness	Inverness	à l'embouchure de la Ness . . .	270	11,000
	Nairn	Nairn	à l'entrée du golfe de Murray . .	274	
	Elgin	Elgin	sur la Loffie près du golfe de Murray	270	6,000
	Banff	Banff	port de mer au pied d'une montagne	268	gr. bourg.
	Aberdeen	Aberdeen	sur une éminence au bord de la Dée	258	12,000
	Kincardin ou Me-arns	Berwie	port de mer à l'embouch.ʳᵉ de la Berwie	252	
	Angus	Forfar	dans une plaine	240	3,400
21 au Sud.	Argyle	Inverary	au N. O. du lac Fyne	254	
Lowlands ou Pays-Bas . .	Perth	Perth (2)	sur le Tay	243	28,000
	Fise	St. Andrews . .	dans la baie de son nom	238	2,500
	Kinross	Kinross	dans une plaine près d'une montagne	236	2,124
	Claemannam . . .	Claemannam (3)	au bord d'une coll.ᵉ dans le golfe de Forth	238	
	Stirling	Stirling (4) . . .	sur une éminence dans le golfe de Forth	238	7,500
	Linlithgow	Linlithgow (5) . .	près d'un lac	234	
	Dumbarton	Dumbarton (6) .	à l'embouch.ᵉ du Leven au golfe de Clyde	221	2,500
	Bute	Rothsay	dans l'île de Bute	228	
	Renfrew (7) . . .	Renfrew	sur la Clyde	220	25,000
	Lenerk	Glasgow (8) . .	sur une colline près de la Clyde .	216	50,009
	Ayr	Ayr	en plaine et sur l'Ayr qui la traverse	211	7,000
	Wigtown	Wigtown (9) . .	s. une c.ⁿᵉ au fond de la baie de Wigtown	201	1,475
	Kircudbright (10)	Kircudbright . .	à l'embouchure de la Dée . . .	196	
	Dumfries	Dumfries (11) .	entre deux collines sur la Nith . .	186	6,000
	Selkirck	Selkirck	sur l'Ettrick	182	
	Roxburg	Jedburg	sur la Jed	188	
	Peebles	Peebles	sur la Tweed	196	
	Édimbourg	ÉDIMBOURG (12)	sur trois éminences parallèles, dont la direction est de l'E. à l'O. .	228	80,840
	Berwick	Duns	à la jonction du Blackadder et du Witeadder	188	
	Maddington . . .	Dunbar	port de mer sur l'Océan german.ᶠ	198	

L'Écosse est divisée en 33 Comtés, dont

NOTES RÉLATIVES AU TABLEAU.

(1) Principal bourg de l'île de Mainland, la principale des Orcades.

(2) Ville très-ancienne. Ses principales manufactures sont en toile. Elle a un château, dans lequel on conserve le casque et l'épée de Robert Bruce.

(3) C'était l'ancienne résidence des Souverains d'Écosse, le siège du parlement et des cours souveraines.

(4) Elle a un château qui fut souvent la résidence des rois d'Écosse. Jacques VI y passa son enfance, et y fut élevé par le célèbre *Buchanan*.

(5) Les rois d'Écosse y avaient un château aujourd'hui presque en ruines; on y voit encore la chambre où naquit l'infortunée *Marie Stuart*.

(6) Elle a un château, dont le site est vraiment romantique. C'est un duché qui appartient au Prince de Galles.

(7) Ce comté était un patrimoine des Stuarts avant qu'ils parvinsent au trône; et malgré le changement de dynastie, le Prince de Galles prend encore aujourd'hui le titre de Baron de Renfrew.

(8) La seconde ville d'Écosse. Elle est célèbre par son université, par les belles éditions qui sont sorties de ses presses. Il y a une société savante nommée *Société gallique*, qui a surtout présidé à une belle édition des poésies d'Ossian.

(9) Port où se rendent ceux qui passent d'Écosse en Irlande.

(10) Formait, avec le Wigtownshire, l'ancienne province de Galloway.

(11) Elle est, pour le commerce, le Liverpool de l'Écosse.

(12) On en regardait le château comme imprenable avant l'usage de l'artillerie. On y distingue, en outre, un palais appelé *Holyrood*, dont Jacques V fit bâtir les tours, et que Jacques II embellit d'une architecture moderne. Ce palais renferme une galerie où sont les portraits (la plupart faits d'imagination) des rois d'Écosse, depuis Fergus 1 (prince dont l'existence est un problème) jusqu'à Jacques VI. On montre dans une des tours la chambre où *Rizzio* fut assassiné aux pieds mêmes de la reine *Marie*. L'université d'Édimbourg, fondée en 1582, est une des plus célèbres des îles britanniques, et des quatre qu'on compte en Écosse, celle qui a le plus de professeurs; il y a 22 chaires. On se souvient surtout que la chaire de théologie a été occupée par *John Rapier*, qui découvrit les logarithmes, et *Maclarin*, l'ami et l'émule de Newton. Cette université et les différentes sociétés qui sont en Écosse, ont produit des hommes célèbres dans les sciences et les arts; parmi lesquels on distingue *Buchanan*, *Robert Barclay*, l'évêque *Buinet*, *Hume*, *Robertson* et *Ferguson*, ces historiens si élégans et si philosophes.

TABLEAU STATISTIQUE DES ISLES BRITANNIQUES. IRLANDE.

Divisions topogr.cs	Comtés.	Principaux lieux.	Leur situation topographique.	Dist.e de Paris.	Populat.n
L'Ulster (2) au N. ayant 9 Comtés.	Antrim [1]	Carrickfergus	port de mer sur le golfe du même nom	237 L.e	
	Londonderry	Londonderry [3]	sur la Foyle, assise sur le bord d'un lac	243	10,000
	Dunnegal	Lifford - Dunnegal [4]	au fond d'une baie de ce nom	253	
	Fermauagh	Eniskilling	dans une île au milieu du lac Earne	244	
	Cavan	Cavan	sur une colline au S. E. d'Eniskilling	228	
	Monaghan	Monaghan	sur une éminence au N. E. de Cavan	232	
	Tyrone	Omagh	au N. de Monaghan	246	
	Armagh	Armagh [5]	sur la Foyle	236	
	Down	Down - Patrick	sur le lac Strangford	238	
Connayht, à l'Ouest, avec 5 Com.és.	Leitrim	Carrick	sur le Shannon	234	
	Sligo	Sligo	dans une baie du même nom	242	
	Mayo	Killala	port de mer	258	
	Roscommon	Roscommou	au S. de Carrick sur le Shannon	235	
	Galloway	Galloway	au fond de la baie du même nom	241	
Munster au S., contenant 6 Comtés.	Clare	Enuis	sur le Fergus	244	
	Limerick	Limerick [6]	dans une île formée par le Shannon	228	50,000
	Kerry	Tralley	près de la baie du même nom	240	
	Corck	Corck [7]	sur la Lée à 2 lieues de la mer	230	80,000
	Waterford	Waterford	s. la Shure à 8 mill. du canal de S. Georges	208	25,000
	Tipperary	Clonmell	sur la Shure	218	
Leinster à l'Est, avec 12 Comtés.	Wexford	Wexford [8]	sur l'embouchure de la Slaney	203	
	Kilkenny	Kilkenny	sur la Shure	217	15,000
	Queen's - County [9]	Mariborough	au N. de Kilkenny	204	
	King's - County [10]	Philippstown	à l'ouest de Dublin	222	
	West-Meath	Mullingar	sur la Foyle	221	
	Longford	Longford	au N. O. de Mullingar	231	
	Louth	Drogheda	sur la Boyn à 1 l.e et demie de de la mer	216	
	East-Meath	Trim	sur la même rivière	218	
	Dublin	Dublin [11]	sur la Liffey à 3 lieues de la mer	208	150,000
	Kildare	Kildare	au S. O. de Dublin	217	
	Wicklow	Wicklow	à l'embouchure de la Leitrim	216	
	Carlow	Carlow	sur le Barrow	227	

NOTES RÉLATIVES AU TABLEAU.

[1] Ce comté est célèbre par un objet d'histoire naturelle, que les voyageurs et les naturalistes ont appelé *la chaussée des géants.* (Voy. la pag. 109)

[2] L'Ulster comprend la partie septentrionale de l'Irlande, est borné par la mer de trois côtés et au Midi par les provinces de Connaught et de Leinster. Sa longueur du N. au S. est d'environ 16 l. et sa largeur de l'E. à l'O. de 15 l. L'intérieur de ce pays est coupé de rivières et de lacs; ou y trouve de vastes forêts et des montagnes. Le sol est moins bon que dans les autres provinces.

[3] A 2 lieues à l'E. de cette ville on trouve le lac d'*Erg* ou d'*Irg*, au milieu duquel il y a une petite île, dans laquelle était cette caverne fameuse, connue sous le nom de purgatoire de *St. Patrick*, où les moines ont abusé longtems de la crédulité des peuples. (Abrégé de l'hist. des voyages, t. IV, p. 122.)

[4] Elle a un port très-commode, des fortifications qui en font une place forte, de belles maisons et de grandes rues qui en font une très-jolie ville. Son principal commerce est celui des toiles et le cabotage (commerce qui se fait d'un port à l'autre dans de petits bâtimens, sans sortir du même état, ou du moins sans s'en écarter beaucoup.)

[5] L'archevêque de cette ville se qualifie de primat d'Irlande.

[6] C'est la ville la plus importante après Cork; elle a un excellent port, des manufactures de toile, de lainage, de papier. Ses exportations consistent en bœufs.

[7] Le port du royaume qui fait le plus de commerce d'exportation. La meilleure partie de la ville est bâtie dans les îles que la Lée forme en cet endroit.

[8] Ou comté de la reine, nommée ainsi en l'honneur de la reine *Marie*, par ce qu'il fut érigé en comté sous son règne.

[9] Ou comté du roi, nommé ainsi en l'honneur du roi Philippe II, le digne époux de Marie.

[10] Cette ville a beaucoup d'institutions organisées, comme celles de Londres, surtout l'hôpital royal, absolument semblable à celui de Chelsea. Le docteur *Swift* en a fondé un pour les fous. Cette ville est par sa grandeur et sa population la seconde de la Grande-Bretagne; elle est à 7 milles de la mer, et assise au fond d'une baie profonde, à laquelle elle donne son nom; elle est arrosée par la *Liffey*, rivière peu considérable, sur laquelle on compte cinq ponts, dont deux sont de toute beauté. Les casernes ressemblent plutôt au vaste palais d'un monarque puissant, qu'à un édifice destiné à loger des soldats. On y trouve une promenade, qui a plus d'un mille de long, toute plantée des plus beaux arbres.

Possessions de la Grande-Bretagne sur le Continent, et en Asie, Afrique et Amérique.

Les Anglais possèdent

en Espagne .... Gibraltar (depuis 1704.)

en Allemagne ... Le royaume de Hanovre.

en Asie ....
- Les possessions de la Compagnie des Indes anglaise .... { Le Bengale. Bahar. Orissa. Bombay. }
- Des parties du Coromandel et du Malabar.
- L'île de Ceylan.
- La partie méridionale de l'île de Sumatra, de Borneo etc.
- L'île du Prince de Galles.

en Afrique ..
- La Sénégambie.
- Les îles de Bulam.
- Plusieurs places sur la côte d'or et des esclaves.
- L'île de Ste. Hélène.
- Le pays du Cap.
- L'île de Mascarene.
- L'île de France.
- Les îles de Mahé ou Séchelles.

en Amérique.

méridionale ..
- Les colonies de Demerari, Essequebo et Berbice dans la Guyane.
- Les îles de Jamaïque, la Barbade, Ste. Trinité, la Grenade, St. Vincent, la Dominique, Antigoa, Ste. Lucie, Tabago, quelques-unes des îles vierges.
- Les îles de Bahama et les Bermudes.

septentrion.
- Les pays de la baie de Hudson ou le Labrador et la Nouvelle-Galles.
- Les îles de Newfoundland.
- La presqu'île de la Nouvelle-Écosse, avec l'île du cap Breton.
- Le Nouveau-Brunswick.
- Une partie du Canada.
- La Nouvelle-Albion etc.

dans le monde maritime .. { Toutes les îles découvertes d'abord par les Anglais, surtout une partie de la côte orientale de la Nouvelle-Hollande, les îles de Norfolk etc.

DOCUMENS GÉOGRAPHIQUES QUI EN INDIQUENT

L'Empire de Russie (1)		entre	LA SITUATION.	LES BORNES.	L'ÉTENDUE EN long.	larg.	la surface.	le climat d'heures.	LES PRODUCTIONS.	LE CLIMAT ET LE SOL.
prise en masse .		entre	le 34--208° sans les îles de l'oc. or. et les possess.ns américain.s; ces dern.s jusqu'au 227° entre le 44 et 78n lat.e	ayant au N. la mer glaciale, qui le sépare des pôles, et la Norwège à l'Est l'Océan or.e, qui la sépare de l'Amériq.e, au S, la Chine, le lac Aral, la Tartarie indépend.e, la mer caspienne, les provinces d. Caucase, la mer d'Azof, la mer noire et la Turquie; à l'O. la Turquie, la Gallizie, la ville lib.e de Cracovie, la Prusse, la mer baltique, la Suède et la Norw.e	1700l.	875 l.	640,445 lieues c. (2)	du 11e d'heure au 2.e d. mois(3)	MINÉRALES. Cuivre, fer (8), marbre, salines, cristaux, perles et talc. VÉGÉTALES. Grains (9), chanvre, lin (10), tabac (11), houblon (12), potasse, goudron, bois de charpente et de construction (13), rhubarbe et thé. ANIMALES. Bêtes à corne, moutons, chevaux, rennes, chameaux, sangliers, cochons, gibier, ours, les animaux qui produisent toutes les belles fourrures, ainsi que toute espèce de poisson. INDUSTRIELLES. Pelleteries, cuirs de roussi, savon, hidromel, eau-de-vie de grains, toiles de coton et étoffes, la colle de poisson, le caviar.	CLIMAT. Sous le rapport de la température on peut diviser la Russie en trois régions : la *froide* ou septentrionale, qui va du 57° au 78° (14); la *tempérée*, prise du 50—57° (15); la *méridionale*, qui va du 13—50°. (16) SOL. Fertile dans la partie méridionale, surtout au S. E.; vers le centre beaucoup moins bon; au N. ingrat ou stérile. (17)
disting.e en Russ.e	d'Europe est située entre		le 19° 12' et le 75°20' de longit.e orient.e le 44°40'et le 78° de la tit.e N.	ayant au N. la mer glaciale, à l'O. la Suède, la mer balt.e, la Prusse et les États d'Autriche; au S. la Turquie européenne et la mer noire; à l'E. la Russie asiatique	685 l.	352 l.	133,762 l.s (4)	du 17.e au 22.e (5)		
	d'Asie est située entre		le 40° 20' longit.e or.e et le 13°74' occid.e; le 44 et 78° la tit.n N.	ayant au N. la mer glaciale, à l'O. l'Europe, au S. la Perse, la Tartarie indépendante, la Chine; à l'E. l'Océan pacifique septentrional, qui la sépare de l'Amérique.	1015l.	323 l.	6,4,513 l.s (6)	du 22.e d'heure au 2.e d. mois(7)		

NOTES RÉLATIVES AU TABLEAU.

(1) **La** *Russie* s'appelait autrefois *Moscovie.* Le premier nom n'est devenu général qu'au 18.ᵉ siècle, et vient vraisemblablement des *Roxi* ou *Roxelans* qui habitaient le mont Taurus, ou des *Varanges,* qui furent aussi nommés *Russes.*

Les plus anciens habitans du nord de la Russie sont appelés *Tschudi,* et ont la même origine que les Esthoniens et les Finois. Les Russes modernes sont probablement une branche de la grande souche des *Slaves,* qui ont occupé anciennement le côté septentrional du Danube, la *Pannonie.* Ceux-ci ayant été chassés par les *Woloches,* se retirèrent plus avant dans la Pologne et dans les contrées arrosées par le Dnieper, et bâtirent *Kiow* et *Nowgorod.* Ils furent repoussés par les *Waranges* venus de la Scandinavie, qui s'y établirent alors sous la conduite de leurs chefs *Rurik, Sineus* et *Truwor. Rurik,* après la mort de ses frères, devint fondateur d'un nouveau royaume, que les habitans du Nord nomment *Holmgard, Gadarik* ou *Ostrogard.* Les *Waranges* se mêlèrent avec les *Slaves* et adoptèrent leur langage; de ce mélange sont provenus les *Russes* de nos jours.

Depuis l'expédition tentée, il y a environ deux siècles et demi, par les Anglais, pour pénétrer dans l'Inde par le nord de l'Asie, expédition qui devint pour l'Angleterre la base de son commerce, qui embrasse tout l'univers, et pour les Russes ce premier lien qui unit leur empire à la politique des autres peuples de l'Europe, l'existence de la Russie avait été ignorée, et nous observons aujourd'hui avec étonnement l'accroissement rapide de cet effrayant colosse.

(2) Qui, à raison de la population, donnent 73 habitans par lieue carrée. L'empire russe comprend la 28.ᵉ partie de la surface du globe entier, et la 9.ᵉ de la terre ferme seulement. Sa surface totale est 6 fois celle de l'empire ottoman, 22 fois celle de la Suède, 26 fois celle de la monarchie autrichienne, 30 fois celle de la France.

(3) Ce qui donne
$$\begin{cases} \textit{pr. le plus long j., p. le pl. court j.} \\ \text{à Astrakan} \ldots \ldots 15\tfrac{1}{2}\,\text{h.}\ 8\,\text{h}\ \tfrac{1}{2} \\ \text{à St. Petertersbourg } 19 - 5 - \\ \text{à Archangel} \ldots \ldots 21 - 2 - \\ \text{dans la Laponie russe } 1\,\text{m.}^{\text{s}}\ 1\,\text{m.}^{\text{s}} \\ \text{au détroit de Waigatz } 2 - 2 - \end{cases}$$

(4) Donnant, à raison de la population, 299 habitans par lieue carrée.

(5) Voyez, plus haut, la note **3.**

(6) Donnant, par lieue carrée, 6 habitans, à raison de la population.

(7) Voyez la note 4.

(8) La Russie possède dans sa vaste étendue une grande quantité de mines, qu'on peut égaler pour leur richesse et leur produit, aux plus fameuses même du nouveau monde; elles occupent industriellement une foule de bras; elles sont d'une ressource immense pour l'état, et composent aux particuliers des fortunes colossales. Pierre-le-Grand est le premier qui fixa son attention sur ces richesses déposées au sein de la terre, mais ce sont ses successeurs et particulièrement Catherine II, qui en ont perfectionné l'exploitation et le produit. La Sibérie surtout est le réceptacle des plus précieux trésors. Les monts *ourals* donnent de l'or, du fer et du cuivre; la minière la plus riche est celle de Beresoff près de Catharinenbourg. Les monts *Attaïs* et *Nertschinsk* produisent aussi beaucoup d'or et d'argent, les dernières occupent 15,000 ouvriers et dans l'espace de 84 ans on en a extrait en plomb, or et argent pour 45,000,000 de roubles.

(9) On en exporte tous les ans pour plus de 4,000,000 francs.

(10) Ces deux objets forment encore une branche d'exportation très-considérable.

(11) On en exporte plus de 40.000 quintaux.

(12) L'exportation de cette denrée est évaluée à plus de 500,000 francs.

(13) Est une branche de commerce des plus considérables pour la Russie.

(14) L'hiver y dure environ huit mois avec la plus grande rigueur; le mercure s'y fixe en plein air, et les habitans entièrement privés de grains, ne vivent que de chasse, de pêche et de quelques productions végétales recueillies sans culture.

(15) Les végétaux y parviennent en partie à leur maturité, et l'air y est plus pur et plus sain qu'en aucune partie de la Russie.

(16) Dans celle-ci l'hiver est doux et très-court, l'été chaud et souvent accompagné de sécheresses aussi funestes à la végétation que le froid. Moins fertile que la région précédente, elle est indemnisée par la nature de ses productions, ayant toutes les meilleures espèces de fruits et de très-bon vin, beaucoup de plantes utiles pour la nourriture et

pour la médecine, des poissons et des métaux. Au moyen des trois divisions que nous venons d'établir, il deviendra facile de juger de la température de tout lieu quelconque, si l'on se dit que le froid est excessif dans la région supérieure; que dans celle du milieu le climat est celui de l'Allemagne septentrionale, et qu'enfin dans la région du Midi, l'on y trouve les chaleurs de la France et celles de l'Espagne.

(17) CONFIGURATION DU SOL. *Mers*; 1.° la *Baltique*, avec les *golfes* de *Bothnie*, de *Riga*, de *Fionie*; 2.° l'*Océan boréal* ou la *mer glaciale*, avec la mer *Blanche*, et les *golfes* de *Karisch*, d'*Obi*, de *Jenissei* et de *Lena*; 3.° l'*Océan oriental*, avec le *détroit* de *Cook* ou de *Behring*, les *golfes* d'*Anadyr* et de *Penschinski*, et les mers de *Kamtschatka* et d'*Ochotzk*; 4.° la *mer noire*, avec le détroit de *Teodosia*, qui communique à la mer d'*Azof*. *Montagnes*: les monts *Alaounsk*, placés entre Moscow et Towla; le *Caucase*, qui présente trois chaînes de montagnes fameuses; les monts *Poyas*, chaîne de montagnes appelée *Oural*, qui sert de borne entre l'Europe et l'Asie septentrionale; les monts *Altaïs*, qui fixent les limites entre la Sibérie et la Chine; les montagnes du *Baïkal*, du *Kamtschatka* et de la *Crimée*. *Rivières*: la *Dwina* (voy. pag. 94); la *Newa* qui sort du lac Ladoga, arrose Petersbourg et se perd dans la Baltique,

près de Cronstadt, après un cours de 17 lieues; le *Kimmeac*, en Finlande; le *Kouban* qui sort du Caucase, forme avec le Touresk l'île de Taman et va se jetter dans la mer d'Azof; le *Dnieper* (voy. pag. 94); le *Bog*, qui prend sa source dans la Podolie, sépare une partie de l'empire ottoman de la Russie, et va se jetter dans la mer noire; le *Don* (voy. pag. 94); l'*Oural*, qui sépare l'Europe de l'Asie et se jette dans la mer caspienne, près de Gourief; le *Wolga* (voy. pag 94); l'*Obi*, grossi de l'*Irtisch* et du *Tobol*; le *Jenissei* et la *Lena*, le plus grand fleuve de la Sibérie. *Lacs*; la mer caspienne, qui a 800 lieues detour; le *Ladoga*, qui a 47 lieues de long sur 28 de large; l'*Onéga*, 48 de long sur 20 de large; le *Peipus* ou *Tchoudskoé*, 18 lieues de long sur 2 de large; l'*Ilmen*, dans le gouvernement de Nowogorod, 10 lieues de long sur 8 de large; le *Bielo-Ozéro* (ou le lac blanc) 13 lieues de long sur 7 de large; l'*Altin*, dans le Kolivan, 32 lieues de long sur 21 de large; le *Baïkal*, le plus grand de tous, dans le gouvernement d'Irkoutsk, 150 lieues de long sur 7 à 20 de large. *Canaux*; le *Wischnei-Wolotschock*, qui joint la Baltique à la mer caspienne, et procure depuis Petersbourg jusqu'à Astracan une navigation intérieure de 1434 milles d'étendue; le canal de *Ladoga*, qui réunit la Wolchow et la Newa; le canal de *Marie*, qui fait communiquer le Wolga à la Newa, etc.

TOPOGRAPHIE STATISTIQUE DE LA RUSSIE.

48e gouvernemens en Europe.

GOUVERNEMENS.	PRINCIPAUX LIEUX.	LEUR SITUATION TOPOGRAPHIQUE.	Dist. de Paris.	Popul.n
Moscow	Moscow [1]	sur la Moskwa.	7·9	172,990
Petersbourg	PETERSBOURG [2].	s, plus.rs petites îles formées par la Newa	544	271,134
Nowogorod	Nowogorod [3]	sur le Wolkof, à l'endroit où il sort du lac Iluen.	498	7,000
Olonez	Petrezawodsk	sur le bord occidental du lac Onéga		
Twer	Twer	à la jonction de la Twerza et du Wolga	540	15,000
Plescow	Plescow [4]	sur la Velika, au S. du lac Peipus	454	6,000
Smolensk	Smolensk	sur le Dnieper.	434	7,000
Toula	Toula	sur l'Upa.	504	
Kaluga	Kaluga [5]	sur l'Occa, au S. de Toula	489	17,200
Yaroslaw	Yaroslaw [6]	au confluent du Wolga et du Kotorosl		20,000
Kostroma	Kostroma	sur les bords du Wolga et de la Waseja	538	9,000
Wladimir	Wladimir	sur une colline aux bords de la Kiasma	540	19,000
Nischnei-Nowogorod	Nischnei-Nowogorod [7]	s. la rive occ.e du Wolga, à la jonction de l'Occa.	738 / 760	10,000
Wologda	Wologda	sur la Totma		11,000
Arkangel	Arkangel [8]	sur la Dwina, à 20 l.s de la mer	704	10,000
Tambow	Tambow	sur la Sua	790	10,700
Woronesch	Woronesch	sur une colline près du Woronesch	724	12,000
Riaezan	Perescaw-Riaezan	sur l'Occa	740	5,000
Kursk	Kursk	sur la Som, au S. O. de Woronesch	524	15,000
Orel	Orel	sur l'Occa	704	15,000
Kharkow	Kharkow	sur le Kharkow et le Zopan	594	6,000
Kherson	Kherson [9]	s. le Dnieper, à 3 l.s de son embouch.re	625	20,000
Jekatarinoslaw	Jekatarinoslaw	s. la droite du Dnieper à 12 l. des. emb.e		
Tauride ou Tauria	Caffa	en Crimée sur la mer noire [10]	884	20,000
Tschernikow	Tschernikow	sur la Desna		5,000
Riga ou Livonie	Riga [11]	en plaine à 3 l. 1/2 de l'emb. de la Duna	472	28,000
Revel	Revel [12]	sur la mer baltique, golfe de Finlande	492	12,000
Wibourg	Wibourg [13]	d.s une presqu'île près du g. de Finlande	576	5,800
Finlande [4]	Abo	d. la Finl. prop.e à l'entrée du g. de Finl.		11,300
Courlande [5]	Mitau	s. la rivière de Mussel-Aa, à 6 l. de Riga		12,350
Wilna	Wilna [16]	sur la Wilia		21,000
Minsk	Minsk	sur la rivière de Swislocz		2,000
Witepsk	Witepsk	sur la Duna		11,000
Mohilow	Mohilow [17]	sur le Dnieper.	485	5,400
Volhinie	Zytomiers	sur la rive de Circierif, à 3 l.s de Kiow		
Podolie	Kaminiec	s. l. rive d. Semtriez qui tombe d.s l. Niester		1,020
Kiow	Kiow [18]	sur le Dnieper.	524	8,000
Bielsk	Bialistock	sur la Biala.		
Caucase	Astrakan [19]	à l'emb.e du Wolga, dans l'île de Seitza	1,165	70,000
Oufa	Oufa	sur la Belaya		
Georgie ou Gurgistan	Teflis	sur le Kur		20,000
Saratow	Saratow	sur la rive droite du Wolga	980	6,000
Pensa	Penza	près de l'embouchure de la Sura	830	5,400
Simbirsk	Simbirsk	sur la rive occidentale du Wolga	889	4,800
Kazan	Kazan	sur la Cazunka	879	25,000
Wiatka	Wiatka	sur la Wiatka		9,000
Perm	Perm	dont une partion est en Asie à 738 mais.s qui sont plutôt de misérables huttes		4,000
Daghestan	Tarkou	sur la côte occid.e de la mer caspienne		

Les pays des Cosaques du Don et des Cosaques de la mer noire ne font partie d'aucun Gouvernement; ils ont leur constitution particulière sous la souveraineté de la Russie.

En Asie 3 Gouv.s subd.s en 7 Prov.s

GOUVERNEMENS.	PRINCIPAUX LIEUX.	LEUR SITUATION TOPOGRAPHIQUE.	Dist. de Paris.	Popul.n
Tobolsk	Tobolsk	à la jonction du Tobol et de l'Irtisch	1,064	15,000
Tomsk	[Tomsk	entre les deux bras de la rivière de Tom		8,000
	[Kholyvan	au S. de Tomsk		
Irkoutsch	Irkoutsk	en plaine s. l'Angera, près du lac Baïkal	1,400	12,000
	Nertschinsk, ou Daourie russe	à la gauche de l'Amur		
	Yakoutsk	au N. E. sur le rivage glacé du Léna		3,000
	Okhotsk	sur la côte orientale de la Sibérie		

NOTES RÉLATIVES AU TABLEAU.

[1] Autrefois capitale de l'empire, fondée en 1300. Elle fait un très-grand commerce, surtout avec la Chine, d'où elle tire ses soies et d'excellent thé. Cette ville fut presqu'entièrement détruite par les Russes, qui, après la bataille de Mosaïsk (14 Septembre 1812), y mirent le feu pour mettre un terme aux triomphes des Français. Cet incendie, qui offre un exemple unique de patriotisme et d'énergie nationale, dura six jours et consuma les neuf douzièmes de cette grande cité, qui se relève avec rapidité de ses ruines.

[2] Cette ville fondée par *Pierre-le-Grand*, ne présentait en 1703 qu'un amas de cabanes habitées par des pêcheurs. Elle ne devint réellement une ville importante qu'à l'époque où le Czar *Pierre* se vit paisible possesseur de l'Ingrie, ce qui n'eut lieu qu'à la paix de Nystadt en 1721. Ses beaux quais, sa nouvelle église de Kasan, sa statue de Pierre-le-Grand, placée sur un énorme rocher, transporté dans la ville par la main des hommes, sa belle rue de Newki, quelques beaux édifices, tels que le palais de l'ermitage, le palais de marbre auquel on ne trouve point de bois, l'église d'Isaac, la plus magnifique et la plus grande de l'empire russe etc. la distinguent avantageusement. Cette ville a deux lieues de diamètre.

[3] On l'appelle *Nowogorod-Weliki*, c'est-à-dire, *Nowogorod la grande*, par ce qu'en effet elle fut autrefois très-considérable; elle n'a plus rien de sa splendeur. Pétersbourg lui a enlevé son commerce.

[4] Ville renommée par son *Caviar*, espèce de marinade qui se fait avec des œufs d'esturgeon; c'est le mêts que les Russes aiment le plus.

[5] Ce fut dans cette ville que le second imposteur qui se donna pour l'infortuné *Démétrius*, fut mis à mort en 1610.

[6] On y fabrique du linge de table damassé, qui est très-estimé et dont on exporte beaucoup chez l'étranger.

[7] Ou le *Bas-Nowogorod* (la ville basse.)

[8] Sur la Dwina vers son embouchure dans la mer blanche. Cette ville n'est bâtie qu'en bois; elle faisait autrefois un grand commerce; quoiqu'il soit fort déchu depuis la fondation de Pétersbourg, il est encore considérable.

[9] Ce gouvernement contient la nouvelle Russie et la petite Tartarie. *Puitawa* est comprise dans ce gouvernement. C'est une place forte, célèbre par la bataille où Charles XII fut défait, et réduit à se réfugier en Turquie.

[10] A l'E. de la presqu'île. Baghtschi-Sereï est dans ce gouvernement. C'était la résidence du Khan des Tartares de la Crimée.

[11] Fondée en 1200 par un évêque. Elle était la capitale de la Livonie. *Gustave-Adolphe* la prit aux Polonais en 1621, et les Russes sur les Suédois en 1710. C'est après Pétersbourg la ville de Russie qui fait le plus de commerce.

[12] Fondée par *Waldemar II* en 1218. C'était autrefois une ville anséatique et la capitale de l'Esthonie. Elle est à la Russie depuis 1710.

[13] Place forte que la Suède fut forcée de céder à la Russie en 1721.

[14] Sous le gouvernement suédois, la Finlande propre formait le gouvernement d'Abo. D'après la paix de Friederichshamm entre la Russie et la Suède, du 17 Septembre 1809, la Finlande suédoise et les îles d'Aland ont été cédées à la Russie; la ville de Torneo et la rivière de ce nom sont établies pour frontières septentrionales des deux états.

[15] Province acquise au commencement du 18.ᵉ siècle.

[16] Autrefois capitale du Grand-Duché de Lithuanie.

[17] Ce gouvernement faisait partie de la Lithuanie et appartenait au roi de Pologne; il échut à la Russie par le partage de 1772.

[18] Cette ville est la capitale d'un pays que les Russes et les Polonais se disputèrent pendant bien des années. Elle fut la résidence des premiers Souverains de la Russie; les Polonais la leur enlevèrent et la possédèrent longtems; elle n'est revenue aux Russes que depuis 1687. Elle est divisée en ancienne et nouvelle ville, et c'est celle-ci qui est la plus fortifiée.

[19] Autrefois la capitale d'un royaume de ce nom. Son principal commerce consiste en bois et en poissons. Il y a un siège épiscopal et des manufactures. Le Czar Iwan Basilowitz prit cette ville en 1554 sur les Tartares nogaïs.

Teflis, autrefois la capitale de la Géorgie, contrée célèbre par la beauté de ses femmes, destinées à peupler les sérails de l'Asie. Elle comprend l'ancienne Colchide et l'ancienne Ibérie. Longtems elle eut un Souverain particulier, qui était tributaire des Turcs et des Persans; maintenant elle est presque entièrement aux Russes, sous la protection desquels le prince s'est placé. Elle est divisée en Mingrélie, Imirette, Guriel, Cakct et Carduel. Elle abonde en vins et fruits excellens, grains, bestiaux, gibier, volailles, poissons etc. La paix de 1813, conclue entre la Russie et la Perse, par laquelle cette dernière puissance renonce à ces provinces, assure encore à la première le *Daghestan* et le *Léghistan*, la *Kabardie circassienne* et le *Schirwan*.

Les *îles* voisines qui dépendent de la Russie, sont *Aland, Cronstadt, Dago, Oesel* dans la mer baltique; la *Nouvelle-Zemble* et les îles du *Spitzberg* dans la mer glaciale. La plus grande des îles de la *Nouvelle-Zemble* se compose d'une chaîne gêlée, marécageuse, couverte de mousse, où se trouvent quelques lacs salés. Les îles lointaines du *Spitzberg* s'allongent vers le N. depuis 76° 30′ —80° 7′. Une colonie de Russes, au service des négocians d'*Arkangel*, y fait sa résidence et s'adonne à la pêche de la baleine. Tant que dure la *saison du jour*, les rennes, les renards et les ours blancs viennent en abondance visiter ces solitudes; mais tous ces animaux se retirent dans le mois de Septembre, à l'époque de la *saison de la nuit*. Ils traversent la mer sur les glaces, et se rendent dans la *Nouvelle-Zemble* ou dans la Sibérie. Le plus grand froid est dans le mois d'Avril ou de Mai. Les vents du N. O. et du S. produisent de la neige et adoucissent la température, ce qui s'accorde avec l'observation de Linné à Torneo. Les cadavres de l'homme et des animaux ne pourrissent pas; la gêlée les conserve mieux que tout l'art des embaumeurs. Les montagnes, la neige et la glace ont une belle couleur bleue; lorsque les brouillards s'élèvent, on ne peut discerner l'atmosphère d'avec la mer, et les vaisseaux agités ne se distinguent que par leurs mâts, qui paraissent comme de grands arbres qui dansent dans l'air. Les îles de *Waigatz, Kalgouéf* et autres moins grandes, voisines de la Nouvelle-Zemble, sont également inhabitées.

Les îles de la Russie du côté de l'Orient sont: les *Kouriles*, dont plusieurs reconnaissent la souveraineté russe; les *Aleutiennes*, les îles de *Nego*, les îles des *Renards*, l'île de *Kandiak*. Il faut y joindre l'*Amérique russe*.

LES RUSSES POSSÈDENT DANS L'OCÉAN ORIENTAL:

Vers l'Archipel du Nord	aux Aléoutes, l'île d'Unalaska. aux Andrénoviennes, l'île de Kanaga. dans les Kouriles, vingt îles.
Amér.ᵉ russe	l'île de Kadiak, ou Kanjak, au S. d'Alatska, est le chef-lieu des établissemens russes dans ces parages. *Nouvel-Arkhangelsk*, établissement formé en 1804 dans la *baie* de *Norfolk* ou de *Sitca*, au N. O. de l'Amérique septentrionale.

PEUPES DIVERS DE L'EMPIRE RUSSE:

Russes — Cosaques — Polonais — Lapons — Finois — Livoniens — Esthoniens — Courlandais — Tchérémisses — Mordwins — Votiaks — Tepjères — Wogules — Ostiaks — Peuples tartares — Baskires — Kirgis — Yakoutes — Tschouwasches — Buchariens etc. — Walaques — Géorgiens — Circassiens — Samoïèdes — Tunguses — Kalmoucks — Buractes — Kamtschadals — Kurils — Atentiens — Juifs — Allemands — Suisses — Suèdois — Arméniens — Hindous — Japonais etc.

ETHNOGRAPHIE DE LA RUSSIE.

On conçoit que dans un empire tel que la Russie, qui contient une si grande multitude de peuples, les mœurs et les coutumes doivent être très-variés. Malgré sa dispersion sur une aussi vaste étendue, malgré la diversité des pays, des climats et du sol qu'il habite, le peuple russe a su conserver son caractère national. Mille ans d'esclavage sous les VARÈGUES, sous les TARTARES et sous ses propres Czars, n'ont pu l'effacer; on le retrouve encore à travers les institutions des autres peuples qui ont eu sur lui une si grande influence et lui ont fait faire des pas de géants dans la civilisation. Cette aptitude du peuple russe à s'identifier avec les opinions, les mœurs, les manières et les langues des autres peuples; cette souplesse d'organes et d'esprit est un trait qui le distingue; et c'est à tort que l'on a dit que le caractère du Russe est de n'en avoir aucun. Les Russes sont de différente stature; on en trouve peu au-dessous de la taille commune; ils ont le teint blanc, sont vigoureux, extrêmément industrieux, d'une adresse inconcevable, aprenant en très-peu de tems tous les métiers auxquels on les destine, gais, légers, très-sensuels, violens dans leurs passions, hospitaliers et confians, complaisans, affectueux et obligeans. Ils résistent à toutes les fatigues, et cette qualité jointe à des idées superstitieuses qui les déterminent à se laisser tuer sur la place dans les combats, en fait des soldats redoutables. Les gens de la campagne et les ouvriers vivent de très-peu de chose. Leur plat le plus estimé est un ragout composé de viande fraiche ou salée, de gruau, de farine d'avoine assaisonnée d'oignons et d'ail, car les Russes mettent partout de l'ail. Mais le plus grand luxe règne dans les maisons des Seigneurs et des riches, soit à la ville, soit à la campagne. Leur magnificence consiste à tenir table ouverte et à avoir une multitude de domestiques des deux sexes. Le luxe des habillemens égale celui de la table et des valets, et dans aucun autre pays on ne voit une aussi grande profusion de diamans. Le jeu chez les Russes est une affaire d'ostentation et de nécessité. La boisson ordinaire du paysan est ce qu'on nomme le QUAZS, liqueur fermentée et qui a le goût du mout, et que l'on fait en versant de l'eau chaude sur la farine de seigle ou d'orge. Il aime extrêmément l'eau-de-vie. Les paysans sont tous serfs ou esclaves, excepté ceux de Finlande, de Carélie, d'Ukraine et de quelques autres contrées. Les Russes ne connaissent presque qu'un seul remède pour toutes les maladies; ce sont les bains froids ou les bains de vapeurs, dont la chaleur s'élève de 32—40 degrés du thermomètre de Réaumur. Ils sont si accoutumés dès leur plus tendre enfance à ces sortes de bains, que l'usage leur en devient indispensable. Au sortir d'un bain chaud, on les voit se jeter dans un ruisseau; en hiver ils se roulent sur la neige sans éprouver la moindre incommodité. C'est avec raison qu'on attribue généralement la force et la dureté du tempérament des Russes à l'usage où ils sont de passer subitement d'une chaleur extrême à un froid excessif, lorsqu'ils se baignent, indépendamment des autres causes qui concourent à produire le même effet. On doit ranger au nombre des curiosités de Moscow, le MARCHÉ AUX MAISONS. Il se tient dans une vaste place d'un des faubourgs et présente une grande variété de maisons à acheter, étendues sur le terrein et fort près les unes des autres. Celui qui a besoin d'une maison, vient sur les lieux, s'explique sur le nombre de chambres qui lui faut, examine les bois qui sont numérotés avec soin, et marchande la maison qui lui convient. On voit souvent une maison s'acheter, se transporter, s'élever et être habitée dans l'espace d'une semaine. Ce qui explique une chose aussi surprenante, c'est que ces maisons ne sont formées le plus souvent que de troncs d'arbres avec des tenons et des mortaises aux extrémités, en sorte qu'il n'y a plus qu'à les assembler quand on en a besoin. Cette manière de bâtir n'est pas seulement réservée à des cabanes ou à des maisons peu spacieuses. Il y en a de grandes et d'une belle apparence, que l'on construit en Russie quand le besoin l'exige, avec une promptitude tout aussi grande et qui parait impossible en d'autres pays. Les divertissemens des Russes, les jours de fêtes sont tous variés et présentent beaucoup d'analogie avec les usages des Perses, des Arabes et des Égyptiens. Ils préfèrent la musique vocale à l'instrumentale. On trouverait difficilement sur le globe un pays où il y eût plus de gaîté et un chant plus uniforme que dans cet empire. Les Russes chantent tous, depuis les enfans jusqu'aux vieillards. Le postillon chante sans cesse d'une station à l'autre, le soldat pendant tout le tems qu'il est en marche, le paysan en travaillant, et l'on ne passe point un village sans entendre rétentir l'air des voix agréables des jeunes filles, et les cabarets d'une bruyante gaîté. La danse est partout un objet d'amusement. C'est une pantomime très-engageante. On accuse les Russes du penchant à l'ivrognerie et au vol; mais si l'on est exposé en Russie à être volé en détail, on y risque moins qu'ailleurs d'être assassiné. Partout on y rencontre une cabane, sous le toit de laquelle on est sûr de trouver l'hospitalité. Cette belle qualité parait ici dans tout son jour. Dans les villes un étranger a bientôt plus de maisons qu'il ne lui en faut, pour ne faire aucune dépense pour la table. Il est curieux d'être témoin des plaisirs du peuple pendant le tems du carnaval; entr'autres de celui des MONTAGNES DE GLACES (voy. pl. XXXVI.) Ces montagnes de glaces consistent en un échafaud très-élevé, sur lequel est une petite plate-forme avec des gardefoux des deux côtés. A cette plate-forme commence une pente fort rapide, faite avec des planches, sur lesquelles on a versé de l'eau qui, s'étant gelée, la rend unie et excessivement glissante. Le grand plaisir consiste à s'abandonner, sur une espèce de traineau particulière, du haut de cette montagne et d'aller aussi loin que le veut l'impulsion qu'on vous a donnée. Le traineau consiste en une petite planche plus longue que large et peu élevée. Une seule personne peut s'y tenir, encore n'est-elle pas fort à son aise. Le conducteur du traineau est assis, les jambes ouvertes, entre lesquelles se place celui qui veut descendre. L'un et l'autre ont l'attention de tenir les jambes fort élevées et le corps très en arrière; ainsi placés et le traineau étant parfaitement droit, on le conduit au bord de la descente et on le laisse aller. Le conducteur le dirige avec les mains qu'il tient écartées du corps et qui sont garnies de mitaines d'un cuir fort épais. La rapidité de la course est prodigieuse, et le traineau arrivé sur le terrein plat, parcourt encore une assez grande étendue, ainsi qu'on le voit pour celui qui est descendu de la montagne placée à la gauche, et comme on peut se le représenter pour celui qui est arrivé au bas de la montagne placée à la droite. Ce genre d'amusement public a été naturalisé à Paris avec les modifications que commandent la différence du climat et le goût qui perfectionne tout ce qu'on introduit de l'étranger. Les journaux ont instruit tout le monde de l'empressement avec lequel les personnes de toutes les classes ont pris part à ces jeux aussi salutaires qu'amusans. Dans le premier moment la respiration est fort gênée. Il faut avoir l'attention de ne faire aucun mouvement d'un côté ou d'un autre; on serait bientôt culbuté, ce qui est fort ordinaire; mais il arrive très-peu d'accidens par le peu de hauteur de la chûte. Ce qui est réellement effrayant, c'est de voir des hommes qui descendent cette montagne, debout, sur des patins. Le métier des conducteurs est pénible, et ils gagnent bien leur légère rétribution. Heureusement la corvée n'est pas longue, c'est l'affaire au plus d'une minute; après quoi le traîneau est remonté, et c'est là le plus fatigant de la chose; pour servir à une autre personne qui veut jouir de cet amusement. Il n'est personne qui ne reconnaisse à côté d'un traîneau attelé à la manière des Russes, un de ces Causaques à cheval, dont le crayon magique du célèbre Carle Vernet (voy. pl. XXXVI) a tracé le caractère avec tant de vérité, sur une échelle plus grande que celle de la planche de ce porte-feuille.

Les habitans des villes de province et des villages ont conservé aussi fidèlement la manière de s'habiller de leurs pères, que leur nourriture et leur logement. La noblesse, tous les officiers des départemens civils, les troupes légères, les soldats dans tout l'empire, les marchands des principales villes, les propriétaires des mines et presque tous les gens de qualité sont habillés comme les Allemands. Les Dames même des lieux les plus éloignés, suivent les modes françaises. Les hommes laissent croître leur barbe, qui est communément longue et épaisse. Leurs cheveux sont coupés et peignés, leurs chemises sont courtes, sans collet; leurs culottes sont larges et attachées sur les genoux. Ils portent sur la chemise un pourpoint court, ou une veste garnie de boutons. L'habit fait avec une étoffe de laine grosse, est si large qu'un côté croise sur l'autre. Il est lié avec une ceinture, qui serre deux fois autour du corps. A la ceinture pend ordinairement une longue lame de couteau dans une gaine. La matière de l'habit varie selon les rangs et les circonstances. Les riches portent des habits de beau drap, quelquefois brodés de galons d'or. En hiver, le peuple porte des peaux de mouton. Les personnes de la haute classe ont des fourrures de grand prix. Les femmes portent des bas et des souliers semblables à ceux des hommes, quelquefois des pantoufles pointues. L'habit des paysannes est fermé autour du cou et serre le corps jusqu'aux hanches; de là il descend sans plis jusque sur les souliers; il est en outre attaché avec une ceinture à laquelle sont suspendues les clefs. En hiver elles portent des fourrures faites à la polonaise, avec des manches pointues. La coëffure varie de différentes manières. Les filles ont généralement les cheveux plus couverts que les femmes. Les premières en font trois tresses avec des rubans, et attachent des perles à leurs extrémités. Les personnes de distinction, dans les villes, tournent des pièces de soie autour de leur tête, de manière à laisser pendre au-dessous leurs cheveux bouclés.

PEUPLES DU CAUCASE.

Des montagnes qui, dès l'origine du monde, n'ont point été frappées par les rayons de l'astre du jour et ne connaissent d'autre éclat que celui des neiges éternelles qui couvrent leurs flancs: un plateau qui, par sa hauteur presque incommensurable, semble défier le ciel, des pics, des rochers, des précipices dans le voisinage de riantes campagnes et de champs élisiens: la pauvreté, la misère et le goût du brigandage à côté des paisibles et utiles habitudes du cultivateur: les rugissemens des tigres à côté des chants rustiques des bergers: tel est l'aspect du mont Caucase. Ce pays si renommé d'ailleurs par la fabuleuse antiquité, par la guerre des géants, par le supplice de Prométhée et les mythes de Phryxus et de Jason, a subi tant de dominations différentes, qu'il est impossible de demêler la véritable origine des peuples qui l'occupent de nos jours. La Russie est actuellement la puissance dominante de la vaste chaîne du Caucase; nous en avons indiqué les peuples à la page 68. Depuis la domination des Mameloucs en Égypte, on transportait dans cette contrée de l'Afrique beaucoup de Circassiens, d'Abasses, de Mingréliens et de Géorgiens, qui y recevaient une éducation guerrière et formaient cette célèbre milice, qui, après des prodiges de valeur, s'est vue réléguée dans la haute Égypte, d'où elle a été récemment chassée par le pacha Mahemed-Ali, qui l'a poursuivie au-delà des Cataractes et la contrainte à chercher un refuge à Dongola.

Les peuples les plus civilisés du Caucase sont les GÉORGIENS*) et les CIRCASSIENS de la Kabardie, parmi lesquels on retrouve l'aucienne éducation des Arabes et des Égyptiens. Quoique le sol de la Circassie soit extrêmement fertile, quoique les productions en soient très-précieuses, quoiqu'elles fournissent une race de chevaux presque aussi estimés que ceux de l'Arabie, ce n'est pas par ses productions territoriales et par ses richesses que la Circassie a paru aux Russes et aux Ottomans une conquête si précieuse. La réputation de beauté et d'agrément des Circassiennes, réputation généralement établie même en Europe, le désir de posséder un pays dont les femmes sont vendues au poids de l'or dans toute l'Asie, ont fait ambitionner à la cour ottomane la conquête de la Circassie et ont été la cause première de ces guerres, qui pendant plusieurs siècles ont ravagé un pays que l'on peut regarder, par la fertilité de son sol et par la beauté surprenante de l'espèce humaine, comme la plus belle contrée de l'univers. L'histoire, les voyageurs, les romans, n'ont rien dit de la beauté des Circassiennes qui ne soit encore au-dessous de la vérité. Elles sont recherchées partout; elles règnent dans tous les sérails de l'Asie, de l'Afrique et de l'Europe. On conçoit sans peine, qu'un peuple qui regarde la beauté comme une marchandise, ne puisse en faire sa compagne, ni voir dans le mariage une société indissoluble; aussi les Circassiens ont-ils plusieurs femmes et en changent-ils à volonté; cependant la première épouse a toujours sur les autres un empire que rien ne peut anéantir, et qu'elle conserve jusqu'à la mort. Le prix ordinaire d'une belle Circassienne jeune et rousse, va ordinairement de 8 à 10 mille piastres.

---

*) Voyez le mot *Teflis*, page 121.

La figure placée à droite (pl. XXXVII) devant une jeune Circassienne, représente un Circassien de qualité dans son costume ordinaire. Il porte des chaussons de maroquin rouge garnis de tresses en argent, des pantalons de drap garnis de même, un habit de-dessous d'étoffe de laine blanche, qui descend jusqu'aux mollets; un habit de-dessus comme les pantalons, qui descend jusqu'aux genoux; à droite et à gauche, sur la poitrine, 4 chasses de patrons, en maroquin rouge brodé en argent; une ceinture serrée au-dessus des hanches, faite d'une courroie ornée en argent et à laquelle pend un sabre courbé dans le sens du tranchant, et dont le fourreau est recouvert d'étoffe de diverses couleurs; un bonnet matelassé en drap blanc garni d'argent, ayant la forme d'un melon; il tient une longue pipe turque à la main.

Le Circassien de la basse classe diffère peu du premier par son costume. Il porte un gilet d'étoffe de diverses couleurs, des bas de gros drap, des chaussons de cuir noir, un habit blanc de-dessus, un autre par-dessus, également en gros drap avec des chasses de patrons; au ceinturon un sabre et un briquet; un manteau de feutre à long poil (Barka), pour se garantir du froid et de la pluie. Il ne sort pas du village sans être armé du moins d'un bâton garni d'un gros pommeau de fer et un stilet à côté du sabre.

On remarque à la jeune Circassienne une chaussure particulière faite en forme d'échasses; elle porte des chaussons de maroquin rouge; la robe de-dessous est en soie avec des brandegourgs en argent; la robe de-dessus, qui est de la même étoffe, avec des manches fendues (qu'on laisse pendre sur le dos en été), se boutonne également par-devant. La chevelure, qui sur les faces est coupée, jusqu'au bout de l'oreille, forme une longue queue recouverte d'une étoffe blanche en coton, terminée par un nœud de ruban. Sa tête est couverte d'un bonnet à la circassienne garni de tresses.

La même planche représente un Circassien armé. Il est vêtu d'une culotte courte garnie de franges noires aux genoux; de bas faits en drap d'un brun-clair et de chaussons de maroquin rouge garnis de tresses; d'un habit de-dessous, semblable à celui du Circassien de qualité, mais recouvert d'une cotte de mailles faites de petits anneaux du plus bel acier poli, laquelle descend jusqu'aux milieu des cuisses; par-dessus une courte chemisette blanche; les bras sont également recouverts d'un filet d'acier, attaché par des bandes du même métal, et de grands brassards d'acier poli vont jusqu'au-delà des coudes. Le filet d'acier qui couvre toute la main, est ici retroussé, et laisse voir la doublure de maroquin rouge brodé en argent; au ceinturon, à droite, pend un carquois de maroquin rouge garni d'argent, et à gauche on remarque le poignard, le sabre et l'arc dans son étui de maroquin. Par-dessus le petit bonnet rond doublé, le Circassien porte un mantelet orné au sommet de bandes de maroquin brodées en argent, en guise de plumet; il tient à la main droite un fouet qui remplace les éperons.

Le cavalier représente un prince de Circassie en armure complette. Son costume ne diffère du précédent qu'en ce qu'il est sans la chemisette de-dessus.

POLOGNE AVANT LES PARTAGES QUI EN ONT ÉTÉ FAITS.

Divisions topograph.es	Divisions générales	Noms des palatinats
Ancienne Pologne [1] comprenant... au N. O. . .	la grande Pologne renfermant 12 Palatinats.	Pomérélie. Marienbourg. Culm. Posnanie. Guesne. Kalish. Lenticza. Siradie. Plóczko. Rava. Mazovie. Podlaquie.
au S.	la pet. Pologne renfermant 9 Palatinats.	Sandomir. Lublin. Chelm. Cracovie. Belcz. Lemberg. Volhinie. Podolie. Ukraine.
au N. E. . . .	la Lithuanie, renferm. 10 Palatinats.	Courlande. Samogitie. Troki. Wilna. Poloczk. Witepsk. Novogrodeck. Minsk. Meislaw. Polésie.

DÉMEMBREMENT DE LA POLOGNE [2]

POLOGNE PRUSSIENNE.

La Podlaquie . .	Bielsk.
La Mazovie . . .	Varsovie.
Slocsko	Plocsko.
Brzétie	Brzétie.
Guesne	Guesne.
Kalish	Kalish.
Posnaine	Posna.
Rava	Rava.
Lencicza	Lencicza.
Siradie.	Siradie.

POLOGNE AUTRICHIENNE.

Gallicie	Lemberg.
Lodomérie . . .	Lodomérie.
Bukowine. . . .	Czernowicz.
Lublin.	Lublin.
Sandomir	Sandomir.
Cracovie	Cracovie.

POLOGNE RUSSIENNE.

Le duché de Lithuanie . . . . / Une port.on de la pet.e Pologue.	} les 2/3 de l'ancienne Pologue.

RÉTABLISSEMENT DE LA POLOGNE SOUS LE TITRE DE GRAND-DUCHÉ DE VARSOVIE [3]

	Noms des départemens.	Noms des chefs-lieux.	Popul.n générale des départemens	Distance de Paris.
Duché de Varsovie, ...	Varsovie	Varsovie	360,000	376
	Kalisch.	Kalisch	405,000	328
	Plock	Plock	3o0,000	341
	Posen	Posen	66o,000	339
	Bromberg	Bromberg	258,000	
	Lomza	Lomza	400,000	
	Radom	Radom . . . . } 1,497,000		
	Cracovie	Cracovie (4)		330
	Siedlec	Siedlec		
	Lublin	Lublin		374

ROYAUME ACTUEL DE POLOGNE.

	Noms des départemens.	Noms des chefs-lieux.	Population.	Leur sit.n topog.e
Royaume de Pologne.	Varsovie	Varsovie [5]	76,000	sur la Vistule.
	Kalisch.	Kalisch	7,859	sur la Proszna.
	Plock.	Plock	4,000	sur la Vistule.
	Lomza	Lomza	1,200	sur la Narew
	Radom	Radom	1,160	s.r l. rive Mliczna.
	Lublin	Lublin	10,000	sur la Bystrzica.
	Siedlec	Siedlec	2,145	sur le Bug.

NOTES RÉLATIVES AU TABLEAU.

[1] La Pologne, nommée *Polska* dans la langue du pays, tire son nom, à ce que quelques-uns prétendent, du mot *pola*, qui dans la langue esclavone signifie pays propre à la chasse. En effet, aucun autre pays ne dut être autrefois plus favorable à cet exercice, en raison des plaines, des bois, des animaux sauvages et du gibier de toute espèce qu'il renferme. D'autres veulent que les *Polonais* ou *Polaques*, nommés *Polacy*, aient reçu leur nom des *Laziens*, situés originairement sur la mer noire et la mer d'Azov. En effet, les *Slaves* de Sarmatie se nommaient eux-mêmes *Polazy*, c'est-à-dire, descendans des *Laziens*.

Avant le partage extraordinaire de la Pologne, ce royaume était borné au N. par la Livonie, la Moscovie et la mer baltique; à l'Est par la Moscovie; au Sud par la Hongrie, la Turquie et la petite Tartarie, et à l'Ouest par l'Allemagne. Ce royaume eût été un des plus puissans du monde, si la forme de son gouvernement eût été aussi parfaite que la position en était favorable. Il avait 250 lieues de long sur 120 de large, 25,000 lieues carrées et 670 habitans par lieue; ce qui fait un total de quatorze millions.

L'histoire authentique de la Pologne remonte à *Piast* qui regnait vers l'an 840; les Ducs ses successeurs ont régné au-delà de 6 siècles. *Micislas* le 4e de ses descendans, fut le premier prince chrétien; son fils *Boleslas I,* dit *le hardi,* prit le titre de roi. Sous lui la Pologne s'étendait depuis l'Oder jusqu'au Dnieper. Elle fut d'abord divisée en plusieurs principautés, comme la France. *Casimir* les réunit le premier. Il mérita le titre de grand, non comme beaucoup de princes, par ses conquêtes, mais par sa justice. La famille des Piastes s'éteignit dans la personne de Casimir-le-Grand. Comme il désirait que son neveu *Louis de Hongrie,* lui succédat, il rassembla tous les États de sa nation, et les chargea de rédiger un code de lois, sous lesquelles la nation fut heureuse et redoutée. La mort de *Louis* fut suivie d'un interrègne. Vers l'an 1386, *Uladislas V* ou *Jagellon,* Grand-Duc de Lithuanie, fut élu roi de Pologne. La maison des Jagellons continua de régner jusqu'à *Sigismond II,* surnommé *Auguste,* qui mourut 1573, et fut le dernier mâle de cette dynastie. C'est après sa mort que *Henri,* duc d'Anjou, depuis roi de France sous le nom de *Henri III,* fut élu roi de Pologne. Il quitta cette couronne pour venir prendre celle de **France,** et eut pour successeur *Étienne Batrosi,* prince transylvanien. Parmi les rois de Pologne, un des plus illustres fut *Sobieski,* le vainqueur des Turcs et le libérateur de Vienne. *Stanislas Leczinski,* père de la reine de France, épouse de Louis XV, fut élu deux fois et ne règna point. Le dernier, *Stanislas Poniatowski,* élu sous l'influence de la Russie, est un exemple frappant des vicissitudes de la fortune.

[2] Il y a eu trois partages de la Pologne. Le premier a eu lieu en 1772, à la suite d'un traité concerté entre l'Autriche, la Prusse et la Russie, qui s'emparèrent alors des provinces qui étaient limitrophes à leurs états Ce partage enleva à la Pologne cinq millions d'habitans. En 1793 et en 1795, ces mêmes puissances finirent par se partager tout le royaume. Varsovie tomba sous la domination de Frédéric-Guillaume. La Vistule sépara la Prusse de l'Autriche; le Bog sépara l'Autriche de la Russie. Le Niemen marqua les limites entre les possessions des Russes et des Prussiens. La moitié de la ville de Grodno appartint au roi de Prusse, et l'autre moitié à l'impératrice Catherine II.

[3] En 1812, la guerre ayant éclaté entre la France et la Russie, la Lithuanie, Moscow et une partie de la Russie, tombèrent au pouvoir des Français, et la Pologne fut rétablie. Peu après les Russes rentrèrent en possession, non seulement de Moscow et de la Lithuanie, mais ils s'emparèrent encore de tout le duché de Varsovie, qui fut définitivement donné (à l'exception de Cracovie, déclarée ville libre et indépendante) à l'empereur de Russie par le Congrès de Vienne. Ce souverain lui a donné une constitution particulière et lui a rendu le titre de royaume. Il y réunira vraisemblablement plusieurs des anciennes provinces polonaises qui font partie de la Russie. Le pouvoir législatif et l'administration du royaume sont confiés à un conseil d'état, qui siège à Varsovie et est présidé par un vice-roi. L'armée est destinée à la défense des frontières et n'est employée qu'en Europe. Rien ne peut être changé aux lois fondamentales sans l'agrément de la diète générale.

[4] Ville ancienne et singulière; elle a été originairement la capitale de la Pologne; les rois y étaient élus et couronnés. Cracovie fut fondée au

13.ᵉ siècle, et autrefois peuplée de 80,000 habitans. Elle est située dans une vaste plaine arrosée par la Vistule; les rues sont sales et le pavé détestable; la grande place qui est au milieu de la ville, est fort spacieuse. Il y a une université, fondée et dotée par Casimir-le-Grand et réformée par Stanislas-Auguste en 1780; une cathédrale, où presque tous les rois de Pologne ont leur sépulture. La tombe de Jean Sobieski orne aussi cette cathédrale.

A 8 milles de Cracovie se trouvent les fameuses mines de *Wieliczka*, les plus riches de l'Europe. On les exploite depuis l'an 1221. Le sel qu'on tire de cette mine est appelé mal-àpropos sel vert, sa couleur étant gris de fer. Comparé avec notre sel marin, il est d'une qualité bien inférieure, mais il n'en est pas moins propre aux usages ordinaires. Sa dureté égale à celle de la pierre, oblige les mineurs à se servir de pioches et de haches pour le couper avec beaucoup de peine en grandes pièces de 6 à 700 livres. Ces grandes masses sont élevées avec des cabestans, mais les petites sont portées par des chevaux le long d'une galerie tournante qui s'élève jusqu'à la surface de la terre. La plus grande profondeur de cette mine est de 600 pieds; d'autres disent de 900. Sa largeur connue est de 1,115 pieds; sa longueur de 6,691 pieds. Une des curiosités remarquables de ce lieu, sont les petites chapelles creusées dans le sel, où l'on dit la messe certains jours de l'année. Une de ces chapelles a plus de 30 pieds de longueur sur 25 de largeur. L'autel, le crucifix, les ornemens, les statues de plusieurs saints, tout y est fait de sel. Dans les couches de ce sel fossile on trouve des dépouilles d'éléphans et d'autres animaux terrestres.

[5]. Varsovie (*Warszawa*), autrefois résidence des rois de Pologne, a plusieurs sociétés littéraires, une Académie, des Collèges etc. Elle commerce en cuirs, tabac, drap, toiles etc. Vis-à-vis de la ville, sur la rive droite de la Vistule, est le faubourg de *Praga*, si horriblement dévasté en 1794.

Le climat de la Pologne est assez tempéré, mais les froids comme les chaleurs y ont plus d'intensité que dans l'Europe occidentale, à latitude égale. L'air y est en général très-sain et le sol, à quelques contrées sablonneuses près, y est assez fertile. On y cultive avec succès toutes sortes de graines céréales. Dans la partie Sud-Est, on élève et on engraisse une immense quantité de bœufs qu'on emmène en Allemagne. D'autres contrées forment d'immenses pâturages, où l'on élève presqu'à l'état sauvage des chevaux très-estimés. La partie Nord-Ouest surtout est couverte d'immenses forêts qui renferment des ours, des élans, des loups-cerviers, des lynx, des gloutons, et toutes les espèces de gibier connues en Europe.

Les fleuves principaux sont la *Vistule*, le *Niémen*, le *Bog*, le *Dniester* et la *Duna*.

On n'y trouve de montagnes proprement dites que la chaîne des Krapaks, qui séparent ce pays de la Hongrie. Dans ces montagnes et dans le voisinage on trouve des mines d'argent, de cuivre, de plomb, de fer, de charbon de terre, du soufre, de l'alun, des carrières de marbre, de granit, etc.

Les Polonais exportent des grains, du lin, des bestiaux, des chevaux, du bois de charpente et de construction, de la résine, de la poix, de la potasse, du miel, de la cire, beaucoup d'eau-de-vie de grains. Il y a peu de manufactures; cependant les fabriques de draps et de toiles commencent à devenir importantes.

Les Polonais sont en général endurcis à la fatigue, courageux, honnêtes, généreux, bons soldats et surtout excellens cavaliers. Il y a 50 ans que les Polonais portaient généralement l'habillement national, qui consiste en un long vêtement à manches serrées, recouvert d'un autre un peu plus ample, dont les manches fendues jusqu'au parement, peuvent se rejeter par-derrière; sur cet habit ils portaient une ceinture plus ou moins riche; ils avaient la tête rasée, excepté sur le sommet qu'ils couvraient d'un bonnet de fourrures. Aujourd'hui on trouve dans les hautes classes très-peu d'hommes qui aient conservé l'ancien costume. Les vêtemens des paysans se rapprochent beaucoup, pour la coupe, de celui des gentils-hommes; en hiver ils portent des habits faits de peaux de moutons; ils sont presque toujours bottés; dans quelques provinces ils se tressent des brodequins d'écorce de tilleul (pl. XXXVIII.) La maladie des cheveux, ou *plica polonica*, est une maladie endémique en Pologne et dans quelques contrées adjacentes. L'humeur de cette maladie s'établit dans les cheveux et les colle tellement ensemble, qu'on ne peut les séparer. Elle ne s'attache pas toujours aux cheveux seulement, mais aussi aux ongles des pieds et des mains. Les bêtes mêmes sont exposées à avoir la *plica polonica*, surtout celles qui ont un long poil. Cette espèce de teigne est faite pour exciter la curiosité des savans et même des hommes du monde. En effet, si

l'on n'avait pas la possibilité de vérifier les phénomènes singuliers et effrayans de cette plaie humaine, on croirait, sur la description qu'en font
les historiens, qu'ils peignent, d'après les mytho-
logues, quelques unes de ces victimes de la colère
céleste vouées aux dieux infernaux, et condamnées
à devenir le rebut et l'horreur des mortels. Les
uns paraissent enveloppés par les serpents des Eu-
ménides; leur corps exhâle une odeur horrible;
leur figure pâle, livide et décharnée, est celle
d'un spectre; leur voix rauque ne laisse exhâler
que de lugubres sons; l'épouvante les suit, le dé-
lire les égare; leurs yeux farouches accusent le
ciel et l'impuissance des hommes. Leurs membres chancelans et douloureux se prêtent avec
peine aux mouvemens nécessaires, ou dans une
contraction convulsive, semblent torturés par les
furies invisibles; une soif ardente les dévore; ils
aspirent à la tombe comme les mânes errans sur
les bords du Cocyte soupirent après l'entrée des
enfers. — Les Juifs surtout sont attaqués de la
plique, parce qu'ils sont d'une malpropreté qui les
dispose à recevoir les contagions, et parce qu'ils
sont dans l'usage superstitieux de laver leurs vian-
des, et par ce moyen d'enlever une gélatine qui
contient un acide, lequel est un principe de fermentation animale et d'énergie vitale.

Environ à trois milles de Varsovie se trouve la
plaine de *Vola*, lieu fixé autrefois par les lois
pour les élections, et où l'on élevait un bâtiment
de bois, appelé *Szopa*, à côté d'une autre enceinte sans bâtiment, destinée aux nonces.

ROYAUME DES PAYS-BAS.

DOCUMENS GÉOGRAPHIQUES QUI EN INDIQUENT

Le Royaume des Pays-Bas [1] est situé entre

LA SITUATION.	LES BORNES.	L'ÉTENDUE long.	larg.	la surface.	le climat d'heures.	LES PRODUCTIONS.	LE CLIMAT ET LE SOL.
le 50° et le 54° lat.e N. le 16° et le 53° longit.e	ayant { au N. et à (la mer l'Ouest . (d'Allem.e au Sud . (la France à l'Est . (l'Allem.e }	100l	91 l.	3055 lieu.s carr.	10.e clim. d'h.es [2]	MINÉRALES. Mines de fer, beaucoup de tourbe, pierre à chaux, pierres de taille, ardoise, marbres, albâtre, turquoises, charbon de terre, caux minérales etc. VÉGÉTALES. Blé, seigle, me-nus-grains, chanvre, lin, ta-bac, fruits, légumes, pâtu-rages, garance, colza, hou-blon, belles fleurs etc. ANIMALES. Bétail à corne en quantité, moutons dont la laine est très-bonne, cochons, volaille, abeilles, poissons de toute espèce [3.] INDUSTRIELLES. Beurre, fro-mages, pêche du hareng, draps, tapis, toiles de lainage et de coton, dentelles, cuirs, papier, fabriques de tapisse-ries, porcelaine, faïence, pipes, verreries, raffineries de sucre etc.	CLIMAT. Épais, nébuleux et froid, excepté lorsque le froid l'épure; il se-rait même très-in-salubre si les habi-tans n'en préve-naient les perni-cieux effets par la plus grande pro-preté et par tous les moyens que leur suggère leur indus-trieuse activité [4.] SOL. Marécageux et très-peu favora-ble à la végétation en Hollande; mais les canaux qu'y a creusés l'industrie, l'ont rendu propre aux pâturages, et dans quelques can-tons à une culture utile [5.]

NOTES RÉLATIVES AU TABLEAU.

[1] Le royaume des *Pays-Bas* est un nouveau royaume établi par les actes du congrès de Vienne. Il est formé du duché de Luxembourg, de la Belgique (Brabant, ou Pays-Bas autrichienne.) Cette contrée a pris le nom de *Batavie*, de ses habitans distingués du tems des Romains en *Batavi* et *Frisii* (Bataves et Frisons.) Les Romains appelaient *Belgique*, les pays situés au N. des Gaules. Ils en reconnaissaient deux contiguës. La première contenait ce qu'on appelle Brabant et ses annexes; la seconde consistait dans les provinces les plus rapprochées de la mer, qui composent la Hollande. Chez les modernes elle a pris différentes dénominations; celle de *Pays-Bas* parce que le terrein y est plus bas que la mer, dont les eaux l'engloutiraient, si elles venaient à rompre les digues hardies que les Hollandais leur ont opposées, et parce que plusieurs grands fleuves y ont leur embouchure; celle de *Provinces-Unies*, à cause de l'union contractée à Utrecht en 1579, par sept provinces de ce pays, époque à laquelle on vit se renouveler le spectacle que les Vénitiens avaient donné au monde plusieurs siècles auparavant. Un peuple qui fuyait la tyrannie du duc d'Albe, gouverneur des Pays-Bas pour Philippe II, roi d'Espagne, ne trouvant plus d'asyle sur la terre, alla en chercher un sur les eaux: celle de *Hollande* (la plus considérable de ces provinces), qui signifie pays creux, étymologie fondée sur ce que les terres de la partie septentrionale pressées par la mer, qui refoule les fleuves, paraissent toujours exposées a une inondation générale et menacées d'être submergées, ou par les flots écumans de la vaste mer, qui heurtent quelquefois les digues avec fureur et les entr'ouvrent, ou pas les ondes plus paisibles des fleuves qui rongent sourdement les terreins fangeux, s'y insinuent et les rendent caverneux; Celle de nouvelle *république Batave*, lors du traité qu'elle conclut à la Haye en 1795 avec la France, qui la reconnut comme puissance libre et indépendante. En 1806 Napoléon en fit un royaume, qu'il confia au prince Louis Napoléon son frère. Ce royaume cessa de subsister en 1810, et la Hollande fit partie de l'empire français jusqu'en 1814.

[2] Ce qui donne 17 heures pour le plus long jour et 7 heures pour le plus court.

[3] Le principal revenu de la Hollande était autrefois la pêche du hareng et de la baleine. On estimait le produit annuel de cette pêche à près de 500,000 florins.

[4] Malgré toutes les précautions, les vents du Nord et ceux de l'Est y occasionnent de fréquentes maladies, telle que la fièvre et les catharres.

[5] CONFIGURATION DU SOL. La Hollande présente l'aspect d'une immense contrée restée longtems ensevelie sous les eaux, et qu'on aurait desséchée; l'humidité et le froid caractérisent son climat: les aurores boréales y sont assez fréquentes; les canaux et même la mer, n'offrent que des eaux troubles et fangeuses, d'immenses *marais*, tels que ceux de *Pral* et de *Bourtang*, et des terreins marécageux couverts de bruyères, y décèlent un sol ingrat et rebelle à la culture; mais on n'y peut voir sans admiration tant de villes populeuses: et les yeux se reposent délicieusement sur des bocages, des jardins et des prairies. Rien ne donne une plus haute idée de l'industrie humaine que leur établissement et leur florissant aspect, malgré tant d'obstacles, tant de désavantages naturels. La Hollande n'a pas de montagnes; elle est dépourvue de bois. Celui dont elle a besoin, lui arrive par le *Rhin* jusqu'à *Dort*, au moyen de grands radeaux, qui ont sept cents à mille pieds de long. Fleuves et rivières. Le *Rhin*, qui ne partage pas la gloire des autres fleuves qui s'augmentent à proportion de la longueur de leur cours. Celui-ci se reduit à rien avant que d'entrer dans l'Océan. Après s'être séparé en deux branches au fort de *Stenken*, où la moitié de ses eaux prend le nom de *Wahal*, l'*Yssel* lui enlève une partie de celle qui lui restait au-dessous d'Antheim. Il coule ensuite vers cette ville, quoique très-affaibli: à 6 lieux delà, il est obligé de se séparer de nouveau dans Duderstadt. Ici, sa principale branche prend un autre nom et s'appelle le *Leck*. Il ne marche plus que sous la forme d'un petit ruisseau vers la droite, mais il retient toujours son ancien nom. Il va ensuite passer au *Trecht*, où il se partage pour la quatrième fois. Le Leck s'écarte de cette ville et dirige son cours vers le Nord. Le petit filet d'eau qui porte cependant encore le nom de Rhin, coule tranquillement à *Worden*, fait ensuite ses derniers adieux à la ville de *Leyde*, et finit tristement son cours, en versant le peu d'eau qui lui reste, dans deux ou trois canaux, sans avoir l'honneur de se jeter dans la mer. C'est ainsi que ce fleuve, après avoir

traversé le lac de Constance et s'être précipité du haut des rochers près de Schaffouse, perd enfin sa gloire et son nom au village de *Catweck*. La *Meuse* (voy. tableau des rivières de l'Europe) reçoit la *Sambre* à Namur, laquelle prend sa source près de Novion, Département des Ardennes, et passe à Landrecie, Maubeuge, Charleroi et Namur; l'*Escaut* qui a sa source à Beaurevoir, Département de la Somme, passe à Cambrai, Valenciennes, Tournai, Oudenarde, Gand, à Anvers et Berg-op-Zoom, reçoit la *Lys* à Gand, et la *Scarpe* près de Mortagne; la *Dyle* qui prend sa source au N. O. de Namur, joint l'Escaut au-dessus de Biel, après avoir reçu la *Haine* de l'Est, la *Nèthe* du N., et la *Senne* du Sud. L'Escaut, dans l'endroit même où il devient membre de l'Océan, et où ses flots, furieux de se voir divisés, s'amoncèlent les uns sur les autres et font entendre des mugissemens prolongés, qui ont fait donner à cette partie du bassin le nom de *Hondt*, mot qui en Flamand signifie *aboiement de chien*. Les canaux innombrables du Pays-Bas sont entrecoupés par des *écluses*, qui donnent la facilité d'inonder le pays et d'écarter les ennemis, à moins que la glace ne favorise leur invasion, et forment des communications intérieures extrêmément favorables au commerce. Les principaux sont ceux de *Vonsinghe*, de *Nieuport* à *Ostende*, où les vaisseaux sortant de la mer, peuvent entrer au moyen des écluses de *Sclicken*, qu'on entretient à grands frais; le canal de *Gand*, etc. La Hollande est entrecoupée de mille autres canaux, où l'on trouve partout des barques, qui d'heure en heure partent d'une ville à l'autre sans attendre ni faire attendre les voyageurs. Digues. C'est par le moyen des digues que les Hollandais se garantissent des inondations, opposent des barrières aux flots de l'Océan, qui dans la Nord-Hollande ou West-frise a 7—8 pieds d'élévation au-dessus du niveau du terrein. Afin de rompre la violence des flots, on a fiché, au bord de la mer, des pins dans le sable; on les a revêtus de planches, ou entrelassés de branches d'arbres, pour former des espèces d'encaissemens, dans lesquels on a versé de grosses pierres amenées de Norvège. Tout vaisseau hollandais qui va commercer dans le Nord, est obligé, à son retour, de se charger d'un nombre déterminé de ces pierres en forme de lest. Le long de ces encaissemens, du côté de la terre, règne un parapet de 15 à 18 pieds de haut, large de 7 à 8, uniquement formé d'herbes marines, sans aucune façon ultérieure. Ces herbes s'affaissent par leur propre poids, se convertissent en terre et forment une masse assez solide, derrière laquelle est la digue véritable, élevée d'environ deux toises au-dessus de la plus haute mer, mais de 4 ou 5 pieds plus basse que le parapet. Des poteaux numérotés, distans l'un de l'autre de 40 à 50 toises, indiquent à ceux qui sont préposés à l'entretien des digues, la partie confiée à leurs soins. La digue n'étant formée que de sable, le vent pourrait y causer du dégat. Pour prévenir cet inconvénient, on y fait croître des joncs et des roseaux, qui la retiennent et la raffermissent. Cette partie gazonnée du côté de la terre, présente un talus, qui, par une pente douce, va gagner la campagne, sur laquelle le parapet domine de plus de 20 pieds. Les digues de *Midemblick* passent pour les plus belles du pays. Les voyageurs admirent celles de *Helder*, a l'extrémité septentrionale de la Nord-Hollande. C'est un simple village, situé sur le bord de la mer, au milieu d'une pointe qui s'avance vers l'île de Texel, et dont une partie est construite sur la digue même. C'est là que l'Océan furieux menace la terre d'envahir son domaine. La main de l'homme reprime sa rage écumante et lui oppose une barrière, contre laquelle ses flots vainement irrités, viennent se briser en frémissant. Les premières digues furent élevées, dit-on, dans le 11.ᵉ siècle; mais on n'apprit à leur donner de la solidité que dans le 12.ᵉ Lacs. Les principaux lacs de la Hollande communiquent avec la mer, et sont plutôt de vastes lagunes. Ce ce qu'on appelle *la mer de Harlem* a 13 lieues carrées, y compris quelques autres petits lacs qui en font partie. La navigation en est dangereuse; le *Zuiderzée*, peut-être regardé comme une petite méditerranée. Il a 268 lieues carrées de 25 au degré. Il est souvent gélé, ce qui provient du peu de profondeur de ses eaux. Le *Peelsche Morat* dans le Brabant hollandais, est un marais dont la superficie est de 30 lieues carrées; le *Biesboch*, ou bois de roseaux, est une plage de 15 lieues carrées, qui était couverte de roseaux, située au N. E. de Gertruidenberg, mais qui aujourd'hui est en partie desséchée et cultivée. On prétend qu'il se forma, en 1421 dans la nuit funeste du 18 Novembre, par le débordement des eaux du Vahal et de la Meuse, qui engloutirent 72 villages. Rades. La célèbre *rade du Texel*. C'est le rendez-vous de toutes les forces qui partent du Zuiderzée, tant pour les Indes que pour les diverses contrées de l'Europe; le *Vadden*, entre les îles de Ter-Schelling et d'Ameland.

TABLEAU STATISTIQUE DU ROYAUME DES PAYS-BAS.

Le Royaume des Pays-Bas qui comprend :

	PRINCIPAUX LIEUX.	LEUR SITUATION TOPOGRAPHIQUE.	Dist.e de Paris.	Populat.n
Duché de Brabant.	Bruxelles [1]	dans une plaine aux deux côtés de la Senne. . .	69 l.	72,000
	Louvain [2]. . .	à l'est de Bruxelles	73	25,000
	Breda [3]	à l'est de Berg-op-Zoom		12,000
	Berg-op-Zoom[4]	entourée de marais et défendue par différens forts. .		7,000
	Maestricht [5] .	sur la Meuse, enclavée dans le pays de Liège. . .	94	17,963
	Dordrecht [6] .	dans une île formée par la Meuse et le petit golfe de Biesbach		18,000
Duché de Limbourg	Limbourg [7]. .	sur une montagne au pied de laquelle coule la Wese		
Duché de Gueldre.	Ruremonde. . .	à la jonction de la Roër et de la Meuse . . .	104	3,788
	Venlo.	sur la rive gauche de la Meuse.		
	Nimègue [8] . .	sur une colline escarpée, baignée par le Vahal . .	83	12,000
	Zutphen.	à la jonction du Borkel et de l'Yssel.	90	10,000
	Arnheim	sur la rive droite du Rhin		
Principauté d. Liège	Liège [9]	sur l'Ourthe, qui y passe	88	50,000
	Spa [10].	à deux lieues de Liège		
	Tongres	à l'ouest de Maestricht, sur le Jars qui y passe . .		
Comté de Flandre.	Gand [11]. . . .	bâtie sur plusieurs îles que forment 4 rivières et divers canaux		56,000
	Oudenarde . . .	forteresse	65	4,000
	Bruges [12]. . .	sur un terrein inégal, coupé de canaux et de routes nombreuses.		32,991
	Ypres [13] . . .	au milieu d'une belle plaine.	63	15,148
	Courtrai.	sur la Lys.	60	13,674
	Nieuport	port de mer qui reste à sec à la marée basse ; l'Yperlée y passe		
	Sas-de-Gand [14]	au N. de Gand, forteresse		
	L'Ecluse.	au N. E. de Bruges, forteresse.	78	1,415
	Furnes	à une lieue de la mer, au bord de laquelle elle se trouvait autrefois	69	3,920
Comté de Hainaut.	Mons	sur la Haine, qui se jette dans l'Escaut près de Condé.	57	21,303
	Marienbourg . .	au S. O. de Charlemont		
	Philippeville . .	au N. de Marienbourg.		
Prov.e de Hollande : (La Nord-Hollande ou West frise tient par un isthme à la Hollande méridionale.)	Amsterdam [15]	sur l'Y et l'Amstel	105	212,000
	Harlem [16] . .	traversée par la Sparre, qui va se perdre dans l'Ye, à quelque distance de la ville	109	40,000
	La Haye [17] .	à S. O. de Leyde, dans le site le plus agréable.	87	39,000
	Delft [18] . . .	dans une contrée fertile, sur la Schie au S. E. de la Haye	80	26,000
	Leyde [19] . . .	sur le Rhin, au pied d'une colline.	113	60,000
	Rotterdam [20].	sur la rive droite et septentrionale de la Meuse, près de son embouchure	85	48,000
	Riswick [21] . .	au S. de la Haye		
	Alckmaër [22] .	sur un fond marécageux, desséché, à l'O. du Zuyderzée	112	7,000
	Edam [23] . . .	à l'ouest du Zuyderzée.		
	Horn [24] . . .	à deux lieues du Zuyderzée		
	Enkhuysen [25].	les 2/3 entourés de la mer qui en fait une presqu'île		
	L'île d. Texel [26]	au Sept.n de la Nord-Hollande		
	L'île Eyerland .	au N. E. de la précédente		

[Suite du Tableau statistique du Royaume des Pays-Bas.]

	Principaux LIEUX.	LEUR SITUATION TOPOGRAPHIQUE.	Dist.ᵉ de Paris.	Populat.ⁿ
Les Pays-Bas comprennent : Province de Zélande [27]	Middelbourg [28]	au centre de l'île de Walcheren	761.	30,000
	Flessingue [29] .	à l'embouchure du Hondt, ville forte dans l'île de Walcheren	73	10,500
	Goes	dans le Sud-Beveland		
	Zieriksée	dans l'île de Schouwen, à l'embouchure de l'Escaut		
Comté de Namur .	Namur [30]. . .	au confluent de la Sambre et de la Meuse. . .	60	15,085
	Charleroi	à l'est de Mons . , ...	65	3,744
Marquisat d'Anvers.	Anvers [31]. . .	sur la rive gauche de l'Escaut	78	61,800
	Turnhout [32] .	située au centre de la Campine	79	8,065
	Malines [33] . .	sur la Dyle	73	25,000
	Tournai [34] . .	sur les deux rives de l'Escaut		25,000
Province d'Utrecht.	Utrecht [35] . .	arrosée par des canaux qui viennent d Rhin. .		40,000
	Amersfort [36] .	dans un site agréable		8,300
	Gorcum.	sur la Meuse		4,969
Province de Frise.	Leuwarden [37]	sur plusieurs canaux au N. O. de Groningue. .	132	9,000
	Franecker. . . .	à l'ouest de Leuwarden		
Prov.ᵉ d'Overyssel.	Deventer [38]	sur l'Yssel où elle a un pont de bâteaux . . .	127	12,000
	Zwoll [39] . . .	sur l'Aa, à 1/2 lieues de l'Yssel	126	10,000
Prov.ᵉ de Groningue	Groningue [40].	à la junction de la Honse et de la Fivel . . .	139	20,000
	Koervorden. . .	sur un fond de sable et entourée de marais . .	140	6,000
Duché de Luxembourg [42]	Luxembourg [41]	bâtie sur un roc et presqu'inaccessible	91	9,000
	Arlon [43] . . .	à quelques lieues à l'ouest de Luxembourg . .		

NOTES RÉLATIVES AU TABLEAU.

[1] Cette ville, par son étendue, sa population, sa magnificence et la beauté de son architecture, mérite d'être considéré comme une des premières résidences de l'Allemagne. On y remarque l'hôtel de ville que l'on cite comme un modèle d'architecture gothique ; l'arsenal, le théâtre de l'opéra, l'église de Saint-Jacques.

[2] Autrefois fameux par son université. On y remarque l'hôtel de ville, l'église collégiale de St-Pierre.

[3] Ville commerçante, défendue par de bonnes fortifications et par des marais qui l'environnent.

[4] Ville fortifiée par Cohorn, ingénieur anglais, mort en 1600; elle communique à l'Océan par l'Escaut, qui la rafraîchit continuellement et forme derrière elle un bras de mer: remarquable par les sièges mémorables qu'elle a soutenus.

[5] Une des plus fortes places des Hollandais. On y remarque l'hôtel de ville et une bonne bibliothèque, rendue publique pour l'instruction de ses citoyens. Les deux religions y sont tranquillement exercées.

[6] Célèbre par le synode qui condamna la doctrine d'Arminus. La cathédrale est d'une beauté remarquable. La ville est grande, belle, riche et coupée par trois canaux, dont un lui sert comme de fossé.

[7] Elle est extrêmément petite; mais au-bas de la montagne et sur la rive de la Wese est le faubourg de Dhalem, beaucoup plus grand et plus peuplé que la ville, qui compte à peine une centaine de maisons. Les places des environs, entre autres *Nean* et *Verviers*, sont très commerçantes et renommées par leurs manufactures de draps. L'occupation presque exclusive des Limbourgeois est de faire paître leurs troupeaux, de faire du beurre et du fromage.

[8] Où Charlemagne et ses successeurs firent souvent leur résidence. Un magnifique hôtel de ville et surtout les négociations fameuses dont Nimègue

a été le théâtre, rendent cette ville une des plus célèbres des Pays-Bas. On y découvre encore plusieurs restes d'antiquité.

[9] Il existe peu de villes dont les sites soient aussi piquants et aussi variés. L'église des Dominicains offre une magnifique rotonde modelée sur celle de St-Pierre de Rome. C'est la patrie de *Gaspard Lairesse*, surnommé le Raphaël hollandais ; de *Renekin*, auteur ingénieux de la machine de Marly ; du fameux *Gretry*. La même ville a vu mourir en 1104 l'empereur d'Allemagne Henri IV, dont les malheurs et les infortunes ont rétenti dans toute l'Europe.

[10] Le magistrat la fit embellir en 1714, et depuis on n'a cessé d'y ajouter des ornemens. Elle est dans une situation charmante. C'est un simple bourg. Les eaux minérales y attirent les gens riches et les princes étrangers.

[11] Quoique Charles-Quint ait dit qu'il ferait tourner Paris dans son Gand, jamais cette ville n'a été aussi considérable. Cette ancienne capitale de la Flandre autrichienne, grande tout au-plus comme le faubourg St-Antoine, est loin d'être peuplée à proportion. Elle ne doit son étendue qu'au grand nombre de terres, de jardins qui en isolent les habitations. Les principaux ornemens sont l'hôtel de ville et la cathédrale, élevée par Charles-Quint Une église en Belgique ne serait pas regardée comme complète, si elle n'était pas munie d'un carillon. Celui du Befroi de Gand est à juste titre un des plus renommés. Il contient un nombre prodigieux de cloches, formant plusieurs octaves, y compris les demi-tons. Il y a des fabriques de faïence, des raffineries de sucre, des filatures de lin, de chanvre et de coton, et des manufactures de toutes sortes de draps.

[12] On y remarque l'église de Notre-Dame, surtout son clocher, l'hôtel de ville. Cette ville rappelle le nom de *Jean Wan-Eik*, dit *Jean de Bruges*, inventeur de la peinture à l'huile, qui y florissait en 1370.

[13] On y admire le superbe canal de *Wousinghe*, qui excite la curiosité de tous les étrangers. Cette ville est bien déchue de son ancienne splendeur.

[14] Communique avec Ostende par des canaux avec mille écluses, qui toutes débouchent dans l'Escaut et dans la mer, et comme autant de veines sont destinées à faire circuler la vie dans un pays.

[15] Cette ancienne capitale des Provinces-Unies est bâtie comme Venise sur pilotis au milieu d'un ancien marais. C'est une des villes les plus remarquables de l'Europe par son commerce, ses nombreux canaux, ses ponts de pierre et de bois, et par son incommensurable port, assez vaste pour contenir mille vaisseaux. On y remarque son magnifique hôtel de ville, la bourse, le jardin botanique, la synagogue des Juifs, un Athénée, etc. La peinture que fait de l'ancienne Tyr l'archevêque de Cambrai, présente l'image de ce qui se voit à Amsterdam.

[16] On y remarque son orgue fameuse, qui passe pour la meilleure et la plus belle de l'Europe ; l'hôtel de ville, où l'on fait voir un livre imprimé par *Laurent Coster*, regardé en Hollande comme l'inventeur de l'imprimerie. Ce livre (Speculum humanæ salvationis) se garde dans une cassette d'argent, et la statue de Coster se trouve auprès de la cassette ; — les fameuses blanchisseries. Il s'y faisait anciennement un commerce célèbre de fleurs. C'est là, dit-on, qu'un seul oignon de tulipe a été vendu jusqu'à 50,000 francs.

[17] Quoique la Haye, qui peut avoir 2 lieues de tour, n'ait pas rang de ville, c'est peut-être la plus riante de la Hollande. Ce ne fut d'abord qu'un rendez-vous de chasse, où les comtes de Hollande bâtirent un palais en 1248 ; Charles-Quint l'embellit, et après lui, les circonstances et le séjour des stathouders en ont fait une ville qui ne le cède à aucune autre en beauté et en magnificence, quoiqu'elle ne soit, dit-on, qu'un bourg. Au Sud de la Haye est *Riswich*, célèbre par la paix qui y fut conclue en 1697.

[18] Le prince d'Orange, Guillaume I, y fut assassiné en 1584.

[19] La plus ancienne cité des Bataves, grande et belle ville : elle a beaucoup souffert en 1806, par l'explosion d'un bâteau chargé de poudre. Son Université est renommée, surtout pour les sciences physiques et médicales. On y remarque la cathédrale, qui renferme un grand nombre d'épitaphes, entre autres celle de *Boerhaave*, celui de tous les médecins, qui depuis Hippocrate a mérité le plus l'estime de ses contemporains et la reconnaissance de la postérité. On sait que Pierre-le-Grand prit des leçons de ce célèbre docteur, dont la réputation était répandue jusqu'à la Chine. Un mandarin lui écrivit avec cette seule adresse : à *l'illustre Boerhaave, médecin en Europe*, et la lettre lui fut remise directement. Les Hollandais comparent Leyde à Athènes et la regardent comme la métropole des doctes de leur pays. C'est dans une des cours de l'académie qu'était anciennement la fameuse imprimerie d'*Elzevir*, d'où sont sorties ces belles éditions grecques, latines,

héhraïques et arabes, dont les savans ornent encore leurs cabinets.

[20] Elle prend son nom du *Rotter*, petite rivière qui la traverse. Elle est bâtie sur pilotis; les rues en sont de la plus grande propreté, et l'on y voit avec surprise des maisons des arbres et des vaisseaux. C'est la patrie d'*Erasme*, dont on voit la statue en bronze sur la grande place. On y remarque la bourse.

[21] Voy. la note 17.

[22] Une des principales et des plus anciennes villes de la Nord-Hollande. Elle tire son nom des marais où elle est située, et dont plusieurs ont été desséchés par ses laborieux habitans. Les télescopes et lunettes d'approche y furent inventés par *Jacques Métius* vers l'an 1609.

[23] On y fait le meilleur fromage.

[24] Cette ville a le meilleur havre du Zuiderzée; ce qui la rend très-commerçante.

[25] Ce fut la première ville de la Nord-Hollande qui secoua le joug des Espagnols.

[26] Elle a 3 lieues de long sur 2 de large. Le terroir en est bon; les pâturages y sont excellens et l'on y fait des fromages très-estimés.

[27] Cette province est composée de 7 îles, dont 4 en-deçà de l'Escaut, savoir *Walcheren, Nord-Beveland, Sud-Beveland* et *Wolferdick*; les 3 autres, au-delà du fleuve, sont *Tolen, Duyveland* et *Schowen*. Indépendamment de ces 7 îles principales, il y en a 9 autres très-petites. Les autres îles sont outre celles de *Texel* et d'*Eyerland*, celles de *Flié* au N. de cette dernière, et celle de *Wiering* dans le Zuiderzée, appartenant à la province de Hollande, ainsi que celles d'*Over-Flakké, Stryen, Vlieland; Schelling*, à la Frise, ainsi qu'*Ameland; Borkum*, à Groningue, etc.

[28] C'est l'entrepôt de tous les vins de France, d'Espagne et de Portugal, qui arrivent en Hollande; ce qui la rend riche, peuplée et commerçante.

[29] Port de mer, patrie de *Ruyter*; elle est située ainsi que Midelbourg, dans l'île de *Walcheren*; c'est la seconde ville de la Zélande. Ce port a appartenu longtems aux Français

[30] Les fabriques les plus renommées sont celles d'armes et de coutellerie. La tannerie y forme une branche de commerce non moins précieuse, ainsi que la batterie en cuivre.

[31] Elle a une bonne citadelle, qu'elle doit au duc d'Albe. Le port est excellent, les rues, les mai-

sons, les églises, sont dignes de l'ancienne réputation de cette célèbre cité, qui comptait 200,000 habitans en 1568, époque où le commerce de cette ville était à son plus haut degré de prospérité. C'est la patrie du célèbre médecin *Vesale*, et de plusieurs peintres célèbres, tels que *Rubens*, l'honneur de la peinture et de l'école flamande, *Van Dyk*, illustre disciple de Rubens, etc.

[32] N'est point par elle-même d'un grand intérêt; mais ici le paysage est extrêmément varié Au lieu de sols marécageux, ce sont des terreins fertiles; au lieu de côteaux arides, ce sont des bois et des forêts qui attirent dans cette partie du pays l'humidité bienfaisante de l'atmosphère.

[33] Elle regarde en triangle celle de Louvain, de Bruxelles, d'Anvers, où l'on se rend par 3 belles routes pavées, chacune de 4 lieues de long. On y remarque la place d'armes et la cathédrale; la basilique offre tout le luxe de l'architecture gothique. La branche de commerce qui a fait à juste titre la réputation de cette ville, est la fabrication de ses dentelles, recherchées dans tous les pays par leur beauté, leur solidité, le bon goût et la délicatesse des dessins.

[34] Commerce en camelots, bouracans, bas de laine, toiles de Flandres, tannerie, papeterie. On y admire l'église cathédrale. Childeric 1, petit-fils de Clodion, roi de France, y mourut, et son tombeau y fut découvert par hazard en 1655.

[35] Ville célèbre, 1.° par l'union des sept provinces, qui s'y contracta en 1579; 2.° par le traité de paix qui s'y conclut en 1713. Elle fut prise par les Français en l'an III (1795.)

[36] C'est la ville d'entrepôt pour les marchandises qui passent d'Allemagne à Amsterdam.

[37] Fondée en 1190. Elle fut beaucoup plus considérable qu'elle ne l'et aujourd'hui.

[38] Renommée par sa bierre, qui passe pour la meilleure de la Hollande, et rivalise celle de Louvain.

[39] Ville forte et autrefois impériale et anséatique.

[40] Les plus gros vaisseaux peuvent y remonter, ce qui la rend fort-commerçante. Elle a une célèbre université.

[41] Le roi des Pays Bas a reçu ce pays en échange des pays de Nassau, de Dillenbourg, de Siegen-Hadamar et de Diez, qu'il a cédés à la Prusse; il comprend l'ancien duché de Luxembourg, nommé Département *des Forêts*, pendant sa réunion à la France. Ce nom lui avait été donné à cause

de la quantité de bois qui le couvrent encore, et qui sont des restes de l'ancienne forêt des Ardennes.

[42] Place fortifiée par Vauban, et l'une des plus fortes de l'Europe. Elle est au nombre des places fédérales.

[43] Cette ville a pour origine un village, dans lequel on avoit élevé un temple à la lune.

Possessions extra-européennes.

Les Hollandais possèdent en ..			
Asie	sur la côte de Koromandel	(	Paliacate.
	sur la côte de Malabar.	(	Cochin, et un fort près de Cangranor.
	sur la péninsule de Malaca	(	Malaca.
dans l'Océanie	l'île de Java	(	Batavia.
	dans l'île Célèbes	(	Macassar.
	dans l'île de Sumatra un comptoir à	(	Palimban.
	dans les Moluques les îles	)	d'Amboyne, de Banda, de Ternate, un fort à Timor.
Afrique ...	sur la côte de Guinée	(	le fort Nassau.
Amérique .	dans la Guyane	)	Surinam.
	les îles de	)	Saba, St-Eustache, Curaçao.

LA FRANCE.

DOCUMENS GÉOGRAPHIQUES QUI EN INDIQUENT

LA SITUATION.	LES BORNES.	L'ÉTENDUE long.	L'ÉTENDUE larg.	la surface.	le climat d'heures.	LES PRODUCTIONS.	LE CLIMAT ET LE SOL.
La France [1] est située entre le 42e et le 51e deg. de latit.e N. le 7e degré de longit.e orient.e et le 6e de longit.e Est	ayant au N. { les Pays-Bas. la mer d'All.e la Manche. à l'O. { l'Océan atl.e l'Espagne. au S. { les Pyrénées. la Méditerranée. à l'E. { l'Italie. la Suisse. l'Allemagne.	325l. [2]	225l. [2']	29,000 lieu.s carr. env.n (3)	ent.e le 7e et le 9.e (4)	MINÉRALES. Mines de fer, de cuivre, d'étain et de plomb (5); salpêtre. sel marin, salines, charbon de terre, marbre de toute espèce. granit, pierres de taille, ardoise, ocre, plâtre, terre à porcel.ne (6) et quantité d'eaux minérales (7.) VÉGÉTALES. Blé (8), grains d. toutes les espèces, lin, chanvre, fruits d'une qualité exquise (9), tabac (10), légumes en abondance et du meilleur goût (11), safran, des plantes utiles et médicinales (12), bois de charpente et d construct.ne ANIMALES. Bœufs, chevaux (13), mules (14), moutons (15), gibier, bêtes fauves, poissons de toute espèce, vers-à soie, abeilles (16.) INDUSTRIELLES. Huile (17), soude, potasse, savon (18), cuirs, peaux de chamois (19), eaux-de-vie (20), vins les plus renommés de l'Europe (21), cidre, poirée, cire (22), miel (23), fromages (24), toiles (25), draps (26), serges, étamines, bonneteries. étoffes de soie, velours, rubans, (27), bas de soie, dentelles (28), chapeaux, modes (29), clincaillerie (30), manuf.es d'armes, coutellerie (31), orfévrerie (32), tapisserie (33), tableterie, manufact.s de meubl.s (34), de montres (35), glaces (36), porcelaine (37), papeteries, manufactures de toiles peintes (38).	CLIMAT. Froid vers les parties septentrion.es, tempéré vers le Centre, chaud vers le S. mais généralement sain. SOL. Favorable à toutes les productions de la première nécessité, et à celles que l'aisance recherche (38.)

NOTES RÉLATIVES AU TABLEAU.

(1) La France fut appelée *Gallia*, *Gaule*, par les Romains, des Gaulois (Galli), nation celtique qu'ils y trouvèrent établie. La France a porté le nom de *Gaule* jusqu'à l'invasion des Francs, qui lui donnèrent celui qu'elle a encore aujourd'hui. Les peuples qui habitaient anciennement le pays, appelés *Celtes* par les Grecs et Gaulois (Galli) par les Romains, avaient des mœurs à peu près semblables à celles des Germains, décrites par Tacite. C'était un peuple naturellement guerrier, qui était soumis à la religion des *Druides*, qui avaient des subalternes, appelés *Bardes*, chargés de composer les hymnes guerriers et les poésies informes, qui contenaient la tradition, la croyance et la morale du vulgaire. Les Romains firent d'abord la conquête d'une partie de ce pays, qu'ils nommèrent Gaule narbonnaise; le reste était divisé en Belgique au Nord, en Celtique au milieu, en Aquitaine au Sud. Nous verrons ci-après dans la géographie comparée de l'Europe, quelles furent les divisions qui furent formées des Gaules après la conquête qui en fut faite par Jules-César. Les Francs, peuples germains, qui habitaient les bords du Rhin, firent de fréquentes incursions dans les Gaules, et obtinrent enfin des Romains la cession de terres dans la Belgique, où Pharamond établit son royaume. Ses descendans l'étendirent jusqu'à la Loire. D'autres Germains vinrent se partager les Gaules; les Bourguignons y entrèrent en 406. Après s'être emparés de toute la partie limitrophe de la Suisse, ils occupèrent la Franche-Comté, la Bourgogne, la Savoie, le Dauphiné. Les Wisigoths (que l'on dit originaires de la Suède, ainsi que les Ostrogoths et les Gépides), chassés de l'Italie, fondèrent un royaume à Toulouse; ils envahirent ensuite toute l'Aquitaine et une partie de la Provence. Il ne resta plus aux Romains qu'une portion de la Champagne et de l'île de France. *Clovis*, roi des Francs, anéantit la puissance des Romains dans les Gaules par la prise de Soissons, leur dernier asile. La victoire de Tolbiac sur les Germains le rendit maître du pays que ces peuples occupaient. Celle de Vouillé sur les Visigoths lui donna l'Aquitaine, et força ceux-ci à refluer en Espagne. Les enfans de Clovis subjuguèrent les Bourguignons, détruisirent leur royaume, et celui que les Ostrogoths avaient fondé en Provence. Par ce moyen la domination des Francs s'étant étendue sur les Gaules, on donna le nom de royaume de France au pays qu'ils occupèrent. La France, après avoir été gouvernée par des rois de trois dynasties, l'espace de 14 siècles, s'était constituée en république en 1792, et formait un empire dès l'an 1804, lorsqu'en 1814 une nouvelle révolution vint rendre aux Français leurs anciens rois, et fit rentrer ce pays dans ses anciennes limites.

(2) Depuis les frontières de l'Alsace jusqu'à la pointe occidentale de la Bretagne.

(2') Depuis Bellegarde, au-delà de Perpignan, jusqu'à Dunkerque.

(3) Ce qui fait à peu près 112 millions d'arpens, dont on compte 65 millions en labour, 25 millions en landes, bruyères, montagnes incultes, chemins, étangs et rivières; le surplus en prés, pâturages, bois, vignes et autres cultures; en placemens de villes, bourgs, villages et habitations. La France contient environ 750 villes, dont une de 547,756 habitans, six de 100 à 150 mille, trois de 50 à 100 mille, vingt-sept de 20 à 50 mille, soixante-treize de 10 à 20 mille, quatre cent soixante-huit de 3 à 5 mille. Il y a 29 bonnes villes, c'est-à-dire, des villes dont les maires assistent au sacre du roi, savoir Amiens, Angers, Besançon, Bordeaux, Bourges, Caen, Clermont, Dijon, Grenoble, la Rochelle, Lille, Lyon, Marseille, Metz, Montauban, Montpellier, Nancy, Nantes, Nîmes, Orléans, Paris, Rennes, Rheims, Rouen, Strasbourg, Toulouse, Tours, Troyes, Versailles.

(4) Ce qui donne :
- vers le Nord . . 16 h. 1/2 }
- vers le Centre . 16 " — } pour le plus long jour.
- au Sud . . . . . 15 " 1/2 }
- au Nord . . . . 7 " 1/2 }
- au Centre . . . 8 " — } pour le plus court jour.
- au Sud . . . . . 8 " 1/2 }

(5) La France a quelques mines d'or et d'argent, qui sont négligées, parceque les frais d'exploitation seraient trop considérables.

(6) La terre à porcelaine se trouve particulièrement dans les environs de Limoges.

(7) Voyez ci-après le tableau de la géographie physique de la France.

(8) Le blé forme en France un grand objet de commerce, parcequ'il est, pour ainsi dire, l'unique production de quelques départemens.

(9) Il y a peu de contrées en Europe qui, à cet égard, soient aussi bien partagées que la France.

(10) Depuis 25 ans, la culture du tabac a fait en France beaucoup de progrès, principalement dans les contrées méridionales.

(11) Surtout près de Paris et des grandes villes, où les légumes et les fruits forment une branche d'industrie très-lucrative.

(12) Sa flore contient la description de 6,000 plantes, formant 1/5 de toutes celles qui sont connues sur la surface du globe.

(13) La France en possède de très-belles races.

(14) C'est la France qui en fournit l'Espagne, le Portugal et l'Italie.

(15) Qui donnent d'excellentes laines pour les manufactures françaises, lesquelles s'améliorent tous les jours, en cette partie, par les heureux résultats qu'a déjà obtenus le mélange des races du pays avec celles d'Espagne et d'Angleterre.

(16) Le produit des vers à soie, qu'on élève en France avec le plus grand soin et beaucoup de succès, donne lieu à une branche de commerce très étendue et susceptible d'accroissement.

(17) La meilleure de l'Europe et la plus recherchée, est l'huile de Provence.

(18) La France a la supériorité dans cette partie.

(19) Aucune nation n'a perfectionné l'art du chamoiseur comme les Français.

(20) Les eaux-de-vie de France s'exportent dans toutes les parties du globe, et c'est une des principales branches du commerce.

(21) La récolte de cette précieuse denrée remonte annuellement à 336 millions, dont on

$$\left. \begin{array}{l} \text{consomme dans} \\ \text{le pays } p^r \ldots 112.000,000 \text{ f}^r \\ \text{brûle } p^r \ldots\ldots 84,000,000 \text{ »} \\ \text{exporte } p^r \ldots 140,000 000 \text{ »} \end{array} \right\} 336,000,000 \text{ f}^r.$$

Les vignobles et les plaines à blé sont les véritables mines de la France, préférables, sans doute, à celles du Pérou et du Potosi, qu'on viendra à bout tôt ou tard d'épuiser, tandis que l'industrie, qui tous les jours fait de nouveaux progrès, améliorera les vignobles et les champs.

(22) Celle du Mans est très-recherchée.

(23) Celui de Narbonne a beaucoup de réputation et s'exporte au loin.

(24) Ceux de Roquefort et de Brie sont une forte branche de commerce.

(25) Parmi lesquelles il faut distinguer celles de Flandre, de Bretagne, de Normandie, dont on fait un très-grand nombre.

(26) On connaît la supériorité de ceux de France sur tous les autres, pour la finesse, la solidité et la teinture.

(27) Cette branche de commerce est une des plus considérables, surtout pour les provinces méridionales.

(28) Principalement celles de Flandre, qui sont très-recherchées, du meilleur choix et d'un très bon usage.

(29) On sait que depuis longtems la France fournit des modes à toute l'Europe, et qu'à cet égard elle donne le ton et prescrit les formes.

(30) Partie dans laquelle les Français égalent les Anglais sous plusieurs rapports, et les surpassent sous une infinité d'autres.

(31) Celles de Langres et de Chatellerault fournissent toutes les foires de l'Europe.

(32) Elle n'offre nulle part autant de goût et de perfection dans le travail.

(33) Celles des Gobelins n'ont point d'égales.

(34) Qui y sont portés au dernier degré de perfection, surtout à Paris, qui aujourd'hui meuble presque tous les départemens et la majeure partie de l'Europe.

(35) Celle de Beaucourt dans le Département du Haut-Rhin n'a point d'égale.

(36) Aucune n'égalent en grandeur et en fini celles qui sortent des manufactures de Paris.

(37) On distingue les porcelaines de la manufacture de Sèvres, très-supérieures à celles qu'on fabrique ailleurs, soit en Europe, soit en Asie.

(38) Celles de Mulhausen, de Wesserling, de Colmar, de Munster (dép. du Haut-Rhin,) de Rouen [Seine-Inférieure,] de Jouy [Seine et Oise.]

(39) *Configuration du sol.* Voyez les tableaux de la géographie physique de la France.

GÉOGRAPHIE PHYSIQUE DE LA FRANCE.

PLANCHE XLI.

La Géographie de la France indique :

Les principales montagnes.

Les Pyrénées . . . qui séparent la France de l'Espagne (voy. pag. 90.)

Les Cévennes . . . qui s'étendent dans les Dép.ns de la Lozère, de Haute-Loire, du Rhône etc., communiquent avec les hauteurs qui s'étendent à l'Ouest du bassin de la Loire d'un côté, et de l'autre avec les montagnes d'Auvergne . . . .

Les montagnes de la ci devant Auvergne, dont les principales sont : Le Puy-de-Dôme, Le Mont-d'or, Le Cantal . . . . Ces montagnes communiquent au Sud avec les Cévennes, et au Nord avec les montagnes de la Bourgogne.

Les Vosges . . . . qui communiquent avec les hauteurs de l'Anglet.re et avec le Jura.

Le Jura . . . . . . qui sép. la Franche-Comte d. la Suisse et communique av. l. Alp.s suiss.

Les Alpes . . . . qui séparent la France de l'Italie et de la Suisse.

(Voy. le système des Alpes pag. 90, les pl. XIV et XLI.)

Les fleuves et les rivières . . voyez le tableau ci-après.

Les principaux ports de mer (a), situés sur :

L'Océan :
- Dunkerque * . . . . . . } du Nord.
- Gravelines . . . . . . }
- Calais (1) . . . . du Pas de-Cal.s
- Dieppe . . . .) de la Seine-
- Le Hâvre * . . . .) inférieure.
- St Malo (2) . . . . . . d l'Ille et Vil.ne
- Cherbourg 3) . . . . de la Manche.
- Brest * (4) . . . . . . du Finistère.
- Morlais (5) . . . . . du Finistère.
- Lorient * (6) . . . . . } du Morbihan.
- Port-Louis . . . . . . }
- La Rochelle [7] . .) de la Charente-
- Rochefort * . . . . .) inférieure.
- Bordeaux (8) . . . . de la Gironde.
- Bayonne (9) . . . . .) des Basses-
- St. Jean-de-Luz . . .) Pyrénées.
- Cette (10) . . . . . . de l'Hérault.

La Méditerranée :
- Marseille (11) . . . . . Bouch. d. Rh.ne
- Toulon * (12) . . . .) du Var.
- Antibes (13) . . . . .)

Les îles situés sur les côtes de France ; savoir dans :

L'Océan :
- Ouessant (14) . . . . Finistère.
- Belle-Isle (15) . . . . du Morbihan.
- Noirmoutier (16) . . . de Loire infér.
- L'île d Yeu (17) . . . de la Vendée.
- L'île de Rhé (18) . .) de la Charente-
- L'île d'Oléron (19) . .) inférieure.

La Méditerranée :
- Les îles d'Hyères (20) . . . . Portquerolles. Portcrois. L'île du Levant.
- Les îles Lerins . . . . (St. Honorat. (St.e Marguerithe (21)

} Dép. du Var.

Les principales Eaux minéral.s :

Au Nord :
- Forges . . . . d. la S.ne-infér.e
- Plombières . . . . . . des Vosges.
- Bourbonne-les-Bains .) de la Haute-
- Bourbon l'archambaud) Marne.

Vers le Centre :
- Vichi . . . . de l'Allier.

Au Sud :
- Bagnères, de (Bigorre (Luchon) Dép. des Hautes-Pyrénées.
- Barrèges . . . .)
- Balaruc . . . . de l'Hérault.

CANAUX INTÉRIEURS.

de Briare : Le plus ancien de ceux qui ont été construits en France ; il a 20 lieues ou 100 kilom.s de cours, 40 écluses ; il fait communiquer la Loire avec la Seine.

du Centre, ci-devant Charolois. : Communiquant à la Méditerranée par le Rhône, à l'Océan par la Loire, et à la Manche par le canal de Briare où il se jette ; il a 20 lieues ou 100 kilom.s de cours.

du Midi ou du Languedoc. : L'un des plus remarquables de la France, par les obstacles physiques qu'il a fallu vaincre pour le construire ; communique de l'Océan à la Méditerranée, par un cours de 80 lieues ou 400 kilom.s, 30 pieds de large.

Côte-d'or (Bourg.e) : Communique par la Sàone à l'Yonne ; parcourt 50 l. ou 250 k.s

d'Orléans, etc. : Communiquant à celui de Briare, se jette dans la Seine au dessous de Moret ; parcourt 18 lieues ou 190 kilom.s

(a) Les ports chefs-lieux d'arrondissement maritime, sont distingués par *

NOTES RÉLATIVES AU TABLEAU.

(1) Le passage le plus fréquenté par les voyageurs de l'un et l'autre bord.

(2) Ce port, défendu par un château et par un grand nombre de forts, est bon, mais de difficile accès, à cause des rochers qui l'environnent. Les bâtimens vont se charger à St. Servan, qui est à un quart de lieue plus avant dans une baie au midi.

(3) A été rendu par les travaux exécutés en 1783 à tous les avantages que sa position lui destinoit.

(4) Le plus beau port de France; sa rade peut contenir jusqu'à 500 vaisseaux. Les matelots ont un hospice qui leur est spécialement destiné. Les forçats logent dans un grand bâtiment qu'on nomme *Bagne*.

(5) Le port qui traverse la ville, procure aux négocians l'avantage inappréciable de voir arriver jusqu'à leurs portes les bâtimens chargés des marchandises qui leur sont expédiées du-dehors.

(6) Le port, muni d'une citadelle, ne peut contenir qu'un petit nombre de grands bâtimens. Les vaisseaux des États-Unis d'Amérique viennent y aborder.

(7) Un des plus sûrs que l'on connaisse, et où tous les vaisseaux, excepté ceux de haut bord, peuvent entrer, la mer ayant reflux de plus de 4 toises. Au delà du port est la rade où les grands vaisseaux jètent ordinairement l'ancre. Ils y sont à l'abri des vents du S. O. par les îles de Rhé, d'Oléron et d'Aix.

(8) La sûreté et la commodité de ce magnifique port circulaire qui, dans quelques endroits, a 600 toises de largeur, attirent dans la ville de Bordeaux, (commandée par 3 forts, savoir: le *Château-Trompette*, du côté de la Garonne; le *Château de Na*, du côté de la campagne, et le fort *Sainte-Croix*,) à peu près toutes les nations maritimes de l'Europe. On y voit quelquefois jusqu'à 500 vaisseaux de toutes grandeurs. C'est l'abord des bâtimens qui arrivent des colonies françaises et des États-Unis d'Amérique. Année commune il s'y charge 100 mille tonneaux de vins ou d'eaux-de-vie. Les vaisseaux de retour apportent du sucre brut, du café, de l'indigo, etc.

(9) Offre aux navires marchands un port sûr, et cependant de difficile accès.

(10) Près de ce port, la pêche des sardins forme une branche importante de commerce. C'est près de *Cette* que prend naissance le *canal du midi*.

(11) Ce port, par l'affluence des nations étrangères, offre un coup-d'œil bien-intéressant; c'est l'Europe en racourci pour la variété des costumes et du langage. Ce port est un bassin ovale qui peut contenir jusqu'à 900 vaisseaux marchands. Les bâtimens y sont en sûreté dans les plus grands orages. Le défaut de profondeur empêche que les vaisseaux de ligne puissent y entrer. Ceux-ci s'arrêtent à l'île d'*If*, qui est à 1/2 lieue.

(12) Ce port est moins commerçant que celui de Marseille, qui n'est qu'à 15 lieues; il est principalement destiné aux vaisseaux de guerre.

(13) Port de forme presque ronde, protégé par un bastion au milieu du quai, faisant face à la rade où est le chantier de construction. L'entrée du port est d'ailleurs si resserrée par les sables que le Var y amoncèle, que sur une étendue de 250 toises en tout sens, il ne reste au plus que 40 toises de large pour le passage des bâtimens.

(14) Célèbre par le combat naval du 27 Juillet 1778, entre le comte d'*Orvillers*, commandant l'escadre française, et l'amiral *Keppel*, à la tête de la marine anglaise; — l'avantage ne fut d'aucun côté.

(15) A 6 lieues des côtes, ayant 6 lieues de long sur 2 de large, et une population de 2,436 habitans; assez fertile. Les Anglais s'en emparèrent en 1761 et la rendirent par le traité de Versailles en 1763. A peu de distance de Belle-Isle on découvre la baie de *Quiberon*, fameuse par les deux descentes inutiles qu'y firent les Anglais, l'une en 1746, l'autre en 1795.

(16) A 3/4 de lieue des côtes du Département de la Vendée; ayant 3 lieues de long sur 1 1/2 de large et une population de 5,400 habitans. On y trouve d'excellens pâturages, quelques vignobles et des marais salans.

(17) A 3 lieues des côtes, ayant 2 lieues de long sur 3/4 de large.

(18) A 3 lieues des côtes, ayant 4 lieues de long sur 2 de large, et une population de 8,500 habitans. Le chef-lieu qui a une citadelle, est *Saint-Martin*, peuplé de 3,800 habitans. Elle ne produit ni blé ni pâturages, mais les vignobles et le sel s'y trouvent en abondance et d'excellente qualité.

(19) A 2 lieues des côtes, ayant 5 lieues de long sur 2 de large et 12 de circonférence, et une population de 12,000 habitans. Elle n'est séparée

de l'île de Rhé que par le pertuis ou détroit d'Antioche. Elle est fertile en blé, vins, sel et excellentes huîtres. Le chef-lieu qui porte le nom de l'île, a une population de 2,500 habitans; elle est défendue par un château très-fortifié. Le parti protestant s'en empara du tems de la ligue; mais, ainsi que l'île de Rhé, elle subit le sort de la Rochelle, lorsqu'en 1628, Louis XIII, aidé du cardinal de *Richelieu*, se rendit maître de cette ville.

(20) Au Sud-Est de la ville dont les îles prennent leur nom; on y trouve tous les fruits du midi et de délicieux sites. C'est un printems et un été perpétuels; l'orange y est en fleur à côté de l'orange bonne à cueillir.

(21) Appelée *Lero* chez les anciens, à cause du culte qu'on y rendait à une divinité gauloise de ce nom; elle n'est séparée de l'île de Lerins que par un canal d'environ 300 toises. Sa longueur est de 1/3 de lieue sur une petite demi-lieue de largeur. Les Espagnols s'en étant emparés, en 1635, y bâtirent un fort, qui fut depuis augmenté d'une nouvelle citadelle. Cette citadelle était encore une prison d'état en 1789. L'homme au masque de fer y fut détenu suivant Voltaire.

TOPOGRAPHIE DES PRINCIPALES RIVIÈRES DE LA FRANCE.

La France se partage quant aux Eaux en Fleuves et en Rivières principales; savoir :

FLEUVES.	RIVIÈRES. NOMS modernes.	anciens.	LIEUX DE LEUR SOURCE.	Long.r de leur cours.	LIEUX DE LEUR EMBOUCHURE.	Bassins
LE RHIN (*Rhenus*) au mont St. Gothard, cours s. territre de France, 164 l.es, se rend dans l. mer du N.	L'Ill		au village de Winkel, dép. du Haut-Rhin	30	au-dessous de Strasbourg.	Bassin du Rhin 3,835 l. carrées
	La Moselle	Mosella	Département des Vosges.	80	à Coblence	
	Seille		à 1 lieue de Dieuze		dans la Moselle à Metz	
	L'Orne	Alina	Dép. de la Meuse		d. la Moselle à Richemont	
	La Meurthe		Dép. des Vosges		dans la Moselle à Pont-à Mousson	
LA SEINE (*Sequana*) à Chanceau, Côte d'or, 160 lieues de cours, se rend dans la Manche.	L'Aube		Dép. de la Haute-Marne.		près de Pont	Bassin de la Seine 3,950 l. carrées
	La Marne	Matrona	près de Langres	92	à Charenton	
	L'Oise	Aesia	à Fourneau de Solonne		à Conflans au-dessus de Pontoise	
	L'Yonne	Icauna	à 3 l. de Château-Chinon.	55	à Moutereau-Faut Yonne	
	L'Eure		dans la forêt de Logui, dép. Seine et Oise	45	un peu au-dessus du Pont-de-l'Arche	
	La Rille		S. Vaudrille, dép. d. l'Orne	29	entre Gillebœuf et Houfl.r	
	Le Loing		près de St. Fargeau	28	près de Fontainebleau	
	L'essone		près de Neuville	20	à Corbeille	
	L'Orge		à 1 lieue d'Aunan	12	au-dessus de Juvisy	
	La Bièrre		près de Versailles		au-dess. du jard. d. plantes	
LA LOIRE (*Liger*) au Mont Gerbier-le-joux [Ardèche] 195 l.s de cours, se rend dans l'Océan.	L'Arroux		près d'Arnay-le-Duc		au-dess. du port de Digoin	Bassin de la Loire 6,188 l. carrées
	La Nièvre		à Montenoison		à Nevers	
	LaMayenne	Meduana	aux environs de Mortain.	45	à 1 l. au-dessous d'Angers	
	L'Allier	Elaver	Dép. de la Lozère	72	au-dessous de Nevers au Bec-d'Allier	
	Le Loiret		Dép. du Loiret	2	près de l'abb. de S. Mémin	
	Le Cher	Carus	Dép. du Puy-de-Dôme	70	au-dessous de Langets	
	L'Indre	Inger	Dép. de l'Indre	50	entre les embouch.res du Cher et de la Vienne	
	La Vienne	Vicenna	Dép. de la Haute-Vienne	70	à Candé	
	SèvreNant.se		Dép. des Deux-Sèvres	30	vis-à-vis de Nantes	
	La Sarthe	Sarta	à Somme-Sarthe (Orne)	60	d.l.May.ne 2 l. au-d. d'Ang.s	
	Le Loir		Dép. d'Eure et Loir	60	d. la Sarthe au-d. d'Angers	

[SUITE de la Topographie des principales Rivières de la France.]

Fleuves et Rivières principales; savoir:

FLEUVES.	RIVIÈRES. NOMS modernes.	anciens.	LIEUX DE LEUR SOURCE.	Long. de leur cours	LIEUX DE LEUR EMBOUCHURE.	Bassins
LA GARONNE (*Garumna*) au Val-d'Aran, dans l. Pyrénées, 135 l.es de cours, se rend dans l'Océan.	L'Arriège.	. . . .	Mont des Pyrénées . .	3o	à 1 lieue au-dessous de Toulouse.	Bassin d. la Garonne, 4,351 l. carrées
	Le Tarn . .	Tarnis. .	Dép. de l'Ardèche . .	8o	au-dessous de Castel-Sarrasin	
	L'Aveyron .	. . . .	Dép. de ce nom. . .	48	dans le Tarn, au-dessus de Montauban. . .	
	Le Lot. . .	Oldus . .	au-dessus de Mende. .	8o	à Aiguillon.	
	L.Dordogne	Anias . .	Mont-d'or (dép.d.Cantal)	9o	au Bec-d'Ambez . . .	
	La Vézère .	. . . .	en Auvergne	. . . .	dans la Dordogne, à Limeuil.	
	La Corrèze.	Curretia.	Dép. de ce nom. . .	. . . .	dans la Vézère . . .	
	Le Gers . .	. . . .	près de Lanemezan .	. . . .	vis-à-vis d'Agen . . .	
LE RHONE (*Rhodanus*) au Mont de la Fourche en Suisse; cours sur territoire de France 115 lien.es, se rend dans la Méditerranée.	L'Ain . . .	. . . .	au pied du Mont Jura.	56	à 5 l.es au-dessus de Lyon	Bassin du Rhône, 4.932 l. carrées
	La Saone .	Arar. . .	Les Vosges. . . .	9o	à Lyon.	
	Le Doux . .	Dubis. .	au mont Jura. . . .	8o	dans la Saone, à Verdun-sur-Saone.	
	L'Ardèche .	. . . .	dans les Cévennes .	18	entre St. Marcel et le pont St Esprit. . . .	
	Le Gard . .	. . . .	dans les Cévennes .	3o	à 1 l.e au-dessus de Beaucaire	
	L'Isère . . .	Isera. . .	dans le mont d'Iscrans.	60	au-dessus de Valence .	
	La Drôme .	. . . .	Dép. de ce nom. . .	24	près de Livron . . .	
	La Durance	Durentia	Mont Genèvre*) (dép. des Hautes Alpes) . . .	35	au dessous d'Avignon	
LA CHARENTE (*Carautonus*) Haute-Vienne, 40 l. de cours, se rend d.s l'Océan	La Somnoire					Bassin de la Charente.
	L'Anteine.					
	LaBoutonne					
	La Sonnette					
	La Tardoire					
	L'Authise.					
	La Vendée.					
La Somme . . .	. . . .	Sumina .	à 3 lieues de St. Quentin.	. . . .	dans la Manche, entre Crotoy et St Valéry ,	Petits fleuves, qui se rendent d.s la mer dans un plus petit espace que les précédens.
Le Var.	. . . .	. . . .	dans les Alpes, mont Cémélione	. . . .	dans la Méditerranée, entre Antibes et Nices .	
L'Adour. . . .	Atur . .	Aturns .	aux Hautes Pyrénées .	. . . .	dans l'Océ.n, par le Boucaut neuf . . .	
L'Aude	Atax . .	. . . .	Dép. des Pyrénées orientales . . .	. . . .	à la Méditerranée, par le canal de Narbonne .	
L'Orne.	. . . .	. . . .	Au village d'Aunon .	. . . .	dans l'Océan, à 3 lieues au dessous de Caen .	
La Vilaine , . .	. . . .	Herius fl.	Dép. de la Mayenne	. . . .	dans l'Océan, vis à vis de Belle-Isle.	
L'Escaut	. . . .	Scaldis.	Dép. de la Somme .	. . . .	dans la mer du Nord .	

*) Alpis cottia.

TABLEAU STATISTIQUE DES DÉPARTEMENS DE LA FRANCE.

NOMS des ancienn.s Provinces.	NOMS des DÉPARTEMENS.	CHERS-LIEUX	Leur dist. de Paris.	Leur populat.	ARRONDISSEMENS de SOUS-PRÉFECTURES.	SOL et PRODUCTIONS.
L'Artois . .	Pas-de-Calais .	Arras	44	18,372	St. Omer. Bethune, Boulogne, St. Pol, Montreuil	grains, lin, chanvre, bois.
La Flandre.	du Nord . . .	Lille	55	60,000	Douai, Dunkerque, Cambrai, Avesne, Hazebrouck	grains, lin, chanvre.
La Picardie.	de la Somme.	Amiens . . .	31	40,000	Abbéville, Doulens, Péronne, Mont-Didier.	blé, pâturage, tourbe.
La Normandie.	de la Seine-Inf.	Rouen . . .	30	80,000	Le Hâvre, Dieppe, Neuchâtel, Yvetot.	blé, lin, chanv.re colsa, pâturages.
	du Calvados .	Caen	53	36,000	Bayeux, Pont-l'Evêque, Lisieux, Falaise	grains, pommes, poires, pâturages.
	de la Manche.	Saint-Loo. .	68	7,387	Coutances, Avrauches, Cherbourg, Mortain, Vologues	pâturages, pommes.
	de l'Orne. . .	Alençon . .	43	13,234	Argentan, Domfront, Séez, Mortagne.	pâtur. chanv. chevaux.
	de l'Eure. . .	Evreux . . .	25	9,238	Pont-Audemer, Andelys, Bernay .	grains, pâturages.
L'Isle-de-France.	de la Seine. .	PARIS. . .	547,700			grains, vins peu rech.s
	de la S.ne et Oise	Versailles. .	4	26,000	Mantes, Pontoise, Corbeil, Rambouillet, Etampes.	grains, vins.
	de l'Oise . . .	Beauvais . .	16	12,791	Clermont, Compiègne, Senlis. . .	blé, vin, chanvre, lin, foin, bétail.
	de l'Aisne . .	Laon	25	6,824	Soissons, Château-Thierry, St. Quentin, Vervins.	bois, blé, peu de vin.
	de S.ne et Marne	Melun . . .	9	6,680	Meaux, Coulommiers, Provins, Fontainebleau, Faut Yonne. . . .	grains.
La Champagne.	de la Marne .	Chalons. . .	41	10,784	Ste. Menehould, Vitry, Epernay .	terres cray. vins pétil.
	des Ardennes.	Mezières . .	56	3,387	Sedan, Rethel, Rocroy, Vouziers .	bois, froment, seigle, fruits, vignes, fer, ardoise etc.
	de l'Aube. . .	Troyes . . .	38	26,702	Nogent, Bar-sur-Seine, Arcis-sur-Aube, Bar-sur-Aube	bois, pâturages, vins,
	d. la H.te-Marne	Chaumont .	49	5,872	Langres, Vassy	grains, pâtur., bois, charbon.
La Lorraine.	de la Meuse .	Bar-sur-Ornain	62	9,800	Montmédy, Verdun, Commercy. .	blé, vins, forêts.
	de la Moselle.	Metz	66	41,035	Thionville, Sarguemines, Brieg . .	grains, vign.s fourrag.
	de la Meurthe	Nancy. . . .	66	29,623	Toul, Château Salins, Lunéville, Sarrebourg	bois, sel, grains.
	des Vosges . .	Epinal . . .	76	7,520	Neuchâteau, Mirecourt, St. Dié, Remiremont	grains, foin, chanvre, lin, bois.
L'Alsace . .	du Haut-Rhin.	Colmar . . .	96	14,115	Belfort, Altkirch.	grains, vins, fruits, garançe, fer, plomb.
	du Bas-Rhin .	Strasbourg .	92	49,900	Wissembourg, Saverne, Sélestadt .	blé, vins, pât. plomb, cuivre, argent.
La Bretagne.	d. l'Ille et Vil.ne	Rennes . . .	68	28,601	St. Malo, Rédon, Fougères, Montfort-sur-Mer	pâtur. chanvre, lin, orge, sarrasin.
	des Côt. d. Nord	St. Brieux .	89	8,750	Lannion, Quingamp, Loudéac, Dinan	grains, chanvre, fer, lin, légumes.
	du Finistère .	Quimper . .	124	6,639	Morlaix, Brest, Châteaulin, Quimperlé	peu fertile, quelques grains.
	du Morbihan .	Vannes . . .	100	10,600	Ploërmel.	maïs, blé, lin, chanv.e
	de la Loire-Inf.	Nantes . . .	77	75,123	Châteaubriand, Ancenis, Paimbœuf, Savenay	pâturage, fruits, vign.
La Maine et Perche.	de la Sarthe .	Le Mans . .	42	18,533	Mamers, La Flèche, Saint-Calais. .	froment, seigle, vins, fer, marbre. ard.se
	de la Mayenne	Laval	56	15,000	Mayenne, Château-Gontier . . .	grains, lin, chanvre, pommes, bestiaux.
L'Anjou . .	de Maine et L.re	Angers . . .	60	28,927	Segré, Beaugé, Soumur, Beaupréau	mines de fer, charbon de terre, ard. marb.
La Touraine	d'Ind.re et Loire	Tours	48	21,196	Chinon, Loches	grains, vig.s fruits excellens.

[Suite du Tableau statistique des Dép. de la France.]

NOMS des anciennes Provinces.	NOMS des DÉPARTEMENS.	CHEFS-LIEUX	Leur dist. de Paris.	Leur populat.	ARRONDISSEMENS de SOUS-PRÉFECTURES.	SOL et PRODUCTIONS.
L'Orléanais	du Loiret . . .	Orléans . . .	28	41,948	Pitthiviers, Montargis, Gien . . .	vins, bois, eau-de-vie.
	d'Eure et Loir.	Chartres . .	20	13,009	Dreux, Nogent-le-Rotrou, Château dun	grains, vins passables.
Le Berri . .	de Loir et Cher	Blois . . .	36	13,054	Vendôme, Romorantin.	vins, fruits, eau-de-vie.
	de l'Indre . .	Châteauroux	51	8,423	La Châtre, Jesoudun, Le Blanc .	grains, fruits, mout.[es]
	du Cher . . .	Bourges. . .	46	16,352	Sancerre, Saint-Amand	vins, chanv. fer, laine.
Le Nivernois	de la Nièvre .	Nevers . . .	47	11,878	Cosne, Clamecy, Château-Chinon .	bois, fer, chrb. d. terre.
	de l'Yonne . .	Auxerre . .	33	11,295	Sens, Joigny, Tonnerre, Avallon .	vins, cuirs.
La Bourgogne.	de la Côte-d'or	Dijon	61	21,612	Châtillon-sur-Seine, Montbar, Beaune	vins, bois, fer, fourrag.
	de Saône et L.[re]	Macon . . .	79	10,303	Autun, Châlons-sur-Saône, Charolles, Louhans	vins.
La Franche-Comté.	de l'Ain . . .	Bourg. . . .	86	7,303	Nantua, Trévoux, Belley	pays mont. pâtur. blé.
	de la Hte-Saône	Vesoul . . .	71	5,448	Gray, Lure	pâturages, maïs, vins.
	du Doubs . .	Besançon . .	79	28,172	Beaume, Pontarlier, Montbéilliard .	pâtur. grains, bois, fer.
	du Jura. . . .	Lons le Saulnier	82	7,074	Dole, Poligny, St. Claude. . .	vins, sel.
Le Poitou	de la Vendée.	Fontenay. .	89	850	Fontenay-le-Comte, les sables d'Olonne	pâtur. from. lin, vignes etc.
	des deux Sèvres	Niort	83	14,516	Melle, Parthenay, Bressuire . .	blé, maïs, noix, chataignes, fourrages.
	de la Vienne.	Poitiers. . .	68	21,124	Châtellerault, Civray, Loudun, Montmorillon	grains, pâtur. fruits.
La Marche .	de la H. Vienne	Limoges . .	76	21,025	Bellac, Rochechouart, St. Yriex. .	seigle, sarr. chataign.
	de la Creuse .	Guéret . . .	86	3,358	Aubusson, Bourganeuf, Boussac .	seigle, avoine, pâtur.[e]
Le Limosin	de la Corrèze	Tulles . . .	92	9,051	Brive, Ussel	froment, chanv. vin, chataignes, truffes.
Le Bourbonnais	de l'Allier . .	Moulins. . .	57	13,813	Gannat, La Palisse, Mont-Luçon .	grains, pâturages.
La Saintonge et d'Aunis.	de la Charente-Inférieure . .	La Rochelle	96	18,346	Saintes, Marennes, St. Jean-d'Angely, Jonzac	marais salans, huitres.
L'angoul.[e] et Saintg.[e]	de la Charente	Angoulême.	90	14,744	Cognac, Barbezieux, Ruffec, Confolens	vignes, gibier, eau-de-vie, truffes.
L'Auvergne	d. Puy-d.-Dôm.	Clermont. .	77	30,379	Ambert, Issoire, Riom, Thiers . .	montagnes, prairies, blé, vins, chataigu.[es]
	du Cantal. . .	Aurillac. . .	108	10,332	Mauriac, Murat, Saint-Flour . .	pays montag. volcans éteints, pâtur. vins.
Le Lyonnais	du Rhône. . .	Lyon	100	100,041	Villefranche	pays mont. pât. vign.[es]
	de la Loire. .	Montbrison.	89	5,218	Rouane, Saint-Étienne	pays mont. charb.[on] de terre, bétail.
	de l'Isère. . .	Grenoble. .	114	21,350	La Tour-du-Pin, St. Marcellin, Vienne	pays mont. pât. vins, soies.
Le Dauphiné.	des Htes-Alpes	Cap.	133	8,598	Briançon, Embrun	p. mont. bains chauds.
	de la Drôme.	Valence. . .	112	8,057	Die, Montelimart, Nyons. . . .	exc. pât. grains, soies.
La Guyenne et la Gascogne.	de la Dordogne	Périgueux .	94	6,113	Bergerac, Nontron, Riberac, Sarlat.	bois, truffes, noix, chataignes, vignes.
	de la Gironde.	Bordeaux . .	114	92,374	Bazas, Blaye, La Réole, Lesparre, Libourne.	vins, téréb. goudron.
	du Lot	Cahors . . .	112	11,036	Figeac, Gourdon.	blé, vin, fruits, bétail.
	du Lot et Garonne	Agen	142	10,834	Marmande, Nérac, Villeneuve-d'Agen	grains, fruits, bét. gib.[er]
	de l'Aveyron .	Rhodez . . .	138	6,445	Espalion, Milhau, St. Afrique, Villefranche	pays mont. pâturages.
	du Gers . . .	Auch. . . .	149	8,798	Condom, Lectoure, Lombez, Mirande.	pays mont. fertile.
	des Landes . .	Mont d. Marsan . . .	140	4,514	St. Sever	bruyère, genets, pins, goudron.
	des Hautes-Pyrénées . . .	Tarbes . . .	163	7,849	Argelès, Bagnères	pâtur. marbres, eaux minérales.

[SUITE du Tableau statistique des Dép. de la France.]

NOMS des ancienn.[s] Provinces.	NOMS des DÉPARTEMENS	CHEFS-LIEUX	Leur dist. de Paris.	Leur populat.	ARRONDISSEMENS de SOUS-PRÉFECTURES.	SOL et PRODUCTIONS.
Le Béarn et Basques.	des Basses-Pyrénées	Pau	156	8,093	Moléon, Oléron	fourrages, bois.
Comté d. Foix	de l'Arriège .	Foix	150	3,904	Pamiers, Saint-Girons	pays mont. pâturages.
Le Roussillon.	d. Pyrén. orientales	Perpignan .	221	12,300	Céret, Prades.	montagnes, pát. blé. vins, oliviers.
	de la Haute-Garonne	Toulouse . .	134	48,170	Muret, St. Gaudens, Villefranche .	pays mont. grains, pâturages, vins.
	de l'Aude. . .	Carcassonne	191	15,178	Castelnaudary, Limoux, Narbonne	pâtur. vignes, commerce en draps.
	du Tarn. . .	Alby	168	9,806	Castres, Gaillac	blé, avoine, maïs, chataignes, plomb etc.
	de Tarn et Garonne	Montauban .	123	24,591	Castel-Sarrasin, Moissac . . .	grains, vins, fruits, pâtur. lin, chanvre, volailles, gib.[r] vers-à soie, laine, tabac, mines de fer et de charbons de terre.
Le Languedoc.	du Gard . . .	Nimes . . .	140	38,955	— Alais, Uzès, Le Vigan .	blé, oliv. vignes, soies
	de la Lozère .	Mende . . .	113	5,752	Florac, Marvejols.	montag. seigle, chataignes, plomb.
	de l'Ardèche .	Privas. . . .	131	3,013	L'Argentière, Tournon	montag: traces de volcans éteints.
	de la Hte-Loire	Le Puy . . .	101	12,669	Brioude, Yssengeaux	pays d. montag. pâtur.
	de l'Hérault .	Montpellier.	186	32,814	Beziers, Lodève, St. Pons . . .	grains, fruits, olives, vins, eau-de-vie.
La Provence.	des Bouch-du-Rhone	Marseille . .	163	102,217	Aix, Tarascon, Camargue, Crau. .	terres arides, olives.
	des Basses-Alp.	Digne . . .	151	3,370	Barcelonnette, Forcalquier, Sisteron, Castellane	pays montag., bains chauds.
	du Var . . .	Draguignan.	178	7,862	Toulon, Brignoles, Grasse. . .	orangers, oliv. citr.[ns]
	de Vaucluse .	Avignon . .	174	23,211	Apt. Carpentras, Orange . . .	soies, fruits.
L'île d. Corse	de Corse	Ajaccio . .	175	6,815	Sartène, Bastia, Calvi, Corté. . .	vins, huile et bestiaux.

COLONIES FRANÇAISES.

En Asie	{ Pondichéry. (Chandernagor.	l'île de St. Domingue (au pouvoir des nègres révoltés.)
En Afrique . .	le Sénégal, l'île de Gorée, quelques places sur la côte de Guinée. l'île Bourbon	En Amérique. . la Guadeloupe, la Martinique, la Désirade, St. Pierre, Miquelon, Marie-Galante, la Guyane, l'île de Cayenne.

DÉPARTEMENS ASSOCIÉS PAR L'ORIGINE DE LEURS NOMS.

Situation	du Nord, des côtes du Nord, relativement à la presqu'île, du Finistère (fin des terres de France à l'océ. comme le cap Finistère en Espagne.	Portion d'une grande rivière.	de la Seine, de la Moselle, de la Marne. de la Meuse, du Bas Rhin, du Haut-Rhin. de l'Allier. de la Charente, de la Dordog. de la Haute-Garonne.
Cours entier d'une petite rivière.	du Loiret, de la Nièvre, de la Vendée. de la Corrèze, de la Drôme, de l'Ardèche.	Embouchure . .	de la Seine-Inférieure, de la Somme, de la Loire-Infér. de la Charente-Infér. de la Gironde, des Bouch. du Rh. du Var.
Source d'une rivière.	de l'Orne, de la Mayenne, de la Sarthe. de la Haute-Marne, de la Haute Saône. de la Creuse, de la Haute Loire. de l'Aveyron, de l'Arriège.	Embouch. ou fin d'une rivière.	de la Meurthe, de l'Yonne, de l'Ain, de l'Aude, de l'Hérault, du Gard.
		Confluent de deux rivières.	de l'Ille et Vil. de Seine et Ois. de Mayenne et Loire, d'Ind. et Loire, du Lot et Gar.
Port.[ns] intermédiaires d'une moyenne rivière.	de l'Eure, de l'Oise, de l'Aisne, de l'Aube du Cher, du Doubs, de la Vienne. de l'Indre, de la Hte-Vienne, de l'Isère. du Lot, du Gers, du Tarn.	C.[ts] de 2 rivières du même sens. C.[ts] de 2 rivières opposées.	de Seine et Marne, de Loir et Cher, des Deux-Sèvres, Tarn et Garonne. d'Eure et Loir, de Saône et Loire, de Rhône et Loire.

DÉPARTEMENS ASSOCIÉS PAR L'ORIGINE DE LEURS NOMS, [Suite.]

Port.ⁿ de mer.	du *Pas-de-Calais*, de la *Manche*, du *Morbihan* (pet. golfe auprès de Vannes.)	Grand.chaînes	des *Hautes-Alpes*, des *Basses-Alpes*, des *Hautes-Pyrénées*, des *Basses-Pyr.* des *Alpes maritimes*, des *Pyrén. orient.*
Isle	de *Corse*.	Pics	du *Puy-de-Dôme*, du *Cantal*.
Rocher	du *Calvados* (rocher à fleur d'eau, long de 5 à 6 lieues, et à 1/2 l.ˢ de la côte.)	Plage	des *Landes*, (les Landes de Bordeaux.)
Petites chaînes de montagnes.	des *Vosges*, de la *Côte-d'or* (côteaux célèbres des vins de Bourgogne), du *Jura*, de la *Lozère*.	Forêt	des *Ardenn.* qui s'ét. au loin d.ⁿˢ l'Allem.
		Fontaine	d. *Vaucluse*, (fontaine que les amours de *Laure* et de *Pétrarque* ont rendue céléb.)

Départemens qui faisaient partie de la France et qui en ont été détachés par le traité de Vienne.

NOMS des DÉPARTEMENS.	CHEFS-LIEUX.	NOMS des DÉPARTEMENS.	CHEFS-LIEUX.
Pays-Bas et rives du Rhin.		**Hollande.**	
Jemappes	Mons.	Bouches-de-l'Escaut	Middelburg.
La Lys	Bruges.	Bouches-du-Rhin	Bois-le-Duc.
Escaut	Gand.	Bouches-de-la-Meuse	La Haye.
Deux-Nèthes	Anvers.	Zuyderzée	Amsterdam.
Dyle	Bruxelles.	Bouches-de-l'Issel	Zwol.
Meuse-Inférieure	Maestricht.	Issel-Supérieur	Arnheim.
Ourthe	Liège.	Frise	Leuwarden.
Sambre et Meuse	Namur.	Ems occidental	Groningue.
Forêts	Luxembourg.		
Rhin et Moselle	Coblence.		
La Sarre	Trèves.		
Mont-Tonnerre	Mayence.		
La Roër	Aix-la Chapelle.		
France allemande.		**Savoye, Valais.**	
Ems occidental	Aurich.	Du Leman	Genève.
Ems-Supérieur	Osnabruck.	Mont-Blanc	Chambery.
Bouches du-Weser	Bremen.	Simplon	Sion.
Bouches-de-l'Elbe	Hambourg.	Alpes maritimes.	Nice.
France italienne.		**France italienne.**	
Montenotte	Savonne.	Rome	Rome.
Gênes	Gênes.	Trasimène	Spoletto.
Apennins	Chiavari.	Doire	Ivrée.
Taro	Parme.	Sésia	Verceil.
Arno	Florence.	Pô	Turin.
Méditerranée	Livourne.	Marengo	Alexandrie.
Ombrone	Sienne.	Stura	Coni.

GÉOGRAPHIE POLITIQUE DE LA FRANCE AVANT LA RÉVOLUTION.

La France, faisant partie de l'ancienne Gaule, fut divisée par les Romains

avant l'arrivée de *Jules-César* en
- Cisalpine.
- Transalpine.
- *Belgica* . . . la Belgique, entre . . . . . . la Seine. la Marne. les Vosges. le Rhin. l'Océan.

par *Jules-César* en 4 provinces distinguées en
- *Celtica* . . . le Celtique, entre . . . . l'Océan. la Seine. la Marne. la Saône. le Rhône. la Garonne.
- *Aquitania* . . . l'Aquitaine, entre . . . . . . l'Océan. la Garonne. les Pyrénées.

sous *Auguste*, l'an 27 de J. Christ, en 4 provinces, savoir
- *Provincia* . . . la Provence, depuis Narbonne jusqu'au Var.
- *Gallia Narbonensis*, qui comprenait la Provence.
- *Aquitania*, la Gaule aquitaine, qui était un peu plus étendue que celle de César.
- *Lugdunensis*, la province de Lyon, qui était la Celtique, à l'exception de quelques contrées, vers le Midi, ajoutées à l'Aquitaine.
- *Belgica*, la Belgique sans aucun changement.

sous l'empereur *Othon*, l'an 69 de J. Christ, en 6 provinces
- *Belgica*, la Belgique, moins étendue que la précédente.
- *Germanica I* . . . . . . 1.re Germanie, le Haut-Rhin . . . } portion prise sur la Belgique.
- *Germanica II* . . . . . . 2.e Germanie, le Bas-Rhin . . . . }
- *Celtica* . . . . la Celtique. . . . . . }
- *Aquitania* . . . . l'Aquitaine. . . . . . } comme ci-dessus.
- *Narbonensis* . . . . la Narbonnoise . . . . . }

sous *Dioclétien*, l'an 292 de J. C. en 11 provinces distinguées en
- *Belgica I.* . . . . . . 1.re Belgique . . . . . } la 1.re divisée en 2 part.^{es}
- *Belgica II* . . . . . . 2.e Belgique . . . . . }
- *Germanica I.* . . . . . . 1.re Germanie . . . . . } l. mêm. que sous Othon.
- *Germanica II* . . . . . . 2.e Germanie . . . . . }
- *Celtica* . . . . la Celtique. . . . . . }
- *Lugdunensis I* . . . . . . 1.re Lyonnoise . . . . . }
- *Lugdunensis II* . . . . . . 2.e Lyonnoise . . . . . } la Celtique ci-dessus.
- *Maxima Sequanorum* . . . la Séquanoise . . . . . }
- *Aquitania* . . . . l'Aquitaine. . . . . . }
- *Novempopulania* . . . . . Novempopulani, portion prise sur l'Aquitanique.
- *Narbonensis* . . . . Narbonnoise.

sous *Constantin*, l'an 330 de J. C. en 13 provinces
- les 11 premières, les mêmes que la précédente divise :
- *Alpes maritimæ* . . . . . . les Alpes maritimes . . . . . } prises sur la Narbonnoise.
- *Alpes graiæ* . . . . les Alpes graies . . . . . . }

sous *Honorius*, l'an 406, en 17 provinces.

sous les Rois . . . . . .
- **de la 1.re race, successivement en *royaumes* de** (Paris, Soissons, Orléans, Metz . . par les enfans de *Clovis*. (Paris, Orléans et Bourgogne . . . par les enfans de *Clotaire*.
- **de la 1.re et 2.e race, en .**
  - *Austrasie* . toutes les villes situées sur les deux rives du Rhin : Metz, Toul, Verdun, Cambray, Maëstricht, Rheims, Laon, Châlons-sur-Marne ; et dans l'Aquitanie ce qui fut depuis le Poitou, l'Auvergne et le Querci.
  - *Neustrie.* . Troyes et dépendances ; le territoire qui s'étendait depuis Sens et Paris jusqu'à l'Océan et la Loire ; le pays cédé aux Normands, qui depuis et jusqu'en 1789 s'appela *Normandie* ; dans l'Aquitaine ce qui fut depuis le Berry ; la Guienne, la Gascogne.
- **de la 3.e race . . . . . .** définitivement et jusqu'en 1789 en 32 gouvernemens, indépendamment de ces 32 gouvernemens que l'on nommait *grands gouvernemens* ; on en comptait 8, mais de très-peu d'étendue, et qui ne renfermaient pour la plûpart qu'une ville ; c'étaient 1.° Paris ; 2.° le Bourbonnais ; 3.° Le Hâvre-de-Grace ; 4.° Saumur ; 5.° Metz et le pays Messin ; 6.° Verdun et le Verdunois ; 7.° Toul et le Toulois, pays dit les *Trois-Evechés* ; 8.° Sedan.

Le GOUVERNEMENT de la France est monarchique et héréditaire de mâle en mâle dans la famille des Bourbons. Le pouvoir législatif appartient au Roi, à la chambre des Pairs et à celle des Députés des départemens. Les Pairs sont au nombre de 200 à 250; l'assemblée des Députés est composée de 402 membres nommés par les assemblées électorales des départemens; elle est renouvellée par cinquième tous les ans. Le Roi a la plénitude du pouvoir exécutif.

L'ORDRE JUDICIAIRE est composé 1.º d'une COUR DE CASSATION, qui juge la validité des arrêts rendus en dernier ressort sur les demandes des parties qui croient que les formes ont été violées à leur égard; 2.º de 27 COURS ROYALES (voy. le tableau ci-dessous) qui jugent les prévenus de crimes, et reçoivent les appels des jugemens des tribunaux de première instance et de commerce; 3.º d'autant de TRIBUNAUX DE PREMIÈRE INSTANCE qu'il y a d'arrondissemens de Sous-Préfectures; ils connaissent des matières civiles; 4.º de tribunaux de commerce dans la plûpart des villes; ils sont institués pour le jugement des affaires de commerce; d'une JUSTICE-DE-PAIX dans chaque canton, dont les fonctions sont entr'autres de concilier les parties, et de les inviter, en cas de non-conciliation, à se faire juger par des arbitres.

COURS ROYALES

AVEC L'INDICATION DES DÉPARTEMENS QUI EN RESSORTISSENT.

CHEFS-LIEUX.	DÉPARTEMENS.	DÉPARTEMENS qui en ressortissent	CHEFS-LIEUX.	DÉPARTEMENS.	DÉPARTEMENS qui en ressorti-sent
Paris.	Seine	Aube : Seine et Oise : Marne. Seine et Marne : Yonne.	Grenoble	Isère	Hautes-Alp.ˢ : Drôme.
Aix	Bouches-du-Rhône	Basses-Alpes : Var.	Orléans	Loiret	Ind et Loire : Loir et Cher.
Caen	Calvados.	Manche : Orne.	Agen	Lot et Garonne.	Gers : Lot.
Bourges	Cher	Indre : Nièvre.	Angers.	Maine et Loire.	Mayenne : Sarthe.
Dijon	Côte-d'or	Haute Marne : Saône et Loire.	Nancy.	Meurthe.	Meuse : Vosges.
Besançon	Doubs.	Jura : Haute-Saône	Metz.	Moselle	Ardennes.
Nîmes.	Gard	Ardèche : Lozère : Vaucluse.	Douai	Du Nord	Pas-de Calais.
Toulouse.	Haute-Garonne.	Arriège : Tarn : Tarn et Gar.ⁿᵉ	Riom.	Puy-de-Dôme	Allier : Cantal : Haute-Loire
Bordeaux	Gironde.	Charente : Dordogne.	Pau	Basses-Pyrénées.	Landes : Hautes-Pyrénées.
Montpellier.	L'Hérault.	Aude : Aveyron : Pyrén. orient.ˢ	Colmar	Haut-Rhin.	Bas-Rhin.
			Lyon.	Du Rhône	Ain : Loire.
			Rouen.	Seine-Inférieure.	Eure.
			Amiens	Somme	Aisne : Oise.
Rennes	Ille et Vilaine.	Côtes du Nord : Finistère. Loire-Inférieure : Morbihan.	Poitiers	Vienne	Charente-Infér. : Deux-Sèvres. Vendée.
			Limoges	Haute-Vienne.	Corrèze : Creuse.

DIVISION DE LA FRANCE ECCLÉSIASTIQUE.

ARCHEVÉCHÉS.

CHEFS-LIEUX	DÉPARTEMENS.	CHEFS-LIEUX	DÉPARTEMENS.	CHEFS-LIEUX	DÉPARTEMENS.
Paris	de la Seine.	Rouen	de la Seine-Infér.re	Tours	d'Indre et Loire.
Lyon	du Rhône.	Besançon	du Doubs.	Bourges	du Cher.
Bordeaux	de la Gironde.	Toulouse	de la Haute-Gar.ne	Aix	des Bouch. d. Rh.ns

EVÉCHÉS.

CHEFS-LIEUX	DÉPARTEMENS.	CHEFS-LIEUX	DÉPARTEMENS.	CHEFS-LIEUX	DÉPARTEMENS.
Soissons	de l'Aisne.	Montpellier	de l'Hérault.	Séez	de l'Orne.
Dignes	des Basses-Alpes.	Rennes	de l'Ille et Vilaine.	Arras	du Pas-de-Calais.
Troyes	de l'Aube.	Grenoble	de l'Isère.	Clermont-ferr.	du Puy-de-Dôme.
Carcassonne	de l'Aude.	Nantes	de la Loire-Infér.re	Bayonne	des Basses-Pyrén.s
Bayeux	du Calvados.	Orléans	du Loiret.	Strasbourg	du Bas-Rhin.
Saint-Flour	du Cantal.	Cahors	du Lot.	Autun	de Saône et Loire.
Angoulême	de la Charente.	Agen	de Lot et Garonne.	Le Mans	de la Sarthe.
La Rochelle	de la Charente Inf.	Mende	de la Lozère.	Meaux	de Seine et Marne.
Ajaccio	de Corse.	Angers	de Maine et Loire.	Versailles	de Seine et Oise.
Dijon	de la Côte-d'or.	Coutances	de la Manche.	Amiens	de la Somme.
Saint-Brieux	des Côtes du Nord.	Nancy	de la Meurthe.	Montauban	de Tarn et Garon.e
Valence	de la Drôme.	Vannes	du Morbihan.	Avignon	de Vaucluse.
Evreux	de l'Eure.	Metz	de la Moselle.	Poitiers	de la Vienne.
Quimper	du Finistère.	Cambrai	du Nord.	Limoges	de la Haute-Vien.e

VINGT-DEUX DIVISIONS.

RÉSIDENCE DES GÉNÉRAUX ou CHEFS-LIEUX DE DIVISION.	NUMÉROS des DIVISIONS.	RÉSIDENCE DES GÉNÉRAUX ou CHEFS-LIEUX DE DIVISION.	NUMÉROS des DIVISIONS.
Paris	1	Nantes	12
Mezières	2	Rennes	13
Metz	3	Caen	14
Nancy	4	Rouen	15
Strasbourg	5	Lille	16
Besançon	6	Dijon	17
Grenoble	7	Lyon	18
Marseille	8	Perigueux	19
Montpellier	9	Bourges	20
Toulouse	10	Tours	21
Bordeaux	11	Bastia	22

DIVISION DE LA FRANCE
SOUS LE RAPPORT DES SCIENCES, BELLES-LETTRES ET ARTS.

La France considérée sous le rapport des Sciences, Belles-Lettres et Arts, a pour l'enseignement:

Institut. . . .
- 1.º Sciences physiques et mathématiques — comme l'ancienne académie des sciences.
- 2.º Langue et littérature françaises — comme l'ancienne académie française.
- 3.º Histoire et littérature ancienne — comme l'académie des Inscriptions et Belles-Lettres.
- 4.º Beaux-Arts.

Université, chargée exclusivement de l'enseignement public, dans tout le Royaume ; elle est composée de

Académies, (autant qu'il y a de Cours royales,) composées chacune de cinq facultés :
- 1. de facultés . . . de
  - Théologie.
  - Droit.
  - Médecine.
  - Sciences mathémath. et physiques.
  - Lettres.

  institués à raison d'un au moins par arrondissement de Cour royale.
- 2. Collèges royaux
  - destinés à enseigner
    - aux pensionnair.ˢ
    - aux externes

    moyennant rétribut.ⁿ
    - les lang.ˢ anc.ˢ
    - la rhétorique.
    - l. philosophie.
    - les élém.ˢ des sciences phys. et mathémat.
  - où sont reçus
    - les élèves nationaux désignés par le Gouvernement.
    - les élèves des écoles secondaires.
    - les pensionnaires.
- 3. de Collèges communaux — s'organisent
  - une partie aux frais des communes.
  - une partie au compte des particuliers autorisés à tenir pensionnat.
- 4. d'Institutions.
- 5. des Pensionnats.
- 6. d'Écoles primaires.

Un Pensionnat normal, destiné à recevoir un certain nombre de jeunes gens qui y sont entretenus pendant trois ans et formés à l'art d'enseigner.

Une maison des Emérites, pour les anciens fonctionnaires de l'université, après trente ans de service.

Écoles spéciales .
- militaire . . . où l'on enseigne les élémens de l'art de la guerre, les sciences nécessaires au militaire.
- polytechnique. destinée à former les sujets pour les écoles d'application aux services publics, qui sont principalement celles des ponts et chaussées ; du génie militaire d'Artillerie ; de la Marine, relativem. aux constructions ; des Mines.
- de Génie et d'Artillerie — établie à Metz.

LE PONT DU GARD.
PLANCHE XLII.

Le PONT DU GARD, ouvrage des Romains, situé à 3 lieues N. de Nismes, est un colosse de maçonnerie, de près de 150 pieds de hauteur, élevé entre deux montagnes. Ce monument, dont la solidité garantit encore plusieurs siècles d'existence, est composé de trois rangs d'arcades à plein ceintre, d'ordre toscan, qui font comme trois ponts l'un sur l'autre. Le premier rang, plus court que le terrain, va toujours en s'étrécissant de haut en bas, et forme un pont de six arches, sous l'une desquelles coule la rivière du Gardon, qui sort des montagnes des Cévennes.

Le second rang a onze arches à peu près de mêmes dimensions que les six du premier rang, auxquelles elles correspondent perpendiculairement, c'est-à-dire, 60 pieds environ d'ouverture et un peu plus de hauteur. Rien ne porte à faux dans ces deux étages. Les massifs de six arches d'en bas servent d'aplomb aux massifs des six arches supérieures.

Le troisième rang offre trente-cinq petites arcades, de 14 pieds d'ouverture seulement, et d'environ 18 pieds de hauteur.

Ce troisième rang sert de base à un aqueduc large de 4 pieds et haut de $4\frac{1}{2}$ pieds, couvert de grandes pierres de taille plates qui le débordent. Sa destination était de conduire autrefois à Nimes les eaux de la fontaine d'EURE, qui a sa source un peu au-dessous d'Uzès. Ce qui en reste hors du pont du Gard, est encore assez considérable. Une suite de murs et d'arcades fait juger de la magnificence de tout l'ouvrage. Quoique la distance ne soit que de 3 lieues, les contours prescrits par la forme ingrate du terrain, ont occasionné une suite de constructions de près de neuf lieues d'étendue. Il semble que les pierres de ce fameux pont soient portées les unes sur les autres, sans ciment ni autre liaison, tant elles sont bien jointes, principalement aux ceintres des arches. Leur longueur fait entièrement la largeur du pont. Un espace de 3 à 4 pieds de large, en manière de galerie, formé par des échancrures faites dans le bas des massifs du second rang d'arcades, et par des encorbellemens pratiqués à côté, donnait autrefois passage aux cavaliers et aux gens de pied, qui voulaient aller d'un bord à l'autre; mais ces échancrures ayant donné des inquiétudes sur la solidité de l'édifice, un intendant du Languedoc, BAVILLE, fit réparer ces piles, de même que des voussoirs, qui manquaient à des arcs doubleaux. On passe aujourd'hui le Gardon sur un petit pont accollé au grand ouvrage. On croit assez communément que le pont du Gard fut bâti par l'empereur ADRIEN. Ces trois lettres A. E. A. qui forment la seule inscription qu'on y ait trouvée, doivent s'expliquer par *Aquœductus Elii Adriani.* On y voyait autrefois plusieurs figures en bas-reliefs, telles qu'une déesse Isis voilée, et un Priape qu'on croit être Osiris son époux. Il s'y trouve encore un Priape qu'on appelle LIÈVRE, parce qu'étant formé de trois Priapes, il imite la forme d'un lièvre courant. Les Goths et autres barbares ennemis des Romains, essayèrent de détruire cet édifice, mais ils ne purent réussir qu'à démolir ses deux extrémités.

On trouve en France beaucoup d'autres traces du séjour des Romains. Les restes les plus remarquables de ces anciens monumens sont outre le PONT DU GARD, dont nous venons de parler, la MAISON QUARRÉE, les ARENES, le TEMPLE DE DIANE à Nimes; les BAINS DE JULIEN à Paris; des ARCS DE TRIOMPHE à Orange (Dép. de Vaucluse), à Autun (Saône et Loire), à Saintes (Charente-Inférieure); des AMPHITHÉATRES à Arles (Bouches-du-Rhône), à Saintes; un AQUEDUC à Fréjus (Var), un CIRQUE à Orange (Vaucluse), etc.

Paris offre un grand nombre d'édifices et de monumens publics, parmi lesquels on compte six palais; savoir celui des TUILERIES, où réside le Roi; le LUXEMBOURG, affecté à la chambre des Pairs; le PALAIS ROYAL, et le palais BOURBON où siège la chambre des Députés; le PALAIS DE JUSTICE, occupé par les principaux tribunaux, et enfin le LOUVRE. Plusieurs églises sont remarquables par la beauté de leur architecture. On peut citer parmi celles du genre gothique, l'église métropolitaine de NOTRE-DAME. La nouvelle église de SAINTE-GENEVIÈVE sera un chef-d'œuvre, si l'on peut parvenir à réparer quelques défauts de construction. Le DÔME DES INVALIDES est digne de la grandeur du siècle où il a été élevé. A ces édifices on peut ajouter les portes SAINT-MARTIN et SAINT-DENIS, l'ARC DE TRIOMPHE DU CARROUSSEL, celui de l'ÉTOILE; l'ÉCOLE DE MÉDECINE, l'ÉCOLE MILITAIRE, l'HÔTEL DES INVALIDES, l'HÔTEL DES MONNOIES, l'OBSERVATOIRE, les COLONNADES DU LOUVRE et la place Louis XV etc. Quatorze ponts établissent la communication entre les deux côtés de la Seine. Quatre jardins publics offrent des promenades délicieuses, sans compter les BOULEVARDS, le CHAMP-DE-MARS et les CHAMPS-ÉLISÉES. Quatre grands hôpitaux, l'HÔTEL-DIEU, la CHARITÉ, l'HÔPITAL SAINT-LOUIS, celui de SAINT-ANTOINE etc. etc. Plusieurs autres hospices, comme BICÊTRE, la SALPÉTRIÈRE, les INCURABLES etc. sont ouverts à l'humanité souffrante etc. La BIBLIOTHÈQUE du Roi avec le MUSÉE DES ANTIQUES etc. Un MUSÉE D'HISTOIRE NATURELLE, un MUSÉE DES MINES, une belle ÉCOLE DE BOTANIQUE; un BUREAU DES LONGITUDES pour les observations astronomiques, un OBSERVATOIRE etc. etc. Aux palais désignés ci-dessus, il faut nommer celui de VERSAILLES, le CHATEAU SAINT-CLOUD, FONTAINEBLEAU, COMPIÈGNE, SAINT-GERMAIN et RAMBOUILLET.

GÉOGRAPHIE AGRICOLE DE LA FRANCE.

PLANCHE XL

Plusieurs de ceux qui ont écrit sur l'agriculture de la France d'une manière générale, ont compris combien il serait intéressant de pouvoir diviser la France en un certain nombre de régions agricoles, de manière à présenter l'ensemble de son agriculture avec clarté et briéveté. Rozier et Arthur Young ont surmonté en grande partie les difficultés que présente cette entreprise, et se sont le plus rapprochés de la nature lorsqu'ils ont divisé la France d'après la culture générale de certains végétaux, qui déterminent pour ainsi dire, la moyenne du climat et l'aspect général de chaque pays. Nous croyons faire plaisir aux souscripteurs de ce porte-feuille géographique, en y faisant entrer une carte de la France agricole, avec les modifications qu'y ont apportées les rédacteurs du nouveau cours complet d'agriculture théorique et pratique.

Rélativement aux plantes cultivées et par conséquent aussi au climat, ils divisent la France en sept régions; savoir celles des ORANGERS, des OLIVIERS, du MAÏS, de la VIGNE, des POMMES A CIDRE, des MONTAGNES, enfin des PLANTES DU NORD.

1.º La RÉGION DES ORANGERS existe à peine dans la France actuelle; elle comprenait les points les plus abrités de la France méditérranéenne; elle commence à Hyères et se prolongeait à l'Est dans les vallons abrités du Nord et couverts au Midi des départemens des Alpes maritimes. On ne comprend dans cette région que les points où les Orangers viennent en pleine terre, et non les pays où, comme à Perpignan, à Montpellier, à Toulon même et à Pise, on ne les peut conserver qu'en espalier, et même souvent en les couvrant de paille pendant l'hiver. Dans la région des Orangers se trouvent d'autres cultures qui seraient impossibles dans le reste de la France; savoir celle du Caroubier qu'on trouve principalement entre Nice et Monaco; celle du Dattier, qui est surtout très-abondant à Bordighiera; celle enfin des Citronniers et des Cédrats qu'on trouve mêlés avec les Orangers dans plusieurs vallons de la rivière de Gênes.

2.º La RÉGION DES OLIVIERS est circonscrite par les Pyrénées, les Corbières, les montagnes noires, les Cévennes, les Alpes; elle commence à l'est des Pyrénées et des Corbières et se prolonge au sud de la montagne noire, des Cévennes, des Alpes. Dans toute cette étendue les Oliviers occupent les côteaux et les plaines un peu sèches. Ils s'élèvent sur les revers des montagnes et dans les vallées jusqu'à la hauteur d'environ 500 mètres; sur les limites, soit en hauteur, soit en étendue de la région, les Oliviers sont sujets à geler dans les hivers trop froids; cette circonstance détermine la fixité de cette limite, qui ne parait pas avoir sensiblement changé depuis 2000 ans. Dans la région des Orangers, les Oliviers acquièrent une grandeur extraordinaire et ne gèlent jamais; dans la région des Oliviers sans Orangers, les premiers gèlent quelquefois et n'atteignent jamais une grandeur aussi considérable que dans la rivière de Gênes. Avec les Oliviers se trouvent plusieurs autres cultures qui sont nécessairement exclues du reste de la France; telles sont le Caprier, qu'on cultive surtout à Toulon; le Grenadier, qui forme les haies près de Montpellier et dont les fruits murissent surtout à Toulon; le Jujubier qu'on cultive dans tout le Bas-Languedoc et la Provence etc. On y trouve sauvages un grand nombre de végétaux, dont les agriculteurs savent tirer parti; tels sont le tournesol des teinturiers, le redoul (Coriaria myrthifolia), le chêne au Kermès, le Nerprun des teinturiers, le Garou, les Lavandes, le Cade, le Thym, la Sauge, et un grand nombre d'autres qui sont autant de sujets de récolte et d'exportation de la région des Oliviers. On peut espérer d'y acclimater avec succès la plûpart des cultures et des végétaux de la Barbarie, de l'Orient, plusieurs des plantes du cap de Bonne-Espérance et du Japon.

3.º La RÉGION DU MAÏS est moins prononcée que les deux précédentes, parce que le Maïs annuel ne nous indique que la température de l'été et non celle de l'hiver. C'est par cette raison qu'il prospère également dans des pays très-différens les uns des autres; on le trouve en grande culture dans tout le bassin de la Garonne, dans la Bourgogne, une partie de la Franche-Comté. On le trouve encore cultivé en grand, mais principalement pour l'usage de la volaille, dans les environs du Mans, beaucoup au nord de la limite qui lui est tracée par Arthur Young. Le Maïs peut se cultiver dans les montagnes à une assez grande hauteur; on en a trouvé dans les Pyrénées occidentales, à une hauteur d'environ 1000 mètres. Dans la même région où le Maïs prospère, on peut employer les terrains inondés à la culture du Ris, comme on le voit en Piémont et comme on l'avait tenté en Bourgogne, où l'on y a renoncé à cause de l'insalubrité que cette culture occasionne.

4.° La région des vignes parvient plus loin, vers le Nord, que les précédentes. A l'ouest de la France, la Vigne parvient jusqu'à Susinio et Trenier en Basse-Bretagne. Si l'on suit la limite septentrionale en allant à l'Est, on la retrouve à Tillière, entre Verneuil et Nonancourt, à Coucy au nord de Soissons et sur la rive de la Moselle et du Rhin. Il est remarquable que cette culture atteint plus loin vers le nord du côté de l'est que du côté de l'ouest de la France. Cette circonstance, bien remarquée par Arthur Young, tient à la réunion de plusieurs causes; 1.° la culture des Pommiers à cidre s'étant établie en Bretagne, celle de la Vigne y a été moins profitable et a été abandonnée, car il paraît par d'anciennes chartes qu'il existait de la Vigne en Bretagne et même en Normandie ; 2.° les provinces de l'Ouest ont des hivers moins froids et des étés moins chauds que celles de l'Est; or, la Vigne ne craignant point le froid de l'hiver, peut venir indifféremment dans les deux pays, mais son fruit doit mûrir plus complétement à latitude égale dans les provinces de l'Est, et comme cette maturité est la circonstance la plus essentielle pour le cultivateur, il est naturel que la culture se soit plus avancée au Nord vers l'Est que vers l'Ouest. Quant à la limite de hauteur que la Vigne peut atteindre, on la croit un peu inférieure à celle du Maïs. Les Vignes les plus élevées que l'on connaisse, ne dépassent pas 700 mètres de hauteur.

5.° La région des pommiers a cidre est plutôt déterminée par l'usage que par la nature. Elle occupe les ci-devant provinces de la Bretagne, de la Normandie et la partie occidentale de la Picardie; elle se lie presque nécessairement avec un système de culture très-différent de celui des pays de vignoble ; elle suppose des pays plats et dont l'été n'est pas très-chaud.

6.° La région des montagnes est bien caractérisée; elle occupe toutes les sommités des Alpes, des Pyrénées, des Cévennes, des Monts-d'or, des Vosges, du Jura, qui sont au-dessus de 5 à 700 mètres. Ces sommités ont pour principaux produits ceux des forêts et des prairies naturelles. Parmi les plantes alimentaires on n'y peut cultiver que le seigle, le sarrasin, la pomme de terre, le choux etc. Dans les Alpes, les chênes, les hêtres, les pins, les sapins, les mélèses, forment les forêts selon les diverses hauteurs. Dans les Pyrénées, les chênes et les pins à crochet remplissent la même utilité. Les prairies naturelles présentent dans toutes ces montagnes beaucoup d'analogie quant aux plantes qui les composent et à l'usage qu'on en tire.

7.° Enfin la région des plaines du nord comprend la Flandre, l'Artois et les provinces situées vers le nord de la Meuse, de la Moselle et du Rhin, où la vigne n'est pas parvenue. La culture générale de ces provinces est celle des céréales et des prairies; la boisson habituelle est la bière, pour la fabrication de laquelle on cultive le houblon et l'orge. Les produits de cette région sont moins nombreux, mais plus sûrs que ceux des provinces méridionales; la culture est généralement mieux soignée; elle y est peut-être plus facile, parce que le climat y offre moins de variations que dans le Midi.

Les sept régions ci-dessus font assez bien connaitre la culture générale et le climat de la France. Cependant pour tracer une vraie géographie agricole, il faudrait comparer toutes les provinces relativement aux assolemens, aux instrumens de culture, aux enclos etc. On ne doit donc pas prendre d'une manière trop absolue les divisions tracées plus haut.

L'HELVÉTIE OU LA SUISSE.

DOCUMENS GÉOGRAPHIQUES QUI EN INDIQUENT

LA SITUATION.	LES BORNES.	L'ÉTENDUE long.	L'ÉTENDUE larg.	la surface.	le climat d'heures.	LES PRODUCTIONS.	LE CLIMAT ET LE SOL.
L'Helvétie ou la Suisse (1) est situé entre le 4° et le 8° longitude E. le 46° et le 48 latit. N.	ayant au N. à l'E. l'Allemagne. à l'Ouest la France. au Sud l'Italie.	100 l.	50 l.	846m. carr.	le 17° clim. d'heures. (2)	MINÉRALES. Fer, cuivre, soufre, charbon de terre, marbre, ardoises, cristal, ocre, salpêtre et beaucoup de sources minérales (3). VÉGÉTALES. Blé en petite quantité, lin, chanvre, vins (4), fruits, bois de construction, excellens pâturages et une infinité de simples (5.) ANIMALES. Bœufs, chevaux, moutons, cochons, bêtes fauves, beau de gibier, volailles, oiseaux de proie, abeilles, poissons etc. INDUSTRIELLES. Fromages, cuirs, toiles, gants, cotonnades, toiles peintes, schals, mouchoirs, rubans, draps, velours, soieries, basins, mousselines, bonneteries, horlogerie, fabriques de papier etc.	CLIMAT. L'air y est pur, excepté dans les endroits qui avoisinent l. lacs et les marais. Les montagnes couvert. de neige et de glaces que renferme l. Suisse, la rendent beaucoup plus froide qu'on ne devait l'attendre de sa situation méridionale. SOL. Le sommet des montagnes y est froid et stérile; à mi-côte, on trouve des sites heureux, propres à la culture. Le pied des montagn. et les vallées assez généralem. fertiles, jouissent d'un air tempéré (6).

NOTES RÉLATIVES AU TABLEAU.

(1) *Ce* pays faisait partie des Gaules sous les Romains. Les peuples principaux qui l'habitaient, étaient les *Helvétiens* [Helvetii] à l'Ouest, et les *Rhétiens* (Rhetii) à l'Est. La ville la plus importante des Helvétiens était *Aventicum*, aujourd'hui *Avenche*. Après la chûte de l'empire romain, l'est de l'Helvétie fit partie de l'Allemagne et l'ouest fit partie de la Bourgogne. Elle fut divisée entre plusieurs Seigneurs séculiers et ecclésiastiques. Les héritages des premiers entrèrent, à la longue, dans le patrimoine de la maison de Habsbourg, et ensuite dans celui de la maison d'Autriche. C'est du commencement du 14.ᵉ siècle, époque de l'affranchissement de ce pays, que date sa moderne dénomination. Elle dérive du canton de *Schwitz*, qui se distingua dans la révolution de 1308, ou du nom de *Schweitzer*, que les Autrichiens donnaient à tous ceux qui habitaient les montagnes dont *Schwitz* était pour eux le centre. L'indépendance de la Suisse fut reconnue à la paix de Westphalie, par Ferdinand III, et tout l'empire, en 1648.

Lors de la révolution française, des principes et des intérêts opposés dans divers cantons y allumèrent la guerre civile, par suite de laquelle les armées françaises pénétrèrent dans cette contrée et en chassèrent les Russes qui y étaient aussi entrés, après avoir conquis l'Italie en l'an 7 [1799]. Après l'avoir longtems occupée, le gouvernement français lui rendit son indépendance, et lui donna une constitution à laquelle furent soumis non-seulement tous les cantons, mais leurs anciens sujets et alliés. A l'époque de la convention du 29 Décemb. 1813 la Suisse était composée de 19 cantons en vertu de cette garantie.

(2) En conséquence elle a 16 heures et demie pour le plus long et huit heures et demie pour le plus court jour.

(3) Les plus remarquables sont celles de *Leuck*, et les bains chauds sulfureux d'*Alveney*.

(4) Parmi lesquels il en est de très-estimés.

(5) Dont les plus connus se vendent en Europe sous la dénomination de *Vulnéraires suisses*. Il n'est point de contrées qui soient plus riches à cet égard que la Suisse; aussi a-t-elle fixé, particulièrement sous ce rapport, l'attention des naturalistes.

La Suisse, par sa température méridionale et son élévation, peut être considérée comme l'abrégé de la flore de l'Europe. Depuis les profondes et chaudes vallées qui la séparent de l'Italie, jusqu'aux sommets des Alpes éternellement couvertes de neige et de glace, le voyageur trouve tour à tour les climats de l'Italie, de la France, de l'Allemagne et de la Laponie. En descendant comme par échelons, de zône en zône, depuis le sommet jusqu'au pied des montagnes, il voit la scène embellie par la végétation la plus variée, tantôt par de magnifiques prairies, tantôt par les plus beaux arbres, tels que le sapin, le pin, le chêne, l'orme, le tilleul, tantôt par toutes les richesses de l'agriculture.

(6) Configuration du sol. L'aspect du pays est généralement montagneux. Les contrées les plus plates sont le Thurgaw, et une partie des cantons de Bâle, Berne, Zurich, Schaffouse, Soleure et Fribourg; ces pays offrent même des hauteurs de 400 à 800 toises au-dessus du niveau de la mer, qui partout ailleurs seraient des montagnes remarquables. Nul pays dans le monde ne surpasse la Suisse en variété de paysages. La vaste chaîne des *Alpes*, ses obscurs et profonds précipices, ses masses de neiges éblouissantes, ses glaciers resplendissans, ses lacs limpides, ses vignobles, ses champs cultivés, la sombre majesté d'épaisses forêts, la tranquille verdure des vallées, ornées de simples chaumières, asiles du bonheur et de l'industrie; les roches nues et menaçantes, retraites favorites de la pesante marmotte et du chamois bondissant; tout contribue à rendre cette contrée la plus pittoresque de l'Europe.

PLANCHE XLIII.

Montagnes: Les montagnes de la Suisse sont les plus célèbres de l'Europe. Le centre de la chaîne des Alpes peut être considéré comme divisé en deux lignes presque parallèles, qui vont du Sud Ouest au Nord Est. La première ligne est celle des *Alpes helvétiques*, dont les sommets les plus remarquables sont le *Gemmi*, le *Jungfrauhorn* [Pic de la Vierge], le *Finsteraarhorn*, le

Gallenstock, l'*Eiger*, l'inaccessible *Schreckhorn*, le *Grimsel*, la *Furca*, le *St. Gothard*, le *Badur*, les glaciers du nord du *Haut-Rhin* etc. Le *St. Gothard* a été longtems regardé comme un des points les plus élevés de cette chaîne, parce que d'importantes rivières prennent leur source dans son voisinage de tous les côtés. Mais *Saussure* a prouvé par d'exactes observations, que ce n'était pas une raison suffisante; le *Jungfrauhorn* paraît être le mont le plus élevé de cette chaîne; à l'Ouest sont plusieurs pics inabordables. Après le *Jungfrauhorn*, il paraît que c'est l'*Eiger* et le *Schreckhorn*. Ces sommets sont de granit. Les flancs offrent de l'ardoise rouge, et des masses calcaires au Nord. Au Midi sont des deserts et des glaciers; au N. est le lac romantique de *Kandel-Steig*, où l'on dit qu'il a existé un passage pour aller à Lauterbrunn, parmi les glaciers, ressemblant quelquefois à des villes magnifiques de glaces, ornées de pilastres, de pyramides, de colonnes, d'obélisques, au travers desquels les rayons du soleil se réfléchissent de manière à imiter l'éclat des plus belles pierres précieuses.

La chaîne du Centre, au Midi, appartient plutôt au Nord de l'Italie qu'à la Suisse. De ce côté on peut considérer les Alpes commençant au col de Lauière dans le Département des Basses-Alpes, dont la cime a 2,165 toises de hauteur. Le mont *Viso* a 1,573 toises; le mont *Cénis*, à la roche St. Michel, 1,445 toises; celui de *Tournette* sur Annecy, 1,178; le mont *Gramont*, 1,402 toises; le mont *Vergy* sur Sallanches en Savoie, 1,173 toises. En entrant dans la Suisse, cette chaîne s'étend depuis le *Montblanc* et quelques sommets plus avancés à l'Ouest, embrasse le *Grand-Saint-Bernard* [Alpis Penmna] qui a 1,466 t. d'élévation, et le mont *Velan* 1,722 t.; puis le *Weisch*, le mont *Cervin*, ayant 2,309 t. d'élévation; le mont *Rosa* qui en a 2,430, et enfin le *Breithorn*, qui a 2,002 toises. Ensuite la chaîne passe du nord des lacs de Locarno et de Côme, et gagnant le Tyrol, va se terminer aux Alpes rhétiennes, au midi de l'Inn. Quant à la composition de ces grandes chaînes, nous apprennons de *Saussure* que les plus hauts sommets sont d'un granit blanc à gros grains, auquel se mêlent quelquefois le Hornblende, le Schorl, des grenats, des pyrites. Au-dessous sont de grandes masses d'ardoise.

Rivières : La Suisse a beaucoup de rivières. Au nombre des plus sublimes points de vue de ce pays, sont les sources du *Rhône* et du *Rhin*. Ce dernier est celui qui a le plus long cours sur les terres suisses. Sous ce rapport l'*Aar* vient après, ensuite la *Reuss*, la *Limmat*, le *Rhône*, la *Thur*. L'illustre *Saussure* nous apprend que le *Haut-Rhin* [Vorder-Rhein] sort de la chaîne de Crispalt, montagne dont le sommet se nomme Badur; que le *Rhin du milieu* [Mittel-Rhein] sort de la vallée de Medelo, dépendance de St. Gothard, et que ces deux torrens réunis en reçoivent un troisième qui sort du mont Adula et que l'on nomme le *Bas-Rhin* [Hinter-Rhein]. A partir de sa source, le Rhin arrose la Suisse pendant l'espace de 170 milles [voy. tab. des riv. de l'Europe, pag. 94].

L'*Aar* prend sa source dans le mont Grimsel; mais il en a une autre dans le Schreckhorn et une troisième dans les glaciers du Finsteraar. Il reçoit la Reuss et la Limmat et tombe dans le Rhin en face de Waldshut après un cours de 130 milles.

La *Reuss* partage la Suisse en deux parties presque égales, Est et Ouest; sort du lac Lucendro au N. O. du St. Gothard. La Reuss joint l'Aar après un cours de 70 milles.

La *Limmat* est composée de deux courans, la *Linth* et la *Mat*, entre à 10 milles de leur confluent dans le lac de Zurich, et se jette à 17 milles de ce lac dans l'Aar.

Le *Rhône* n'appartient à la Suisse que parce qu'il arrose le Valais jusqu'à son entrée dans le lac de Genève pendant l'espace de 75 milles [voy. le tab. des princip. riv. de l'Europe].

La *Thur* prend sa source au midi du Toggenbourg et coule au N. O. dans le Rhin.

Les autres rivières sont la *Sana* et l'*Emme* qui entrent dans l'Aar; l'*Inn* dont le cours commence à être majestueux dans le pays des Grisons; l'*Adda* qui baigne la Valteline et se jette dans le lac de Côme etc.

Lacs : Les lacs de la Suisse sont nombreux et intéressans; les plus considérables sont le lac de *Constance*, qui a 15 lieues de long sur 6 l.[s] dans sa plus grande largeur. Le lac de *Genève*, qui s'étend en forme de croissant, et dont les beautés pittoresques célébrées par J. J. Rousseau, seraient plus intéressantes s'il était parsemé d'îles. Il n'y a qu'une partie du lac *Maggiore* qui appartienne à la Suisse; tout auprès est le beau lac de *Locarno*. Le lac de *Neuchâtel* et celui de *Zurich* ont chacun environ 22 milles de long sur 4 de large. Celui de *Lucerne* est moins considérable. Viennent ensuite, dans un ordre inférieur, les lacs de *Thun*, de *Brientz*, de *Joux*, de *Morat*, de *Bienne*, de *Sempach*, de *Zug*, de *Wallenstadt*, etc.

Élévation des différens lacs au-dessus de la mer.

Lac de Thun	1,781 pieds.
— des 4 cantons	1,350 —
— de Neuchâtel	1,340 —
— de Zug	1,320 —
— de Zurich.	1,250 —
— de Genève	1,150 —
— de Constance	1,080 —
— — Majeur	700 —
— — Come	650 —

Curiosités naturelles : Pour entrer dans le détail des curiosités naturelles de le Suisse, il faudrait la décrire en entier. Les Alpes, les glaciers, les précipices, les torrens, les sources des rivières, les lacs, les cataractes, tout y est aussi intéressant que particulier et du genre le plus sublime. La cascade du *Reichenbach* près du bourg de Meyringen sur le mont Scheideck, celle du *Staubbach* dans la vallée de Lauterbrunnen, h. de 900 pieds; la chûte du Rhin près de Schaffouse : sont des scènes magnifiques qui ont été souvent décrites.

Le grand glacier du *Grindelwald*, qui est en forme d'amphithéâtre; la vallée de glace du Montanvert, et non loin de là cette belle arcade de glace, d'où sortent les sources de l'Arveiron, ont été fréquemment célébrés par la peinture et la poésie [voy. la pl. XVIII de ce porte-feuille.]

La planche XLIV représente la chûte du Rhin, éloignée de Schaffouse d'une petite lieue. La route qui y conduit, serpente sur les collines, qui forment les rives du fleuve, et du haut desquelles on distingue la ville et le château sous des aspects très-pittoresques. Les environs en sont magnifiques, et le Rhin se promène majestueusement au fond de la vallée. De Laufen on atteint un sommet suspendu sur le Rhin, d'où l'on voit perpendiculairement, au-dessous de soi, la cataracte formée par le fleuve entier, qui tombe du haut des rochers avec une vitesse et une impétuosité effrayante. On descend ensuite jusqu'au lieu situé au-dessous du niveau du lit supérieur du fleuve; là on est si près de la chûte, que l'on croit pouvoir la toucher de la main. Un léger échaffaudage jetté en avant dans le milieu même de la vapeur de cette épouvantable cataracte, la présente dans son aspect le plus magnifique. Une mer d'écume précipitée avec un fracas de tonnerre, une nuée d'eau réduite en poussière, lancée en tous sens à une énorme distance, tout enfin surpasse l'idée que l'imagination la plus vive pourrait se former dans les rêves les plus exaltés, et la moindre partie de ce tableau sublime est au-dessus de toute description. La chûte de cette cascade est de 80 pieds lors de la plus grande crue d'eau.

TABLEAU STATISTIQUE DE LA SUISSE.

	CANTONS.	Populat.ⁿ du canton	PRINCIPAUX LIEUX.	LEUR SITUATION TOPOGRAPHIQUE.	Dist.ᵉ de Paris.	Populat.ⁿ
La Suisse ou l'Helvétie est composée de 22 cantons, savoir :	Zurich.	182,500	Zurich (1). . . .	à la sortie de la Limat dans le lac de Zurich.	135	7,668
	Berne	294,500	Berne (2). . . .	dans une presqu'île sur l'Aar. . .	128	12,000
			Porrentrui (3) .	sur la rivière de Halle.	98	2,032
			Délémont. . . .	près de la jonction de la Sorne et de la Birse	102	904
	Lucerne.	110,000	Lucerne. . . .	sur le lac du même nom, à l'endroit où la Reuss en sort.	142	5,000
	Uri	12,000	Altorf (4). . . .	au sud du lac des 4 cantons [vallée d'Urseren]	140	4,000
	Schwitz	28,900	Schwitz	dans une campagne agréable . . .	134	4,600
	Unterwald. . . .	22,000	Stantz.	à une lieue O. du lac des 4 cantons	134	3,900
	Glarus.	19,300	Glarus	entre le mont Glarnich et la Linth	144	5,000
	Zug	12,500	Zug (5)	près du lac du même nom . . .	136	3,600
	Fribourg . . .	61,800	Fribourg (6) . .	sur la Saane, partie sur un rocher, et partie en plaine	121	9,000
	Soleure	41,000	Soleure (7) . . .	sur l'Aar qui la partage en deux parties	136	5,000
	Bâle.	42,200	Bâle (8). . . .	sur le Rhin, qui la divise en grande et petite ville	117	15,000
	Schaffouse. . .	32,000	Schaffouse (9). .	sur le Rhin (10)	133	7,000
	Appenzell. . . .	55,000	Appenzell. . . .	dans une vallée sur la Sitter. . .	151	4,000
	Saint Gall. . . .	130,300	Saint-Gall (11) .	entre deux monts, près de la Steinach	170	8,118
	Argovie	134,400	Arau (12). . . .	sur l'Aar	126	2,000
			Baden (13). . .	sur la Limat	131	
	Turgovie. . . .	76,700	Frauenfeld . . .	sur une hauteur, près de la Murg .	141	
	Les Ligues des Grisons (15). .	73,800	Coire (14) . . .	sur la Plessur, qui se jette dans le Rhin	152	6,000
			Mayenfeld (16).	en plaine et près de la rive droite du Rhin	154	2,000
			Ilantz.	à la jonction de la Glenner au Rhin	145	3,000
	Tessin	88,800	Bellinzona. . .	en plaine, près de la jonction du Tessin et de la Moese	169	1,200
	De Vaud	144,500	Lausanne (17) .	près du lac de Genève.		8,000
			Yverdun (18). .	sur le lac de Neuchâtel	126	8,000
			Copet	sur le lac de Genève, à deux lieues de cette dernière ville		
			Vevay (19). . .	sur le lac de Genève	118	
			Nion (20). . .	sur le lac de Genève	96	
Cantons ajoutés pr l'acte du congrès d. Vienne	Genève		Genève (21) . .	à la sortie du Rhône du lac de Genève	102	23,300
	Neuchâtel. . .	49,800	Neuchâtel (22) .	sur le lac de ce nom, sur une colline	118	6,000
	Valais	60,000	Sion (23) . . .	sur la Sitter, à quelque distance du Rhône	148	7,000

NOTES RÉLATIVES AU TABLEAU.

(1) Célèbre par la bataille gagnée en 1800 par les Français sur les Austro-Russes. C'est la patrie de Gessner, de Lavater. — Université; bibliothèque riche en manuscrits; fabriques de soie, de toiles de coton etc.

(2) Elle est moins grande que Zurich, mais plus belle; ses maisons toutes bâties en pierres de taille, sont élevées sur des portiques. — Bibliothèque riche en manuscrits; plusieurs collections d'histoire naturelle ou d'objets curieux.

(3) Autrefois capitale des domaines de l'Evêque et sa principale résidence. Après avoir fait partie du Département du Haut-Rhin, elle a été remise au canton de Berne.

(4) Patrie de *Guillaume Tell*. C'est dans cette ville que les cantons suisses ont souvent tenu leurs diètes.

(5) Près de Zug est la montagne de *Morgarten*, où les Suisses gagnèrent en 1315 sur les Autrichiens une bataille qui assura leur liberté.

(6) A 6 lieues de Zug au Sud est *Gruyères*, célèbre par ses fromages.

(7) On y remarque un grand nombre de beaux édifices; entr'autres l'église de St. Urs, élevée sur les dessins de Pizzoni, artiste italien.

(8) Célèbre par le concile qui s'y tint en 1431, dans la cathédrale, bel édifice gothique. *Erasme* y a un beau tombeau. — Bâle possède une grande partie des chefs-d'œuvres de *Holbein* et d'*Albert Dürer*. C'est la patrie d'*Euler* et des *Bernoulli* etc.

(9) Elle est, par sa position, l'entrepôt des marchandises de France, qui passent en Italie ou en Suisse.

(10) Sur lequel elle avait deux ponts, dont un très-curieux en bois et bâti en 1734, mais détruit l'an VII [1798] lors de la retraite du général *Jourdan*. C'est à une lieue de Schaffouse que se trouve la fameuse cascade du Rhin, [v. la pl. XLIV.]

(11) Le pays où cette ville est située, s'appelle le *Toggenbourg*. Il avait été cédé à l'abbé de St. Gall, en 1718. On y fabrique des mousselines fort estimées.

(12) Cette ville se distingue par ses fabriques de coutellerie.

(13) Baden tire son nom des bains chauds du voisinage, dont les anciens ont parlé sous les dénominations de *Aquæ* et *Thermæ helveticæ*. La diète générale des treize cantons s'est tenue à Baden en 1712, d'où elle fut depuis transférée à Frauenfeld.

(14) C'est à Coire que les ligues grises tenaient leur diète tous les trois ans.

(15) Elles se distinguent en Ligues { grise, cadée ou d. la Mais.-Dieu, des dix jurisdictions ou droitures, } qui firent entr'elles une alliance perpétuelle, jurée en 1471 et en 1712, qui { achetèrent en 1509 la Seigneurie de Mayenfeld, conquirent en 1712 les provinces de } la Valteline. Chiavenne. Bormio.

(16) En 1499 l'empereur Maximilien I.er fut défait à la bataille de Mayenfeld et forcé d'évacuer le pays des Grisons.

(17) Sur trois collines, à une demi-lieue du lac de Genève et à 12 lieues N. E. de cette dernière ville. Elle a une célèbre académie, fondée en 1536, et une bibliothèque publique. C'est la patrie de *Tissot*, *Krouzas* et *Perrégaux*, graveur. Les principaux objets de son commerce sont les livres, la joaillerie et l'orfévrerie.

(18) Remarquable par l'établissement du célèbre Pestalozzi.

(19) L'ancienne *Vibiscum*; elle est propre, bien bâtie et construite dans une petite plaine située au pied des montagnes, sur les rives du lac de Genève. Les bords de cette partie du lac sont plus pittoresques, plus sauvages, et forment un contraste plus frappant que ceux qui avoisinent Genève.

(20) Fondée par les Phocéens; entrepôt du Valais, de l'Italie, de la France. Château, vue magnifique. Antiquités romaines.

(21) Cette ville bâtie sur une colline et le lac Léman, est divisée en deux parties par le Rhône. Elle offre un séjour délicieux par la salubrité de l'air qu'on y respire, et la beauté de ses campagnes, infiniment variées et couvertes de charmantes maisons. C'est la patrie de *Bonnet*, des *Turretin*, de *Chouet*, *Le Clerc*, *Casaubon*, *J. J. Rousseau*, *Tronchin*, *Spanheim*, *Pictet*, *Dessaussure*, *Necker*, *Marat*, *Clavière* etc. C'est à l'industrie que Genève doit ses plus grandes richesses. L'horlogerie, la bijouterie et la joaillerie y sont très-perfectionnées. A 4 myriamètres N. E. de cette ville se trouve *Ferney*, village illustré par le séjour de *Voltaire*. Genève a une université, une académie de commerce, une école de dessin, une bibliothèque publique, un observatoire, un cabinet d'histoire naturelle, un jardin botanique, un bel hôpital, de belles promenades etc.

(22) Sous la protection du roi de Prusse, auquel la principauté de Neuchatel fut accordée par les états en 1708, et dont la possession lui fut confirmée par le traité d'Utrecht en 1713. Cette ville fait un assez gros commerce en vins.

(23) Ville ancienne, autrefois la capitale des *Séduniens* [Seduni], peuples qui habitaient cette partie de la Suisse du tems de Jules-César. Quelques inscriptions subsistantes prouvent encore son antiquité.

ALLEMAGNE.

DOCUMENS GÉOGRAPHIQUES QUI EN INDIQUENT

LA SITUATION.	LES BORNES.	L'ÉTENDUE. long.	larg.	la surface.	le climat d'heures.	LES PRODUCTIONS.	LE CLIMAT ET LE SOL.
L'Allemagne (1) est située entre le 4° et le 16° longit.° Est, et le 46° et l.55° latitude N.	ayant { au N. { la mer balt.° le Danemark l. mer d'All.° à l'E. { la Russie et la Turquie. au S. { glf. d. Venise. l'Italie et la Suisse. à l'O. { la France. les Pays-Bas.	500 l.	225 l.	24,860 l.ˢ carr. (2).	entre le 9 et 10.° climat (3).	MINÉRALES. Or, argent, fer, acier, cuivre, plomb, cobalt, étain, vif-argent, arsenic, zinc, soufre, charbon de terre, marbre, albâtre, plâtre, gypse, alun, vitriol, terre à porcelaine, pierres précieuses, sels minéraux, eaux minérales et thermales etc. VÉGÉTAUX. Blé, seigle, toute espèce de grains, riz (4), chanvre, lin, houblon, garance, tabac, safran, pommes de terre, fruits, vins (5), bois. ANIMALES. Chevaux, bœufs, moutons, chèvres, cochons, volailles de toute espèce, gibier, oiseaux de proie, sangliers (6), cerfs, ours, loups, renards, martres, castors, poissons, abeilles, vers-à-soie etc. INDUSTRIELLES. Toiles de tous les genres, linge de table, papier de toutes les qualités, fil, pastel et tabac manufacturés, porcelaine, faïence, glaces, bijoux, quincailleries, cuirs, draps, cotonnades, étoffes en soie et en laine etc.	CLIMAT. Variable, la température y étant subordonnée aux différences qu'apportent dans chaq.° contrée la direction des grands fleuves et la position d. hautes montagnes, qui entrecoupent de toutes parts le territoire de l'Allemagne. SOL. N'est pas également fertile partout; il est dans des contrées d'une bonté médiocre, et dans d'autres d'une qualité fort au-dessous; mais par toute l'Allemagne l'industrie laborieuse et patiente a triomphé des obstacles de la nature.

NOTES RÉLATIVES AU TABLEAU.

(1) Son nom vient des *Allemands* [Allemani], peuple venu du nord de l'Europe, qui s'y établit vers le milieu du 5.ᵉ siècle. Auparavant elle s'appelait *Germanie*, des Germains, peuples qui l'habitaient lorsque les Romains y pénétrèrent. Ce nom de Germanie ne passe au pays qu'après avoir été donné au peuple pour lequel c'était une épithète honorable. *Germann* signifiait, en langue tudesque, *homme de guerre*. C'est encore de la même langue qu'est pris le nom que les Allemands donnent à leur pays; ils ne le nomment pas Allemagne, mais *Teutsch-land*, comme si l'on disait *pays des Teutons*, peuples anciennement connus des Romains et habitant le nord de l'Allemagne. L'histoire la plus ancienne des Allemands est couverte de ténèbres. Les Romains les font connaitre les premiers dans l'histoire sous le nom des *Germains*. La Germanie est d'abord occupée par une foule de petits peuples indépendans, dont les courses vagabondes, la chasse et l'entretien du bétail font les principales occupations. Avant l'ère chrétienne [en 113] les Cimbres font une irruption dans l'empire romain. L'an 70 César fait la guerre aux Germains dans les Gaules. Sous Drusus et Tibère commencent les conquêtes des Romains en Allemagne. Neuf ans après la naissance de Jésus-Christ, *Varus* est massacré avec trois légions par *Arminius* ou *Herrmann*, prince des Chérusques. Vient ensuite l'expédition de *Germanicus*. Au milieu du 1.ᵉʳ siècle les Germains sont en guerre avec les Romains et font des conquêtes sur leur territoire. A la fin du 5.ᵉ siècle, *Clovis* fonde dans les Gaules la monarchie des Francs, qui est divisée ensuite en deux royaumes, celui de Neustrie et celui d'Austrasie. Sous Louis le Germanique prend naissance l'empire germanique, qui se sépare pour toujours de celui des Francs. Ses descendans règnent jusqu'au commencement du 10.ᵉ siècle. Louis IV étant mort sans enfans, son héritier Charles le Simple, roi de France, est écarté de l'empire par les Allemands, qui lui préfèrent *Conrad*, duc de Franconie. Othon I soumet l'Italie, et se fait couronner empereur à Rome. Après lui des princes de différentes maisons occupent l'empire. A la fin du 13.ᵉ siècle, le sceptre impérial passe dans la maison d'Autriche, en la personne de Rodolphe de Habsbourg, et y demeura jusqu'en 1806, époque à laquelle la constitution germanique fut abolie et remplacée par la confédération du Rhin, sous la protection de l'empereur des Français. Huit ans après l'Allemagne se constitua en confédération germanique. Le but de cette confédération est le maintien et la sûreté extérieure et intérieure de l'Allemagne, et de l'indépendance de chacun des états fédérés.

(2) Qui à raison de la population, portée à 25,000,000 d'habitans, donnent 965 heures par lieue.

(3) Au N. de l'Allemagne 17 h.ʳᵉˢ
au Centre . . . . 16 1/2 — } p.ʳ le plus long jour.
au Sud . . . . . 16 — }
au Nord . . . . 7 — } pour le plus court jour.
au Centre . . . . 7 — }
au Sud . . . . . 8 1/2 — }

(4) C'est principalement sur les frontières de la Moravie que ces productions abondent.

(5) Parmi les vins on distingue ceux du Rhin et de la Moselle.

(6) Y sont d'une taille énorme; ceux de Westphalie sont fort estimés.

CONFIGURATION DU SOL. *Montagnes* : Les montagnes les plus septentrionales de l'Allemagne sont celles du *Hartz* appelée le *Brocken* ou *Blocksberg*. Les plus célèbres de la partie de l'Allemagne, au N. du Mein, sont les *Erzgebürge*, ou montagnes métalliques, qui naissent N. E. de Fichtelberg, se dirigent à l'Est, qui, plus vers l'Orient, entre la Prusse et la Moravie, prennent le nom de montagnes *sudétiques*, et vont rejoindre les monts *Crapacks*, passent entre la Bohème et la Saxe et fournissent à ces deux pays de l'argent, de l'étain et d'autres métaux. [Le *Schneeberg* dans le comté de Glatz, qui dépend de la chaîne sudétique, a 750 toises de hauteur]. Le plus haut sommet de l'*Erzgebürge*, nommé *Fichtelberg*, dans la Saxe, a 620 toises d'élévation; il tire son nom des pins qu'il fournit en grande quantité. Les forêts d'Allemagne produisent le plus communément du chêne, du hêtre, du frêne, de l'érable etc. Le *Schneekopf* en Thuringe a 552 toises. Parmi les montagnes au sud du Mein, sont la *Bergstras*, chaîne qui des environs de Mannheim se dirige vers Francfort; à l'Est les montagnes d'*Odenwald*; plus au Sud celles de Wirtemberg, qui naissant à l'E. et à l'O. de ce royaume; à l'O. ces montagnes forment une continuation de celles de la *Forêt noire* [Schwarzwald], qui s'étendent depuis le voisinage de Nauenburg au sud du Wirtemberg, jusqu'aux quatre villes forestières du Rhin. Cette forêt a 70 milles de long sur 17 de large. Une branche de ces montagnes s'étend à l'Est, sous le nom d'*Alb* ou d'Alpes de Suabe, sur une longueur de 50 milles. [Le *Heidelberg*, cime du Böhmisch-Waldgebürge, a 720 toises d'élévation ; le *Salzburger-Kopf*, cime des montagnes du Wisterwald, n'en a que 334 ; mais le *Feldberg*, cime du Schwarzwald, l'élève jusqu'à 768 toises].

Le S. E. de cette partie de l'Allemagne est borné par les hautes montagnes de la Bavière et du Salzburg, qui sont des branches des Alpes de la Suisse ou du Tyrol, sans être comprises sous cette dénomination. Les Alpes de Salzbourg sont plus élevées que les monts carpathiens et que les Pyrénées. [Elles ne le cèdent qu'aux Alpes de la Suisse et du Tyrol, puisque le gros *Glöckner* dans le pays de Salzbourg a 1,998 toises d'élévation, et que l'Ortler dans le Tyrol a 2,536 toises]. Voy. pl. XIV.

Il existe encore des restes considérables des vastes forêts qui couvraient autrefois la Germanie. Les principales semblent se diriger constamment du N. O. au S. E. La forêt de *Dromlin* est au N. de Magdebourg ; mais celle de *Lutten*, celle de *Thuringe*, peuvent être regardées comme des dépendances de l'ancienne forêt de Silésie, qui de là s'étendait à l'Est, à travers le centre de la Pologne et de la Russie. Plus au Midi est la forêt du *Spessart* et quelques autres. Au S. du Mein, la grande *Forêt noire* et les bois qui bordent l'*Alb*, forment des dépendances de l'ancienne forêt d'*Hercynie*.

Le DANUBE qui reçoit :

- l'*Altmühl*, la *Nabe*, le *Regen*, la *Morave*, la *Wag* } au Nord.
- l'*Iler*, le *Lech*, l'*Iser*, l'*Inn* } au Sud.
- l'*Alza*, grossie de la *Salza*, l'*Ens*, la *Leytha*, le *Raab*, la *Drave*, le *Sau* } à l'Est.

Le RHIN qui reçoit . . . .

- le *Necker* près de Mannheim.
- le *Mein* près de Mayence.
- la *Lahn* au-dessous d'Oberleustein.
- la *Lippe* près Wesel.
- la *Roër* au-dessous de Duisbourg.
- la *Moselle* près Coblence.

Le MEIN qui reçoit . . . .

- la *Tauber* à Wertheim.
- le *Rednitz* à Forcheim.
- la *Kintz* au-dessous de Francfort.
- la *Saale* au-dessous d'Aschaffenbourg.

L'ELBE qui reçoit . . . .

- la *Moldau*, grossie de la *Miza* près de Kelmisk.
- l'*Eger*, la *Sala* et la *Havel*, grossie de la *Sprée*.
- la *Mulda* au-dessous de Dessau.
- l'*Ilmenau* près de Winsen.

Le VESER formé de la réunion de la Verra et de la Fulde, et reçoit . . . .

- l'*Aller* au-dessous de Werden, grossi de la *Leine*.
- la *Vumme* au-dessous de Brême.

L'EMS qui se jette . . . . .

- dans la mer d'Allemague près d'Emden.

L'ODER qui reçoit . . . .

- la *Neisse*, la *Bober* } au-dessous de Crossen.
- la *Warta* à Kustrin, grossie de la *Nèze*.

LACS : Ceux de *Constance*, de *Chiem* en Bavière, d'où sort l'Alza pour se jetter dans l'Inn ; de *Cirknitz* dans la Carniole ; le *Platensée* ou le lac *Balaton*, au S. O. de Bude, qui a 40 milles de longueur sur 7 de largeur.

ROYAUME DE PRUSSE.

PROVINCES.	CAPITALES.	LEUR SITUATION GÉOGRAPHIQUE.	Populat.[n]
Nouvelle Marche.	Custrin (1)	à la jonct. de la Wartha et de l'Oder, à 3 l. de Francfort	5,400
Moyenne Marche	BERLIN (2)	des deux côtés de la Sprée, qui la traverse du N.O.auS.E.	166,584
	Potsdam	sur le Havel	15,000
	Francfort (3)	sur l'Oder	12,418
Duché de Pomméranie.	Stettin	sur un côteau près de l'Oder.	21,062
	Stralsund	sur le détroit de Gellen	15,000
Royaume de Silésie.	Breslau	sur l'Oder et l'Ohlau	61,504
	Glogau	sur l'Oder	9,458
	Liegnitz.	au confluent du Schwarzwasser et de la Katzbach.	10,021
Royaume de Prusse distingué en Prusse	orientale. Königsberg	à l'embouchure de la Pregel dans le Frisch-haff	55,197
	Lithuanie Memel	à l'embouchure de la Dauge dans le Kurisch-haff	5,111
	Tilsit (4)	au confluent du Tilsit et du Memel	8,248
	Marienwerder.	sur la Liebe et petit Nogat	4,227
	Stargard	sur la Fers	2,778
	Culm (5)	sur la Vistule	3,946
	occident.ᵉ Dantzick (6)	au confl. de la Radaune et de la Mottlau dans la Vistule.	44,511
	Torn (7)	sur la Vistule au S. de Culm	
	Elbing	sur le fleuve navigable du même nom.	16,710
Duché de Posen	Posen	sur la Warte	16,000
	Schwerin	sur la Warte	3,291
	Bromberg	sur la Brahe.	4,700
Duché de Saxe	Wittenberg (8)	sur l'Elbe	3,600
	Langensalze	sur la Salza, à deux lieues de Muhlhausen	5,400
	Querfurt	aux frontières de la Thuringe.	2,500
	Torgau	sur l'Elbe	4,500
	Görlitz.	sur la Neisse	8,600
Principauté d'Erfurt.	Erfurt	sur la Gera.	16,573
Principauté d'Eichsfeld, avec les comtés de Muhlhausen et d. Nordhausen	Heiligenstadt	sur la Leine et la Gieslede	3,225
	Muhlhausen	sur l'Unstrut et la Schwemotte	9,322
Duché de Magdebourg.	Magdebourg	sur l'Elbe	27,869
	Halle	sur la Saale.	19,504
Princip. de Halberstadt.	Halberstadt	sur la Holzemme.	13,088
Duché de Clèves.	Clèves	à une lieue du Rhin.	5,100
Comtés de Mark, Essen et Werden	Hamm	au confluent de l'Asse et de la Lippe.	2,568
	Dortmund	sur l'Emscher	4,000
	Essen	entre le comté de Mark et le duché de Clèves	3,970
Principauté de Minden.	Minden	sur le Weser	6,915
Comté de Ravensberg	Bielefeld	sur le Lutterbach	5,594
Comté de Lingen et Tecklenburg	Ibbenbühren	sur la Plaaue	3,000
	Tecklenburg		760
Principauté de Munster.	Munster (9)	sur l'Au, non loin de l'Ems	13,976
Principauté d. Paderborn	Paderborn (10)	où la rivière de Pader a sa source	5,498
Principauté de Fulde	Fulde	sur la rivière de ce nom	6,500
Duché de Westphalie	Orensberg	sur la Rhur.	1,745
Principauté de Siegen	Siegen	sur la Sieg	6,000
Duché de Berg	Dusseldorf (11)	sur la Dussel, à l'endroit où cette riv. se jette d. le Rhin.	15,000
Principauté de Meurs et la Gueldre prussienne.	Meurs	citadelle.	
Grand-Duché du B. Rhin	Aix-la-Chapelle (12).	entre la Meuse et le Rhin.	27,64
	Cologne (13)	sur le Rhin	42,706
	Juliers (14)	sur la Roër.	
	Coblence (15)	au confluent de la Moselle et du Rhin	10,691
	Trèves (16)	sur la Moselle	9,118
	Saarlouis	forteresse sur la Saare	1,454

États prussiens :

EMPIRE D'AUTRICHE.

PROVINCES.	CAPITALES.	LEUR SITUATION GÉOGRAPHIQUE.	Populat.[*]
La Basse-Autriche ou Archiduché d'Autriche .	Vienne (17) . .	sur le Danube	237,743
	Lintz	sur le Danube	18,753
Intérieure — Styrie . .	Gratz (18). . . .	sur la Muhr	30,958
Cariuthie .	Clagenfurt. . . .	sur la Gau, près du lac de Wördt	9,143
Carniole .	Laybach	à l'est des Alpes carniques.	20,000
Frioul	Trieste	sur le golfe du même nom	29,908
Dalmatie	Zara (19) . . .	sur un isthme	7,000
	Raguse	s. une presqu'île d. l. mer adriat. au pied d. mont Vergato	15,000
	Cattaro	sur le golfe du même nom	26,206
Autriche sup.re ou Tyrol.	Inspruck . . .	sur l'Inn.	10,237
	Trente (20) . .	sur l'Adige	7,000
	Bregentz . . .	sur l'embouch.e de la Bregentz dans le lac de Constance	
Duché de Saltzbourg .	Saltzbourg. . .	sur la Salza	13,066
Princip. d. Berchtesgaden	Berchtesgaden .	au midi de Saltzbourg	3,000
Royaume de Bohème .	Prague (21) . .	sur la Moldau	83,673
	Egra (22) . . .	à l'ouest de Karlsbad	
Moravie.	Olmutz. . . .	entouré de la Moraw	16,000
Silésie autrichienne . .	Troppau . . .	sur l'Oppa	9,748
	Teschen. . . .	sur les confins de la Hongrie.	
Roy.e de Gallizie et Lodmirie avec la Bukowine	Lemberg . . .	sur la Poltew	44,655
	Brody	au N. E. de Lemberg	21,000
	Czernowitz . .	non loin de Pruth	6,000
	Wielicza . . .	[voy. page 130].	
Roy.e d'Esclavonie avec la Sirmie	Esseck	sur le Danube.	9,356
	Peterwardein . .	sur le Danube	
	Semlin	près du confluent de la Sau et du Danube . .	
Royaume de Croatie .	Agram (23) . .	sur la Save	2,793
	Carlstadt . . .	au confluent de la Kulpa et de la Korona . .	3,224
	Warasdin . . .	Bains chauds sur la rive droite de la Drave. .	
	Fiume	port franc	
	Buccari. . . .	port franc	
Grand-Duché de Transylvanie	Herrmannstadt .	sur le Zibin.	13,313
	Klausenburg . .	sur le petit Szamosch	
	Kronstadt . . .	forteresse sur les frontières de la Valachie . .	
Comté de Falkenstein .	Falkenstein . .	entre Alzep et Lautern au pied du Mont-Tonnerre	
Pays dét. du Bas-Rhin .	Landau	sur la rive gauche du Rhin	5,000
	Hammelburg . .	sur la Saale.	1,500
Roy. de Hongrie — basse.	Bude (24) . . .	sur le Danube.	27,000
	Presbourg (25) .	sur le Danube.	29,625
	Schemnitz . . .	dans les montagnes	17,036
haute.	Debrechzin . .	au S. E. de Tokai.	27,563
	Erlau	sur le fleuve du même nom	

États autrichiens :

ROYAUME DE BAVIÈRE.

CERCLES.	CAPITALES.	LEUR SITUATION GÉOGRAPHIQUE.	Populat.
Royaume d.Bavière divisé en 7 Cercles			
d'Isar	*Munich* (26)	sur la rive gauche de l'Iser	60,000
du Bas-Danube	Passau	sur le Danube	6,161
du Regen	Ratisbonne (27)	sur le Danube	18,843
du Mein	Bayreuth	entre le Mein-Rouge, le Mistelbach et le Sendelbach	10,000
du Rezat	Anspach	sur le Bas-Retzat	12,849
du Haut-Danube	Eichstädt	sur l'Altmühl	5,596
de l'Iller	Kempten	sur l'Iller	5,238

ROYAUME DE SAXE.

CERCLES.	CAPITALES.	LEUR SITUATION GÉOGRAPHIQUE.	Populat.
Royaume de Saxe, divisé en 5 Cercles			
de Misnie	*Dresde* (28)	sur l'Elbe, à la jonction du Waseritz	55,717
de Leipzig	Leipzig (29)	sur la Pleisse, dans une plaine	34,342
de l'Erzgebürg	Freyberg	sur la Mulde	8,737
du Voigtland	Plauen	sur l'Elster	6,082
de la Haute-Lusace	Bautzen	sur la Sprée	9,600

ROYAUME DE HANOVRE.

CERCLES.	CAPITALES.	LEUR SITUATION GÉOGRAPHIQUE.	Populat.
Royaume de Hanovre (30), compren.			
Princip. de Calenberg	*Hanovre*	sur la Leine, qui divise la ville en deux parties.	16,816
— de Lünebourg	Lünebourg.	sur l'Ilmenau	10,039
Pays de Nadeln	Otterndorf.	sur le Medem	1,687
Duché de Bremen	Stade.	sur la Schwinge	1,894
Principauté d. Verden	Verdun	sur l'Aller	
Comté de Noya	Neinburg	sur le Veser	3,426
— de Diepholtz	Diepholtz	sur la Hunte	1,988
Principaut. d'Ostfrise	Aurich	au N. E. d'Emden.	2,152
— de Grubenhageu	Eimbeck	sur l'Elme	5.080
— de Hildesheim	Hildesheim.	au S. E. de Hanovre	10,949
— d'Osnabrück	Osnabrück (31)	sur la Hase	9,229
Comté de Lingen	Lingen	non loin de l'Ems	1,630
— de Hohenstein [partie du]	Ilfeld		650

ROYAUME DE WURTEMBERG.

DÉPARTEMENS.	CAPITALES.	LEUR SITUATION GÉOGRAPHIQUE.	Populat.
Royaume de Wurtemberg, divisé en 12 Dép.^{ns}			
de Rothenbourg	*Stuttgardt* (32)	sur le Resenbach	20,436
de l'Ens	Louisbourg.	à l'ouest du Neckar	5,890
du Haut-Neckar	Rothweil	sur le Neckar	2,712
du Neckar-Intérieur	Rothenbourg	séparé d'Ehingen par le Neckar	3,955
de la Forêt noire	Calw.	sur la Ragold	3,077
du Neckar-Inférieur	Heilbronn	sur le Neckar	5,850
de la Jaxt	Oehringen		335
du Kocher	Ellwangen	sur la Jaxt	2,058
de Fils et Rems	Göppingen	sur la Fils.	4,161
Baillage sur l'Alb	Urach	au pied de l'Alb	2,616
— sur le Danube	Ulm	sur le Danube	14,225
— s. l. lac d. Constance	Weingarten	sur le lac.	

GRAND-DUCHÉ DE BADE.

CERCLES.	CAPITALES.	LEUR SITUATION GÉOGRAPHIQUE.	Populat.
G. Duché de Bade, divisé en 8 Cercles			
de la Pfinz et de l'Enz.	*Carlsruhe* (33)	au milieu du Hartwald	15,128
du lac	Constance	à la sortie du Rhin	4,503
du Danube	Villingen	sur la Brieg	3,316
de la Treisam.	Fribourg (34).	sur la Treisam	10,108
de la Kintzig.	Offenbourg.	sur la Kintzig	2,880
de la Murg	Rastadt (35)	sur la Murg	4,204
du Neckar.	Mannheim (36)	au confluent du Neckar et du Rhin	18,213
du Mein et d. la Tauber	Wertheim.	à l'entrée de la Tauber dans le Mein	3,227

(Voyez pour les autres petits états de la Confédération germanique, le tableau page 96).

NOTES RÉLATIVES AU TABLEAU.

(1) Célèbre par le bombardement qu'elle essuya en 1758 de la part des Russes, et par la victoire signalée que le *Grand-Frédéric* remporta sur eux, à peu de distance de cette ville, après les avoir forcés de lever le siège.

(2) Capitale du Margraviat, ainsi que de toute la monarchie prussienne; lieu de la résidence du roi lorsqu'il n'est pas à *Potsdam*, qui n'en est qu'à 8 lieues, et d'où dépend *Sans-souci*, château magnifique où deux monumens le font remarquer : l'un est la bibliothèque du *Grand-Frédéric* entièrement conservée, l'autre *l'art de la guerre* par Puységur; livre encore ouvert sur un pupitre, tel, assure-t-on, que le roi avait quitté peu de jours avant sa mort.

(3) Ville manufacturière et commerçante. On y voit le monument qui rappèle à l'univers le nom de Léopold de Brunswick, consacré par une des plus belles actions, dont puisse s'honorer l'humanité. La majeure partie des habitans de cette ville descendent d'une colonie de réfugiés, qui s'y établit lors de la révocation de l'édit de Nantes.

(4) Ce lieu est célèbre par le traité de 1807, qui avait enlevé à la Prusse la moitié de son territoire.

(5) Lorsqu'elle appartenait, comme Dantzick, à l'ordre teutonique, elle possédait le siège du tribunal suprême de Prusse; d'où venait l'autorité du *droit de Culm* par tout le royaume. Elle a une université et une école militaire, dite *l'École des Cadets.*

(6) Appartenait d'abord aux chevaliers de l'ordre teutonique; mais en 1454 elle se mit sous la protection de la Pologne, sous laquelle elle resta libre et indépendante jusqu'en 1793, que le roi de Prusse en prit possession. La France, par le traité de Tilsit, lui avait rendu son indépendance, mais elle y entretenait des troupes. Cette ville est reconnue ville libre par l'acte du congrès de Vienne.

(7) La plus ancienne ville de Prusse. C'est la patrie de *Copernic*, né en 1472, mort en 1543, peu de tems après avoir publié son système.

(8) Il y a une université fondée par *Frédéric le Sage*, électeur de Saxe, en 1502 et où le docteur *Martin Luther* commença à prêcher sa doctrine en 1515. On voit le tombeau de ce réformateur dans la chappelle du château.

(9) Célèbre par le traité de 1648, auquel la paix de Westphalie de la même année donna son nom.

(10) Ville ancienne autrefois anséatique.

(11) Autrefois remarquable par sa galerie de tableaux.

(12) Célèbre dans l'histoire par plusieurs traités de paix fameux, auxquels elle a donné son nom; également renommée par ses eaux minérales. On sait que Charlemagne l'avait choisie à raison de la beauté du site, pour y établir le siège de son empire.

(13) Ville très-ancienne, à son eau spiritueuse et aromatique, connue sous le nom d'*Eau de Cologne.*

(14) Ville forte avec une citadelle. Elle a donné son nom à un duché, qui appartenait à l'électeur Palatin.

(15) Autrefois la résidence de l'électeur. Vis-à-vis de l'autre côté du Rhin est la forteresse d'*Ehrenbreitstein*, qui passe pour être la clef de la Moselle et du Rhin.

(16) Autrefois capitale de l'électorat de ce nom. Cette ville est grande et jolie, et d'une origine très-ancienne. Sous Auguste elle fut déclarée capitale de la Belgique, et sous Constantin on l'honora du titre de capitale de toutes les Gaules.

(17) Capitale de la monarchie autrichienne, l'une des plus belles villes de l'Europe, lieu de la résidence des empereurs qui l'ont successivement embellie; elle a surtout de superbes promenades, le *Prater* et l'*Augarten.* Cette ville serait très-peu de chose sans ses fauxbourgs, qui sont très-considérables. On y remarque la *bibliothèque impériale*, le *cabinet des manuscrits*, celui des *médailles*, *monnoies* et *pierres gravées*, le *Belvéder* bâti par le prince Eugène, un grand *arsenal*, une *école du génie*, des *hôpitaux*, un établissement pour les *sourds et muets*, à la tête duquel est l'abbé *Storck*, élève de l'abbé de l'Épée; une *université*, une *académie des arts* etc. *Schönbrunn* est un château de l'empereur, à une petite demie-lieue de Vienne.

(18) C'est en Styrie que se trouve *Léoben*, célèbre par l'armistice et les préliminaires de paix signés en 1797, entre le général *Bonaparte* et l'archiduc *Charles.*

(19) Ville capitale selon *Guthrie*, quoique *Spalatro*, située sur le golfe de Venise, lui dispute cette prérogative. Celle-ci est construite en partie sur les ruines de la Solone [Solona], lieu célèbre par

la demeure de *Dioclétien*, qui s'y retira après son abdication, et qu'on dit même avoir été le lieu où naquit cet empereur. *Zara* est en outre renommée par les liqueurs qu'on y fabrique, surtout le *marasquin*.

(20) Célèbre par le concile qui s'y tint en 1545 et années suivantes.

(21) Cette ville est célèbre par la manière dont les Français la défendirent pendant la campagne de 1741, et par la belle retraite qu'ils firent, ainsi que par les sièges qu'elle soutint pendant la guerre de 1756. L'histoire parlera toujours avec enthousiasme de la retraite de Prague, si glorieuse au maréchal de Belle-Isle, si souvent comparée, préférée même à celle de Xénophon.

(22) C'est dans cette ville que fut assassiné, par les ordres de l'empereur *Ferdinand II*, le célèbre *Walstein*. A cinq quarts de lieues de là on trouve des eaux minérales très-recherchées; les flacons qui en sortent, sont marqués du sceau de la municipalité d'Egra.

(23) Capitale du comté de Zagrab, avec une université.

(24) Autrefois la capitale de toute la Hongrie, prise par l'empereur Soliman en 1543, et reprise par les impériaux en 1595; une seconde fois par les Turcs en 1604; ceux-ci en furent chassés en 1683 par le duc de Lorraine, qui la réunit à la maison d'Autriche.

(25) On y voit encore le jardin que l'empereur François I.*er* se plaisait à cultiver. Cette ville est célèbre par son château. L'impératrice *Marie-Thérèse* y fut couronnée en 1741.

(26) Résidence du roi de Bavière. On y remarque le palais électoral, la galerie des tableaux, l'arsenal, l'hôtel-de-ville, le palais des États et quelques bâtimens ecclésiastiques. Il y a des manufactures de velours, de soierie, de laine et de tapisserie. Cette ville est le berceau de la *lithographie*, ou de la gravure sur pierre, inventée par *Aloys Senefelder*.

(27) L'une des plus anciennes et des plus considérables villes de l'Allemagne. C'était le lieu où la diète impériale était constitutionnellement établie en permanence.

(28) Dresde est la capitale et la résidence du roi de Saxe. Cette ville est agréablement située sur les deux rives de l'Elbe, dans un terrain bas, mais d'où l'on découvre de jolis points de vue. Ce fleuve la partage en vieille et en nouvelle, fortifiées l'une et l'autre et qui se communiquent par

un pont de pierre assis sur 19 arches. On y voit de riches palais, et les maisons particulières presque toutes uniformes, en font une des plus belles villes de l'Allemagne. On y remarque le palais du roi, la galerie, une des plus plus belles qui existent en Europe; le cabinet d'estampes, la bibliothèque, le cabinet d'antiques, le magasin des porcelaines, l'arsenal, plusieurs académies et écoles etc. Ce que les environs de cette capitale offrent de plus remarquable, sont le château de *Moritzbourg* et de *Pilnitz*.

(29) Ville fameuse par son commerce et par ses foires, petite, mais riche et bien peuplée. Parmi les édifices publics on distingue particulièrement l'arsenal, la bourse et l'hôtel-de-ville. Le tombeau de *Gellert* est dans un jardin particulier.

(30) *Les états de Hanovre* consistaient dans les quatre duchés de Hanovre, Lünebourg, Brême et Lawenbourg, situés dans la Basse-Saxe. Ce fut *George-Louis de Brunswick* qui réunit, en 1692, ces différens états en sa personne. Quelques années après son fils parvint au trône d'Angleterre, et c'est depuis cet événement [en 1714] que le roi d'Angleterre, comme duc de Brunswick, à un titre par conséquent étranger à sa couronne, s'est trouvé posséder ce qu'on appelait *l'électorat d'Hanovre*.

(31) *Osnabrück*, comme évêché, est le plus ancien de Westphalie; on le dit fondé par Charlemagne en 780. Par le traité de Westphalie il fut convenu qu'il serait possédé alternativement par un prince de la maison de Brunswick-Lunebourg, qui est luthérienne, et par un prince catholique.

(32) Capitale et résidence du roi de Wurtemberg, prince catholique dont les sujets sont protestans. L'enceinte de cette ville n'est pas fort étendue, mais elle a des fauxbourgs vastes et bien bâtis; ou remarque surtout l'hôtel de la chancellerie à côté du palais, celui des états, le cabinet d'histoire naturelle, la bibliothèque royale, la salle des antiques, la salle d'opéra, la ménagerie, le gymnase, l'académie de peinture et de sculpture, la société biblique etc. Le royaume de Wurtemberg se glorifie d'avoir donné naissance au restaurateur ou fondateur de la vraie astronomie, à *Jean Kepler*, né à Wiel, en 1571.

(33) Résidence du Grand-Duc. Cette ville bâtie en forme d'éventail, a un lycée, une école normale, une école de génie, des mines, des sourds et muets, de peinture, de dessin, une bibliothèque,

un établissement lithographique, une collection de médailles, des cabinets d'antiquités, de physique etc.

(34) Autrefois capitale du Brisgaw. Cette ville a une université, une école normale, un institut pour l'art forestal etc.

(35) Célèbre par le traité de paix de 1714, et le congrès de 1797—98.

(36) On y remarque un château, un observatoire, une salle d'opéra, un jardin botanique, une galerie de tableaux etc.

LE PORTUGAL.

DOCUMENS GÉOGRAPHIQUES QUI EN INDIQUENT

LA SITUATION.	LES BORNES.	L'ÉTENDUE.		surface.	le climat d'heures.	LES PRODUCTIONS.	LE CLIMAT ET LE SOL.
		long.	larg.				
Le Portugal (1) est situé entre le 8° et le 12° lng. O. le 37° et le 42° lat. N.	ayant au N. l'Espagne. à l'O. au S. l'Oc.ⁿ atlant. à l'E. l'Espagne.	75 l. (2).	125 l. (3).	3,631 l. car. (4).	entre le 5 et 6.ᵉ (5).	MINÉRALES. Min. d'or, d'argent, de fer, de cuivre, de plomb (6), de salpètre (7) etc. marbres de toutes espèces, eaux minérales (8). VÉGÉTALES. Vins (9), fruits exquis et de toutes les espèces, peu de blé (10), oliviers, figuiers et liège. ANIMAL.ᵉˢ Bœufs, moutons, chèvres, cochons, mulets, vers-à-soie, abeilles et poissons. INDUSTRIELLES. Miel, cire, soieries crues, huile, sel, coton, drogues, tabac, et nulles sous le rapport des arts mécaniques et libéraux.	CLIMAT. Quoique le Portugal soit de l'Europe la contrée qui ait le moins de surface, on y éprouve une très-grande inégalité dans la température; en général l'air y est pur, surtout dans l'Estrémadure, et depuis cette contrée jusqu'à l'extrémité du royaume des Algarves, partie la plus méridionale du Portugal. Les hivers y sont en général fort pluvieux; mais il est rare qu'il pleuve pendant l'été. Le plus grand fléau qui désole cette contrée, ce sont les tremblemens de terre plus ou moins violens. SOL (11). Il en est peu sur le globe d'aussi fertile, surtout dans la partie du Sud; mais on y manque de bras, et encore plus de cette émulation bien dirigée, partout si nécessaire au développement de l'industrie.

NOTES RÉLATIVES AU TABLEAU.

(1) Le Portugal est l'ancienne *Lusitanie*; son nom actuel vient, dit-on, d'un bourg nommé *Cale* par les anciens, situé sur le Duero. Vis-à-vis de ce bourg on bâtit dans la suite un autre bourg ou port qui fut nommé *Portucale* ou le *port de Cale*. Ce fut l'origine de la ville de *Porto*. Le nom de *Portugallia*, formé de celui de *Portucale*, a été donné à tout le pays.

Le Portugal a partagé les destinées de l'Espagne dont elle était une province jusqu'au moment où le roi de Castille, Alphonse VI, la donna sous le titre de comté à Henri de Bourgogne, pour le récompenser de ses victoires sur les Maures. Henriquez, fils de Henri de Bourgogne, les ayant battus de nouveau, prit le titre de roi. Ses descendans agrandirent le royaume par de nouvelles conquêtes sur les Maures, et par les découvertes que les Portugais firent en 1580 dans les Indes. Philippe II, roi d'Espagne, s'empara de ce royaume, dont Antoine, dernier roi titulaire, mort en 1595, n'avait pas laissé d'héritiers; mais la pesanteur du joug espagnol détermina, soixante ans après, les Portugais à le secouer. Ils élurent pour roi le duc de Bragance, dont la postérité regnait encore en 1807, dans la personne de la reine Marie; mais à cette époque les Anglais ayant été reçus dans ce royaume, les Français l'envahirent, et la famille royale se retira au Brésil. En 1808 le Portugal fut évacué par les Français. Depuis ce tems les Anglais l'occupent. Ce royaume est gouverné, au nom du souverain légitime, par une régence d'état.

(2) Prise de l'Ouest à l'Est.

(3) Prise du Sud au Nord.

(4) Qui, à raison de la population portée à 3,000,000 d'habitans, donnent 588 par lieue carrée.

(5) En conséquence on a pour ce pays } 15 h.ˢ p.ʳ le plus long j.ʳ / 9 h.ˢ p.ʳ le plus court.

(6) Qui ne sont point ou sont très-mal exploitées.

(7) Qui est d'un très-grand rapport.

(8) Telles sont celles de Caldas dans l'Estrémadure, sur la route de Lisbonne à Coïmbre, de *Chaves* dans la province de Traz-los-Montes etc.

(9) Ceux de *Porto*, c'est-à dire, qui se recueillent dans les environs de cette ville, sont très-recherchés, surtout en Angleterre, qui en consomme plus de 40,000 muids.

(10) Non par la faute du sol, qui ne se refuse à aucune espèce de culture, mais par cette paresse et cette indolence qu'a contractées le Portugais, qu'il doit à la chaleur excessive du climat qu'il habite, et à une foule d'autres causes morales.

(11) Configuration du sol. *Montagnes:* Celles qui séparent le Portugal de l'Espagne, parmi lesquelles on remarque le mont *Estrella* dans la province de Béïra [c'est l'*Herminius* des Romains), *Caldeiraon* et *Monchique*, qui séparent l'*Algarve* de l'Alentejo.

FLEUVES ET RIVIÈRES.

Le *Minho*, le *Duro*, } communs à l'Espagne et
Le *Tage*, la *Guadiana*, } au Portugal.

Le *Sourcillo*, qui vient du duché de Mont-Alegre et passe à Braga
La *Lima*, qui vient de Monterey en Gallice
La *Mondego*, qui a sa source à Cabria } et se jettent
La *Vouza*, qui sort de l'Estrella } dans l'Océan
Le *Solho*, qui a sa source à Weimon } atlantique.
La *Loza*, qui vient de Codorca
La *Zodaou*, qui coule de l'O. à l'E.

La *Tamega*
Le *Tuelo* } qui se jettent vers le nord
Le *Saboz*
L'*Agneda* } du Douero.
La *Coa* } qui se jettent vers le sud
La *Pavia*

TOPOGRAPHIE STATISTIQUE DU PORTUGAL.

			Principaux lieux.	Leur SITUATION TOPOGRAPHIQUE.	Dist.ᵉ de Paris.	Populat.ⁿ
Le Portugal se sous-divise en 6 provinces [1]; savoir:	au Nord celles de	entre Douero et Minho.	Brague [2] . .	dans une plaine, bordée par le Cavado et la Deste	343	12,000
			Viana	près de l'embouchure du Lima . .	349	7,000
			Porto [3] . . .	sur le Douero, à 1 lieue de la mer.	352	60,000
		Traz-los-Montes [4].	Bragance . . .	en plaine, sur la Fervença	322	2 700
			Miranda [5] .	à la jonction de la Fresne et du Douro.	312	1,000
			Villa-Réal. . .	sur le Corgos et la Ribera	317	2,400
	vers le Milieu celles de ..	Béïra.	Aveiro	à l'embouchure de la Vouga . . .	357	4,400
			Coïmbre [6] .	sur le Mondego.	365	12,000
			Lamego [7]. .	près du Douro.	338	4,500
			Castel-Branco.	entre le Pousoul et la Vereza. . .	360	4,000
		Estrémadure [8].	Leira	à la jonction du Liz et de la Lena .	385	3,500
			Lisbonne [9].	à l'embouch. du Tage, au fond d'une baie,	409	180,000
			Santarem . . .	sur le Tage	390	8,000
			Setubal	à l'embouchure du Zadaon	418	12,000
	au S. celles de	d'Alentejo.	Evora [10] . .	dans une plaine.	375	12,000
			Estremoz [11]	sur la Tarra	365	6,500
			Elvas [12] . .	près de la Guadiana	356	12,400
			Portalegre . .	au pied d'une montagne.	366	5,600
			Olivença [13].	près de la Guadiana	362	5,000
			Béja.	sur une colline, au milieu d'une plaine.	369	6,000
		d'Algarve [14].	Lagos.	à l'embouchure d'une petite rivière.	430	2,800
			Silves	près de la mer, au N. E. de Lagos .	425	2,000
			Faro	près d'un golfe qui lui sert de port.	437	7,600
			Tavira.	sur le Gilaon	421	4 700

NOTES RÉLATIVES AU TABLEAU.

[1] Chaque province se subdivise en *Corrégidories*, jurisdictions royales ou districts qui embrassent, chacune, un certain nombre de villes, bourgs et villages ; chaque corrégidorie a dans sa dépendance un ou plusieurs cantons qu'on appelle *Ouvidories*, du mot portugais *Ouvidor*, en français *Auditeur*.

[2] En portugais *Braga*. L'archevêque de cette ville est Primat de Portugal.

[3] Ou *Opporto*, ville qui après Lisbonne est la première du Portugal.

[4] Ainsi nommées de la chaîne de montagnes, qui sépare cette province de la première. C'est le pays le plus aride de tout le Portugal.

[5] Forteresses aux frontières de l'Espagne.

[6] Chef-lieu de la première corrégidorie de la province, remarquable par son université, la seule

qui existe en Portugal. Vis-à-vis de *Coïmbre*, sur le bord de la rivière, est la *fontaine des larmes* (fonte das lagrimas); elle prend sa source dans une colline ombragée par des ciprès. C'est l'endroit où, suivant la tradition, fut assassiné la malheureuse *Dona Inès de Castro*, et dont l'histoire forme le plus bel épisode de la Lusiade du Camoëns.

[7] Au S. E. de *Lamego*, à la distance à peu-près de 20 lieues, est *Almaïda*, la plus forte place du Portugal.

[8] *Estremadura Lusitanica* (Estrémadure portugaise). Elle est la plus fertile contrée de tout le royaume. C'est de cette province que viennent les vins du *Porto* et de *Setubal*.

[9] Le chef-lieu du Portugal, par sa magnificence, sa grandeur et la population qu'on évaluait à 250 milles ames, ressemble davantage à la capitale d'un grand empire qu'à celle d'un si petit royaume. Son port magnifique est défendu par le fort *Bugio*, qui se trouve dans une île à l'embouchure du Tage. Le grand nombre de vaisseaux qui y chargent et déchargent, fait, de la douane, un revenu considérable pour l'état. Les murailles dont la ville est ceinte, sont flanquées de 77 tours et ont 36 portes. Elle est le siège d'une académie.

On remarque aux environs de Lisbonne le magnifique monastère de *Belem*, et dans la vallée d'Alcantara, à 1 mille de la capitale, un aqueduc qui est un des plus superbes monumens de l'architecture moderne.

[10] Chef-lieu de la principale corrégidorie de la province. Le siège d'un archevêque, *Evora*, fut, dit-on, le séjour du fameux *Sertorius*, à qui l'on dut un superbe aqueduc, dont elle offre encore des restes aux amateurs de l'antiquité.

[11] Petite ville, mais célèbre par la victoire que remporta sur les Espagnols le général Schomberg en 1663; victoire bientôt suivie de plusieurs autres succès non moins brillans, dont le résultat fut pour le royaume de Portugal la sûreté de son indépendance rélativement à l'Espagne.

[12] Ville fortifiée, que les Espagnols et les Français bombardèrent inutilement en 1706; 4 lieues d'*Elvas* est *Villa-Vicosa*, petite ville agréable par son site, où les rois de Portugal passaient habituellement la belle saison.

[13] Place qui avait été forte, cédée à l'Espagne par le traité de Badajoz, conclu entre elle et le Portugal en 1801.

[14] *Algarve*. Cette province conserve, pour le nom, le titre de royaume qu'elle reçut d'Alphonse III, le premier des rois d'Algarve. C'est aussi à cette contrée et particulièrement à la vallée de *Silves*, près de la mer, qu'on donne au Portugal le nom de *Paradis terrestre*.

POSSESSIONS PORTUGAISES
EN ASIE, EN AFRIQUE ET EN AMÉRIQUE.

En Asie . . . .
- Goa, sur la côte de Malabar.
- Bandel, au Bengale.
- Macao, dans une île de la Chine.
- Timor, en partie.

En Afrique . .
- le Mosambique.
- la ville et le territoire de Mélinde.
- Sofala et le Monomotapa.
- colonies sur la côte de Guinée, au Congo, à Angola et Benguela, et dans la Basse-Sénégambie (Cachao).
- Les îles
  - de Porto-Santo.
  - de Madère.
  - du Prince.
  - de St. Thomas.
  - de Salvages.
  - de Mathieu.
  - de Bissao.
  - de l'Ascension.
  - de Cap-Vert.

En Amérique.
- le Brésil.
- la Guyane portugaise.
- une partie du Paraguay.
- les îles Açores, savoir
  - St. Michel.
  - Tercères.
  - du Pic.

E S P A G N E.

DOCUMENS GÉOGRAPHIQUES QUI EN INDIQUENT

LA SITUATION.	LES BORNES.	L'ÉTENDUE		la surface.	le climat d'heures.	LES PRODUCTIONS.	LE CLIMAT ET LE SOL.
		long.	larg.				
L'Espagne (1) est située entre le 12° de longit.ᵉ oc. et le 1° longit.ᵉ or. le 36° et le 44°d.lat.N.	ayant { auN. { les Pyrénées { l'Océan atlant.ᶜ ; àl'O. { le Portugal, au S. { le détroit de Gibraltar. à l'E. { la Méditerran,	275 l. (2).	175 l. (3).	16,745 l.ˢ carr. (4).	entre le 5 et 6.ᵉ climat (5).	MINÉRALES. Min.d'or, d'argent, de platine, de fer (6), de cuivre et de plomb ; soufre, alun vif-argent, antimoine et salpêtre ; cristaux, marbres, pierres de taille (7) et pierres précieuses de plusieurs espèces, eaux minérales. VÉGÉTAUX. Vins (8), fruits excellens, olives (9), capres, pastels, garance, lin, chanvre, sumac, blé, riz, safran, tabac, potasse, liège, bois de charpente. ANIMALES. Chevaux (10), moutons (11), mules, cochons, bêtes fauves, toute espèce d.volaille, abeilles, vers-à soie, kermès, poissons. INDUSTR.ᵉˢ Le commerce des piastres qu'on tire de l'Amérique, la soie crue ou mise en œuvre, le miel (12), la cire, la parterie (13), la barilla (14), la bonneterie, les cordages, les laines qui ont grande réput.ⁿ (15), les soies, les glaces (16) et la porcelaine.	CLIMAT. Est salubre ; les montagnes qui la traversent et l'élévation de son plateau, tempèrent la chaleur des vents du Midi ; dans les provinces du Nord, l'apreté de l'hiver est adoucie par les vents de l'Océan plus humides que froids ; dans presque toutes les saisons, l'aspect du pays est délicieux, les pâturages embaumés, les vignobles, les bois d'orangers, le thym et les autres plantes, forment un spectacle aussi agréable que varié. Le vent du Sud appelé *Solano*, exerce sur toute l'Espagne une fatale influence et cause aux nerfs une grande irritation. SOL (17). Très-fertile en Catalogne, dans le royaume de Valence et en Andalousie ; excellent en Arragon et en Castille ; ingrat dans les Asturies, la Galice et la Biscaye, où cependant l'industrieuse activité des habitans supplée à la médiocrité du sol.

NOTES RÉLATIVES AU TABLEAU.

(1) L'Espagne fut appelée *Hespérie* par les colonies grecques, à cause de sa situation au Couchant ; *Ibérie* par les navigateurs de Phénicie, de l'*Iber* ou *Iberus*, aujourd'hui l'Ebre ; *Hispan* d'Hispalis [aujourd'hui Séville], fondée par *Hispan*, un des anciens rois de la Bétique, à une époque qui n'est point assignée par l'histoire. L'Espagne fut peuplée par des Africains, des Gaulois, des Phéniciens, des Grecs et des Carthaginois attirés par l'or de ses mines. Ces derniers en furent chassés par les Romains, qui divisèrent l'Espagne en trois provinces et la gouvernèrent comme le reste de leur vaste empire. A la chûte de l'empire romain, l'Espagne fut envahie par les Goths. Au commencement du 5.º siècle, les Suèves, les Vandales, les Alains se la partagèrent ; en 584 les Visigoths en firent la conquête, et y élevèrent une monarchie puissante, qui fut bientôt détruite par les Arabes, Maures ou Sarrasins. Les gouverneurs maures ayant secoué le joug des califes d'Afrique, formèrent des royaumes indépendans. Leurs rivalités fomentèrent de longues et éternelles guerres, qui le devinrent encore davantage, lorsque des princes chrétiens ayant conquis une partie de l'Espagne sur les Maures, y fondèrent de nouveaux états, entre lesquels la différence des religions, du langage et de la figure excitait des haines irréconciliables. Le premier de ces royaumes fut fondé dans les montagnes des Asturies par le prince *Pélasge*; il s'y était réfugié avec tous les nobles Visigoths, après la malheureuse bataille de Xérès, qui rendit les Maures maîtres de l'Espagne. De cette poignée de braves réfugiés s'élevèrent, à différentes époques, les états chrétiens des Asturies, de Léon, de Navarre, de Castille, d'Arragon, de Portugal ; lesquels resserrant les Sarrasins chaque jour davantage, les chassèrent tout-à-fait et se remirent enfin tous [à l'exception du Portugal] sous le nom de royaume d'Espagne, par le mariage de Ferdinand, roi d'Arragon, et d'Isabelle, reine de Castille. Ce prince reprit enfin aux Maures le royaume de Grenade, le seul qui leur restât. Il établit l'inquisition dans ses états, et insensiblement tous les Maures furent contraints de repasser en Afrique. A la mort de Ferdinand, l'Espagne passa dans la maison d'Autriche, par le mariage de sa fille Jeanne avec l'archiduc Philippe. Leur fils, Charles-Quint, éleva ce royaume au plus haut degré de gloire, au moyen de la prépondérance que lui donnait en Europe la possession de l'Allemagne, des Pays-Bas, d'une grande partie de l'Italie etc. La postérité de Philippe s'étant éteinte, la couronne passa dans la maison de Bourbon, en la personne du duc d'Anjou, petit-fils de Louis XIV, qui prit le nom de Philippe V, dont le roi actuel est l'un de ses descendans.

(2) Prise du cap Finistère en Galice, au cap Creus en Catalogne.

(3) Prise du cap Gates, au royaume de Grenade, au cap Ortégal en Galice.

(4) Qui, à raison d'une population de 11 millions, donnent 656 habitans par lieue carrée.

(5) Ce qui donne $\begin{cases} \text{au Sud } 14 \ 1/2 \text{ h. p.}^{r} \text{ le plus long jour.} \\ \quad - \quad 9 \ 1/2 \text{ h. p.}^{r} \text{ le plus court j.}^{r} \\ \text{v. l. N. } 15 \ 1/2 \text{ h. p.}^{r} \text{ le plus long jour.} \\ \quad - \quad 8 \ 1/2 \text{ h. p.}^{r} \text{ le plus court j.}^{r} \end{cases}$

(6) Le Biscaye en est remplie, et le fer y est exploité avec beaucoup d'industrie. L'exportation de ce métal forme une des principales branches du commerce que fait l'Espagne.

(7) Il y a des carrières près d'Aranjuez, d'où l'on tire une pierre qui égale en beauté celle de Portland, et la surpasse par la facilité avec laquelle on la travaille.

(8) Parmi les vins on distingue ceux d'Alicante, de Malaga et de Xérès. Si l'Espagne eut préféré la culture des vignes à l'exploitation de ses mines dans le nouveau monde, elle serait aujourd'hui plus riche et moins dépeuplée.

(9) L'Espagne possède des forêts d'oliviers, et les olives les plus belles de l'Europe, surtout celles de Séville ; cependant l'huile y est détestable.

(10) Remarquable par leur belle conformation, par leur vitesse et leur docilité. L'Andalousie, sous ce rapport, offre les plus belles races ; elles sont l'un des objets d'économie, dont le gouvernement s'occupe avec le plus grand soin.

(11) Les moutons donnent la plus belle laine qu'on puisse posséder. L'Espagnol, faute d'industrie et peut-être de moyens, en vend beaucoup plus à l'étranger qu'il n'en met en œuvre ; cependant point de beaux draps s'il n'y entre de la laine d'Espagne. Divers gouvernemens de l'Europa cherchent à acclimater les moutons d'Espagne dans leurs territoires, et déjà de grands succès couronnent ces efforts, surtout dans les contrées analogues à l'Espagne.

dages.

(14) La *barilla* est une espèce de soude qu'on obtient de certaines plantes dont les royaumes de Valence et de Murcie abondent. On l'emploie avec avantage dans la fabrique du savon et dans les verreries. On en récolte année commune 150,000 quintaux, qui passent en France, en Angleterre, à Gênes et à Venise.

(15) Susceptibles d'en acquérir une plus grande, si l'on apporte plus de précautions dans la tonte et le lavage des toisons.

(16) Surtout celles de la manufacture de *Saint-Ildephonse*.

CONFIGURATION DU SOL. *Montagnes* intérieures ou *Sierras*: Outre les *Pyrénées*, sur les frontières de la France, on remarque deux chaînes de montagnes, l'une dans la moitié septentrionale et l'autre dans la moitié méridionale de l'Espagne. Chacune présente à peu-près la configuration d'un fer à cheval, dont les extrémités sont tournées vers l'Ouest. La première chaîne commence au cap Finistère, et comprend dès ce point jusqu'à la source de l'Ebre les *Cantabres*, c'est-à-dire, les montagnes de *Galice* et des *Asturies*; puis vient la *Sierra d'Oca* ou le mont *Idubeda*; la chaîne se dirige ensuite vers l'Ouest jusqu'au Portugal où elle forme à la fin les montagnes limitrophes du sud du royaume de Léon, sous le nom de *Sierra de Pico* et *Sierra-Gata*. A l'est de cette chaîne il sort, tant au Nord qu'au Sud, une chaîne latérale. Celle du Nord se dirige vers le N. E. puis vers le N. O. des Pyrénées, et forme la frontière de la Biscaye et de la Navarre; celle du Sud va du côté de l'Orient vers la source du Caje, et se nomme *Sierra-Molina*, anciennement la partie méridionale de l'*Idubeda*. La principale chaîne de la partie méridionale de l'Espagne commence déjà à la côte sud-ouest du Portugal, et n'entre en Espagne que vers la Guadiana. Elle se dirige d'abord au N. E. comme chaîne limitrophe septentrionale de l'Andalousie, sous le nom de *Sierra-Morena* [l'ancien *Mons Marianus*]; puis elle se courbe vers le Sud, sur les limites de l'Andalousie et de la Murcie, sous le nom de *Segura* ou *Orospeda*; enfin elle passe à l'Ouest, au travers de la Grenade jusqu'à Gibraltar ou Calpe, sous le nom de *Sierra-Nevada* ou cordil-

nes, carniques, pannoniennes, dalmatiennes, les monts *Balkans* et *Emineh*, ce vaste système de montagnes qui, joint à la chaîne de l'*Atlas* en Afrique, au *Liban* et au *Taurus* en Syrie et en Asie-Mineure, forment un cirque immense à l'entour du bassin de la Méditerranée.

Forêts: L'Espagne est couverte de nombreuses forêts, qui doivent en partie leur existence au peu de progrès de l'agriculture, et en partie au goût qu'ont les rois pour la chasse. C'est à ce plaisir qu'est destinée celle du *Pardo*, qui a plus de 25 milles de long.

Fleuves: Outre les rivières des côtes, l'Espagne présente six fleuves, dont quatre coulent jusqu'en Portugal; les deux autres appartiennent exclusivement à l'Espagne. Des quatre premiers, deux coulent au nord et deux au midi de l'Espagne et du Portugal. Ceux du nord sont le *Minho* grossi du *Sil*, et le *Duero* grossi de la *Puiserga*, [qui l'est elle-même de l'*Arlasson*] et du *Tormes*. Dans la partie méridionale se trouvent la *Tage* et la *Guadiana*. Les deux bassins qui appartiennent exclusivement à l'Espagne, avec les fleuves qui y coulent, sont au S. O. celui de *Quadalquivir* grossi du *Xénil*, et au N. E. [dans une direction parallèle aux Pyrénées] celui de l'*Ebre* grossi au N. E. par les eaux de l'*Arga* et de l'*Arragon*, et du *Segra* ou *Sicoris*; au Sud par les eaux du *Xalon* et du *Xiloca*. Les autres rivières qui se jettent dans la Méditerranée, sont le *Guadalentin*, la *Segura*, le *Xucar*, le *Lobregat* et le *Ter*.

Les *baies* les plus fréquentées sont celles de *Biscaye*, du *Ferrol*, de la *Corogne*, de *Vigo*, de *Cadix*, de *Carthagène*, d'*Alicante*, de *Valence*, de *Rosa*; on peut y joindre celle de l'île *Majorque*, le port *Mahon* dans l'île Minorque, et Gibraltar qui appartient aux Anglais. *Gibraltar* est un roc d'environ trois milles de long, un de large dans sa plus grande largeur, et sept de circonférence; il est entièrement isolé, et ne tient à l'Andalousie que par une langue de sable d'environ 450 toises de large et un mille de long. Le point le plus élevé de ce roc a 1200 pieds de haut. C'est cette célèbre montagne connue des anciens sous le nom de *Mons Calpe*, et celle de *Ceuta* sous celui de *Mons Abyla*, qu'ils

25)

(aujourd'hui Séville), fondée par *Hispan*, un des anciens rois de la Bétique, à une époque qui n'est point assignée par l'histoire. L'Espagne fut peuplée par des Africains, des Gaulois, des Phéniciens, des Grecs et des Carthaginois attirés par l'or de ses mines. Ces derniers en furent chassés par les Romains, qui divisèrent l'Espagne en trois provinces et la gouvernèrent comme le reste de leur vaste empire. A la chûte de l'empire romain, l'Espagne fut envahie par les Goths. Au commencement du 5.ᵉ siècle, les Suèves, les Vandales, les Alains se la partagèrent; en 584 les Visigoths en firent la conquête, et y élevèrent une monarchie puissante, qui fut bientôt détruite par les Arabes, Maures ou Sarrasins. Les gouverneurs maures ayant secoué le joug des califes d'Afrique, formèrent des royaumes indépendans. Leurs rivalités fomentèrent de longues et éternelles guerres, qui le devinrent encore davantage, lorsque des princes chrétiens ayant conquis une partie de l'Espagne sur les Maures, y fondèrent de nouveaux états, entre lesquels la différence des religions, du langage et de la figure excitait des haines irréconciliables. Le premier de ces royaumes fut fondé dans les montagnes des Asturies par le prince *Pélasge*; il s'y était réfugié avec tous les nobles Visigoths, après la malheureuse bataille de Xérès, qui rendit les Maures maîtres de l'Espagne. De cette poignée de braves réfugiés s'élevèrent, à différentes époques, les états chrétiens des Asturies, de Léon, de Navarre, de Castille, d'Arragon, de Portugal; lesquels resserrant les Sarrasins chaque jour davantage, les chassèrent tout-à-fait et se remirent enfin tous (à l'exception du Portugal) sous le nom de royaume d'Espagne, par le mariage de Ferdinand, roi d'Arragon, et d'Isabelle, reine de Castille. Ce prince reprit enfin aux Maures le royaume de Grenade, le seul qui leur restât. Il établit l'inquisition dans ses états, et insensiblement tous les Maures furent contraints de repasser en Afrique. A la mort de Ferdinand, l'Espagne passa dans la maison d'Autriche, par le mariage de sa fille Jeanne avec l'archiduc Philippe. Leur fils, Charles-Quint, éleva ce royaume au plus haut degré de gloire, au moyen de la prépondérance que lui donnait en Europe la possession de l'Allemagne, des Pays-Bas, d'une grande partie de l'Italie etc. La postérité

descendans.

(2) Prise du cap Finistère en Galice, au cap Creus en Catalogne.

(3) Prise du cap Gates, au royaume de Grenade, au cap Ortégal en Galice.

(4) Qui, à raison d'une population de 11 millions, donnent 656 habitans par lieue carrée.

(5) Ce qui donne $\begin{cases} \text{au Sud 14 1/2 h. p.}^r \text{ le plus long jour.} \\ \text{— 9 1/2 h. p}^r \text{ le plus court j.}^r \\ \text{v.-l. N. 15 1/2 h. p.}^r \text{le plus long jour.} \\ \text{— 8 1/2 h. p.}^r \text{ le plus court j.}^r \end{cases}$

(6) Le Biscaye en est remplie, et le fer y est exploité avec beaucoup d'industrie. L'exportation de ce métal forme une des principales branches du commerce que fait l'Espagne.

(7) Il y a des carrières près d'Aranjuez, d'où l'on tire une pierre qui égale en beauté celle de Portland, et la surpasse par la facilité avec laquelle on la travaille.

(8) Parmi les vins on distingue ceux d'Alicante, de Malaga et de Xérès. Si l'Espagne eut préféré la culture des vignes à l'exploitation de ses mines dans le nouveau monde, elle serait aujourd'hui plus riche et moins dépeuplée.

(9) L'Espagne possède des forêts d'oliviers, et les olives les plus belles de l'Europe, surtout celles de Séville; cependant l'huile y est détestable.

(10) Remarquable par leur belle conformation, par leur vitesse et leur docilité. L'Andalousie, sous ce rapport, offre les plus belles races; elles sont l'un des objets d'économie, dont le gouvernement s'occupe avec le plus grand soin.

(11) Les moutons donnent la plus belle laine qu'on puisse posséder. L'Espagnol, faute d'industrie et peut-être de moyens, en vend beaucoup plus à l'étranger qu'il n'en met en œuvre; cependant point de beaux draps s'il n'y entre de la laine d'Espagne. Divers gouvernemens de l'Europe cherchent à acclimater les moutons d'Espagne dans leurs territoires, et déjà de grands succès couronnent ces efforts, surtout dans les contrées analogues à l'Espagne.

(12) Le miel de l'Alcaria surpasse celui de Narbonne, si justement renommé en France.

(13) Le sparte est une espèce de chanvre dont on fait des nattes de toute espèce, des chaussures pour les gens de la campagne, et d'excellens cordages.

(14) La *barilla* est une espèce de soude qu'on obtient de certaines plantes dont les royaumes de Valence et de Murcie abondent. On l'emploie avec avantage dans la fabrique du savon et dans les verreries. On en récolte année commune 150,000 quintaux, qui passent en France, en Angleterre, à Gênes et à Venise.

(15) Susceptibles d'en acquérir une plus grande, si l'on apporte plus de précautions dans la tonte et le lavage des toisons.

(16) Surtout celles de la manufacture de *Saint-Ildephonse*.

CONFIGURATION DU SOL. *Montagnes* intérieures ou *Sierras :* Outre les *Pyrénées*, sur les frontières de la France, on remarque deux chaînes de montagnes, l'une dans la moitié septentrionale et l'autre dans la moitié méridionale de l'Espagne. Chacune présente à peu-près la configuration d'un fer à cheval, dont les extrémités sont tournées vers l'Ouest. La première chaîne commence au cap Finistère, et comprend dès ce point jusqu'à la source de l'Ebre les *Cantabres*, c'est-à-dire, les montagnes de *Galice* et des *Asturies* ; puis vient la *Sierra d'Oca* ou le mont *Idubeda* ; la chaîne se dirige ensuite vers l'Ouest jusqu'au Portugal où elle forme à la fin les montagnes limitrophes du sud du royaume de Léon, sous le nom de *Sierra de Pico* et *Sierra-Gata*. A l'est de cette chaîne il sort, tant au Nord qu'au Sud, une chaîne latérale. Celle du Nord se dirige vers le N. E. puis vers le N. O. des Pyrénées, et forme la frontière de la Biscaye et de la Navarre ; celle du Sud va du côté de l'Orient vers la source du Taje, et se nomme *Sierra-Molina*, anciennement la partie méridionale de l'*Idubeda*. La principale chaîne de la partie méridionale de l'Espagne commence déjà à la côte sud-ouest du Portugal, et n'entre en Espagne que vers la Guadiana. Elle se dirige d'abord au N. E. comme chaîne limitrophe septentrionale de l'Andalousie, sous le nom de *Sierra-Morena* [l'ancien Mons Marianus]; puis elle se courbe vers le Sud, sur les limites de l'Andalousie et de la Murcie, sous le nom de *Segura* ou *Orospeda* ; enfin elle passe à l'Ouest, au travers de la Grenade jusqu'à Gibraltar ou Calpe, sous le nom de *Sierra-Nevada* ou cordillère méridionale, avec *las Alpuxarras* et la *Sierra-Elbira*. La Sierra-Nevada, quoiqu'une des moins longues de toutes les chaînes que renferme l'Espagne, est la plus élevée ; elle forme au Sud le rempart de cette péninsule ouverte, et complète, avec les *Pyrénées*, les *Cévennes*, les *Alpes suisses, tyroliennes, carniques, pannoniennes, dalmatiennes,* les monts *Balkans* et *Emineh*, ce vaste système de montagnes qui, joint à la chaîne de l'*Atlas* en Afrique, au *Liban* et au *Taurus* en Syrie et en Asie-Mineure, forment un cirque immense à l'entour du bassin de la Méditerranée.

Forêts : L'Espagne est couverte de nombreuses forêts, qui doivent en partie leur existence au peu de progrès de l'agriculture, et en partie au goût qu'ont les rois pour la chasse. C'est à ce plaisir qu'est destinée celle du *Pardo*, qui a plus de 25 milles de long.

Fleuves : Outre les rivières des côtes, l'Espagne présente six fleuves, dont quatre coulent jusqu'en Portugal ; les deux autres appartiennent exclusivement à l'Espagne. Des quatre premiers, deux coulent au nord et deux au midi de l'Espagne et du Portugal. Ceux du nord sont le *Minho* grossi du *Sil*, et le *Duero* grossi de la *Puiserga*, [qui l'est elle-même de l'*Arlasson*] et du *Tormes*. Dans la partie méridionale se trouvent la *Tage* et la *Guadiana*. Les deux bassins qui appartiennent exclusivement à l'Espagne, avec les fleuves qui y coulent, sont au S. O. celui de *Quadalquivir* grossi du *Xénil*, et au N. E. [dans une direction parallèle aux Pyrénées] celui de l'*Ebre* grossi au N. E. par les eaux de l'*Arga* et de l'*Arragon*, et du *Segra* ou *Sicoris* ; au Sud par les eaux du *Xalon* et du *Xiloca*. Les autres rivières qui se jettent dans la Méditerranée, sont le *Guadalentin*, la *Segura*, le *Xucar*, le *Lobregat* et le *Ter*.

Les *baies* les plus fréquentées sont celles de *Biscaye*, du *Ferrol*, de la *Corogne*, de *Vigo*, de *Cadix*, de *Carthagène*, d'*Alicante*, de *Valence*, de *Rosa* ; on peut y joindre celle de l'île *Majorque*, le port *Mahon* dans l'île Minorque, et *Gibraltar* qui appartient aux Anglais. *Gibraltar* est un roc d'environ trois milles de long, un de large dans sa plus grande largeur, et sept de circonférence ; il est entièrement isolé, et ne tient à l'Andalousie que par une langue de sable d'environ 450 toises de large et un mille de long. Le point le plus élevé de ce roc a 1200 pieds de haut. C'est cette célèbre montagne connue des anciens sous le nom de *Mons Calpe*, et celle de *Ceuta* sous celui de *Mons Abyla*, qu'ils nommèrent les *Colonnes d'Hercule*. Il ne paraît pas que Gibraltar ait été habité avant que *Tarif*, général maure, qui, l'année précédente, avait pris Algésiras, y bâtit en 712, sur le revers du rocher, une forteresse dont les restes subsistent encore, il lui donna son nom *Gibel-Tarif*, montagne de *Tarif*, d'où par corruption est venu *Gibraltar*. Ferdinand, roi de Castille, la prit au commencement du 14.ᵉ siècle ; les Maures la reprirent en 1333, après six mois de siège ; les Espagnols s'en emparèrent en 1462 ; Charles-Quint sentant l'importance de cette forteresse, fit refaire ses anciennes fortifications et y en fit ajouter de nouvelles, qui la firent regarder depuis comme imprenable. Les Anglais s'en emparèrent par surprise en 1704, dans la guerre de la succession, et depuis elle est restée dans leurs mains, malgré les efforts réitérés de l'Espagne pour la reprendre.

TABLEAU STATISTIQUE DE L'ESPAGNE. (Pl. L).

			PRINCIPAUX LIEUX.	LEUR SITUATION TOPOGRAPHIQUE.	Dist.ᵉ de Paris.	Populat.ⁿ
L'Espagne se divise en 14 Provinces et Royaumes ; savoir :	au Nord .	la Galice . . .	Compostelle (1).	en plaine, entre le Sar et la Sarela .	344	10,000
			la Corogne (2) .	port de mer sur l'Océan	356	8,000
		les Asturies. .	Oviedo	en plaine, sur la Deva et l'Ova . .	294	7 000
			St. Ander. . . .	port de mer dans une presqu'île. .	258	4,500
		la Biscaye . .	Bilbao (3). . . .	à 2 l.ˢ de la mer, sur l'Ybaychalval,	238	1,000
			St. Sébastien (4)	port de mer au pied d'une montag.ᵉ	220	8,000
			Vittoria (5) . . .	dans une plaine.	237	5,000
		la Navarre . .	Pampelune (6) .	au pied d'une colline, sur l'Arga. .	219	5,500
			Tudela	à la jonction de la Quella à l'Ebre .	235	8,500
	à l'Ouest .	le royaume de Léon.	Léon (7)	en plaine, près des sources de l'Ezla	282	7,000
			Salamanque (8).	sur le Tormes	360	13,000
		l'Estrémadure.	Badajoz	place forte sur la Quadiana . . .	381	7,000
		l'Andalousie .	Cadix (9)	port de mer dans une presqu'île. .	420	70,000
			Séville (10) . . .	en pl.ⁿᵉ et s. l. rive gauch. du Quadalquivir	397	80,000
			Cordoue (11) . .	sur le Quadalquivir	370	20,000
	au Centre.	Castille vieille.	Valladolid. . . .	sur la Puiserga, près du Duero . .	285	19,000
			Burgos.	au pied d'une montagne, sur l'Arlençon	262	10,000
			Ségovie	sur l'Eresma.	295	9,500
		l'Arragon . . .	Sarragosse. . . .	dans une plaine fertile au bord de l'Ebre	257	36,000
			Huesca	sur l'Issuela	250	6,800
		Castille neuve.	MADRID (12) .	sur le Manzanarès	309	300,000
			Tolède (13). . .	à la jonct.ᵒⁿ du Tage et du Tarama.	324	20,000 •
	au S. les royaumes de	Grenade . . .	Grenade (14). .	à la jonction du Xénil et du Daro .	399	62,000
			Malaga (15). . .	port sur la Méditerranée	411	41,000
		Murcie	Murcie (16). . .	en plaine sur la Ségura.	394	44,000
			Carthagène (17)	port de mer de la Méditerranée. .	386	23,000
	à l'Est. .	le royaume de Valence (20).	Valence (18) . .	à 1 l.ᵉ de la mer, s. le Quadalaviar.	317	80,000
			Alicante (19) . .	port de mer de la Méditerranée . .	344	16 950
		la Catalogne.	Barcelone (21) .	port de mer de la Méditerranée. .	250	115,000
			Tarragone. . . .	port de mer de la Méditerranée . .	268	7,500
			Tortose (22) . .	sur une colline, près de l'Ebre . .	286	10,700

NOTES RÉLATIVES AU TABLEAU.

(1) Capitale de la Galice. On y fait beaucoup de toiles; mais son véritable et plus important commerce consiste en effigies de St. Jacques, qu'elle débite aux nombreux pélerins, qui viennent de toutes les parties de l'Europe visiter le tombeau de ce saint que possède ou est suppossée posséder la ville de Compostelle. Sa cathédrale a une cloche qui pèse, dit-on, 3oo quintaux.

(2) Port où la marine royale a un arsenal, des chantiers et une école; mais le principal chantier est au *Ferrol*, autre port de mer qui est à 71 lieues N. E. de la Corogne.

(3) Cette ville est l'entrepôt de l'Espagne, pour les laines qui passent à l'étranger.

(4) A 6 lieues de là est *Fontarabie*, place forte, prise par les Français en 1794, et rendue par le traité de paix avec l'Espagne en 1795.

(5) Ville réédifiée par Sanche-le-Grand, au commencement du 11.ᵉ siècle. Il la nomma *Vittoria*, parce qu'alors il venait de battre les Sarrasins.

(6) Non loin de Pampelune est *Peralta*, renommée par ses vins.

(7) Du tems des Romains c'était le quartier de la 7.ᵉ légion de la Germanie [Legio septima germanica].

(8) Ne subsiste plus que par son université, une des plus célèbres de l'Espagne.

(9) Prise par les Anglais en 1596, assiégée par les mêmes inutilement en 1702, et bombardée avec aussi peu de succès en 1797. A 2 lieues de cette ville est le port de Ste. Marie, séjour délicieux, d'où Cadix tire la majeure partie de ses provisions, et l'eau qu'on y boit; à 18 l.ᵉˢ *Gibraltar*.

(10) Cette ville longtems considérée comme la capitale de l'Espagne, avant que les rois eussent fixé leur résidence à Madrid [Philippe II. fut le premier], est la plus grande et une des plus belles du royaume; telle que, suivant le proverbe espagnol: *Quien no ha visto a Sevilla, no ha visto maravilla,* qui n'a pas vu Séville, n'a pas vu la merveille. Son commerce a trois branches principales: la laine, l'huile et les fruits; les fruits consistent principalement en citrons, oranges et pommes de Chine. C'est la patrie de *Michel Cervantes* et de *Barthelémi de las Casas.*

(11) N'a rien d'imposant. C'est la patrie des deux Senèques et de Lucain, d'Averroes et de plusieurs savans arabes, et du grand capitaine *Gonsalve de Cordoue*, dont Florian a chanté les exploits.

(12) L'ancienne *Mantua carpetanorum*; c'est le séjour du roi et la capitale de l'Espagne. *Aranjuez, l'Escurial, St. Ildephonse* et le *Prado* sont les *sitios* ou maisons royales qu'habitent les rois d'Espagne pendant certaines saisons de l'année.

(13) L'archevêque de Tolède prend le titre de *Patriarche des Indes*, et jouit d'un revenu de plusieurs millions. C'est à Guadalaxarra dans la même province que se fabriquent les précieux draps de Vigogne.

(14) Florissante et célèbre lorsqu'elle était la capitale d'un royaume particulier. Cette ville est délicieusement située au pied de la Sierra-Nevada.

(15) Ses vins sont fameux; ses fruits et ses poires ne le sont pas moins; mais le commerce qu'on en fait, est dans les mains étrangères.

(16) Remarquable par le clocher de sa cathédrale, où l'on peut monter en voiture, tandis que les rues sont impraticables.

(17) Bâtie, dit-on, par *Asdrubal*. C'est un port de la marine royale et le bagne des malfaiteurs; ils y travaillent à la pompe.

(18) Surnommée la *Belle*. C'est une des villes les plus anciennes et les plus florissantes de l'Espagne. Les draps, les étoffes de soie, les gazes, sont les principaux articles qu'on y fabrique. Elle ouvrit ses portes aux Français en 1812,

(19) Après *Cadix* et Barcelone une des villes les plus commerçantes de l'Espagne. Elle est fameuse par l'excellence de son vin et la fertilité de son territoire.

(20) C'est dans le royaume de Valence qu'est *Murviedro*, l'ancienne *Sagunte*, dont les malheurs ne sont pas moins connus que ceux de Numance.

(21) Ville riche et bien fortifiée. On y trouve des fabriques de dentelles, de bas, de soierie etc., et surtout de couvertures fort estimées.

(22) Place forte; elle fut prise par les Français en 1646, investie par le maréchal Suchet le 25 Mai 1810; elle capitula le 18 Juin suivant.

POSSESSIONS DES ESPAGNOLS EN ASIE, AFRIQUE ET AMÉRIQUE.

Dans la Méditerranée les îles de	Majorque. Minorque. Iviça.	Dans l'Amér.ᵉ septentrionale	sur le Con-tinent . . { Nouv. Espag. ou Vieux-Mex.ᵉ le Nouveau-Mexique. la Nouvelle-Navarre. la Californie. la Floride. dans l. îles . Cuba, Portorico, St. Dom.ᵉ
Aux Philippines les îles	Manille. Mindanao.	Dans l'Amér.ᵉ méridionale	les provin-ces de . . { Carracas, Venezuela, Quito, Cusco, le Chili, le Pérou, le Paraguay, Buenos-Ayres, la Terre magellanique. les îles . { Chiloé, la Terre-de-feu, Falklaud, ou Malouines.
Aux îles des Larrons . St. Ignace			
Les Présidios, ou places fortes	Oran, au roy.ᵉ d'Alger, cédée aux Maures en 1791. Mazalquivir, au roy.ᵉ de Maroc. Ceuta, au royaume de Fetz. Melilla, idem. Pennon de Velez. Alhuzémas.		
Les îles	Canaries. d'Annobon. Fernando-del-Po.		

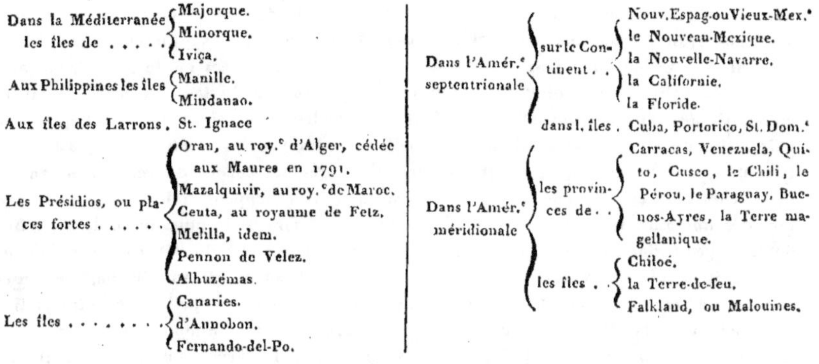

COMBAT DES TAUREAUX. (Pl. XLIX).

A la tête des plaisirs qui appartiennent presqu'exclusivement à la nation espagnole, il faut placer un spectacle pour lequel elle a un attachement effréné, tandis qu'il répugne à la délicatesse du reste de l'Europe: ce sont les COMBATS DE TAUREAUX. Ce n'est guère que pendant l'été que se donnent ces combats, parce qu'alors ces animaux sont plus vigoureux, et que la saison permet ces sortes de spectacles en plein air. L'arène est une espèce de cirque, autour duquel règnent plusieurs gradins, dont le plus élevé seulement est couvert; les loges occupent la partie supérieure de l'édifice. Le spectacle s'ouvre par une espèce de promenade autour de la place, où paraissent tant à cheval qu'à pied les athlètes qu'on va mettre aux prises avec le fier animal, tous vêtus avec l'élégance du costume espagnol. Quand cette promenade est finie, on voit s'avancer gravement deux Alquasils à cheval, en robe noire et en perruque, qui vont demander à celui qui préside la fête, l'ordre de la faire commencer. Le signal donné, aussitôt l'animal retenu jusques là dans une espèce de loge pratiquée au-dessous des gradins, sort par la porte qui donne dans l'arène. L'animal déja irrité par les coups de piques qu'il a reçus, rencontre d'abord les combattans à cheval (Picadores) qui l'attendent armés d'une longue-lance. Le taureau fond sur eux et revient à la charge malgré le fer aigu qui repousse ses attaques, et lui fait de profondes blessures. Il s'acharne sur le coursier qui porte son ennemi, lui déchire les flancs et le renverse quelquefois avec son cavalier, qui, dans cette crise, courrait le plus grand danger, si les BANDILLEROS ou combattans à pied n'accouraient; ils jettent à l'animal une pièce d'étoffe rouge sur la tête; par ce moyen le Picadore gagne du tems pour se sauver et pour monter à cheval.

Lorsqu'on juge que le taureau a été suffisamment tourmenté par les combattans à cheval, ils se retirent et le livrent aux barbares agaceries des combattans à pied. Ceux-ci vont au-devant de l'animal, et à l'instant qu'il s'élance sur eux, lui enfoncent dans le cou, deux par deux des BANDRILLAS, espèce de flèches terminées en forme d'hameçon et garnies de petites banderolles de papier coloré. La fureur du taureau redouble; il mugit, il s'agite, et ses vains efforts ne font que rendre plus poignant le trait qui le déchire. Ce dernier supplice fait briller l'agilité de ses nouveaux adversaires; d'abord on tremble pour eux en les voyant braver de si près les cornes du redoutable animal; mais leurs bras exercés portent des coups si sûrs, ils échappent si lestement au danger, qu'après quelques séances, leurs tours d'adresse ne paraissent plus qu'un léger épisode de la tragédie dont voici le dénouement. Lorsque la vigueur du taureau parait à peu-près épuisée, que son sang qui s'échappe par vingt blessures, ruissèle le long de son cou et humecte ses flancs robustes, et que l'impatience du peuple appelle une autre victime, le président de la fête donne le signal de sa mort, qui est annoncée par le bruit des fanfares. Le MATADOR (tueur) s'avance et règne seul sur l'arène; d'une main il tient une longue épée, de l'autre une espèce de drapeau qu'il fait flotter devant son adversaire; les voilà tous les deux en présence; ils s'arrètent, ils s'observent. Quelquefois le taureau reste immobile, il gratte la terre de son pied et semble méditer sa vengeance. Le taureau dans cette position, le matador qui calcule ses mouvemens, qui devine ses projets, forment un tableau qu'un pinceau habile pourrait ne pas dédaigner de saisir. Le silence de l'assemblée respecte cette scène muette. Le matador porte enfin le coup mortel, et si l'animal tombe à l'instant, mille cris célèbrent le triomphe du vainqueur. Aussitôt que le taureau est mort, des chevaux paraissent sur l'arène; on les attache à ses cornes, et l'animal est trainé hors de l'enceinte au milieu des acclamations et des applaudissemens du peuple.

L'habillement des hommes est le même qu'en France, et celui des femmes le même que dans le reste de l'Europe. Le manteau et le chapeau rond ne sont point usités en Catalogne, comme dans toute l'Espagne. A peine y voit-on un habit de Majo. Les paysans seuls ont quelque chose de distinct; ils portent ordinairement un gilet à manches, une ceinture rouge, la résille et des espèces de sandalles de cordes attachées aux pieds avec des rubans; on les appelle ESPARAGAS. Ce genre de chaussure est particulier à la Catalogne et au royaume de Valence. Quelquefois aussi ils ont par-dessus le haut de la jambe, jusqu'au genou, des guêtres de cuir brun. Les gens du peuple et les CALECHIEROS s'entortillent dans de larges couvertes de laine, qu'ils drapent sur leur tête et sur leur corps, et portent des bonnets de laine rouge ou bleue.

I T A L I E. (Pl. LI).

DOCUMENS GÉOGRAPHIQUES QUI EN INDIQUENT

LA SITUATION.	LES BORNES.	L'ÉTENDUE long.	larg.	la surface.	le climat d'heures.	LES PRODUCTIONS.	LE CLIMAT ET LE SOL.
L'Italie (1) est située entre le 37° et 47° de lat.ᵉ N. et le 6° et 17° de longitude Est.	ayant au N. { la Suisse. l'Allemagne. la France. } à l'O. { la Méditerranée, } au S. à l'E. { la mer atlantique. }	205 l.	275 l.	15,000 l.ᵉ carr. (2).	entre le 6 et 7.ᵉ climat (3).	MINÉRALES. Min. d'or, d'argent, de fer, de cuivre, de plomb, alun, salines, pierres précieuses, cristaux, granits, productions volcaniq.ˢ, marbres, albâtre, terre à porcelaine, eaux minérales etc. VÉGÉTALES. Blé, maïs, riz, vins (4), safran, manne, huile, fruits délicieux de toute espèce, chataignes (5), canne à sucre, lin, chanvre, liège, éponges, tabac, bois de charpente. ANIMALES. Bœufs, chevaux, anes, mulets, chèvres, moutons, cochons, gibier, volaille, oiseaux de proie, poissons, vers-à-soie, abeilles. INDUSTR.ᵉˡ Huile de lin (6), soie crue (7), raisins secs, cire, miel, fromages, pâtes et maccaroni, jambons, saucissons, toiles, étoffes d. soie, velours, chapeaux, gants, glaces, fleurs artificielles et parfumeries.	CLIMAT. Pur, mais sec, excepté dans toute la Lombardie; vif et piquant (8) dans la partie septentrionale, tempéré vers le Milieu, mais très-chaud dans la partie méridionale. SOL (9). Fertile et excellent, excepté dans la partie qui avoisine les Appennins et vers les marais Pontins (10).

NOTES RÉLATIVES AU TABLEAU.

(1) Cette contrée [qui forme une presqu'île séparée en quelque sorte du Continent, au point même qui l'en rend contigue, par les hautes montagnes des Alpes], fut successivement appellée *Saturnie*, ou pays de Saturne: *Oenotrie*, d'*Oenotrus* qui y conduisit une colonie vers l'an 1837 avant J. C.; *Ausonie*, des Ausones, peuple indigène de l'Italie; *Hespérie*, de sa situation à l'Ouest de l'Europe, *Italie*, d'*Italus*, roi de Sicile. Ce fut cette dernière dénomination que les Romains adoptèrent. Celle de *Wælschland* [pays des Welsches] que lui ont donnée les Allemands, est provenue du mot *Walland*, pays situé sur la mer; ou bien, ces derniers, dans l'habitude où ils sont de nommer *Welsches* tout peuple étranger, ont donné cette dénomination particulièrement aux Italiens, à raison du commerce qu'ils entretenaient avec ce peuple.

Les Romains faisaient remonter leur origine à une colonie de Troyens. Rome fut fondée 753 ans avant J. C. Après avoir été gouvernée l'espace de 244 ans par rois, tous remarquables par leurs qualités personnelles, l'importance de leurs institutions et la grandeur des évènemens dont ils furent les témoins, la ville s'érigea en république. Sous cette forme de gouvernement, toujours en guerre, toujours victorieuse, elle marcha de succès en succès, détruisant les nations, envahissant les contrées, soumettant les peuples jusqu'à ce qu'enfin, devenue la maîtresse du monde, elle tomba sous son propre poids, frappée de la main même de ses généraux. Elle fut gouvernée près de cinq siècles par les empereurs, jusqu'à l'invasion des peuples barbares qui, vainement repoussés par quelques braves empereurs, revinrent aussitôt à la charge, contre des successeurs moins heureux ou moins habiles, et triomphèrent enfin de leurs efforts. Rome, ce puissant colosse, qui depuis tant de siècles dominait orgueilleusement sur toutes les nations dont elle était entourée, s'écroula enfin sous les coups redoublés de ses sauvages ennemis, qui, maîtres du champ de bataille, s'en partagèrent les dépouilles, et montrèrent aux regards curieux le berceau de l'Europe moderne s'élevant du tombeau même de l'ancienne Rome.

Partout l'Italie est couverte des plus beaux restes de monumens anciens, qui attestent le génie et les malheurs d'un grand peuple. Les artistes vont visiter ces débris sublimes, et l'amateur de l'antiquité va nourrir ses réflexions et son cœur des grands souvenirs que reveillent à chaque pas la pierre qu'il foule aux pieds sur cette terre classique. Ces monumens les plus remarquables sont à Rome, le *Colysée*, le *Panthéon*, la *Colonne trajane*, celle d'*Antonin*, les *Arcs de triomphe de Vespasien*, de *Septime-Sévère* et de *Constantin*: l'*Amphithéâtre* de Vérone [pl. LII]; les *Voies appienne*, *flamminienne* et *émilienne*, en partie détruites; les villes entières d'*Herculanum*, de *Pompéja* etc.; une grande quantité de débris de maisons, de ponts, d'aqueducs, de bains, de réservoirs; une multitude infinie de bustes, de statues, et sans doute le sein de la terre en renferme encore davantage.

(2) Lesquelles, à raison de la population de 18,000,000 d'habitans, donnent 1,200 habitans par lieue carrée.

(3) D'où l'on a 15 heures et demie pour le plus long jour, et 8 heures et demie pour le plus court.

(4) Dont on recueille, année commune, plus de 500,000 muids.

(5) Dont on fait monter la récolte annuelle à 800,000 boisseaux.

(6) Dont on exporte annuellement 200,000 bariques.

(7) Dont le produit annuel est estimé 350,000 livres pesant.

(8) Tempéré cependant par les bises qui viennent de l'Apennin et les vents frais de la mer.

(9) CONFIGURATION DU SOL. *Montagnes*: Les *Alpes* que nous avons décrites à l'article de la Suisse. Les *Alpes maritimes* s'élèvent de la mer à l'ouest d'Oneille, et prennent différens noms en se prolongeant au Nord jusqu'au Mont-Blanc. Le défilé le plus remarquable entre les montagnes est le *Col-de-Tende*. Les principaux sommets sont le mont *Viso*, où le Rhône prend sa source etc. [voy. la pl. XIV]. L'*Apenin* occupe le second rang parmi les montagnes d'Italie, et la traverse

dans toute sa longueur, en la divisant en deux parties, Est et Ouest. C'est d'abord une branche des Alpes qui sépare les plaines du Piémont de la mer. Il commence près d'Orméa, dans cette croupe élevée qui fournit la limite du ci-devant département des Alpes maritimes, et s'étend sans interruption des deux côtés du golfe de Gênes, à peu de distance des côtes. Il s'avance vers le centre de l'Italie en s'approchant de la côte orientale, il sépare la plaine du Pô de la Toscane; il se dirige ensuite au Sud-Est jusqu'aux extrémités de cette contrée, en s'approchant généralement plus de la mer adriatique que de la Méditerranée. Au nord de Manfredonia, le célèbre mont Gargano ou St. Angelo sert comme d'appui à l'Apennin. Le mont *Velino*, dans la sabine, a 1,312 toises. Les montagnes volcaniques sont celles du *Vésuve*, qui ne tient pas à l'Apennin, et de l'*Etna* en Sicile {voy. les pl. XIII—XIV].

MERS : La Méditerranée qui prend les noms de mer de *Gênes*, de *Toscane*, de *Naples*.

GOLFES ET BAIES : De *Nice*, de *Villefranche*, d'*Oneglia*, de *Finale*, de *Gênes*, de la *Spezzia*, de *Lucques*, de *Pise*, de *Livourne*, de *Piombino*, de *Civita-Vecchia*, d'*Ancone*, de *Trieste*, des royaumes de *Naples* et de *Sicile*, de *Cagliari*, de la *Sardaigne*.

FLEUVES ET RIVIÈRES.

Le *Pô*, l'*Adige*, l'*Arno*, le *Tibre* [v. le tab. p. 94].

L'*Adda*
Tesin } qui sortent des Grisons et se jettent d.ˢ le Pô.
Mincio

L'*Oglio*, qui traverse le lac d'Isa et se jette dans le Pô.

La *Brenta*, qui arrose le Padouan et se jette dans le golfe de Venise.

La *Trébia*
La *Mura*
Le *Taro* } qui coulent dans le Pô.
La *Parma*

Le *Serchio*
La *Cécina* } qui se jettent dans la mer de Toscane.
L'*Ombrone*

La *Chiana* . . . dans l'Arno.

Le *Savio*
La *Meretchia* } dans le golfe de Venise.
Le *Foglia*
Le *Métaure*

La *Nera*
Le *Teverone* } dans le Tibre.

Le *Rubicon* . . qui parcourt les environs de Rimini.

Le *Carigliano*
Le *Voltorno* } dans la mer de Naples.

Le *Bradano*
Le *Basiento*
L'*Agri*
Le *Salandrella* } dans le golfe de Tarente.
Le *Sino*
Le *Coscile*
L'*Ofanto*

Le *Candelaro*
La *Tigua*
Le *Lanciano* } dans le golfe de Venise.
La *Vescara*

RIVIÈRES DE LA SICILE.

La *Termina*
La *Ziaretta* } qui coulent à l'E. de l'île } et se jettent dans la Méditerranée.
Le *Bufailano*
Le *Salso* } qui coulent à l'O. de l'île
Le *Belici*

LACS.

Majeur, de *Côme*, de *Lugano*, de *Guarda*.

D'*Iseo*, dans le royaume Lombard-Vénitien.

De *Sesto*, dans le duché de Lucques.

De *Castiglione*, en Toscane.

De *Bolsena*.

De *Perrugia* ou *Pérouse*, aux états du Pape.

D'*Agnano*, d'*Averne*, de *Lucra*, de *Celano* et de *Fondi*, qui se trouvent dans la terre de Labour.

De *Bevieri*
De *Pontana* } en Sicile.

MARAIS.

(10) Les *Marais-Pontins*, qui se trouvent dans les états de l'église, et dont les environs sont stériles et mal sains, malgré les soins qu'ont pris, à différentes époques, les Empereurs et les Papes, d'en rendre les eaux moins stagnantes.

La *Maremma*, pays désert et mal-sain, de 15 lieues de surface, entre Orbitello et l'île d'Elbe. On dit qu'il fut autrefois couvert de villes florissantes, et que ce fut la tyrannie du régime féodal qui le dépeupla.

TABLEAU STATISTIQUE DE L'ITALIE.

		PRINCIPALES VILLES.	LEUR SITUATION TOPOGRAPHIQUE.	Dist.ᵉ de Paris.	Populat.ⁿ
États d. roi d.Sardaig.ᵉ	La Principauté de Piémont (1).	Turin (2)	au confluent du Pô et de la Doire	152	65,000
		Pignerol (3) . .	sur la Cluson.	159	10,086
		Coni	au confluent de la Stura et du Gezzon . . .	169	16,500
		Aoste (4) . . .	au pied des Alpes	153	5,553
		Verceil	sur le Pô	167	15,870
		Mondovi (5) . .	sur la Stura	175	15,000
	Le Duché de Savoie	Chambéry (6) .	à la jonction de la Lesse et de l'Orbane . .	113	11,768
		St. Jean-de-Maurienne	sur l'Are	122	2,258
		Annecy (7) . .	au bord du lac du même nom.	102	5,130
	Le Mont-ferrat.	Acqui (8) . . .	sur la Bormida	171	6,660
		Casal (9) . . .	sur le Pô	161	15,000
	Le Milanez Sarde	Alexandrie (10).	sur le Tanaro.	170	30,000
		Tortone	sur une hauteur, avec une forte citadelle ..	173	8,440
	Le Comté de Nice (11).	Nice (12) . . .	au pied des Alpes, à l'embouch.ʳᵉ du Paulon dans la mer de Gênes.	192	18,475
		Monaco	port sur la Méditerranée	194	1,130
	Le Duché de Gênes (13)	Gênes (14) . . .	port sur la Méditerranée	222	80,000
		Savonne	port de mer à l'O. de Gênes	212	10,600
		Chiavari [15]. .	dans une plaine fertile et agréable . . .		7,960
	L'île de Sardaig.ᵉ	Cagliari (16) . .	sur le golfe du même nom, près d'une pet. montag.		35,000
		Sassari.	au nord de l'île dans le Capo di Sassari. .		25,000
Le Royaume Lombard-Vénitien	États de Venise (17)	Venise (18) . . .	bâtie sur 60 petites îles de la mer adriatique.	284	150,000
		Vicence (19) .	à la jonct. des rivières de Bachiglione et de Rotone.	260	24,600
		Padoue (20) . .	sur une colline près de la Brenta. . . .	272	31,457
		Brescia	sur la Garza, qui la traverse	215	34,000
		Vérone (21) . .	sur l'Adige.	227	41,000
		Udine (22) . .	sur la Roia	224	12,000
		Bellune	sur la Piave		
	Le Duché de Milan.	Crémone (23) .	à la jonction du Pô et de l'Adda. . . .	209	23,000
		Lodi (24). . . .	sur l'Adda, où elle a un port fameux . . .	211	16,000
		Come (25) . . .	sur le lac du même nom.	313	13,600
		Novarre (26) . .	ville forte sur un rocher	207	7,253
		Milan (27) . . .	en plaine, sur l'Olona, entre le Tessin et l'Adda	219	124,800
		Bergame . . .	sur une hauteur entre le Brembo et le Serio.	229	20,000
		Pavie (28). . .	sur le Tesin	192	8,000
	Les pays de Chiavenna, de Bormio et de la Val teline.	Sondrio	sur l'Adda.	228	
		Bormio	sur l'Adda.	231	
		Chiavenna . . .	sur la Maiera au N. du lac de Come . . .		

TABLEAU STATISTIQUE DE L'ITALIE. (Suite).

	PRINCIPALES VILLES.	LEUR SITUATION TOPOGRAPHIQUE.	Dist.ᵉ de Paris.	Populat.*
Duchés de . . .	Parme (29). . .	sur une rivière du même nom	237	30,000
	Plaisance (30) .	à la jonction du Pô et de la Trébia . . .	224	24,000
	Guastalla	à la jonction du Crostolo et du Pô	244	7,000
Duché d.Modène	Modène (31) . .	dans une plaine, entre la Secchia et le Tanaro	229	30,000
	Reggio (32) . . .	en plaine sur le Tessone	221	20,000
	Mirandole. . . .			
Duché d.Lucques	Lucques. . . .	en plaine près du Serchio	250	42,000
Le Grand-Duché de Toscane . .	Florence (33). .	sur l'Arno, qui la traverse	280	80,000
	Pise (34) . . .	sur l'Arno, qui la partage en deux	212	18,000
	Livourne (35) .	port sur la Méditerranée	214	45,000
	Piombino. . . .	sur un rocher au bord de la mer. . . .	295	7,000
Duché d'Urbin .	Urbino (36) . .	sur une montagne, à la source de la Foglia .	293	10,000
Le Perougin . .	Perrugia (37). .	sur une colline, entre le Tibre et la Genne .	302	10,000
L'Orvietan . . .	Orocéto (38) . .	près de la jonction de la Puglia et de la Chiana .	312	10,600
Le Duch. de Spoleto (39)	Spoleto	près du Lesmo	327	7,500
La Marche d'Ancone	Ancone	port de mer sur le golfe de Venise	285	25,000
Ét.ᵗ d.Pape — Le patrimoine de St. Pierre . . .	Viterbo	au pied d'une montagne	318	12,000
La Sabine. . . .	Magliano	sur une montagne près du Tibre		
La Camp.d.Rome	Rome (40) . . .	sur le Tibre	332	150,000
La Romagne . .	Ravenne (41). .	près de l'embouchure du Montone. . . .	236	15,000
	Forli.	en plaine, près du Ronco.	240	6,200
Le Ferrarais . .	Ferrare (42) . .	sur un des bras du Pô.	240	32,000
Le Bolonais. . .	Bologne (43) . .	au pied de l'Apennin, entre la Saverne et le Reno.	226	64,000
Républ. de	Saint-Marin . .	à la jonction du Tanaro et du Calore . .	250	6,000
Abruzze ultér.ʳᵉ .	Aquila.	sur une colline	338	10,000
Abruzze citér.ʳᵉ .	Chieti (45) . . .	sur une montagne, près de Pescara	351	9,000
Comté de. . . .	Molise (46). . .	au pied d'une montagne	369	4,000
Royaume de Naples, sous-divisé en — Terre de Labour	Fondi (47) . . .	en plaine, près d'un lac	355	8,000
	Gaëta	sur une colline, près de la mer	354	10,000
	Capoue (48) . .	sur le Voltorno	358	8,400
	NAPLES (49) .	sur la mer, dans une des plus délicieuses situations de l'univers.	366	400,000
	Caserta (50) . .	au pied d'une montagne	361	3,000
	Nole (51). . . .	au pied d'une colline	364	5,000
Princ. ultérieure	Bénévent	près de la jonction du Sabato et du Calore .	370	10,000
	Avelino (52) . .	au S. O. de Bénévent	365	9,000
Princ. citérieure	Salerne (53) . .	au fond d'un golfe de ce nom ; port de mer .	378	10,000
	Amalfi.	à l'O. du golfe de Salerne	385	9,000

TABLEAU STATISTIQUE DE L'ITALIE. (Suite).

	PRINCIPALES VILLES.	LEUR SITUATION TOPOGRAPHIQUE.	Dist.e de Paris.	Populat.n
Royaume de Naples, sous-divisé en Capitanate	Manfredonia	sur le golfe du même nom	386	16,000
Capitanate	Foggia (54)	située au milieu d'une vaste plaine	382	20,000
Terre de Bari	Bari	port de mer du golfe de Venise	397	30,000
Terre de Bari	Bitonto (55)	près de la mer, dans une plaine	393	8,600
Terre d'Otrante	Tarente (56)	sur le golfe du même nom	413	18,000
Terre d'Otrante	Brindisi (57)	port de mer sur le golfe de Venise	419	10,000
Terre d'Otrante	Lecce (58)	à 4 lieues de la mer	417	15,000
Basilicate	Venosa (59)	dans une plaine	394	5,000
Basilicate	Acerenza	sur le Brandano	395	5,200
Calabre citér.re	Bassano	au S. O. du golfe de Tarente	429	9,000
Calabre citér.re	Cosenza	dans une plaine fertile sur le Grathi	437	12,000
Calabre citér.re	Crotone (60)	près de la mer, à l'embouchure de l'Esaro	456	5,000
Calabre ultér.	Squillace (61)	sur la Favelone, à une lieue de la mer	452	8,000
Calabre ultér.	Catanzaro	dans les Apennins, près de l'Alli	455	12,000
Calabre ultér.	Reggio	sur une colline, près du détroit de Messine	454	16,000
Royaume de Sicile, sous-divisé en Val de Mazara	Palerme (62)	sur la côte septentrionale au fond d'un golfe	480	140,000
Mazara	Trapani	dans une presqu'île	490	16,000
Démona	Messine (63)	sur le détroit du même nom	441	50,000
Démona	Catane	au pied de l'Etna	462	26,000
Noto	Syracuse (64)	port de mer de la Méditerranée	374	14,000
Noto	Modica			
Noto	Noto	sur une montagne.		
Elbe (66)	Porto - Ferrajo, (65)	sur les côtes de la Toscane		3,000
Les îles Ponces	Ponza (67)	au sud de Gaëte.		
Ischia	Ischia (68)	sur les côtes du royaume de Naples.		
Capri (69)		à l'entrée du golfe de Gaëte.		
Les îles de Isles Lapari (70)	Lipari (71)	au nord de la Sicile		14,000
Malte	La Valette (72)	au sud de la Sicile		12,000
Gozzo (73)		au nord de Malte		30,000
Comino		entre Malte et Gozzo.		
Pentellaria (74)		au N. O. de Malte, entre la Sicile et le cap Bon en Afrique.		
Les îles Tremitti (75)		assez près du mont Gargano, dans la mer adriatique.		

NOTES RÉLATIVES AU TABLEAU.

[1] Le Piémont a fait partie de la France depuis 1802 jusqu'en 1814.

[2] Résidence du roi de Sardaigne. Son enceinte est vaste; il faut une heure et demie pour faire le tour de ses remparts. Elle ne manque pas de beaux édifices; la salle de l'opéra passe pour un modèle dans son genre; le palais de l'ancien duc de Savoie offre un superbe monument d'architecture. Parmi les établissemens utiles, qui y sont en grand nombre, on distingue un hôpital (la Charité), où sont nourries 2—3000 personnes assujetties au travail. Une académie, une université, et les richesses littéraires que celle-ci possède en manuscrits, indépendamment d'une bibliothèque riche de plus de 20,000 volumes, attestent le goût des Piémontais pour les sciences et les beaux-arts. Différentes fabriques d'étoffes de soie, de toile, de velours etc. Des papeteries, verreries etc. font de Turin une ville manufacturière.

[3] Ville ancienne; la clef de l'Italie jusqu'en 1696, époque où les Français, en la rendant au duc de Savoie, la firent démanteler.

[4] *Aosta*, *Avosta*, autrefois *Augusta Prætoria*, d'où *Aoste*, nom moderne, dérive de celui qu'elle portait anciennement, et qui lui fut donné vraisemblablement, parce qu'Auguste y envoya une colonie de 3000 soldats. Cette ville a le titre de duché.

[5] Dont le nom est devenu si célèbre par l'une des journées qui, en 1796, immortalisèrent l'armée de réserve sous le commandement du premier consul *Bonaparte*.

[6] C'est le siège d'un évêché et la patrie de l'abbé *Saint-Réal*.

[7] Anneci était la résidence de l'évêque du chapitre de Genève depuis 1535, époque à laquelle *Jacques de Baume*, évêque alors, fut chassé du chef-lieu par les sectateurs de *Calvin*.

[8] Elle est renommée pour ses bains.

[9] Ville forte, regardée comme la capitale du Montferrat; elle a un évêché.

[10] *Alexandrie* doit son nom au pape *Alexandre III*, qui, en y fondant un duché, substitua ce nom à celui de *Cesarea* qu'elle portait auparavant. Au sud-est près de cette ville se trouve *Marengo*, qui avait mérité de donner son nom au département, en mémoire de la célèbre journée (1800) qui décida alors du sort de l'Italie.

[11] *Nice* avec tout son territoire s'était soumise, en 1388, à la maison de Savoie, qui posséda ce domaine, à titre de comté, jusqu'en 1793; depuis cette époque jusqu'en 1814, ce pays a été réuni à la France, avec la principauté de Monaco, sous le nom de département des *Alpes maritimes*.

[12] Les villes de *Nice* et de *Monaco* sont l'une et l'autre agréablement situées : la première, sur la pointe méridionale du confluent, à 8 myriamètres de l'embouchure du Var; la seconde à 6 myriamètres de Nice, sur un rocher qui n'a pas plus 4 à 5milles de tour. Monaco a une bonne citadelle, son port est sûr, mais trop peu profond pour recevoir de gros bâtimens. Celui de Nice pourrait en contenir jusqu'à 200, si l'entrée en était plus facile.

[13] Il comprend la côte de Gênes, nommée aussi *rivière*, à cause de la forme longue et étroite de ce territoire, qui a 45 lieues de long sur 10 de large seulement.

[14] Cette ville est si magnifique, renferme tant et de si beaux palais, elle est dans une situation si heureuse, qu'on lui a donné le nom de *Gênes-la-superbe*. En 1805 elle fut réunie à la France, dont elle fut séparée de nouveau en 1814, par le traité de Paris, et donnée au roi de Sardaigne. C'est un siège archi-épiscopal; elle a un port spacieux, des manufactures et un bel arsenal.

[15] Petite ville, qui était le chef-lieu d'un département français.

[16] Capitale de l'île et port de mer, avec un château et une université.

[17] Ce nouvel état est un démembrement du royaume d'Italie, fondé par Bonaparte, et qui comprenait 24 départemens; six ont été rendus au

pape, deux au duc de Modène, et un au roi de Sardaigne ; les quinze restants forment le royaume Lombard-Vénitien, qui est administré par un vice-roi, qui exerce les fonctions à lui déléguées par l'empereur d'Autriche, roi de Lombardie et de Venise.

[18] Les Vénètes, peuples gaulois qui habitaient le Padouan, pour se soustraire aux fureurs des Lombards, se réfugièrent dans les lagunes du golfe adriatique, sur 72 îles où ils jetèrent les fondemens de Venise, en 596. Des relations d'origine les avaient d'abord soumis à la ville de Padoue. Ils secouèrent bientôt la domination de la mère-patrie, et se choisirent un duc ou doge vers l'an 709. Insensiblement ces magistrats se rendirent indépendants ; mais dans le 12.ᵉ siècle le sénat reprit la suprême autorité. Cette république lutta contre les empereurs, et son commerce l'ayant rendue puissante, elle fit avec les croisés la conquête de Constantinople, acquit la Dalmatie et les îles de l'archipel, dites vénitiennes. Le gouvernement y était entre les mains des nobles. Bonaparte en ayant fait la conquête, y établit des municipalités. Venise fut cédée ensuite à l'empereur d'Allemagne, qui l'avait depuis cédée au royaume d'Italie.

[19] On y fabrique des tafetas appelés *Vicentines*, beaucoup plus estimés que ceux de Florence ; l'Allemagne en fait une grande consommation.

[20] Elle communique avec la Brenta par un beau canal ; elle a une université et un siège épiscopal ; elle est ornée de palais, de belles églises et d'édifices magnifiques.

[21] C'est la patrie de *Catule*, de *Vitruve*, de *Pline l'ancien*, de *Bianchini*, de l'historien *Paul-Emile*, de *Scipion Maffei* et de *Paul Véronèse*.

[22] C'est près d'Udine que se trouve *Campo-Formio*, célèbre par le traité conclu entre la France et l'empereur, en 1798.

[23] Ville grande et bien bâtie, avec un château et une université.

[24] La journée du *pont de Lodi* rend ce lieu à jamais célèbre dans l'histoire.

[25] On dit que cette ville fut fondée par *Brennus*. Les Français la prirent en 1796, les Autrichiens

la reprirent en 1799, et les Français en 1800. C'est la patrie de *Pline le jeune*, de *Paul Jove* et d'Innocent XI.

[26] L'une des principales forteresses du Milanez, célèbre par la bataille qui se donna dans ses environs en 1512. Elle fut prise par les Français en 1796, reprise par les Autrichiens en 1799, et par les Français en 1800. C'est la patrie de *Pierre Lombard*, appelé aussi le *maître des sentences*.

[27] Cette ville, une des plus importantes de l'Italie par sa situation, sa population et ses institutions, fut prise par les Français en 1796, reprise par les Austro-Russes en 1799, et par les Français en 1800. C'est la patrie de *Valère Maxime*, d'*Alciat* et de *Gregorio Leti*.

[28] Anciennement le séjour des rois Lombards. Didier, le dernier de ces rois, y fut fait prisonnier par *Charlemagne* en 774. *Pavie*, dans l'histoire moderne, rappelle la défaite de François I. également fait prisonnier en l'an 1525. C'est la patrie de *Börce*, de *Lanfranc* et de *Jérôme Cardan*. Son université est célèbre ; Charlemagne en fut, dit-on, le fondateur.

[29] Ce fut entre Parme et Guastalla que les Autrichiens furent battus par les Français en 1734.

[30] C'est la patrie du célèbre *Raphaël* et du *cardinal Alberoni*. On voit sur la principale place de cette ville deux statues de bronze, estimées des connaisseurs : ce sont celles d'*Aléxandre Farnèse*, et de *Ranuce*, son fils.

[31] C'est la patrie de *Tassoni*.

[32] Ville forte ; la patrie de l'*Arioste* et du *Guide*.

[33] C'est la patrie d'*Améric Vespuce*, de *Machiavel*, de *Guichardin* et de *Lully*. Il reste dans cette ville, en monumens des arts nouvellement découverts et restaurés, de quoi attirer la curiosité des étrangers et fixer l'attention des artistes.

[34] Célèbre par son université. La plupart des édifices sont bâtis en marbre. Elle a un archevêché, une université et cinq collèges. La cathédrale est magnifique.

[35] Elle a un port célèbre sur la Méditerranée, qui est l'entrepôt général des marchandises d'Italie et

du Levant, principalement pour les soies, cotons, cafés et aluns.

[36] C'est la patrie de *Raphaël* et de l'historien *Polydore Virgile*.

[37] C'est la patrie de *Bartole*, célèbre jurisconsulte.

[38] C'est dans cette contrée qu'on trouve les simples avec lesquels on compose l'*Orviétan*, espèce de contre-prison.

[39] C'est l'ancienne *Ombrie*.

[40] Cette ville est la capitale du monde chrétien et la plus célèbre ville de l'univers. On connaît son antiquité, sa fondation par Romulus, et la gloire dont elle fut autrefois couverte. Elle est assise sur sept collines, d'où elle a pris le nom de *Septicolis*, et riche encore d'une infinité de précieux restes de son ancienne grandeur. Nulle part on ne voit un plus grand nombre d'obélisques, de statues, de monumens antiques, de palais superbes, de mausolées, d'arcs de triomphe, et elle demeurera toujours l'école du goût et le centre des arts dont elle fut le berceau. L'église de St. Pierre est le plus bel édifice de l'univers. Aucune bibliothèque ne peut être comparée à celle du Vatican. Rome tomba au pouvoir des Français en 1798; ils y établirent une république, qui ne subsista que 18 mois. Le pape Pie VII se vit réintégrer dans ses états en 1800.

[41] Cette ancienne ville a perdu la splendeur qu'elle avait du tems de l'exarchat; il y a deux académies, plusieurs collèges et beaucoup de maisons religieuses. Elle possède le tombeau du *Dante* et des empereurs *Honorius*, *Constance* et *Valentinien III*.

[42] Ville forte par sa citadelle. C'est la patrie de *Guarini* et du cardinal *Bentivoglio*. Les voyageurs vont y voir le tombeau de l'*Arioste* et l'hospice où le *Tasse* fut enfermé pendant sa folie.

[43] C'était après Rome la ville la plus considérable des états du pape. Elle est célèbre par son institut, l'une des premières sociétés littéraires de l'Europe, et par sa méridienne qu'elle doit à *Dominique Cassini*. C'est la patrie du *Primatrice* et de l'*Albane*.

[44] La montagne sur laquelle a été construit St. Marin, se nommait *Mons Titanus*, et conserva ce nom jusqu'au 10.ᵉ siècle. En 1739, la misérable ambition du cardinal Alberoni n'ayant pu brouiller des grands états, se dirigea contre cette petite république: il la soumit au pape, mais sa pauvreté la rendit libre et elle recouvra ses privilèges.

[45] En latin *Theate*, qui donna son nom aux Théatins, fondés en 1524 par *St. Gaëtan* de Thienne, que protégeait le cardinal *Caraffe* depuis *Paul IV*.

[46] Ce n'est qu'un bourg.

[47] Dans le voisinage de *Fondi* était *Minturne*, célèbre par les marais où se réfugia *Marius*, poursuivi par les satellites de *Sylla*.

[48] A 1 lieue de l'ancienne Capoue, si renommée par le séjour qu'y fit l'armée d'*Annibal*, et sur les ruines de laquelle on a élevé le bourg de *Ste. Marie*, où se distingue encore, parmi les débris de cette cité célèbre, un amphithéâtre en pierres de taille.

[49] C'est l'une des plus considérables de l'Italie, et selon quelques auteurs, la plus belle du monde après Constantinople. Elle est bâtie sur mur, dans une situation charmante; son port est excellent. Un grand nombre d'églises et de superbes édifices publics contribuent à sa magnificence. Elle a un siège épiscopal, une université, et trois châteaux qui la défendent. La cathédrale est dédiée à St. Janvier, auquel les habitans ont une grande confiance; ils prétendent conserver le sang de ce martyr et que ce sang se liquéfie dans certaines circonstances. Le séjour de cette ville est délicieux. Elle est néanmoins trop près du mont Vésuve, dont les éruptions la menacent. Un dixième de la population de cette ville est composé de gens sans état, d'espèces de commissionnaires nommés *Lazaroni*, qui ont montré dans la dernière guerre un grand attachement à leur prince, mais qui ont fait beaucoup de mal aux citoyens. Aux environs on trouve *Portici*, où l'on remarque un palais que fit bâtir *Don Carlos* et qe son fils a embelli; les ruines de *Pompéïa*, d'*Herculanum* et de *Stabia*; une foule de vestiges de l'antiquité, tels que l'Acheron, les Champs-Élisés, Cumes; des phénomènes, tels que la grotte du Chien, la Solfatare. Naples est la patrie d'*Horace*, de *Virgile*, *Tite-Live*, *Sénèque*, *Stace*, *Sannazar*, *Boccace* et du chevalier *Bernin*.

[5o] Charles III, roi d'Espagne, lorsqu'il n'était encore que roi de Naples, y fit bâtir un château, qui passe pour un des plus considérables de l'Europe.

[51] *Auguste* et *Agrippa,* son gendre, moururent à Nole. Une tradition vulgaire attribue à cette ville l'invention des cloches, tandis que d'autres la placent en Orient.

[52] C'est entre Bénévent et Avelino que se trouvent les gorges de *Val-di-Gargano,* autrefois les fourches Caudines.

[53] Autrefois principauté qui donna longtems son nom à l'héritier présomptif de la couronne. Encore célèbre par son école, quoiqu'on n'en connaisse plus guères aujourd'hui que les distiques, Il se tient à Salerne tous les ans, au mois de Septembre, une foire qui est une des plus considérables de l'Italie.

[54] C'est la ville d'entrepôt de toute la Pouille.

[55] Célèbre par la bataille gagnée en 1734 sur les Impériaux, par les Espagnols, commandés par le duc de *Montemar,* qui depuis et à raison de cette victoire mémorable, fut appelé duc de *Bitonto.*

[56] Dans une presqu'île. C'est la patrie d'*Architas,* le mathématicien.

[57] Ville fameuse du tems des Romains; leur armée navale s'y retirait. *Virgile* y mourut. Les Vénitiens en ont obstrué le port qu'on a tâché depuis de rendre praticable par un canal.

[58] La seconde ville du royaume de Naples, por sa richesse, son étendue et son commerce.

[59] Ou Venuse. C'est la patrie d'*Horace.*

[6o] Cette ville et toutes celles de la Calabre ultérieure ont beaucoup souffert du tremblement de terre de 1783. Il en est même qui ont presque été détruites, telles que Rhégio, Sinopoli et Bagnara. Crotone est célèbre dans l'antiquité par l'école de *Pythagore,* et par l'athlète *Milon,* surnommé le *Crotoniate.*

[61] La patrie de *Cassiodore.*

[62] Messine lui dispute le rang de capitale, plutôt sans doute par souvenir de ce qu'elle a été, que par la considération de son état actuel, qui, comparé à Palerme, ne peut aujourd'hui soutenir le parallèle sous le rapport de la population, non plus que sous celui des richesses.

[63] Moitié en plaine, moitié sur une hauteur, presque détruite par le tremblement de terre de 1783; rebâtie depuis. Malgré tout ce qu'on a pu faire pour lui rendre une existence, elle est bien loin de ce qu'elle fut. Avant les *vêpres siciliennes,* époque de son premier désastre, on y comptait 80,000 habitans.

[64] Maintenant Siragoca, bâtie environ sept siècles avant l'ère chrétienne. C'est la patrie d'*Archimède;* il y fut tué par un soldat romain, lors de la prise de cette ville par *Marcellus.*

[65] A un bon port et très sûr. C'est une place fortifiée; les rues sont larges, propres, mais les maisons sont petites et bâties en briques.

[66] Elle est remarquable par ses mines de fer, depuis la plus haute antiquité. On trouve de beaux échantillons de ce métal souvent cristallisé et mêlé de bleu de Prusse natif. On met l'asbeste et l'amiante au rang de ses productions. L'île récolte peu de grain; mais elle produit du maïs, des oliviers, des figuiers, des mûriers, des aloës. Elle a de très-bon vin; on met de l'absynthe dans celui qu'on nomme Vermut. Il y a beaucoup de gibier; les salines, les pêcheries augmentent ses richesses.

[67] La plus grande, au milieu, s'étend du N. E au S. O. dans une longueur de 4 milles.

[68] Elle se nommait autrefois *Aenaria.* Elle a des eaux minérales très-estimées.

[69] La *Caprée* des anciens. Elle est fameuse par le séjour et les débauches de Tibère.

[7o] Appellées aussi *Eoliennes* où îles de Vulcain. Elles sont toutes volcaniques.

[71] C'est la plus grande; elle a 18 milles de tour. Son plus haut sommet, *Monto-Angelo,* est plus élevé que celui du Volcano.

[72] Capitale actuelle; ville très-forte avec un château, un siège épiscopal et un palais où résidait le Grand-maitre de l'ordre. Elle fut bâtie par le Grand-maitre, Jean de la Valette, sur un roc au bord de la mer, vis-à-vis de Girgenti.

[73] Elle a presque la moitié de l'étendue de l'île de Malte, qui peut avoir 45 milles de long.

[74] Elle est volcanique et présente les phénomènes les plus singuliers. Elle est formée par un groupe de montagnes fort élevées. Cette île contient 3000 à 4000 habitans, renfermés dans une petite ville dominée par un château.

[75] Les îles de *Diomede* des anciens.

TURQUIE D'EUROPE.

DOCUMENS GÉOGRAPHIQUES QUI EN INDIQUENT

LA SITUATION.	LES BORNES.	L'ÉTENDUE long.	larg.	la surface.	le climat d'heures,	LES PRODUCTIONS.	LE CLIMAT ET LE SOL,
La Turquie d'Europe (1) est située entre le 36° et 48° de lat.^e N. et le 14° et 29° de longitude Est.	ayant au N. la Hongrie, la Russie d'Europe. à l'O. la mer adriatique. à l'E. la mer de Marmara, la mer noire,	300l.	125l.	25,000 l.^e carr. (2).	entre le 6 et 7.e climat (3).	MINÉRALES. Quelques mines de cuivre et de fer, marbres de Paros et autres précieux, terre sigillée, salines et eaux minérales. VÉGÉTALES. Blé, maïs, riz, safran, tabac, fruits excellents de toute espèce, raisins de Corinthe, cassis, olives, pavots, sené, manne, mastix, noix de Galle, coton, bois de construction, résines etc. ANIMALES. Bœufs, chevaux, anes, mulets, moutons, cochons, chèvres, bêtes fauves, volaille d'une excell. qualité, poissons, abeilles, vers-à-soie etc. INDUSTR.^{es} Soie crue, poil de chèvre et de chameau, coton brut, lin, cire, huile, cuirs, chagrin, schals etc.	CLIMAT. Varie selon les latitudes, mais est généralement sain, (4). SOL. Généralement très-fertile. Le froment, le riz, les pâturages y abondent ; mais l'agriculture, ainsi que tous les autres arts, y sont négligés (5).

NOTES RÉLATIVES AU TABLEAU.

(1) La Turquie prit son nom des *Turcs*, horde tartare qui pénétra du nord de l'Asie dans la partie méridionale de cette contrée, où elle forma un vaste état, appelé *empire ottoman*, d'*Othman* ou *Osman*, que les *Osmantlis* ou Turcs regardent comme le fondateur de leur monarchie. La Turquie d'Europe comprend toute l'ancienne Grèce, et les contrées barbares dont elle était environnée. Elle fut prise sur les empereurs d'Occident par les Arabes ou Sarrasins, sortis de l'Arabie sous l'étendard de Mahomet. Les califes s'étant endormis au sein des plaisirs, et les Sarrasins s'étant amollis ou affaiblis par leurs guerres civiles, les Turcs s'emparèrent de ces belles provinces. Tamerlan, qui renouvella presque toute la monarchie de Gengis-Kan, les enleva à ces derniers et fit périr le sultan Bajazet après l'avoir vaincu en bataille rangée. Les enfans de Tamerlan, divisés entr'eux, perdirent presque toutes ses conquêtes. Les Turcs se relevèrent et recouvrèrent leur puissance. Ils s'emparèrent de Constantinople en 1453, firent la conquête de l'Égypte en 1517, et celle de Rhodes en 1522. La bataille de Lépante vint heureusement mettre un obstacle à ces progrès. Une partie de l'empire turc est aujourd'hui en proie à la rébellion, et le sceptre ottoman, si redoutable autrefois, chancelle en Europe. Les Grecs, ou le peuple conquis, forment encore aujourd'hui la plus grande partie de la population de la Turquie d'Europe. Ce sont eux qui cultivent les terres et qui sont chargés de tous les autres travaux de l'agriculture. Les Turcs y remplissent toutes les fonctions civiles et militaires. Quelques-uns néanmoins sont artisans ou négocians. Il y a en Turquie beaucoup de Juifs et d'étrangers de toutes les nations.

(2) Lesquelles, à raison de la population de cette contrée, évaluée à 18 millions, donnent 720 habitans par lieue carrée.

(3) Ce qui donne 15 heures pour le plus long, et 9 heures pour le plus court jour.

(4) Deux vents principaux se partagent l'empire du climat de Constantinople d'une manière exclusive. Le vent du Nord domine pendant neuf mois environ. Le vent du Sud règne en hiver, et il y a quelques jours où celui d'Est se fait sentir ; alors il est souvent accompagné de neige. Constantinople n'est sujette ni à de grandes chaleurs, ni aux hivers rigoureux. Cette ville n'est exposée à la peste que par l'insouciance de ses habitans, qui, croyant à la prédestination, prennent peu de soin des moyens qui pourraient les préserver de ce fléau, qui vient de l'Asie-Mineure et de l'Égypte.

(5) CONFIGURATION DU SOL. *Montagnes :* La Turquie d'Europe a plusieurs longues chaînes de montagnes. Au sud du Danube règne la longue chaîne de l'*Hœmus*, qui est justement célèbre par son étendue, son élévation, le nombre et l'importance des rivières qui y prennent leur source. Les parties du milieu de cette chaîne furent appelées *Scomius* et *Orbelus* par les anciens, tandis que le *Scardus* peut être considéré comme sa branche la plus avancée à l'Ouest. Si on place la pointe la plus orientale de l'Hœmus à Emineh, et que de là il s'étende au-delà, au-dessus de Filipopoli et de Sofia, au sud de la Servie, on rencontre une file de montagnes connues aujourd'hui sous différens noms, telles que *Emineh* ou *Nemineg-Tagh* à l'Est ; *Balkan* et *Samoco* au Milieu ; *Iwan* à l'Ouest ; tandis que le *Despoto-Tagh* se détache vers le Sud-Est et peut fort-bien être le *Rhodope* des anciens. A l'extrémité occidentale de l'Hœmus semblent naitre deux autres chaines, dont l'une court au Nord-Ouest, laissant la Dalmatie à l'Ouest, la Bosnie et la Servie à l'Est, tandis que l'autre file est au Sud, forme les montagnes de l'Albanie et de l'ouest de la Grèce. La seconde chaîne, qui n'est que la continuation de la première, se dirige droit au Midi jusqu'au golfe d'Arta. Au midi du Drin noir, cette chaîne parait représenter la chaîne du *Lacmon* des anciens, tandis qu'une branche qui s'en détache, qui file vers le Sud-Est et qu'on nomme le mont *Agrafa*, représente le *Pinde* [Pindus]. Vers l'Ouest et plus vers le rivage sont deux autres branches qui forment deux petites branches parallèles. La plus orientale file à l'est et au nord du lac Janina, et porte, en procédant du Sud au Nord, le nom de *Minikeli*, *Merzicka* et *Trebeccina*. Celle qui borde la côte, porte le

nom de montagne *Kimara* [le *Chimerus Mons* des anciens] file aussi vers l'Est en inclinant vers le Sud, et prend successivement les noms d'*Argentorato*, de *Despoto-Tagh* et de *Tekiur-Tagh*, au-dessus de la mer de Marmara où elle se termine. De cette chaîne se détachent quelques branches au Nord et au Sud. On distingue parmi ces dernières le mont *Pangée*, qui se termine au rivage qui fait face au mont Athos et à l'île de Thasos, et qui porte sur quelques cartes le nom de monts *Castagnatz*. Le mont *Athos* qui est vis-à-vis, est un sommet détaché qui ne tient à aucune chaîne et qui attire l'attention par les monastères et les églises qui couronnent son sommet d'une manière tout-à-fait pittoresque; on le nomme aujourd'hui *Aios-Oros* ou *montagne sainte*. Il a, suivant Kastner, 3,353 pieds au-dessus de la mer *). Au sud de la Romélie sont encore d'autres petites chaînes qui paraissent se diriger d'Occident en Orient; telle est celle de *Keluzza*, qui parait représenter les monts *Cambuniens* des anciens, et qui se termine par le mont *Olympe*, où l'imagination grecque plaça tant de vertus et de passions divinisées. C'est le mont le plus élevé de la Turquie; le mont *Ossa* et le mont *Pélion*, qui sont sur la côte à l'Est, paraissent des monts détachés. Le premier porte sur quelques cartes le nom de *Kissavo*, et le second celui de montagne de *Zagora*. Une autre chaîne qui file au sud du Pénée, et se reploie au Midi, forme les monts *Othrys* des anciens; dans la partie méridionale, sous le nom moderne de mont *Conmayta*, elle représente le mont *Oeta*; sous celui de *Japora* ou *Lyakoura*, le mont *Parnasse*, noble habitation des muses; et au midi de Lyakoura, au nord de Lépante, on remarque le mont *Varassova*, et vers l'Est le mont *Vidrénitza* parait correspondre au mont *Gorax*; et en continuant dans la même direction, le mont *Stiva* représente le mont *Cirphis* de l'antiquité. Les monts *Zagara* et *Palaiovouni* représentent la double montagne de l'*Hélicon*, et le mont *Cithéron* a pris le nom de mont *Elatea*. Cette chaîne peu élevée, mais qui rappelle tant de souvenirs antiques, parait se prolonger dans l'Attique, où elle se termine en élevant trois principaux sommets. le mont *Nozea* [l'ancien *Parnis*] au nord d'Athènes. le *Penteli*, qui a conservé son

nom, au nord-ouest d'Athènes, et enfin au sud de cette ville le mont *Telo-Vouni* [l'ancien mont *Hymette*]. L'élévation du cap *Colonne* ou *Sunium* parait être l'extrémité de cette suite de hauteurs. La presqu'île de Morée est montagneuse dans sa partie intérieure, et n'offre des plaines étendues que sur ses rivages. Il parait y avoir quatre chaînes principales de montagnes, où l'on remarque le mont *Vodia*, le mont *Oleno*, le mont *Palaeo-Vouni* (l'ancien *Geranius*), le mont *Trica* (le mont *Cylène*), le mont *Sophiko* (l'ancien *Arachnée*) dans l'Argolide, le mont *Xiria* (l'ancien *Erymanthe*), le *Penta-Daktylon* (l'ancien *Taygète*) dont le sommet le plus remarquable est le mont *Elie*. Le *Taygète* ou *Penta-Daktylon* est ainsi appelé des cinq sommets principaux qu'on y observe etc.

Parmi les *Promontoires* le cap *Matapan* (le cap *Tenare* des anciens), la pointe la plus méridionale du continent de l'Europe.

MERS: La *Méditerranée*, l'*Archipel* ou la mer *Egée*, la mer *noire* ou le *Pont-Exin*, la mer de *Marmara* ou la *Prepontide*.

GOLFES de *Rodosto*, de *Salonique*, de *Napoli-di-Romania*, de *Contessa* au sud de la Romélie, de *Colon* et *Kolochina* au sud de la Morée, d'*Arta* au sud de l'Albanie, d'*Engia* (Egines) au sud de l'isthme de Corinthe, de Lépante etc.

DÉTROITS: Les *Dardanelles* (l'*Hellespont*), le détroit de *Constantinople* (*Bosphore* de Thrace), le Pas des *Thermopyles* si fameux dans l'histoire, les détroits d'*Euripe* et de *Lépante*.

LACS de *Scutari*, d'*Ochrida* en Albanie, de *Copais* dans l'ancienne Béotie, *Vulcino* en Morée (l'ancien lac *Stymphale*) etc.

RIVIÈRES: Le *Danube*, le *Dnieper*, le *Dniester*, le *Don* (voyez le tableau des rivières de l'Europe) le *Pruth* qui sort des Krapaks et se jette dans le Danube, de même que la *Save*; la *Mariza* (l'ancien *Hèbre*), qui sort des monts Balkan (*Hœmus*), et Despoto-Tag (*Rhodope*) à l'endroit où ces deux chaînes semblent se rapprocher, et se jette dans la mer Egée; le *Vardari* (l'ancien *Axius*) qui se jette dans le golfe de Salonique et prend sa source dans la partie méridionale de l'Argentorato (l'*Orbelus*); l'*Eskar* (l'ancien *Oeskus*) qui a sa source près de celle du Moritza, et la *Morave* (l'ancien *Magus*) qui a sa source au nord du mont Argentorato, viennent grossir le Danube;

---

la *Drin*, autre grande rivière, prend sa source au nord de l'Albanie, et se jette dans le Danube près de Ratcha. La *Moracca*, qui a sa source au nord de Mostar, dans les monts Igman et Ivan, qui coule ensuite au Sud parallèlement à la côte, traverse le lac de Scutari, et prenant alors le nom de *Bojana*, se décharge dans le golfe de Drin. Une autre rivière, qui coule dans le sens contraire, se décharge dans le golfe dont elle porte le nom, c'est le *Drin noir* (l'ancien *Drilo*) qui prend sa source dans le lac d'Ochrida et se décharge dans la mer près d'Alesio; la rivière d'*Arta*, qui se jette dans le golfe de ce nom; l'*Aspropotamos* (l'ancien *Acheloüs*), la *Salambria* (l'ancien *Pénée*) qui arrose toujours Larisse. Les rivières de la Morée ont nécessairement un cours très-borné. Les deux principales sont le *Roufia* (l'Alphée des anciens), et le *Vasili-Potamo* (l'Eurotas). Le premier prend sa source dans la plaine de Tégée près de Tripolitza, sort du mont Parthenius et se jette dans le golfe d'Arkadia après avoir arrosé les ruines solitaires d'Olympie. Le *Vasili-Potamo* peut être considéré comme le premier fleuve de la Morée. Il prend sa source au mont Penta-Daktylon, et se jette dans le golfe de Kolochina.

ETHNOGRAPHIE DE LA TURQUIE D'EUROPE.
PLANCHE LV.

Le retour fréquent de la pratique des purifications prescrites aux Turcs par le Coran, a produit une infinité de fontaines qu'on trouve dans les villes presque à tous les carrefours et jusque dans les campagnes sur le bord des chemins: ce sont pour la plupart des fondations pieuses, et souvent le fondateur choisit leur voisinage pour y placer le tombeau de sa famille. Dans les villes, les sultans et les grands de la cour en ont fait ériger de magnifiques, et par là se sont attiré les bénédictions du peuple. La planche LV représente la fontaine la plus remarquable qui soit connue en Turquie. Elle est située dans un des faubourgs de Constantinople, nommé THOP-HANAH ou TAP-HANÉ, dont elle porte le nom. Le sultan MAHOMET la fit construire en 1733, autant pour pourvoir d'eau potable les habitans de ce quartier de la ville, que pour leur procurer un endroit propre aux ablutions religieuses. La partie inférieure de l'édifice est incrustée de marbre blanc, dont la surface est recouverte d'ornemens dorés et en couleurs et de passages du Coran. La religion turque interdit les images des hommes et des animaux. Sur la partie inférieure de l'édifice, laquelle a 25 pieds de hauteur, repose un balcon ou un toit de 16 pieds de large, surmonté d'une coupole entourée de 16 petites tours. On voit au bas de la fontaine des réservoirs qui servent aux ablutions. Des gardiens payés par le fondateur, se tiennent dans l'intérieur de l'édifice, et sont occupés continuellement à remplir d'eau fraiche les vases étamés aussi brillans que l'argent, qu'ils placent sur le bord des niches fermées d'une grille. Dans quelques circonstances on distribue gratis, auprès des mosquées, de l'Oan à la glace, et quelques dervisches chargés de l'outre de Sacca, en offrent également aux passans. Enfin l'eau est un besoin, une jouissance et un objet de luxe chez les Orientaux.

A gauche de la fontaine, sur le derrière, se remarque une MOSQUÉE (un temple) érigée dans une ville du deuxième ordre; elle diffère entièrement des mosquées de la capitale. Ces dernières ayant été construites sur le modèle de l'église de Ste. Sophie, ont conservé la forme de la croix grecque. La mosquée du sultan Achmet est la plus belle qui existe.

De chaque côté de la mosquée s'élèvent deux tours appelées MINAREH. C'est du haut de la galerie de ces minarehs, qui servent de clochers, que l'on chante l'EZAN ou l'annonce des heures de la prière. Voici les paroles de l'IZAN: «Dieu très-haut! j'atteste qu'il n'y a «pas de Dieu, sinon Dieu. J'atteste que Mahomet est le prophète de Dieu. Venez à la «prière, venez au temple du salut. Grand Dieu! il n'y a point de Dieu, sinon Dieu.» On y joint à la prière du matin: «La prière est à préférer au sommeil.»

Le MUEZZYN répète chacune de ces paroles plusieurs fois de suite. Il est debout, les yeux fermés, les mains ouvertes et élevées, les pouces dans les oreilles, et le visage tourné vers la Mekke. Les Mezzyns, qui annoncent la prière, excellent ordinairement dans la mélodie; et le son agréable de leur chant a quelque chose de grand et de majestueux; l'ame est doucement émue lorsque de son lit et à la lueur du crépuscule on entend ces voix mélodieuses répéter ensemble ces paroles; Venez à la prière, venez au temple du salut; la prière est à préférer au sommeil!!

Dans le groupe à gauche on remarque un marchand de CAÏMAC, qui remplace le beurre avec avantage et jouit d'une grande estime chez les Turcs, qui en font un fréquent usage. Voici la manière dont il se prépare. Après avoir rempli de lait tout nouveau un vase de cuivre peu profond, on le met sur un feu de bois clair, et l'on fait bouillir ce lait pendant vingt-quatre heures consécutives, après quoi on le laisse refroidir. Le lendemain on trouve la surface consolidée, et on enlève ce corps solide; on le coupe par morceaux et on le sert avec du miel, du sucre ou du sel. A la gauche du marchand de Caïmac se trouvent une femme turque de Constantinople et une femme de province. Le BÉNYCH ou robe longue qu'elles portent, est une espèce de redingotte ouverte par devant, que les femmes mettent par-dessus leur corset. Ordinairement elles en portent deux: une extrêmement légère, qui se boutonne par en bas en forme de jupon, l'autre à manches longues et garnies de fourrures, qu'elles laissent ouvertes. Quand elles sortent, elles ont en outre une large robe de drap fin, dans laquelle elles s'enveloppent en entier. Elles se couvrent aussi la tête et la figure avec un voile (hedjaz) de mousseline blanche, qui leur cache le front, et dont les extrémités croisées sur la bouche et le menton, sont nouées parderrière. Ce voile ne laisse apercevoir que les yeux, à moins que, par un léger artifice, il ne s'écarte un moment pour laisser voir un nez bien fait, et une bouche ornée de belles dents. Au reste, dès qu'elles arrivent dans les maisons, elles baissent ce voile sous le menton, ou se débarrassent tout-à-fait de cette importune barrière inventée par la jalousie.

A la gauche de ces femmes se trouve un SACCAS ou porteur d'eau. Les saccas sont au dernier rang des soldats; ce sont eux qui fournissent l'eau bonne à boire, et celle qu'on destine aux ablutions. Ils portent l'eau dans des outres, sur des chevaux qui leur étaient fournis autrefois par les fellahs, qu'on a depuis exceptés de cette corvée. La monture de chacun d'eux porte deux outres de cuir, contenant environ 150 litres d'eau. Dans des pays aussi chauds que ceux où les Turcs font ordinairement la guerre, on sent toute l'utilité de cette institution. Les chevaux des saccas ont tous une clochette, qui avertit de loin le soldat altéré de leur approche. Le groupe placé à droite de la planche offre des Turcs dans leur costume. A côté est un officier des Janissaires, YEGNYTSCHERY (nouvelles troupes),

qui ont été créés par Amurat Ier, et n'ont conservé de leurs ancêtres dans les tems modernes que l'arrogance et l'esprit de révolte, qui les a caractérisés de tout tems. Les
Janissaires sont distingués en trois corps différens, les YAYA, les BEULUKYS et les SEYMENS.
Les derniers sont destinés à la garde des places frontières. Leurs officiers portent des
bottines jaunes, et ont le droit de monter à cheval, tandis que ceux des autres corps ont
des bottes rouges et sont tenus d'aller à pied. Parmi ces trois corps on lève des CUROUDJYS,
régimens d'élite, destinés à la garde des villes impériales, Constantinople, Andrinople et
Brousse. Le premier officier des Janissaires est le Yénitscher Aghacy, ou l'agha des Janissaires.

A côté du Janissaire sont deux Turcs dans leur pélisse. Les vêtemens larges et flottans
des Turcs forment un contraste très-piquant avec ceux des autres nations de l'Europe,
et sont en quelque sorte le principal trait de leur physionomie. Ce costume, qui distingue
si éminemment les Turcs et qui diffère tant du nôtre, a été cependant soumis à quelques
vicissitudes; la mode a étendu son sceptre jusque sur les sérieux habitans des rives du
Bosphore; elle leur a fait adopter de nouvelles formes d'habits, et ceux qu'ils portaient
il y a cent ans, seraient presque surannés. La parure n'est point interdite au musulman,
mais le Coran lui prescrit la modestie. Le blanc et le noir sont les couleurs que le prophète recommande, et il proscrit le rouge et le jaune, sans en expliquer le motif; du reste,
cette loi n'est pas suivie fort exactement. C'est surtout le turban qui distingue les rangs.
Les Turcs de Constantinople et des provinces d'Europe entourent leurs turbans de mousseline blanche; les Arabes, les Égyptiens et les Syriens de toiles de plusieurs couleurs.
Les Barbaresques emploient une étoffe soie et or; les Tartars de la Tauride portent un
bonnet de drap verd, bordé de peau d'agneau d'Astrakhan. Un musulman ne prendra
jamais un costume étranger; il a surtout en haine nos chapeaux, et l'on a vu le peuple,
pour désigner un traitre, aller clouer un chapeau à sa porte. Les Turcs se distinguent
aussi à la couleur de leurs babouches ou pantoufles; elles sont toutes de maroquin jaune;
il n'y a que les Ulémas (savans, lettrés) qui les portent bleues, et quelques militaires
qui ont des bottes rouges.

Les Turcs ne se découvrent jamais la tête, pas même à la cour ni à la mosquée. Il est
impoli à un Européen d'ôter son chapeau à un musulman, et les ambassadeurs paraissent
couverts devant le sultan. Les Mahométans se font raser la tête, à l'exception d'une touffe
de cheveux qu'on laisse au sommet du crâne. Ils la couvrent d'une calotte de laine rouge
(fès) et ensuite du turban. Il n'y a plus que les dervisches qui aient des cheveux flottans.
L'habillement des femmes grecques des différentes îles de l'Archipel est en général très-
élégant et leur sied très-bien. Celui des Grecs est à peu de chose près le même dans toutes
les îles. Quant aux gens riches, leur vêtement ressemble beaucoup à celui des Turcs, avec
la seule différence que la calotte rouge qui remplace le turban, est entourée de mousseline
blanche, rayée, ou avec un bord de couleur. Il leur est aussi défendu de porter des
babouches jaunes.

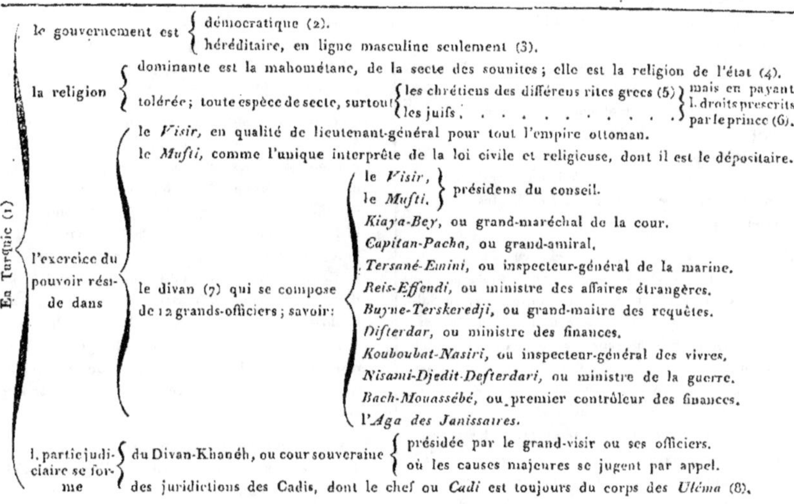

NOTES RÉLATIVES AU TABLEAU.

(1) Le Souverain de la Turquie prend le titre de *Sultan*, titre qui signifie *Seigneur*, synonime du persan *Chah*, et du tartare *Kan*. Les qualifications qu'il y ajoute, sont arbitraires; chaque sultan prend celles qu'il lui plait. Sa cour s'appelle la *Porte*, la *sublime Porte*. Ce nom qu'on donne à la cour ottomane, annonce l'origine nomade du Souverain et de la nation. Habitués à vivre sous des tentes, les sujets ne pouvaient être admis dans celle de leur prince, elle eut été bientôt remplie, on s'assemblait donc autour de cette tente, et lui, placé à la porte, disait ses arrêts et ses décisions. De là le nom de *Porte* et beaucoup d'autres termes rélatifs à la vie nomade, conservés dans l'organisation du gouvernement ottoman.

(2) Le *Mufti*, comme chef de la religion mahométane, ceint l'épée au Sultan à son avénement au trône. La religion du Prophète, à laquelle tout vrai musulman conforme ses actions, est le premier contre-poids que la constitution de l'état, telle qu'elle existe moralement et par le fait, apporte au pouvoir arbitraire du Souverain. La crainte est un frein non moins puissant; mais ce qui, pardessus tout, garantit à la masse du peuple étrangère aux dignités, cette sûreté des biens et des personnes, qui fait qu'on se croit ou qu'on est libre, c'est la grande responsabilité du *grand-visir*, ministre suprême, dans les mains duquel le pouvoir le plus entier est déposé, mais qui répond sur sa tête de l'abus qu'il se permettrait d'en faire.

(3) De la dynastie des *Osmanlis*. C'est l'aîné des fils du grand seigneur qui lui succède, et à défaut de fils, son plus proche parent. L'héritier du trône, quel qu'il soit, est tiré du fond du sérail, où l'éducation qu'il a reçue, est presque toujours nulle. Depuis que les princes héritiers du trône, ont été condamnés à une étroite prison, où toutes les facultés morales et intellectuelles s'énervent, on n'a plus retrouvé chez les monarques musulmans le génie des Othman, des Mahomet et des Sélim.

(4) Dès qu'une des femmes du *Harem* [la partie la plus reculée et la plus inaccessible du sérail] a été admise à la couche nuptiale, et qu'elle en a un fils, elle est déclarée première *Hasséky*, Sultane-Reine. Elle ne peut prendre le titre de *Valydéh* avant que son fils ait obtenu la couronne, et elle le perd après sa déposition. La Sultane-Valydéh a quelquefois une grande influence dans les affaires politiques, soit que d'elle-même elle s'y immisce, soit que le Sultan ou sa hautesse lui en fasse part.

(5) L'*église grecque* a pour chef, en Turquie, le patriarche de Constantinople, qui est élu par les archevêques des environs, et confirmé par le Sultan ou son grand-visir. Il compte jusqu'à 70 archevêques pour suffragans, et un beaucoup plus grand nombre d'évêques. On distingue parmi les couvents, dont le Supérieur se nomme *Archimandrite*, les moines du mont *Athos*. C'est parmi eux, ou plutôt c'est en général parmi les moines [à qui il est permis de se marier], qu'on choisit les évêques, les archevêques et les patriarches. La hauteur perpendiculaire du mont Athos est d'environ une lieue, et l'on assure qu'au solstice d'été, un peu avant le coucher du soleil, son ombre s'étend jusqu'à l'île de Lemnos, qui en est à plus de 20 milles. Les montagnes contiguës forment une chaîne, qui se joint à la Macédoine, et comprend 22 monastères habités, dit-on, par plus de 6000 moines. Tous les jours, après l'office, on les applique à des ouvrages manuels, qui les entretiennent dans l'esprit de leur première institution.

(6) Les différens patriarches des églises grecques ne peuvent entrer en place sans un firman ou permission de la Porte, qui s'achète et qui souvent est revoqué, s'il se trouve quelque prétendant qui en offre un plus haut prix.

(7) Le *Divan*, avant Sélim III, composé de 6 pachas à trois queues (espèce de visirs du second ordre, qui ont dans les provinces une autorité presque égale à celle que le grand-visir exerce sur tout l'empire). On n'y appellait le mufti que lorsque la loi, c'est-à-dire, le *Coran*, la loi unique en Turquie, avait besoin d'être consultée. La salle où se tient le divan, c'est-à-dire, où l'on rend la justice, est grande, mais basse, couverte en plomb, lambrissée et dorée assez simplement à la moresque. C'est aussi dans cette salle qu'on donne à manger aux ambassadeurs le jour de leur audience, et c'est là où se borne tout ce qu'il est libre aux étrangers de voir dans le sérail.

(8) Les *Ulémas* forment une corporation très-considérée, et qui, par le crédit de l'opinion qu'elle dirige souverainement, peut devenir, en certaines occasions, redoutable au trône même. Ils sont également habiles à posséder les dignités de l'église et les charges de judicature. La science est la même pour les deux états; et c'est cette double puissance morale, dont ils sont regardés comme les régulateurs, qui faisant qu'un prêtre et un jurisconsulte sont une même chose dans la langue turque, comme dans l'usage, rend les *Ulémas* les hommes les plus importans de l'empire.

TABLEAU STATISTIQUE DE LA TURQUIE D'EUROPE.

Noms des provinces.	Principaux lieux.	Leur situation topographique.	Dist.ᵉ de Paris.	Populat.ⁿ
La Croatie	Vihitz	dans une île formée par l'Unna	309	9,000
La Bosnie (1)	Bosna-Seraï (2)	sur la Bosna	323	13,000
La Dalmatie turque.	Bagnalouk (3)	près la Sentina	319	20,000
	Mostar	sur la Warenza	306	8,500
La Servie	Belgrade (4)	à la jonction de la Save et du Danube	371	26,000
	Semendria (5)	sur la rive méridionale du Danube.	379	8,000
La Valachie	Tergowisk	sur la Jalowitza	456	9,500
	Bukarest (6)	sur l'Embrowitz	472	60,000
La Moldavie (7).	Jassy	sur une colline, près du Bahoni.	515	32,000
	Choczin	sur la rive droite du Dniester	486	9,000

TABLEAU STATISTIQUE DE LA TURQUIE D'EUROPE. (Suite).

Noms des provinces.	Principaux lieux.	Leur situation topographique.	Dist.ᵉ de Paris.	Populat.ⁿ
La Bessarabie. . . .	Bender.	sur la rive droite du Dniester	540	8,200
	Ismahil	sur le Danube	435	6,400
	Sophie (8)	dans une plaine sur la Bojana	441	70,400
La Bulgarie . . .	Viddin	sur le Danube	416	10,000
	Nicopoli (9)	à la jonction du Danube et de l'Otzuma . .	437	15,000
	Scutari	sur le sac du même nom	373	10,000
L'Albanie	Ourazzo (10) . . .	sur le golfe.		
	Salominki (11) . . .	sur le golfe du même nom	445	60,000
La Macédoine . .	Côntessa	port sur les côtes de l'Archipel.		
La Romanie ou Ro-mélie (12) . .	CONSTANTINOPLE (13)	sur le détroit du même nom.	542	1,000,000
	Andrinople (14) . .	sur la Maritza, dans une plaine	497	80,000
	Philopopoli	sur la Maritza.		30,000
	Gallipoli (15) . . .	sur le détroit des Dardanelles.		
La Janiah ou Jani-na (16) . . .	Larissa (17)	dans un marais, sur le Péné	481	50,000
	Janina	sur l'Jon, au milieu d'un lac	445	11,000
	Farsas (18)	au S. O. de Larissa.		
La Livadie. . .	Livadia (19)	à l'ouest du Parnasse.		
	Lépante (20) . . .	à l'entrée du golfe du même nom.	493	7,850
	Setine i	au sud de Stiva		12,000
La Morée (23) . .	Tripolitza (21) . . .	à l'O. dans l'intérieur du pays.		
	Patras	sur le golfe de Lépante	485	8,000
	Modon	port de mer de la Morée	520	6,000
	Napoli di Roman. (22)	au fond du golfe du même nom	518	9,000
	Candie [Kirid] (24)	l'ancienne Crète		150,000
	Milo (25)	— Mélos.		
	Policandro	— Pholegandros.		
	Santorin [S. Erini] (26)	— Théra		10,000
	Serpho	— Seriphos.		
	Siphanto (27) . . .	— Siphnos.		
	Sikino	— Sicinos.		
	Nio (28)	— Jos.		
	Amorgos (29) . . .	— Amorgos.		
	Paros [Bara] (30) .	— Paros.		
	Antiparos (31) . . .	— Antiparos.		
	Naxia (32)	— Naxos.		
	Thermia (33) . . .	— Cythnes		6,000
	Eugia (34)	— Egine.		
Isles de l'Archipel	Colouri (35)	— Salamine.		
	Zia (36)	— Céos.		
	Syra (37)	— Syros		6,000
	Sdili (38)	— Délos.		
	Myconi, Micone (39)	— Myconos		4,000
	Tyne (40)	— Tenos		16,000
	Andros (41)	— Andros		12,000
	Négrepont Egripo (42)	— Eubée.		
	Skiros (43)	— Scyros.		
	Scopelo (44) . . .	— Scopelos		12,000
	Thasos (45)	— Tasos.		
	Samandraki (46) . .	— Samothrace.		
	Ténédos (47) . . .	— Ténédos		6,000
	Stampalie (48) . . .	— Assipaloca.		
	Stalimène (49) . . .	— Lemnos.		
	Lembro	— Lembros.		
	Corfou (51)	— Corcyre, ou l'île d. Phéaciens d'Homère		6,000
	Paxo (52)	— Paxoe.		
Isles Joniennes (50)	Ste. Maure (53) . .	— Leucas.		10,000
	Teaki (54)	— Ithaque		2,000
	Céphalonie (55) . .	— Céphalonie		60,000
	Zante (56)	— Zacinthe		12,000
	Cérigo (57)	— Cythère.		

NOTES RÉLATIVES AU TABLEAU.

(1) Busching distingue la *Bosnie haute* de la *Basse-Bosnie*, divisées l'une et l'autre en plusieurs gouvernemens, que les Turcs appellent *Sangiacats*.

(2) Ou *Sarajevo* ou *Seraglio*, la résidence d'un évêque latin.

(3) Ville fortifiée, résidence du pacha de la province. La *Dalmatie* tire son nom de l'ancienne ville de *Delminium*, sa capitale, que les Romains prirent et ruinèrent.

(4) Place importante, dont les fortifications ont été détruites en 1739, époque où elle fut rendue aux Turcs. Elle leur avait été enlevée par le prince *Eugène* en 1717, à la suite d'une victoire signalée qu'il remporta sur eux.

(5) Le siège d'un évêque grec, qui prenait autrefois le titre de patriarche. On trouve dans le Sangiacat de Semendria *Passarowitz*, célèbre par la paix qui y fut conclue en 1718.

(6) Ville grande et forte, et que la rivière qui baigne ses murs, contribue beaucoup à rendre agréable. L'hospodar*) et l'archevêque de Valachie y font leur résidence. A la paix de Passarowitz, la plus grande partie de ce pays, qui avait autrefois ses souverains, fut cédée à l'Autriche; mais par le traité de Belgrade, en 1739, l'Autriche la restitua à ses derniers maitres. Les Turcs l'ont toujours possédé depuis.

(7) Province dont les Russes s'emparèrent en 1769, et qu'ils rendirent, de même que la Valachie, la Bessarabie et les îles de l'Archipel, à la paix de Kainardgi, en 1774. La Porte ottomane a perdu, par son traité de paix avec la Russie, les parties de la Moldavie sur la rive gauche du Pruth.

(8) Le siège d'un évêque grec et d'un archevêque latin. Plusieurs géographes placent cette ville dans la Romanie, et d'autres la regardent comme la capitale de la Bulgarie. Elle a des bains chauds

---

*) *L'Hospodar ou Vayvode est un prince grec, que la Porte nomme pour gouverner en son nom en Moldavie ou en Valachie, et qui règne souverainement dans ces deux provinces.*

et est bâtie sur le terrain qu'occupait en partie l'ancienne *Sardonique*.

(9) Célèbre par la victoire remportée, en 1396, par *Bajazet I.* sur *Sigismond*, roi de Hongrie. *Warna*, qui se trouve aussi dans la Bulgarie, n'est pas moins renommée par la bataille gagnée par *Amurat II.* sur *Ladislas*, roi de Pologne et de Hongrie, en 1444.

L'*Albanie* tient à la Dalmatie. Les Turcs l'appèlent *Arnaud*. Elle tire son nom des anciens Albanais, qui se sont rendus célèbres par leur valeur. Ce pays est au pouvoir des Turcs, depuis que Mahomet II. s'en empara; mais les habitans de ce pays ont souvent donné de l'inquiétude aux sultans. Comme ils sont tres-braves, on a eu peine à les faire rentrer dans le devoir.

(10) Autrefois la demeure des rois d'Illyrie. *Allesino*, autrefois *Lyssas*, rappèle le nom du célèbre *George Castrio*, prince d'Albanie, connu sous le nom de *Scanderberg*, c'est-à-dire, Aléxandre Seigneur. Ce héros, qui peut être mis au rang des guerriers les plus heureux, se trouva à vingt-deux batailles, et tua, dit-on, de sa main plus de 2000 Turcs, sans recevoir aucune blessure. Sa force était si extraordinaire, que Mahomet II, étonné des coups prodigieux qu'il portait avec son sabre, le lui fit demander, persuadé que cette arme avait quelque chose de surnaturel; mais l'ayant renvoyée comme un instrument inutile dans les mains de ses généraux, Scanderberg lui fit dire qu'il ne lui avait pas envoyé son bras. Les Albanais, trop faibles après la mort de leur chef, subirent, de nouveau, le joug de la domination ottomane.

(11) C'est une des villes les plus considérables de la Turquie. Elle était connue autrefois sous le nom de *Thessalonique*, et plus anciennement sous le nom de *Therma*, qui, ainsi que celui du golfe, venait des sources chaudes sur la côte. Ce fut à l'honneur de sa femme, fille de Philippe, que Cassandre de Macédoine l'appela *Thessalonique*. Cicéron y passa quelque tems pendant son exil, et plusieurs de ses lettres à Atticus, alors en Epire, sont datées de ce lieu. Quand l'apôtre St. Paul la visita, c'était, à ce qu'il parait, une ville

grande, riche et peuplée. On se rappelle le massacre de ses habitans, au nombre de 19,000, et la sévère expiation imposée au monarque par l'intrépide Ambroise. Au déclin de l'empire grec, la ville fut prise par Guillaume, roi de Sicile, et plus tard livrée aux Vénitiens par un des Paléologues. En 1331, Thessalonique tomba aux mains des Turcs, auxquels dès-lors elle a été constamment assujettie.

(12) Les Turcs l'appellent *Roum-illi*, le pays de *Roum*; ce qui rappelle qu'elle fut habitée ou possédée par les Romains.

(13) Appelée par les Orientaux *Stamboul*, c'est-à-dire, bien fertile. Elle fut agrandie et embellie sur l'emplacement de l'ancienne Byzance, par *Constantin*, qui lui donna son nom, et en fit le siège de l'empire romain, en 328 de J. C. et années suivantes. Elle fut enlevée aux empereurs d'Orient par Mahomet II, l'an 1453 de J. C., et la 857.e de l'Hégire. Elle est sur le détroit qui joint la mer noire à celle de Marmara. Il n'est pas de situation plus agréable et plus avantageuse au commerce. Elle domine sur trois mers et sur les trois parties du monde, où le Turc a des états, savoir l'Europe, l'Asie et l'Afrique; mais elle est mal bâtie, et les rues en sont étroites. Elle a néanmoins quelques édifices célèbres, entr'autres le *Sérail* ou palais du grand-seigneur, qui a 2 lieues de circuit, et *Ste. Sophie*, construite originairement par Justinien. Cette église, autrefois patriarchale, est aujourd'hui la principale mosquée. Le faubourg *Galata* mérite une attention particulière, et dans le *Péra*, qui termine ce faubourg, on remarque le palais des ambassadeurs des princes d'Europe. Le grand *bazar*, ou marché de Constantinople, est une grande place carrée, entourée d'une muraille, qui a un mille d'étendue en tout sens. Il y a plusieurs grandes portes, et l'intérieur est partagé en différentes allées sablées, couvertes d'un toit ceintré et éclairées par des fenêtres vitrées De chaque côté de ces promenades il y a une rangée de boutiques remplies de marchandises précieuses.

(14) Appelée *Adranah* par les Orientaux; ville importante, qui fut longtems le séjour des souverains de la Turquie. C'est la deuxième ville de l'empire. Elle a de belles mosquées, de belles fontaines et

d'autres beaux édifices publics. Elle fait un grand commerce en vins.

(15) Résidence d'un pacha.

(16) L'ancienne *Thessalie*; elle renferme l'Olympe, l'Ossa, le Pélion et le Pinde, montagnes célèbres; la vallée de Tempée, le fleuve Pénée, et un grand nombre d'autres lieux dont les anciens noms sont classiques et fameux dans la mythologie. Un pacha la gouverne.

(17) Que Virgile dit être la patrie d'Achille.

(18) Autrefois *Pharsale*, célèbre par la victoire que Jules-César remporta sur Pompée.

(19) Capitale qui a donné son nom à la province.

(20) Ou *Atina*, sur l'emplacement d'Athènes, qui n'offre plus que des ruines et des souvenirs. *Mégares*, *Thèbes*, *Delphes* etc. ne sont plus que des villages.

(21) Autrefois la résidence du pacha de la Morée, et bâtie sur les ruines de l'ancienne Mantinée, qui rappèle le héros de la Béotie.

(22) Qui est l'ancienne *Nauplia*.

(23) L'ancien *Péloponnèse*, qui fut le théâtre de longues guerres entre les Spartiates et les Athéniens. Le nom de *Morée*, que cette province porte aujourd'hui, lui vient de la grande quantité de mûriers qu'on y cultive.

(24) Isle de *Crète*. Les Vénitiens l'avaient acquise du tems des croisades, et elle fit longtems partie de leurs domaines. Les Turcs la leur enlevèrent en 1669. Sa capitale est Candie, sur la côte septentrionale dans une plaine fertile. Cette île, autrefois si célèbre par les fables des poètes et le berceau de Jupiter, a 66 lieues de long sur 20 de large; elle produit beaucoup de grains, d'excellent vin, de la soie et du miel odorant.

(25) Cette île, qui ressemble à un tapis de verdure parsemé d'anémones, a 12 lieues de tour, et produit du vin, des fruits et du coton. Sa capitale porte le même nom.

(26) A 9 lieues de tour. On y récolte des grains, d'excellent vin et du coton. Ses villes sont *Castro*, capitale, et *Pyrgos*. C'est près de *Santorin* que, depuis 1707 jusqu'en 1711, une île nouvelle s'est successivement élevée du milieu des flots.

(27) Cette île a 9 lieues de long sur 2 de large; ses campagnes riantes et fleuries produisent des grains et du coton. Elle a des figuiers et des oliviers. La capitale est *Seraï.*

(28) Cette île a 12 lieues de tour; ses ports sont commodes et fréquentés. *Nio* en est la capitale.

(29) A 12 lieues de tour, et pour capitale une ville de ce nom, avec un bon port.

(30) Célèbre autrefois par ses marbres. Ce fut la patrie du poète Archiloque, que son goût et son talent pour la satyre ont fait repousser dans la classe des méchans. On connaît le monument précieux de l'antiquité, qu'on y a trouvé et qu'on nomme la *Chronique de Paros* ou le *marbre d'Arundel,* du nom de *Thomas Howard, comte d'Arundel,* qui fit transporter ce monument en Angleterre et en fit présent à l'université d'Oxford en 1667. L'inscription de ce marbre offre la plus ancienne chronique; elle fut faite 264 ans avant la naissance de J. C. et embrasse un espace de 300 ans.

(31) Remarquable par sa grotte.

(32) Elle a 30 lieues de tour; c'est la plus fertile des îles de l'Archipel; les avantages dont elle jouit, l'ont fait nommer la reine des Cyclades. Sa capitale est *Naxia.* Les excellens vins de Naxos ont peut-être donné lieu à la fable du séjour de Bacchus dans cette isle et de ses amours avec Ariane.

(33) A une source d'eau chaude et est riche en soie et en olives.

(34) Patrie des Myrmidons qu'Achille conduisit devant Troie; elle a 5 lieues de long et 4 de large. *Engia* est la capitale.

(35) Célèbre par la bataille de son nom (Salamine), gagnée par les Grecs sur les Perses, et par son roi *Télamon* et ses deux fils *Ajax* et *Teucer,* qui allèrent au siège de Troie.

(36) Elle produit de la soie en abondance, de l'orge et du vin. L'île a 6 lieues de long et 3 de large. *Zia,* son chef-lieu, n'est qu'un bourg bâti sur l'emplacement de l'ancienne *Carthéa.*

(37) Elle a 15 lieues de tour. On y trouve de belles ruines. Elle abonde en grains, coton, huile, vins et fruits. Sa capitale est *Syros.*

(38) Une des moins grandes de l'Archipel, mais la plus célèbre dans l'antiquité, par son temple et son oracle d'Apollon, qui, ainsi que Diane, y avait, disait on, pris naissance. La vénération pour cet ancien point central des anciennes Cyclades était telle, que les Perses, sous la conduite de Datis, n'y portèrent ni leurs ravages, ni leurs armes.

(39) Cette île récolte peu de grains, mais les vins et les fruits y sont excellens. Sa capitale est *Myconi,* port très-fréquenté.

(40) Cette île produit en abondance des grains, des fruits, des vins excellens, de la soie, du coton, du miel etc. Sa capitale est *San.Nicolo.* Cette île, autrefois très puissante sur mer, avait un beau temple de Neptune.

(41) Cette île avait un fameux temple de Bacchus; elle a 30 lieues de long. Ses riantes et fertiles campagnes sont couvertes de vergers, de citronniers, d'orangers, de grenadiers etc. Elle fournit de la soie, du coton, de l'huile, du miel etc. *Arna* est la capitale.

(42) Elle a 40 lieues de long sur 10 de large. Jadis elle était très-peuplée. Elle produit des vins, des grains, des fruits délicieux, de l'huile, du miel, du coton etc. Ses beaux et vastes pâturages nourrissent un grand nombre de bestiaux. Sa capitale, qui porte aujourd'hui le même nom, s'appelait autrefois *Chalcis.* Le canal qui se trouve entre cette île et la terre ferme, connu autrefois sous le nom d'*Euripe,* était fameux par son flux et reflux, qui a bien étonné les anciens. C'est dans cette île que régnait *Palamède* du tems de la guerre de Troie. Elle rappèle l'ancienne *Erétrie,* qui se vantait d'avoir résisté aux Perses, et qui renfermait un grand nombre de statues et de tableaux.

(43) Cette île qui fut le théâtre de la mort de Thésée, et qui est fameuse par le séjour qu'y fit Achille chez le roi Lycomède, renferme des carrières de très-beau marbre, et fournit des grains et des fruits. Elle a 6 lieues de long sur 3 de large. Sa capitale est *Skiros.*

(44) Elle a 8 lieues de long sur 4 de large. Ses habitans sont tous Grecs. Elle produit des excellens vins.

(45) Elle a 3o lieues de tour, est fertile en grains, vins, fruits, huile et miel. On y trouve de beaux marbres et de l'excellent bois de construction. *Thasos*, port de mer, en est la capitale.

(46) Elle a 8 lieues de tour, et produit du blé, des vins et des fruits. La capitale, port de mer, porte le même nom.

(47) Dans le voisinage de Troie. Pendant le siège de cette ville, les Grecs s'y tinrent cachés pour mieux surprendre les Troyens. Elle a 15 lieues de tour. On y récolte d'excellent vin muscat et beaucoup de fruits.

(48) On y recueille un peu de vin, du coton et de l'huile, productions peu proportionnés à la fertilité du sol, parce que l'industrie y est comprimée par les vices du gouvernement. L'île a 7 lieues de long sur 3 de large. *Stampalie*, sa capitale, a un bon port.

(49) Elle était consacrée à Vulcain, que les habitans honoraient comme leur dieu tutélaire. Comme l'île est volcanique et qu'elle jettait autrefois des flammes, on l'avait supposée le séjour de Vulcain et des Cyclopes qui y forgeaient les foudres de Jupiter. Les Grecs y abandonnèrent Philoctète. Elle produit des grains, des fruits, des vins, du coton, du miel etc. On y compte 75 villages bien peuplés. Sa capitale se nomme *Stalimène*. Elle fait le commerce d'une terre médicinale dite *sigillée*. La mythologie place dans cette île le théâtre de la fable de *Thoas* et de sa fille *Hysiphyle*.

(50) Les îles Joniennes appartiennent aux Vénitiens. Elles furent données à la France par le traité de Campo-Formio; par celui de Luneville, elles devinrent une république indépendante, sous la protection de la France, de la Turquie et de la Russie. Cette dernière puissance, après s'y être rendue prépondérante, les a rendues à la France; elles sont aujourd'hui sous la domination de l'Angleterre.

La population est surtout composée de Grecs; leur religion y domine; la catholique y est protégée; on y tolère les autres. Il y a aussi beaucoup d'Italiens et de Juifs.

(51) Cette île est célèbre dans la mythologie par les jardins d'Alcinoüs, qui accueillit Ulysse jeté par la tempête sur les côtes de l'île. Elle produit des grains, des vins, de l'huile, du miel et des fruits. *Corfou*, bon port et place forte, en est la capitale.

(52) Paxo, au sud de Corfou. Son port est bon et porte le nom de Saint-Nicolas.

(53) Cette île a 16 lieues de tour; elle produit du blé, du vin, de l'huile, des fruits, des fromages et du sel. *Amaxichi*, place forte avec un bon port, en est la capitale.

(54) *Ithaque* formait avec *Dulichie* le royaume du célèbre Ulysse. Les chants divins d'Homère ont donné à cette espèce de rocher une réputation immortelle. L'île d'Ithaque a 10 lieues de tour. Elle produit du blé, du vin, de l'huile, des fruits et des légumes. Son principal lieu est *Vathi*, simple bourg.

(55) A 6o lieues de tour, produit du blé, du vin et des fruits. *Argostoli*, place forte vis-à-vis de l'Albanie et port excellent, en est la capitale.

(56) N'a que 6 lieues de long sur 4 de large. On y compte 5 villages. Elle est agréable et très-fertile. On y fait un grand commerce de raisins de Corinthe et d'autres fruits; elle produit beaucoup d'huile et possède une fontaine de bitume. Sa capitale est *Zanthe*, place forte avec un bon port. Les deux petites îles de *Strivali*, qui sont les anciennes *Strophades*, et celle de *Sapienza*, autrefois *Spactérie*, en dépendent.

(57) Patrie de Vénus; elle est féconde en tourterelles et en faucons; il y a beaucoup d'oliviers et de mûriers. Cette île, qui a 18 lieues de tour, a pour capitale *Cérigo*.

Division astronomique de la Terre

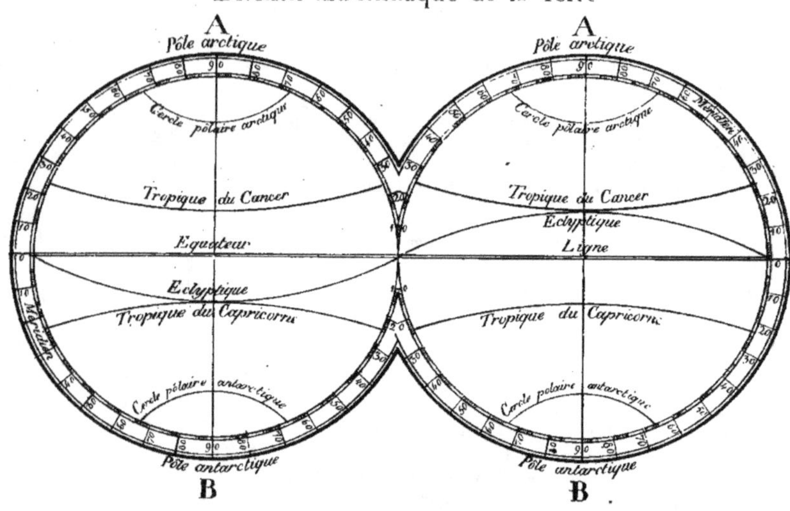

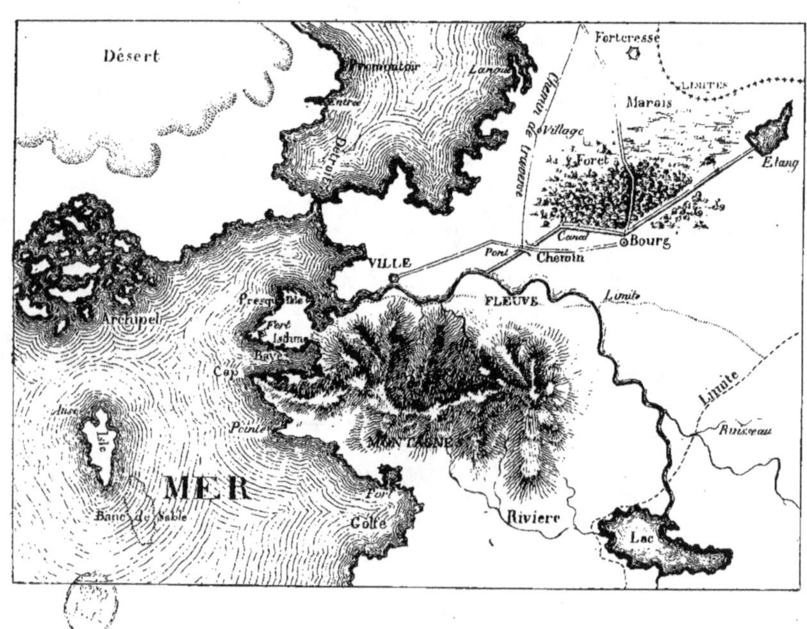

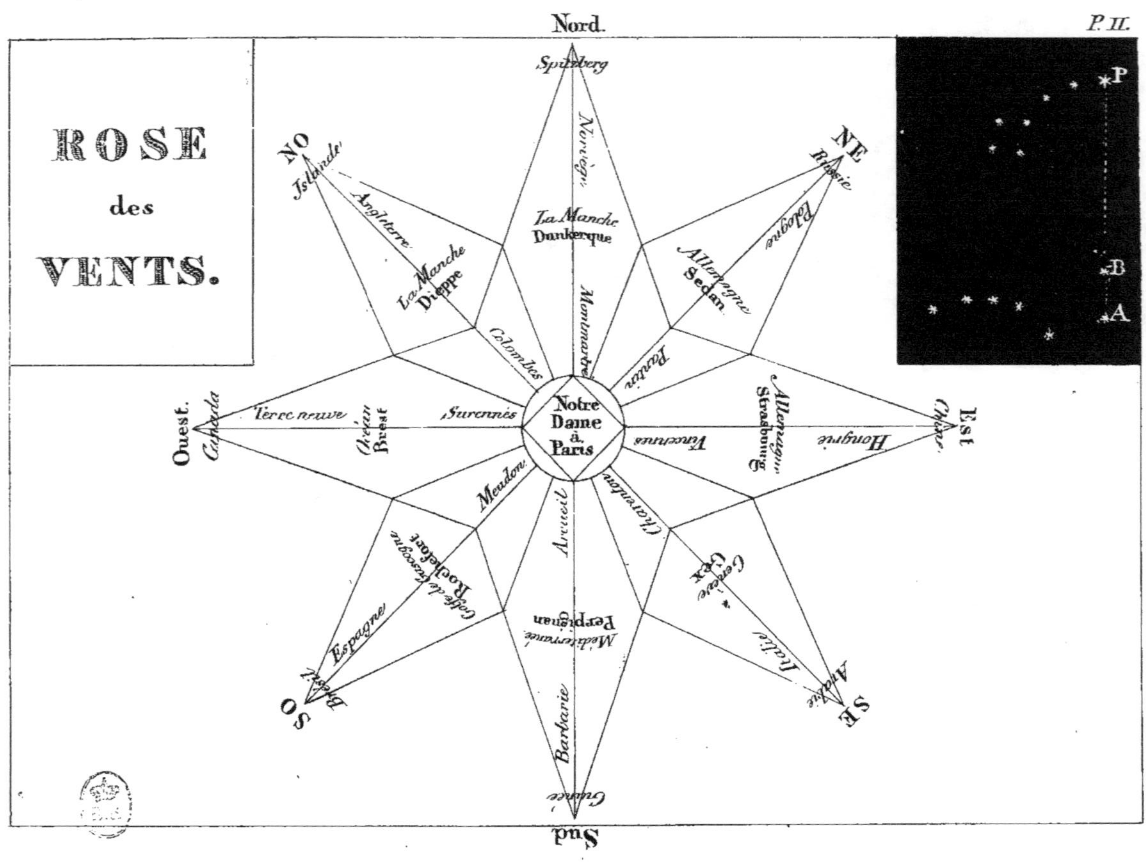
P. II.
ROSE
des
VENTS.
Nord.
Spitzberg
Norvège
La Manche
Dunkerque
Montmartre
NO
Islande
Angleterre
La Manche
Dieppe
Colombes
NE
Russie
Pologne
Allemagne
Sedan
Pantin
Ouest.
Capella
Terre neuve
Océan
Brest
Surennes
Notre
Dame
à.
Paris
Vincennes
Allemagne
Strasbourg
Est
Chien
Hongrie
Meudon
Arcueil
Charenton
Genève
Crx
Espagne
Golfe de Gascogne
Rochefort
Méditerranée
Perpignan
Italie
SE
Arabie
SO
Brésil
Barbarie
Guinée
Sud
P
B
A

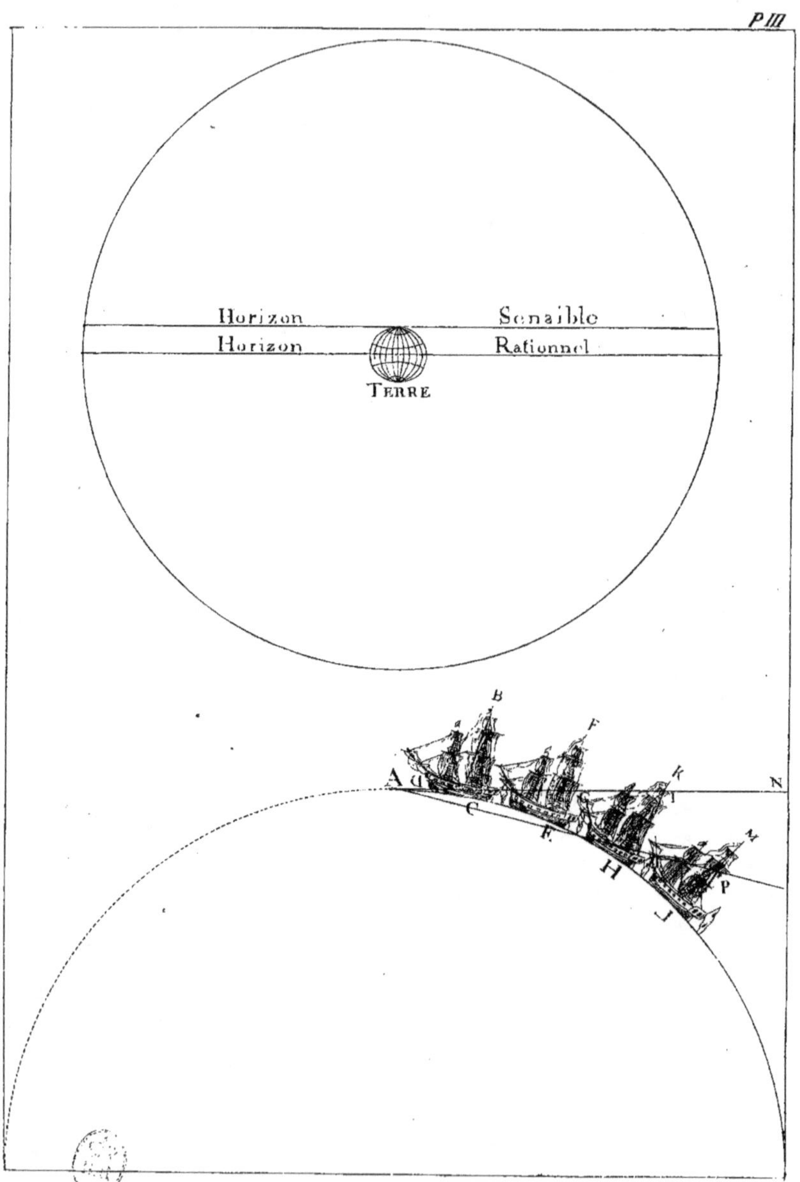

Horizon Sensible
Horizon Rationnel
TERRE
B
F
A D
C
K
N
E
G
I
M
H
P
L

Fig I
Fig III
Fig II
☿ Mercure, ♀ Vénus, ♁ La Terre, ♂ Mars, ⚳ Cérès, ⚴ Pallas, ⚵ Junon, ⚶ Vesta, ♃ Jupiter, ♄ Saturne, ♅ Uranus.

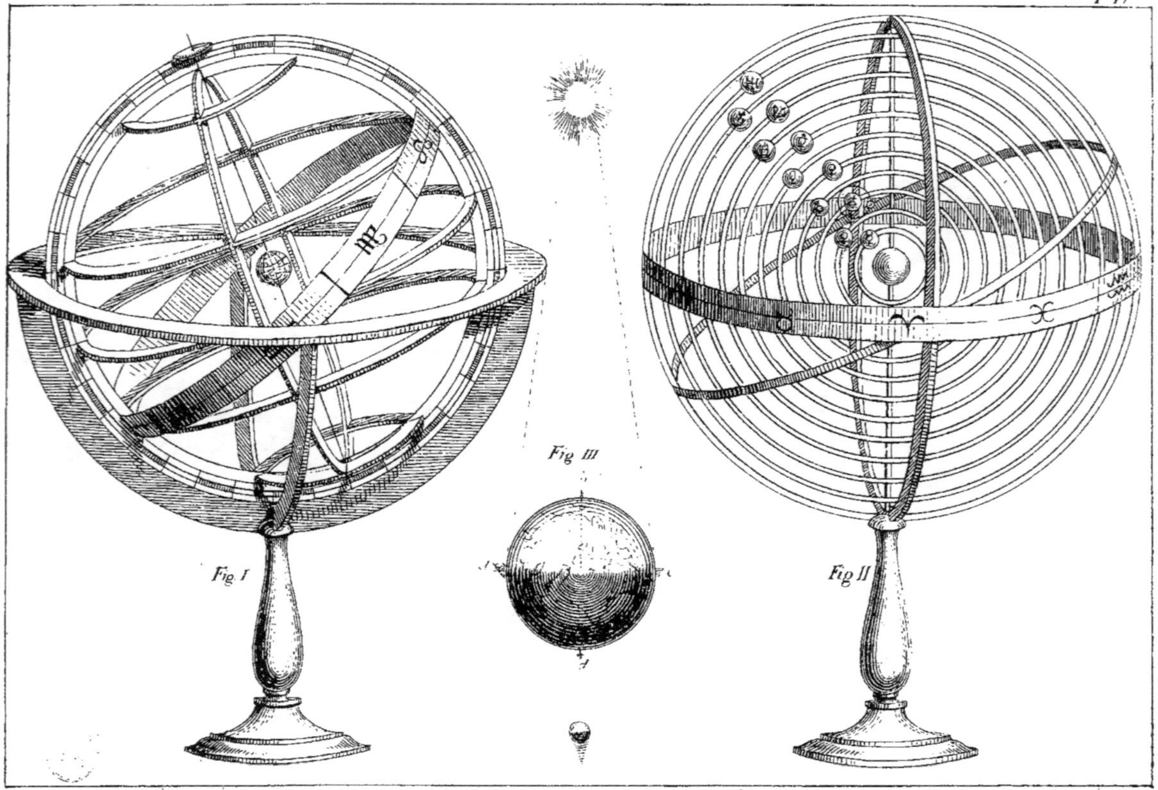

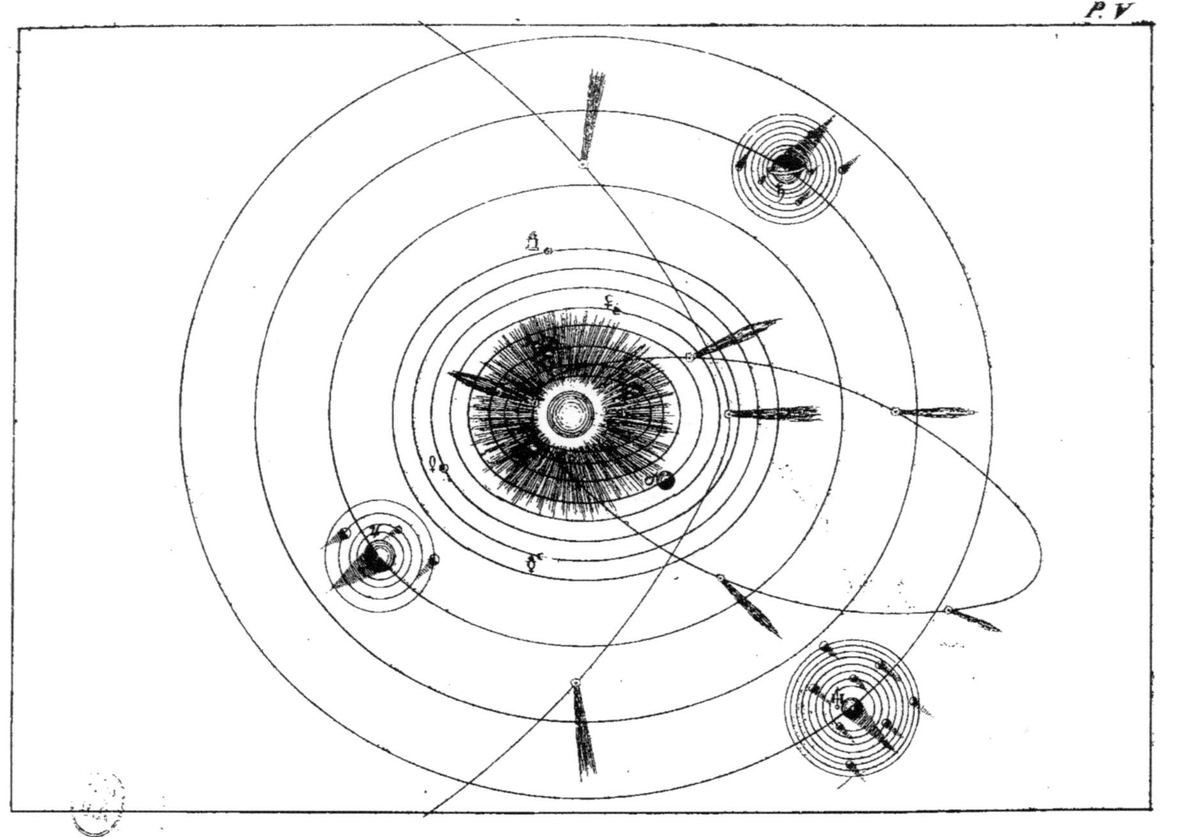
P. V

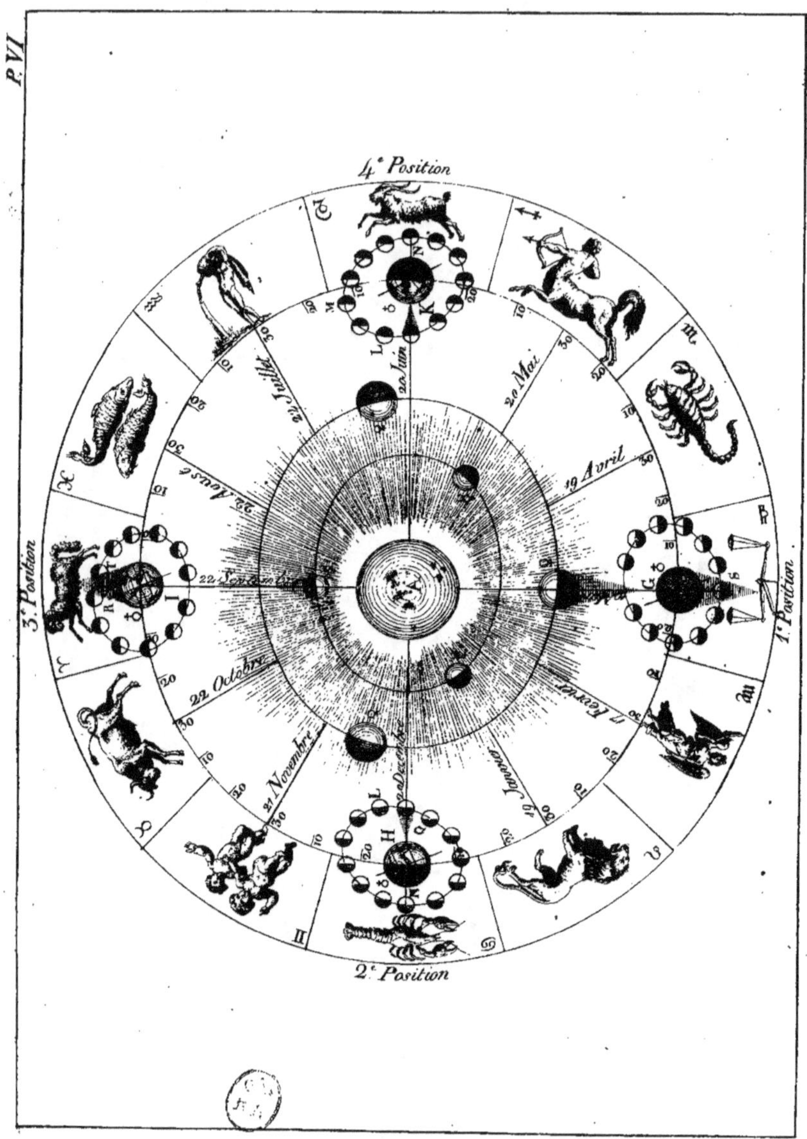

P. VI
4.e Position
2.e Position
3.e Position
1.e Position
20 Juin
22 Juillet
22 Août
22 Septembre
22 Octobre
22 Novembre
22 Décembre
20 Janvier
11 Février
19 Avril
20 Mai

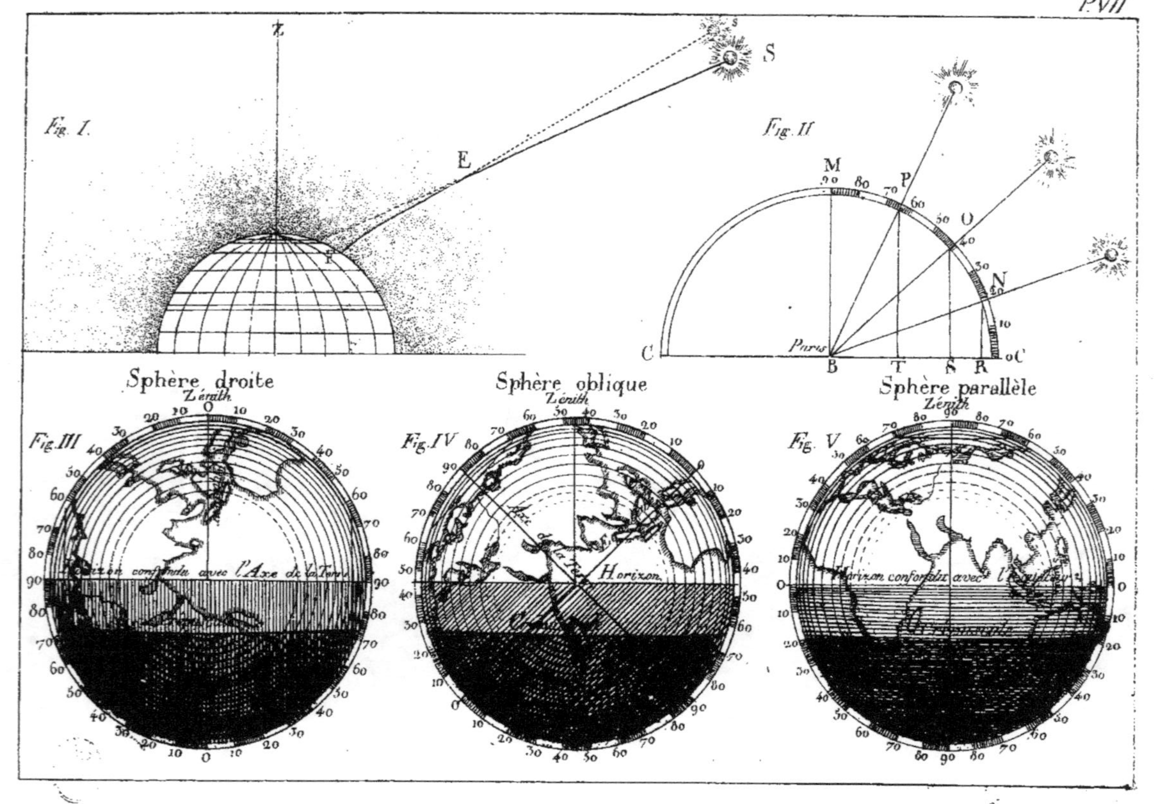
P.VII
Fig. I.
S
E
z
Fig. II
M
P
O
N
S
R
T
B
Paris
C
oC'
Sphère droite
Zénith
Fig. III
Horizon confondu avec l'Axe de la Terre
Sphère oblique
Zénith
Fig. IV
Axe de la Terre
Horizon
Sphère parallèle
Zénith
Fig. V
Horizon confondu avec l'Équateur

Aurore Boréale

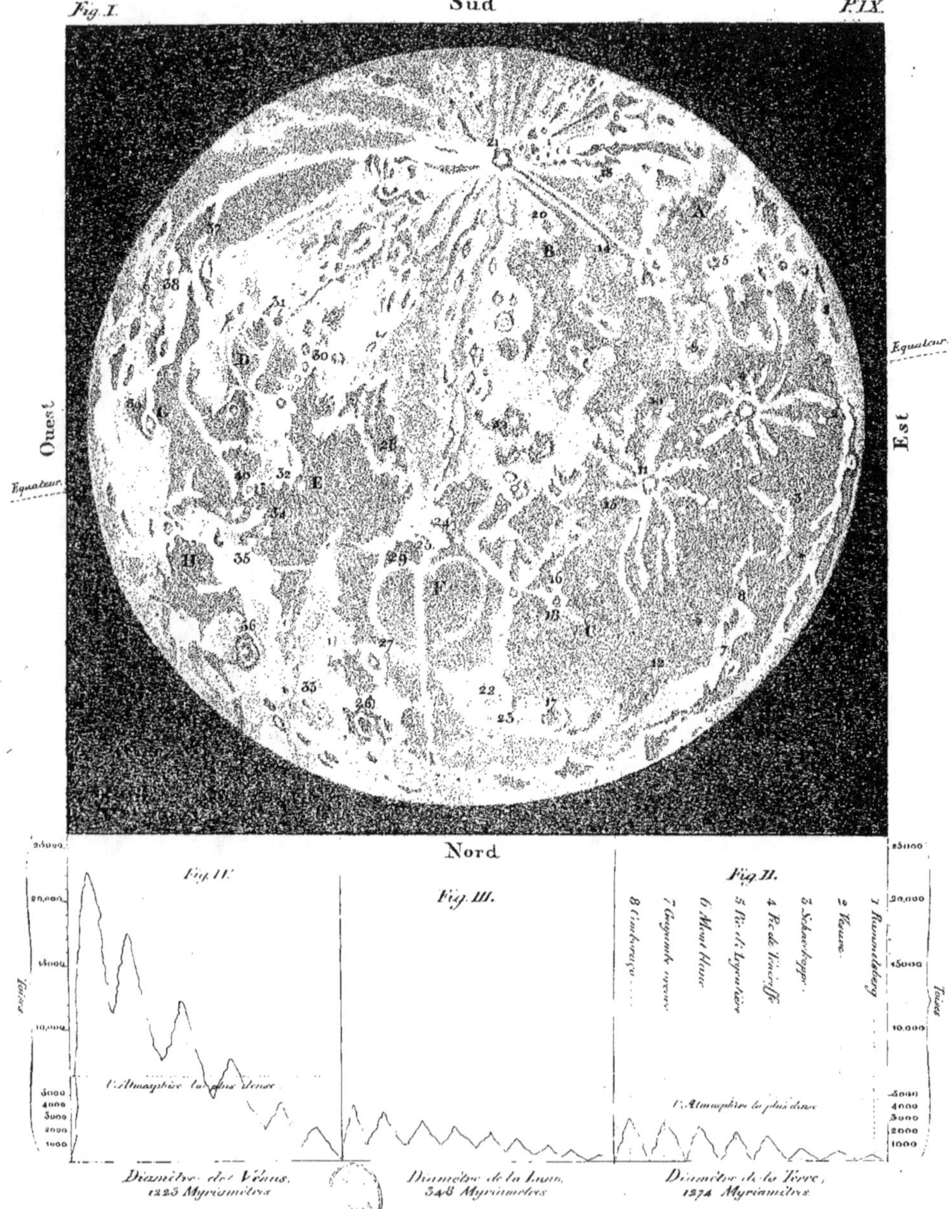

Fig. I.
Sud
P. IX.
Ouest
Est
Equateur
Equateur
Nord
Fig. IV.
Fig. III.
Fig. II.
1 Rummelsberg
2 Vésuve
3 Schoechzger
4 Pic de Tenériffe
5 Pic de Lagunére
6 Mont Huc
7 Longitude moyenne
8 Cimbaraya
Toises
25,000
20,000
15,000
10,000
5000
4000
3000
2000
1000
Toises
25,000
20,000
15,000
10,000
5000
4000
3000
2000
1000
l'Atmosphère la plus dense
l'Atmosphère la plus dense
Diamètre de Vénus,
1223 Myriamètres
Diamètre de la Lune,
348 Myriamètres
Diamètre de la Terre,
1274 Myriamètres

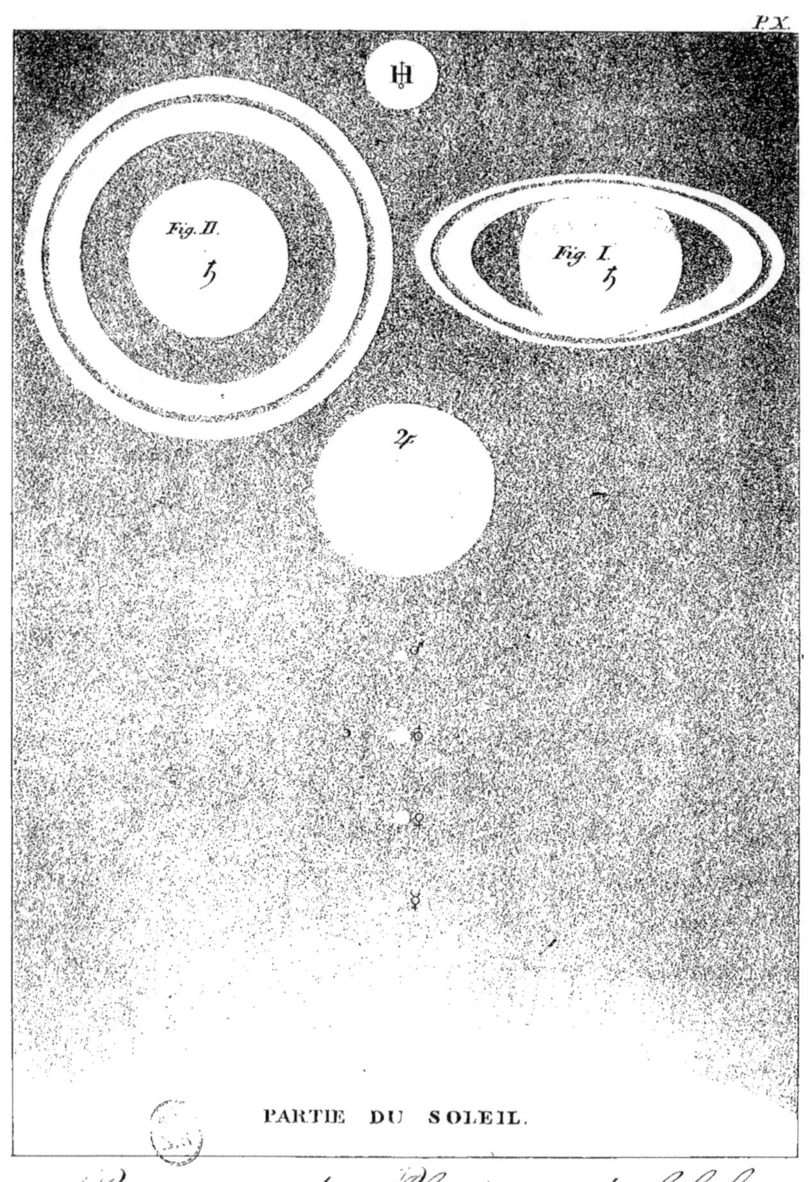

Proportion des Planètes et du Soleil.

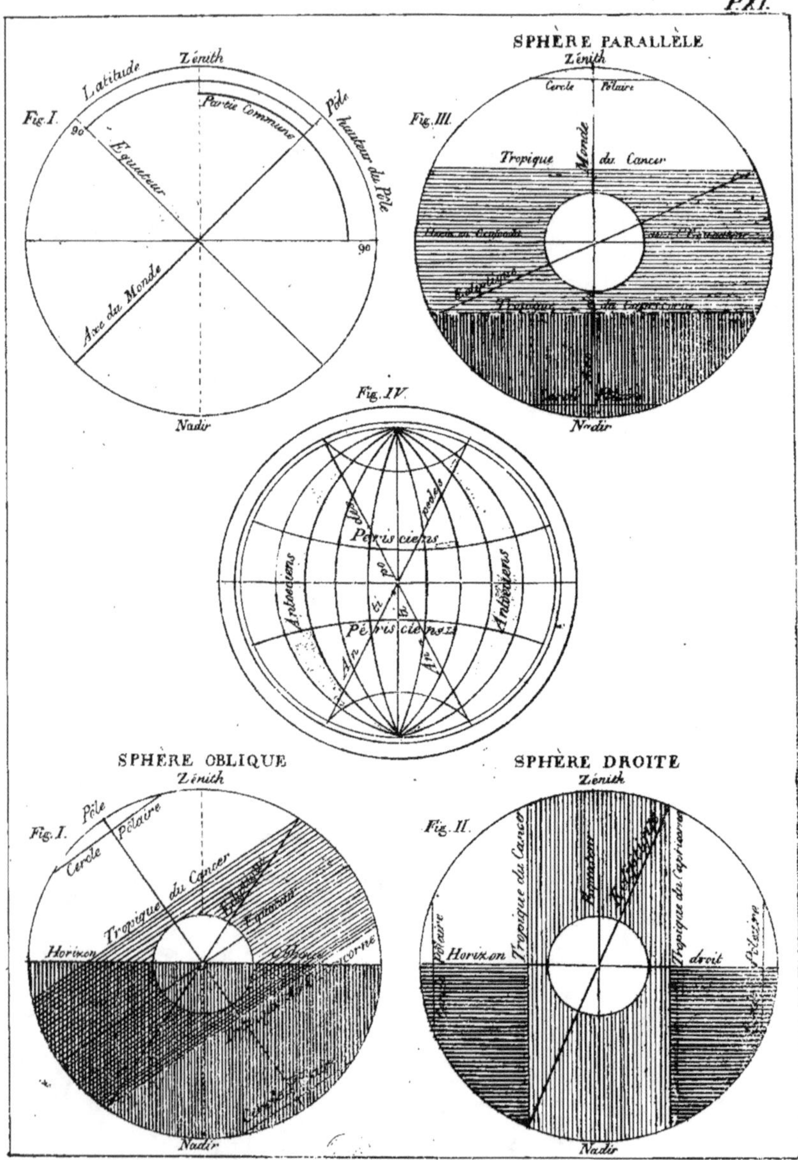
SPHÈRE PARALLÈLE
SPHÈRE OBLIQUE
SPHÈRE DROITE
Fig. I.
Fig. II.
Fig. III.
Fig. IV.
Zénith
Nadir
Latitude
Partie Commune
Pôle
hauteur du Pôle
Équateur
Axe du Monde
Cercle Polaire
Tropique du Cancer
Monde
Écliptique
Tropique du Capricorne
Périsciens
Amphisciens
Asciens
Périsciens
Asciens
Pôle
Cercle Polaire
Tropique du Cancer
Équateur
Oblique
Capricorne
Horizon
Tropique du Cancer
Équateur
Tropique du Capricorne
Polaire
Horizon
droit
Polaire

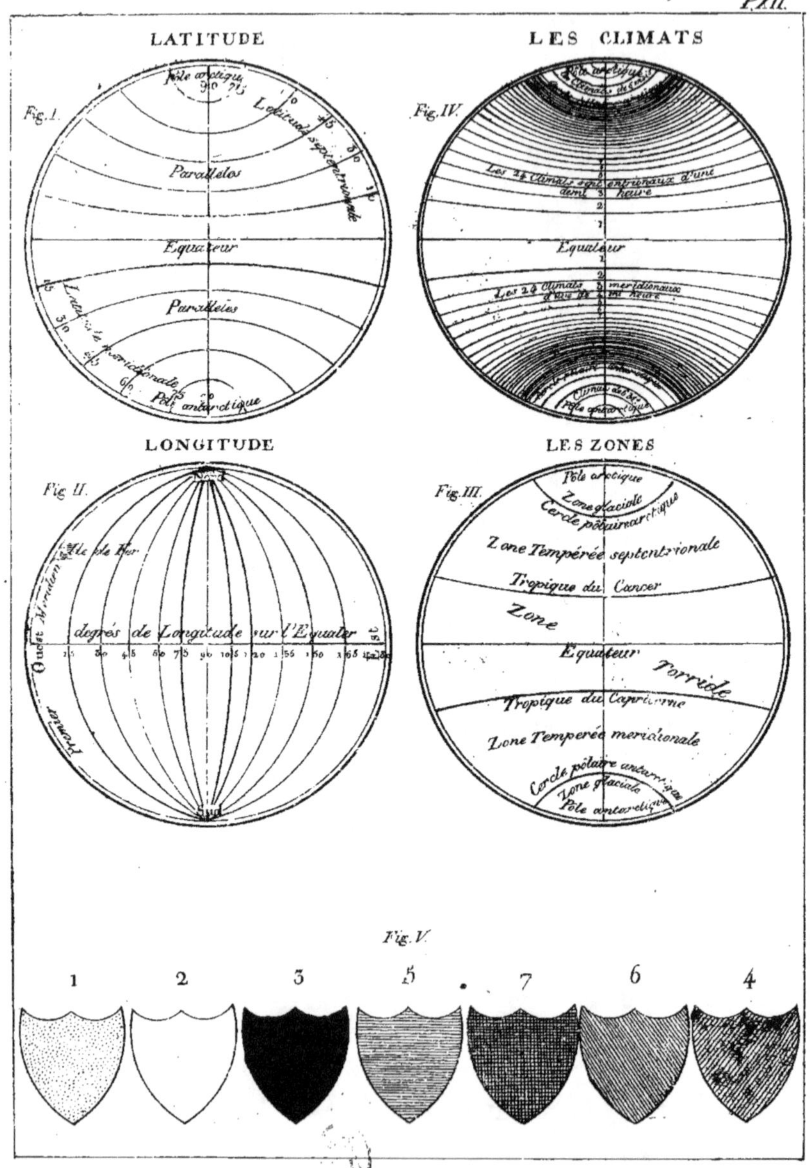
P.XII.
LATITUDE
LES CLIMATS
Fig.1.
Pôle arctique
90 75
0
45
Latitude septentrionale
80
Parallèles
Equateur
Parallèles
Latitude méridionale
30
Pôle antarctique
Fig.IV.
Pôle arctique
Les 24 Climats septentrionaux d'une demi heure
Equateur
Les 24 Climats méridionaux d'une demi heure
Pôle antarctique
LONGITUDE
LES ZONES
Fig.II.
Nord
degrés de Longitude sur l'Equateur
Sud
Fig.III.
Pôle arctique
Zone glaciale
Cercle polaire arctique
Zone Tempérée septentrionale
Tropique du Cancer
Zone
Equateur
Torride
Tropique du Capricorne
Zone Tempérée méridionale
Cercle polaire antarctique
Zone glaciale
Pôle antarctique
Fig.V.
1   2   3   5   7   6   4

Erruption du Vésuve en 1810.

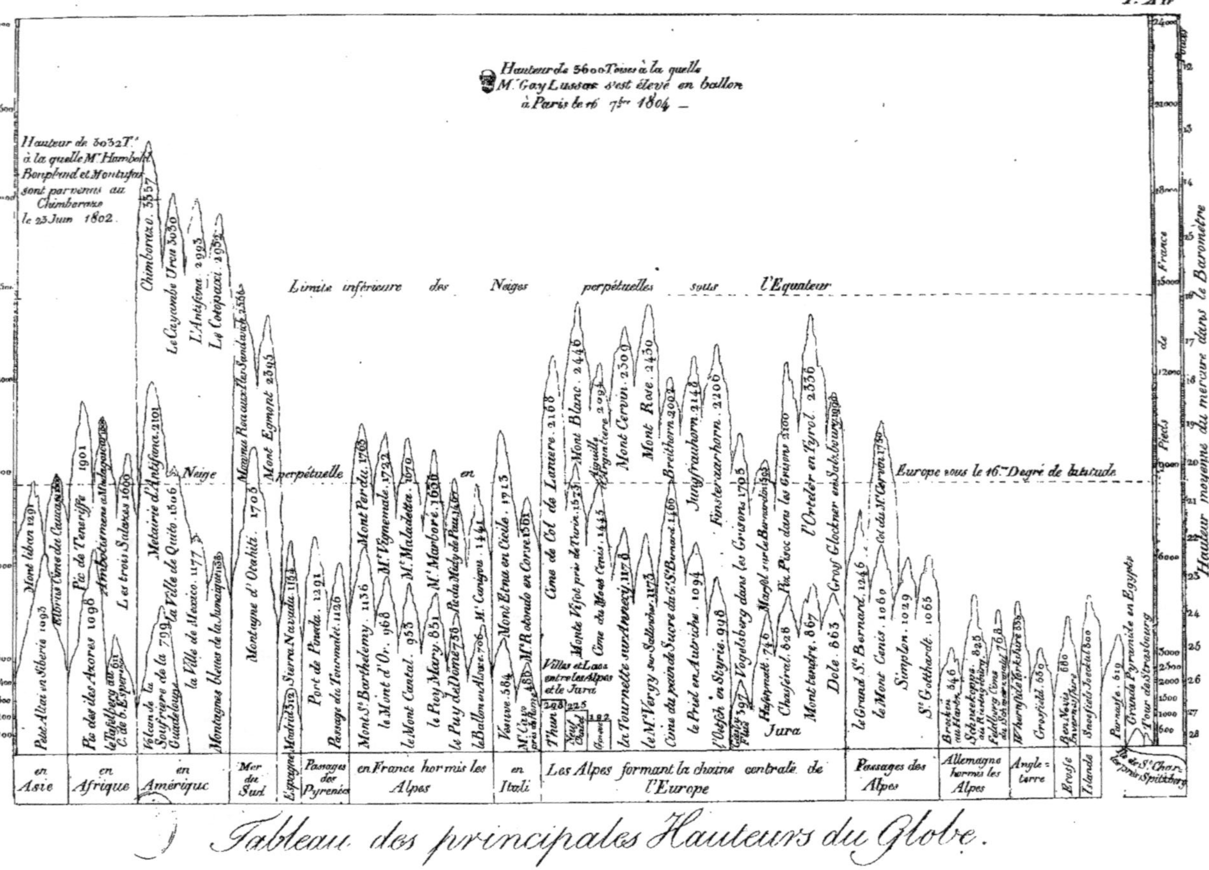

P. XIV
Hauteur de 3600 Toises à la quelle M. Gay Lussac s'est élevé en ballon à Paris le 16 7bre 1804 —
Hauteur de 3032 T.se à la quelle M.rs Humboldt Bonpland et Montufar sont parvenus au Chimborazo le 23 Juin 1802.
Limite inférieure des Neiges perpétuelles sous l'Equateur
Europe sous le 16.me Degré de latitude
Hauteur moyenne du mercure dans le Baromètre
Pieds de France
Mont Idou en Sibérie 1093
Ribrus Cime du Caucase 1550
Pic des îles Açores 1096
le Tafelberg au C. de B.e Esperance 611
Pic de Tenériffe 1901
Ambotismenes à Madagascar
Les trois Salasses 1660
Volcan de la Soufrière de la Guadeloupe 799
Métairie d'Antisana 2101
la Ville de Mexico 1177
Montagnes Bleues de la Jamaïque
Chimborazo 3557
Le Cayambe Urcu 3030
L'Antisana 2993
Le Cotopaxi 2952
Montagne d'Otahiti 1705
Maxima Roca aux îles Sandwich 2556
Mont Egmont 2343
Neige perpétuelle
Madrid 312 Sierra Navada 1134
Port de Pinède 1291
Passage du Tourmalet 1126
Mont S.t Barthélemy 1136
le Mont d'Or 968
le Mont Cantal 953
Mont Perdu 1763
M.t Vignemale 1722
M.t Maladetta 1679
le Puy Mary 851
le Puy de Dôme 756
Seda Mady de Pau 1300
le Ballon en Alsace 706
M.t Canigou 1441
Vésuve 584
M.t Etna en Cecile 1713
M.t R otondo en Corse 1361
Cime de Col de Lanère 2168
Thun
Neuf Châtel 228
Genève 192
Cime de Col de Tarin 1573
Aiguille Argentière 2094
Cime du Mont Cenis 1415
Mont Blanc 2446
Mont Cervin 2300
Mont Rose 2430
Breithorn 2021
Jungfrauhorn 2142
Finsteraarhorn 2206
la Tournette sur Annecy 1178
le M.t Vergy sur Sallenche 1173
Cime du grand Sucre du S.t Bernard 1160
le Prièl en Autriche 1094
l'Oesch en Styrie 996
Vogelsberg dans les Grisons 1795
Mærgel sur le Bernardin 598
Piz Pere dans les Grisons 2100
l'Ortelèr en Tyrol 2336
Grof Glockner en Salzbourg
Hohgant 746
Chasferal 628
Mont tendre 867
Dole 863
Villas et Laos entre les Alpes et le Jura
Jura
le Grand S.t Bernard 1246
le Mont Cenis 1060
Col du M.t Cervin 1750
Simplon 1029
S.t Gotthard 1065
Brocken au Harts 546
Schneekoppe 625
Feldberg Cime du Schwarzwald 768
W.urzelfeld Yorkshire 335
Grosfield 680
Ben Nevis Inverness shire 680
Sneefield Island 800
Parnasse 619
Grande Pyramide en Egypte
Tour d'Estrasbourg
Ge. de S.t Chars Cime Tour de Spitzberg
en Asie
en Afrique
en Amérique
Mer du Sud
Passages des Pyrénées
en France hormis les Alpes
en Itali
Les Alpes formant la chaîne centrale de l'Europe
Passages des Alpes
Allemagne hormis les Alpes
Angleterre
Erosse
Islande
Tableau des principales Hauteurs du Globe.

MAPPE-MONDE

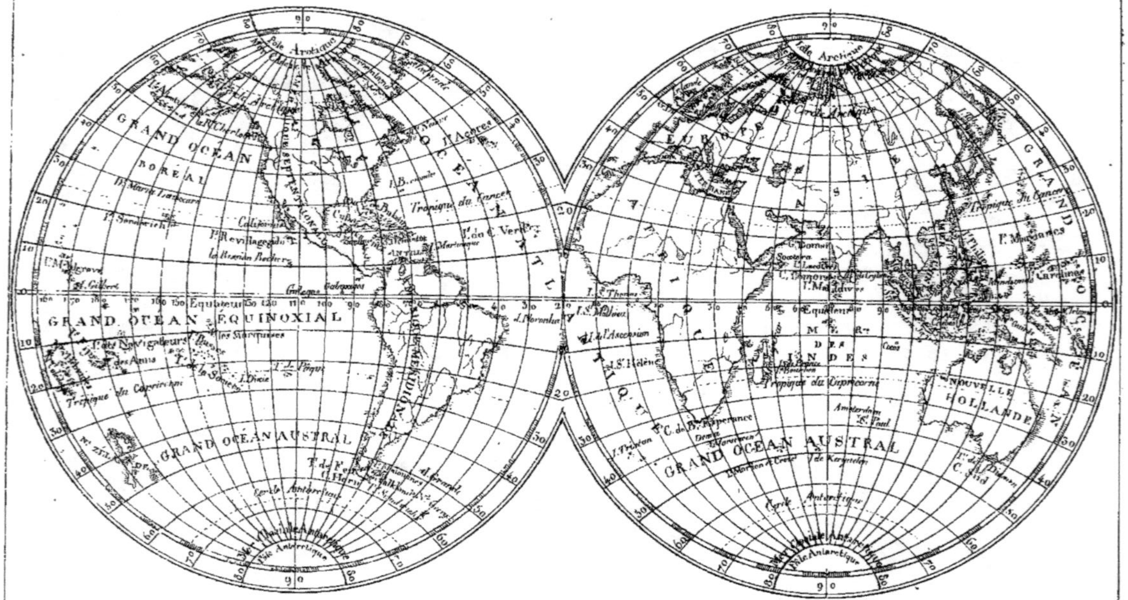

GRAND OCÉAN BORÉAL
GRAND OCÉAN ÉQUINOXIAL
GRAND OCÉAN AUSTRAL
AMÉRIQUE SEPTENTRIONALE
AMÉRIQUE MÉRIDIONALE
OCÉAN ATLANTIQUE
Pôle Arctique
Pôle Antarctique
Équateur
Tropique du Cancer
Tropique du Capricorne
EUROPE
ASIE
AFRIQUE
MER DES INDES
NOUVELLE HOLLANDE
Cercle Antarctique

Explication des Couleurs

I Variété Caucasienne – Var: centrale de l'ancien Continent, selon Mr Malte-Brun. Var: blanche ou Scythique,
selon Mr Walkenaer.

II Variété Mongole – Var: orientale de l'ancien Contin:
selon Mr M.-B. – Var: jaune ou Mongole, selon Mr W:

III Variété Éthiopienne – Var: Nègre, selon Mr M:-B: –
Var: noire, ou éthiopienne, selon Mr W:

IV Variété Américaine la même selon Mr M:-B: –
pure fiction, selon Mr W:

V Variété Malaye – Var: des terres océaniques, selon
Mr M:-B: – Mélange de la race éthiopienne avec la
r. asiatique, selon Mr W:

Carte des principales Variétés de l'espèce humaine selon le système de Blumenbach

Avalanche — P.XVII

Voyez page 46

Grotte de l'Arveron.

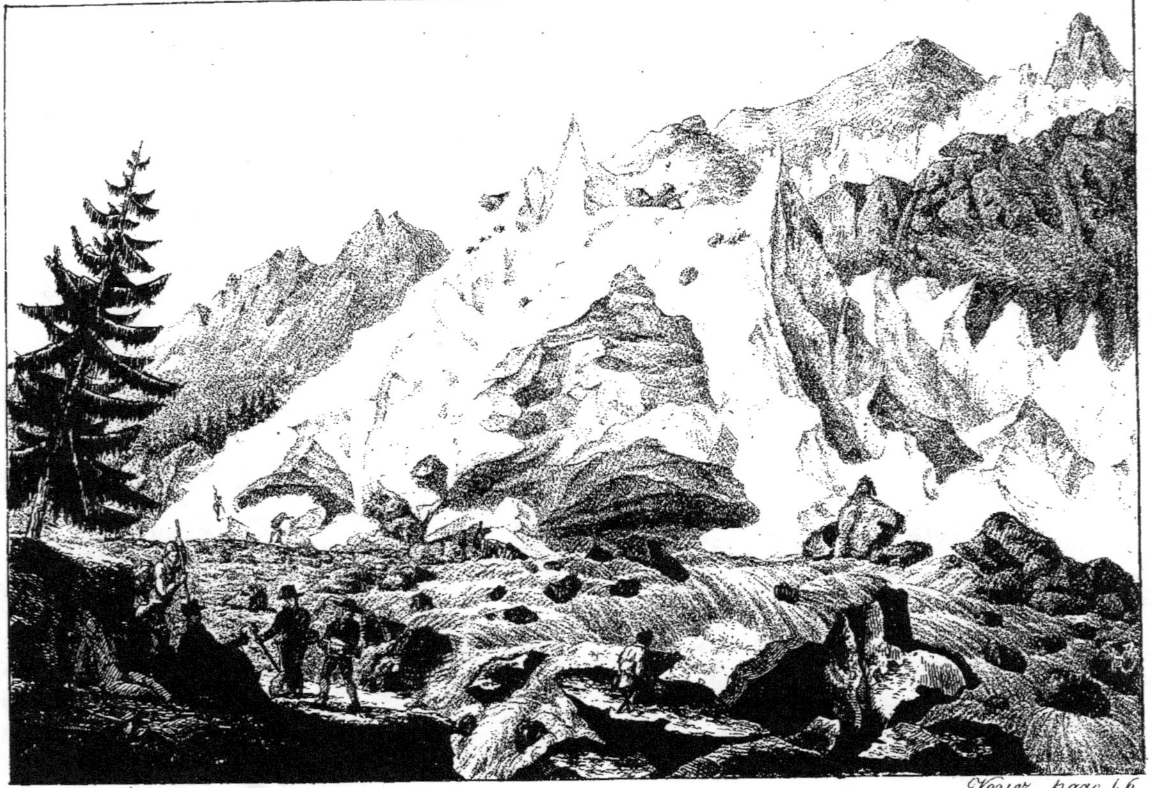

Voyez page 46

MER GLACIALE
C. Nord
Arctique
ISLANDE
Cercle
OCÉAN ATLANTIQUE
Feroé
P. St Schetland
Hébrides
Orcades
MER DU NORD
M. Ourals
MER CASPIENNE
Volga R.
Don R.
Mer d'Azof
MER NOIRE
Canal de Constantinople
Dardanelles
ARCHIPEL
MER MÉDITERRANÉE
M. Balkan
Mts Karpacks
Les Alpes
Apennins
Pyrénées
LA MANCHE
ANGLETERRE
C. S. Vincent
Dét. de Gibraltar
SICILE
Messine
I. Minorque
Majorque
ESPAGNE
G. de Gascogne

Carte physique de l'Europe.
Pl. XIX.
MER GLACIALE
C. Nord
Cercle Polaire
OCÉAN ATLANTIQUE
Islande
Hébrides
ANGLETERRE
La Manche
MER DU NORD
MER BALTIQUE
MER CASPIENNE
MER NOIRE
MER MÉDITERRANÉE
Gibraltar
Alpes
Dardanelles
Oural

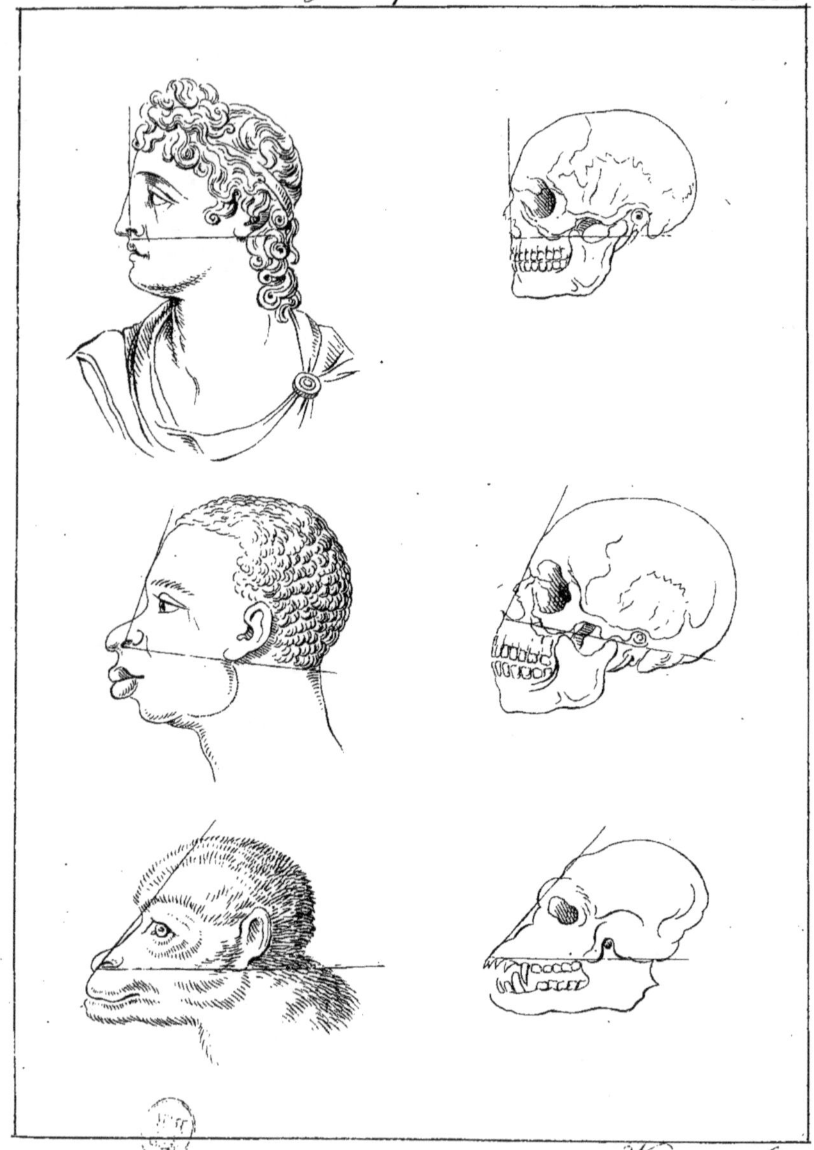

*** *Voyez page* 62

Fig. I.

Fig. II.

Fig. III.

Fig. IV.

Fig. V.

Fig. I.

Fig. II

Fig. III.

Fig. IV.

Fig. V

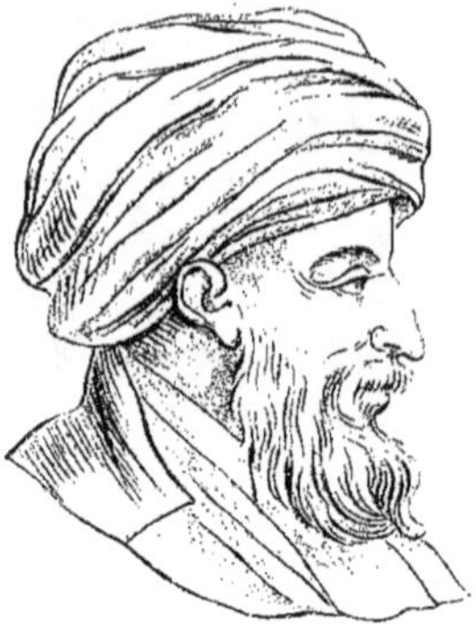

Fig. I.

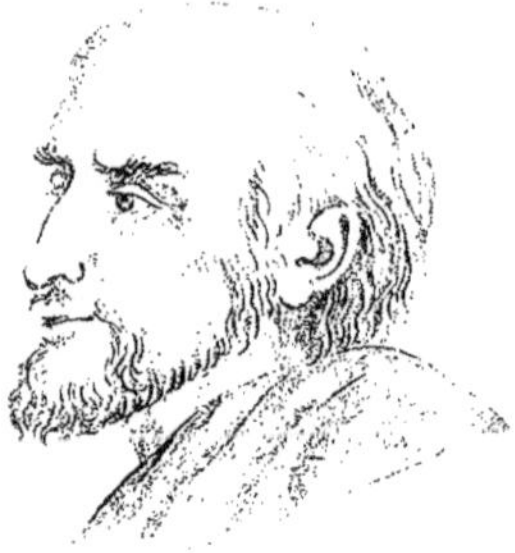

Fig. II.

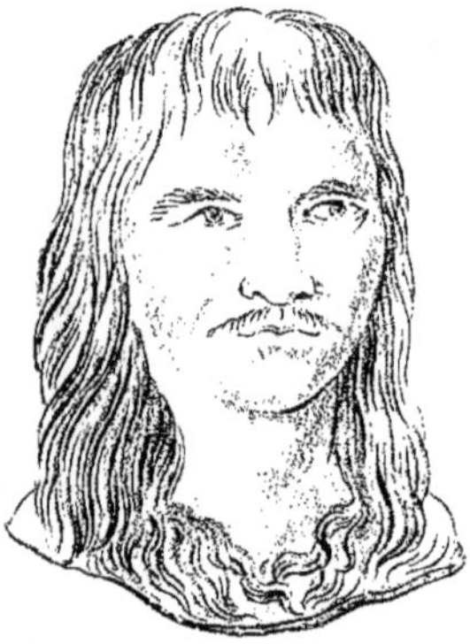

Fig. V.

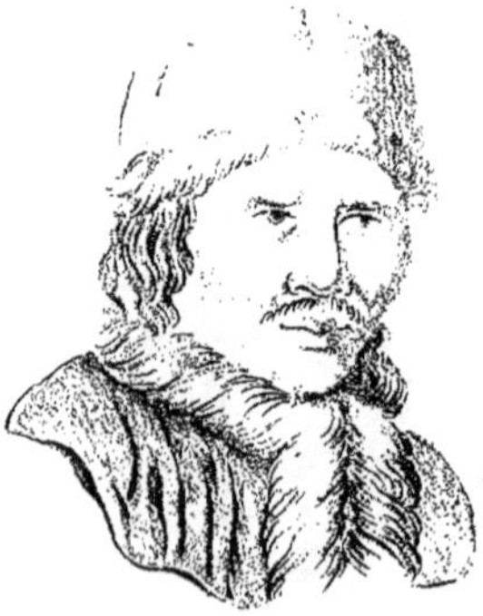

Fig. III

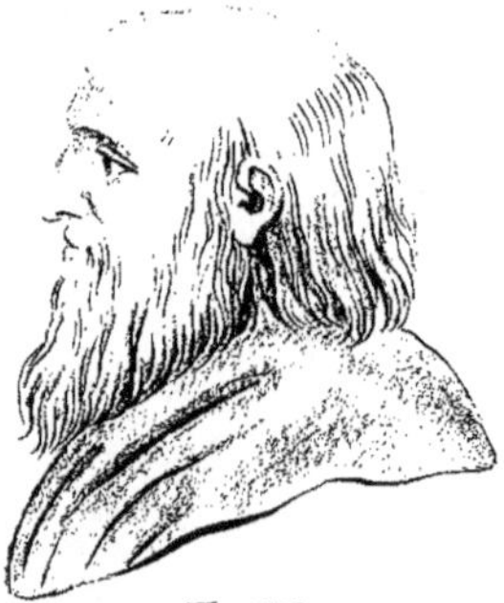

Fig. IV.

Fig. II.

Fig. I.

Fig. V

Fig. IV.

Fig. III.

Fig. III. Fig. II

Fig. I.

Fig. IV. Fig. V.

EUROPE
en 1817.
MER GLACIAL
Cercle Polaire Arctique
ISLANDE
I. Feröe
I. Schetland
I. Hebrides
ILES BRITANNIQUES
I. Orcades
MER DU NORD
NORWEG.
SUEDE
Christiania
Stockholm
C. Lindes
ECOSSE
Edimbourg
IRLANDE
Dublin
C. Clear
Canal de St Georges
DANEMARK
Copenhague
Lubeck
Mecklembo
Dantz
DE PRU
ANGLETERRE
Londres
Amsterdam
Brême
HANOVRE
Berlin
Dresde
ROYME
Prague
la Manche
Pas de Calais
Bruxelles
DE CLEVE
Seine
Paris
Wurtemb.
Stuttgard
Baviere
Munich
EMP. D'
OCÉAN ATLANTIQUE
FRANCE
Loire R.
les Vosges
Berne
Lyon
HON
C. Ortegal
G. de Gascogne
C. Finistère
Bordeaux
Garonne R.
Les Pyrénées
Lyon
DE
SARDAIGNE
MER
Marseille
C. Arno
Genes
Venit
ADRIA
Douro R.
ESPAGNE
Madrid
Ebre R.
Lisbonne
PORTUGAL
le Tage R.
Guadiana R.
I. de Corse
Rome
NAPLES
C. S. Vincent
Guadalquivir R.
I. Minorque
Det de
Ivice
I. Majorque
ILE DE SARDAIGNE
MER
Palerme
SICILE
Gibraltar
AFRIQUE
C. Passaro
I. de Malte I.

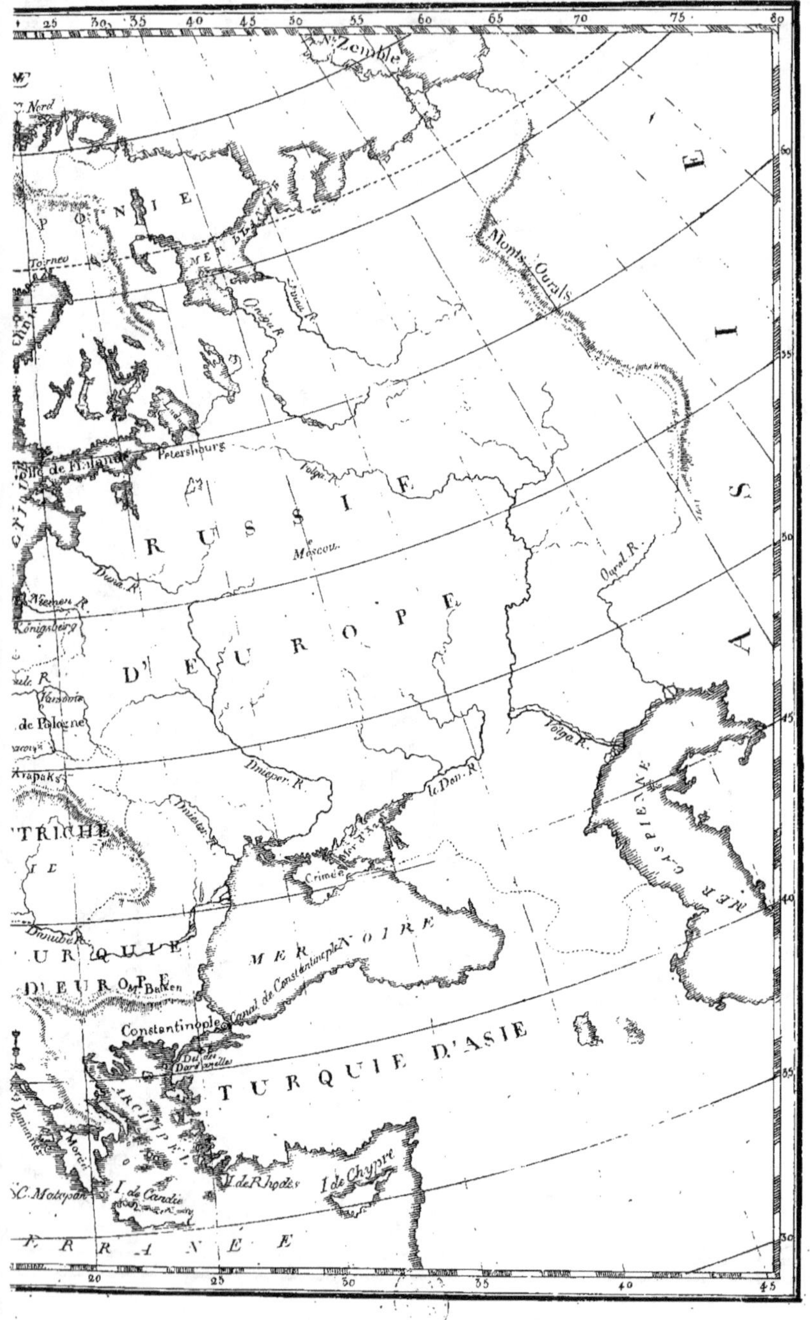
N.le Zemble
Mer Nord
LAPONIE
MER BLANCHE
Monts Ourals
Torneo
Onega R.
Dwina R.
Golfe de Finlande
Petersbourg
Volga
RUSSIE
Moscou
Ougal R.
D'EUROPE
Dwina R.
Niemen R.
Königsberg
Bug R.
Varsovie
de Pologne
Krapaks
Dniester R.
Dnieper R.
le Don R.
Volga R.
AUTRICHE
Mer d'Azof
Crimée
MER CASPIENNE
Danube
TURQUIE
MER NOIRE
D'EUROPE
Balkan
Canal de Constantinople
Constantinople
TURQUIE D'ASIE
Dt des Dardanelles
ARCHIPEL
Morée
C. Matapan
I. de Candie
I. de Rhodes
I. de Chypre
MEDITERRANÉE

Carte d'Islande

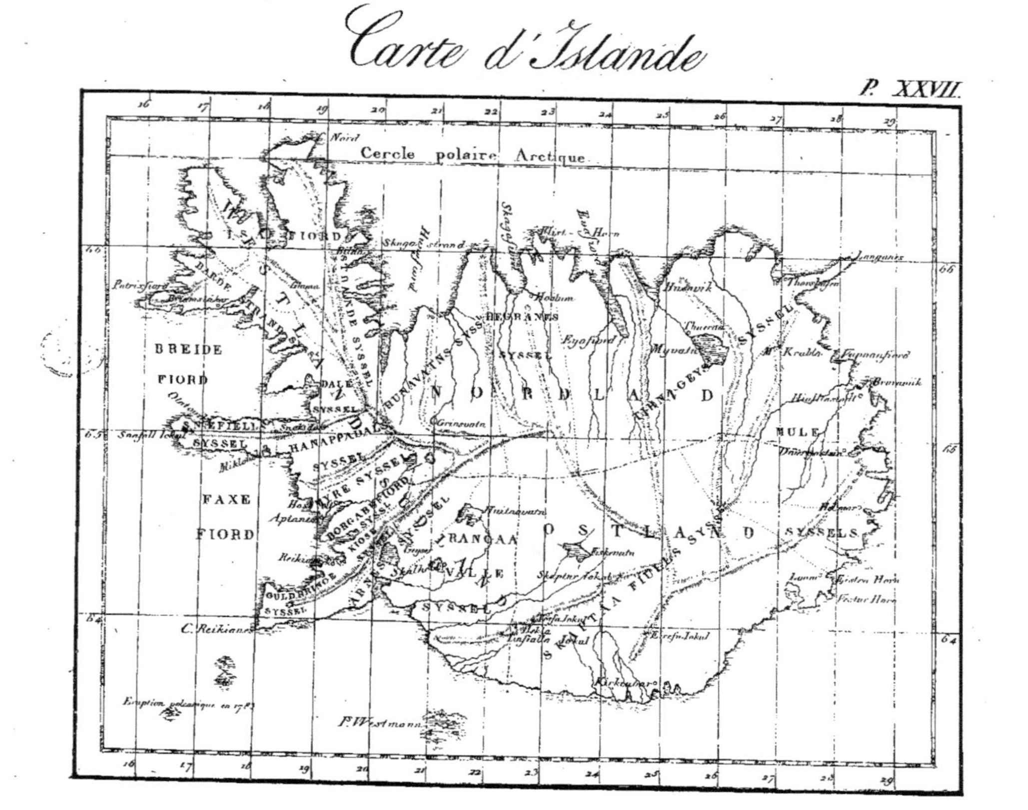

Islandais

Carte du Dannemarck

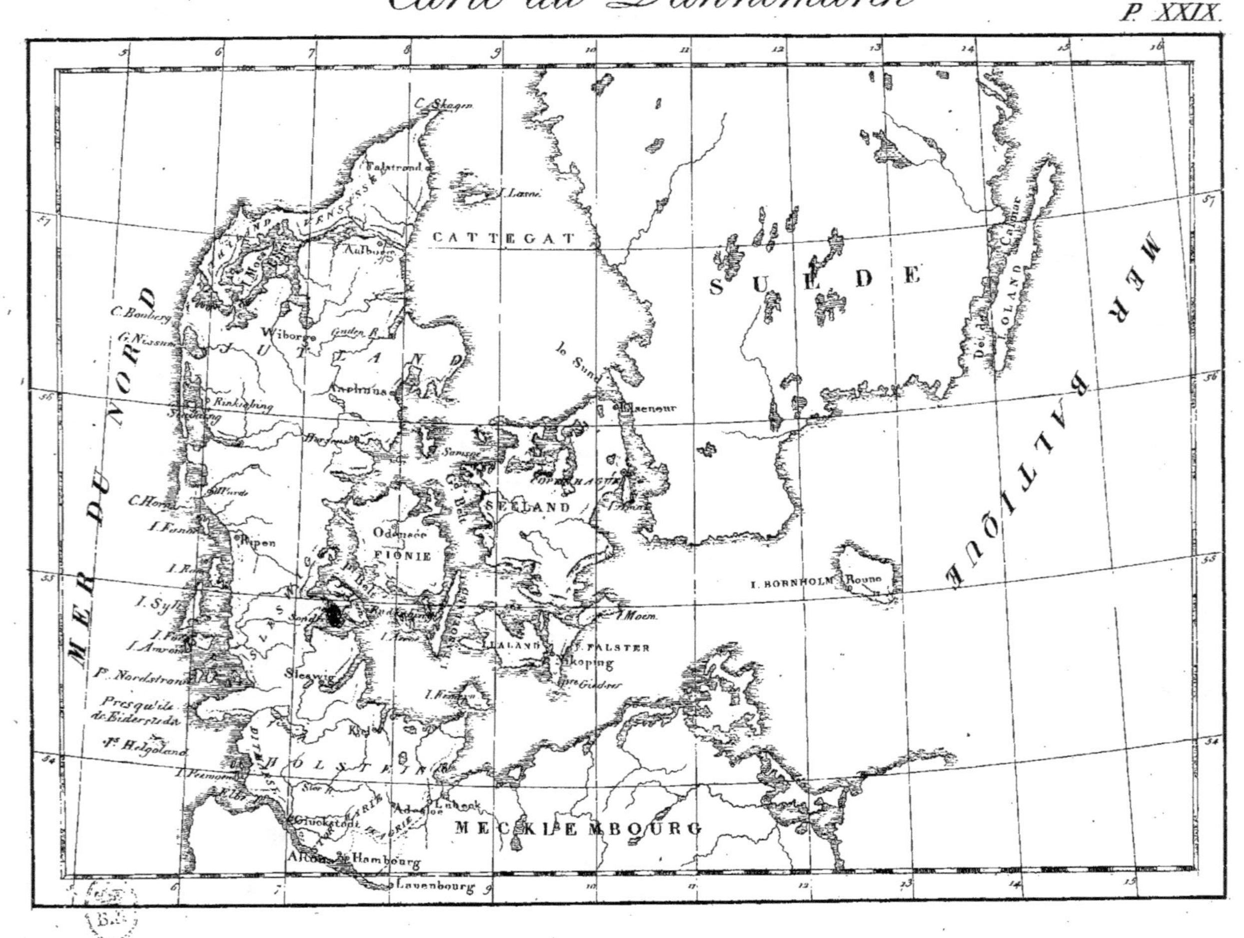

XXX
MER GLACIALE
C. Nord
I. Soroe
Wardhus
Varanger
I. Andoe
LAPONIE NORVEG.
I. Laugoen
I. Vaagen
Lofoden
Hindoe I.
Malstrom
West Fiord
LAPONIE SUED.
Torrea R.
Calix R.
Cercle Polaire Arctique
Tornea R.
Lulea
Pitea
Piea R.
Tornea
I. Wiloe
Umeo Skellestea R.
Umea R.
Asel
Angermant R.
Umeo
I. Froye
Jemtu
Angermanie
Moldöe
NORRLAND
G. DE BOTHNIE
G. De
DE
FINLANDE
Hernoesand
Medelpadie
Sundsvall
Hudwiksvall
RUSSIE
Bergen
Bergen
Herjedal
Hersingle
Dal. Falun
Aggerhus
Gloumen R.
Clara R.
SUEDE
R.R. Gefle
Upland
Christiania
Venus
Upsal
G. de Finlande
NORWEGE
Frederichal
Westeroahs
Westrohs
Carlstat
I. Aland
Christiansand
Dale
Orebro
Stockholm
Suderconie
Christiansund
Nikoping
Norkoping
MER DU
Catheborg
Warogothie
Ostrogothie
G. de
Livonie
NORD
GOTHIE
Smaland
Wisby
Gothland
Halmstadt
Borgholm
Calmar
I. Oeed
Hooberg
S. Lane
MER
DANEMARCK
Carlscrona
Birkhaen
Land
BALTIQUE
Rme DE PRUSSE

Sappho.

Carte des Isles Britanniques
XXXII
OCÉAN ATLANTIQUE
MER DU NORD
Isles Schetlandes
I. Mainland Larwick
Isles Orcades
I. Fair I.
Pentland Firth
Wick
ÉCOSSE
Édimbourg
York
IRLANDE
Dublin
ULSTER
MUNSTER
Galway
Shanon R.
Corke
ANGLETERRE
DU CENTRE
Londres
Boston
Nottingham
Norwich
Ipswich
Cambridge
Canal St George
Canal de Bristol
MANCHE
Pas de Calais
PARIS

Grotte de Fingal.

Courses de Chevaux Anglaise

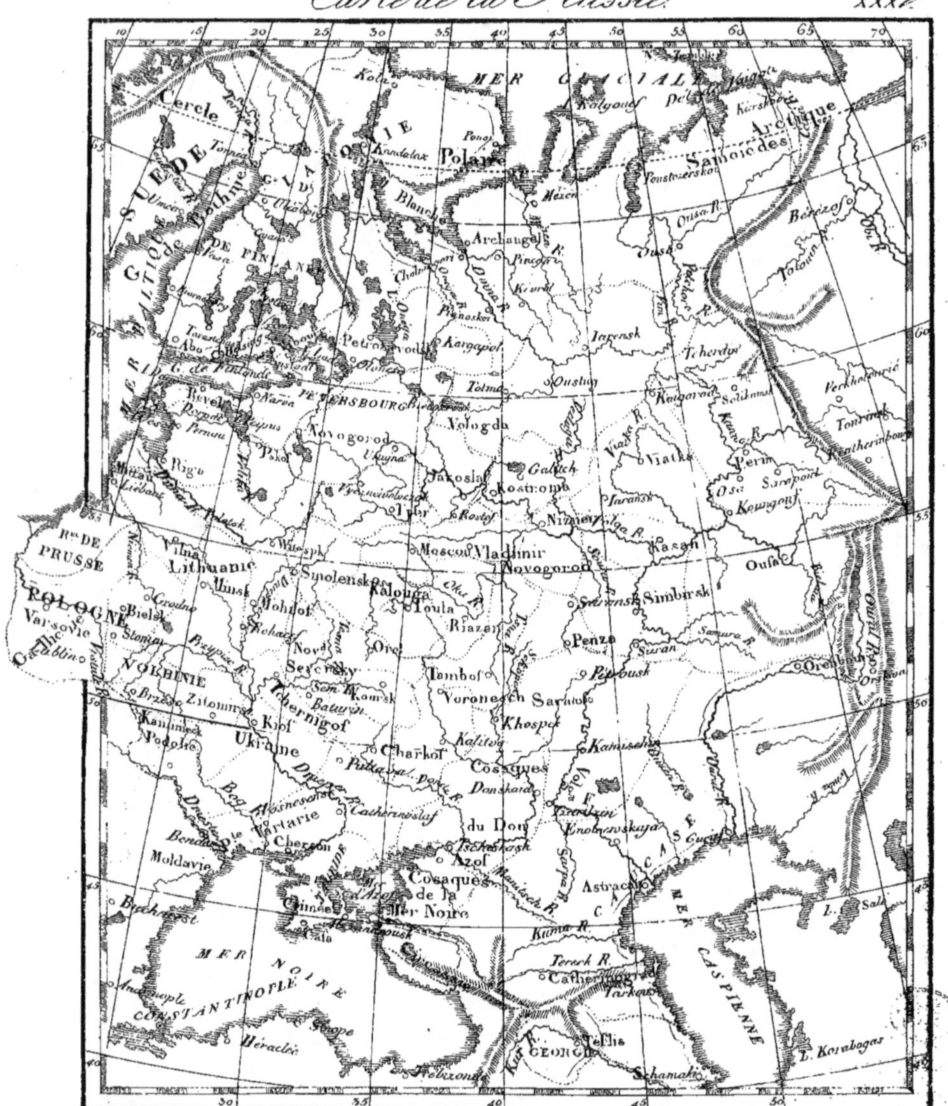
MER GLACIALE
Cercle Arctique
Samoiedes
Polaire
SUEDE
GLACONIE
DE FINLANDE
G. de Finlande
PETERSBOURG
Novogorod
Pskof
Revel
Riga
Pernau
Mittau
Libau
Rᵉ DE PRUSSE
POLOGNE
Varsovie
Lublin
Vilna
Lithuanie
Minsk
Grodno
Bielsk
Stomin
VOLHINIE
Kaminieck
Podolie
Ukraine
Tchernigof
Kiof
Brzese
Zitomir
Baturin
Moldavie
Bender
Tartarie
Dniester
Cherson
Bucharest
Azof
Kaffa
Crimée
Mer d'Azof
Cosaques de la Mer Noire
MER NOIRE
CONSTANTINOPLE
Andrinople
Sinope
Heraclée
Trebizonde
GEORGIE
Teflis
Schamahie
Terek R.
Catherinegrad
Tarkou
Kuma R.
Astracan
MER CASPIENNE
L. Koulagas
Kola
Kandalax
Ponoi
Blanche
Archangel R.
Pinega
Kevrol
Meza R.
Mezen
Ioustozerskoi
Orisa R.
Berézof
Obs R.
Toboa
Kem
Onega
Petrozavodsk
Kargapol
Totma
Oustiug
Iarensk
Tcherdin
Verkhoturie
Tonrad
Katherinbourg
Vologda
Iaroslaf
Kostroma
Galitch
Viatka
Perm
Osa
Sarapoul
Koungoni
Tver
Rostof
Nijnei
Volga R.
Kasan
Saransk
Ousa
Moscou
Vladimir
Novogorod
Smolensko
Kalouga
Toula
Oce R.
Serensk
Simbirsk
Penza
Suran
Petrouski
Orenbourg
Novi
Ore
Tambof
Voronech
Saratof
Kalitva
Khospek
Kamischin
Charkof
Cosaques du Don
Donskaia
Enotaevskaia
Tcherkask
Ekaterinoslaf
Poltava
Bog
Catherineslaf
Dniepr
Don R.
Samara R.
Oural R.
Oral
Kur R.

Russes

Peuples du Caucase.

XXXVIII

Polonais.

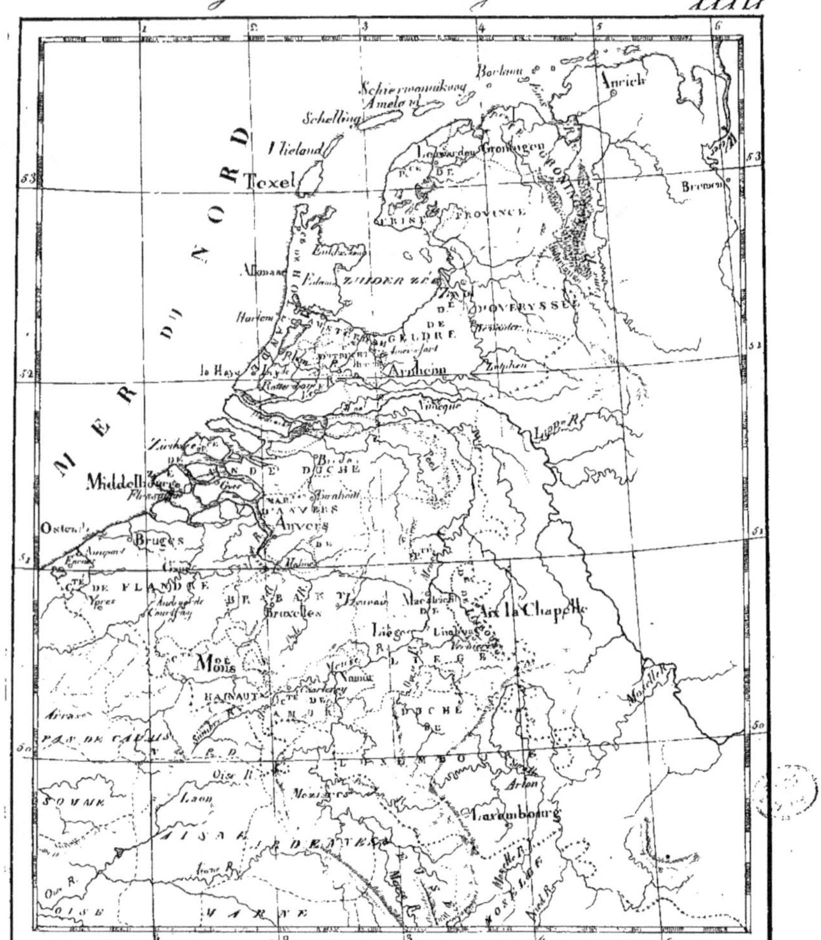
MER DU NORD
Schiermonnikoog
Ameland
Schelling
Vlieland
Texel
Borkum
Anrich
Bremen
Leewarden Groningen
PROVINCE
ZUIDER ZEE
D'OVERYSSEL
Alkmaar
Haarlem
GELDRE
Arnhem
Zutphen
le Hays
Rotterdam
Zirikzee
DUCHÉ
Middelbourg
Flessingue
D'ANVERS
Anvers
Ostende
Bruges
CTE DE FLANDRE
Ypres
BRABANT
Bruxelles
Maestricht
Aix la Chapelle
Liège
Louvain
LIÈGE
Mons
Namur
HAINAUT
DUCHÉ
Arras
PAS DE CALAIS
DE
LUXEMBOURG
Arlon
SOMME
Laon
Mezières
Luxembourg
ARDENNES
MOSELLE
MARNE
OISE

Pics et
autres Montagues

1 Montagne Couronnée
2 le Pic d'Annion
3 le Pic du Midi
4 M.t du Gar
5 le Canigou
6 M.t l'Esperoux
7 le Vérynaux
8 M.t Cantal
9 M.t d'Or
10 Puy de Dôme
11 le Tanargue
12 Gerbier le Joux
13 M.t Mezin
14 M.t Pila
15 Plateau de Langres
16 le grand Ventron
17 l'Echelalon
18 Ballon S.t Antoine
19 M.t Faucille
20 Grand Crede
21 le Schreckhorn
22 S.t Gothard
23 M.t Furca
24 G.d S.t Bernard
25 M.t Blanc
26 P.t S.t Bernard
27 M.t Cenis
28 M.t Geneure
29 M.t Viso
30 M.t Ventoux
31 M.te S.t Victoire

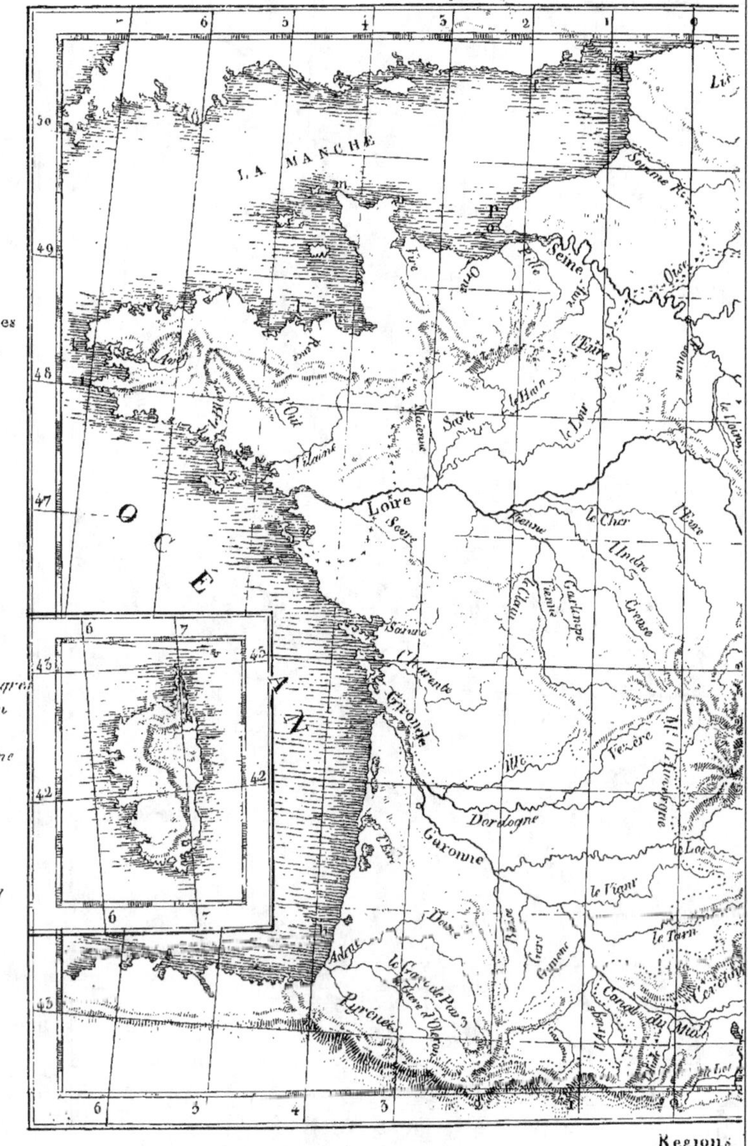

.... des Orangers , ... des Oliviers , ... du Maïs , ... de la Vigne , ..

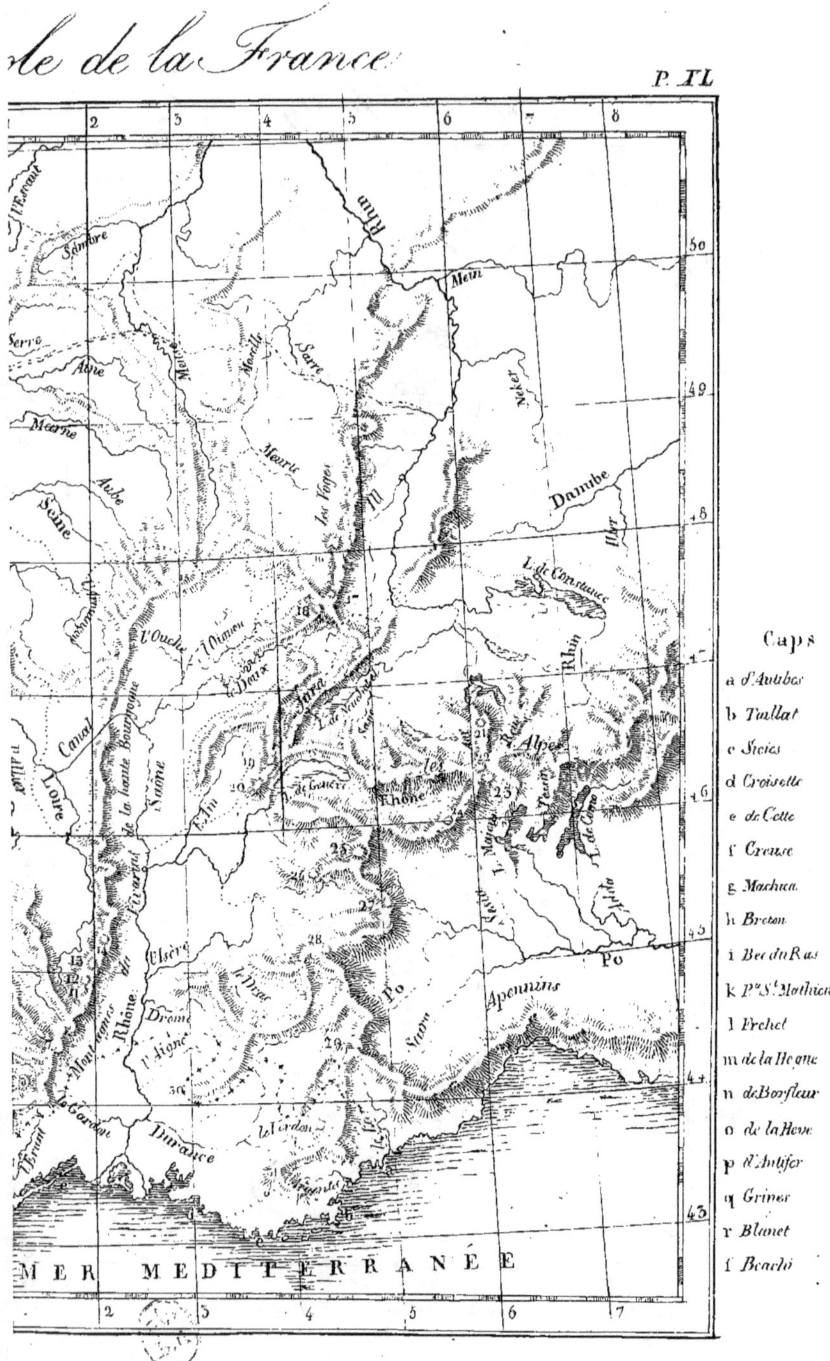

des Pommes a cidre , ▲▲▲ des Montagnes , ... des Plaines du Nord .

Carte Politique
Londres

ANGLETERRE
I. de Wight
Pas de Calais
Calais
PAS DE CALAIS
Arras
LA MANCHE
Amiens
SOMME
Dieppe
OISE
M. I. d'Aurigny
Cherbourg
SEINE INFER.
Beauvais
I. Guernesey
le Havre
Rouen
I. Jersey
Caen
SEINE ET
St Lo
CALVADOS
EURE
I. d'Ouessant
Evreux
Versaille
SEIN
ET MA
Brest
FINISTERE
St Brieux
St Malo
ORNE
Alençon
EURE
Chartre
OISE
Mel.
CÔTES DU NORD
ILLE ET MAXENNE
ET LOIR
Quimper
Rennes
Laval
SARTHE
LOIRET
MORBIHAN
VILAINE
le Mans
l'Orient
Orleans
I. de Glenans
I. de Groix
Vannes
LOIR
Angers
INDRE
Blois
Belle Ile.
LOIRE INF.
MAINE
ET CHER
Nantes
PET LOIRE
ET LOIRE
CHER
I. de Noirmoutier
Tours
Bourges
Chateauroux
OCEAN
I. Dieu
Bourbon Vendée
DEUX
Poitiers
INDRE
VENDÉE
Niort
VIENNE
Mo
I. de Ré
SEVRES
Gueret
ALLI
la Rochelle
HAUTE CREUSE
I. d'Oleron
Rochefort
CHARENTE
Limoges
VIENNE
PUY DE
CHARENTE
Angoulême
CORREZE
Perigueux
Tulle
CANTA
DORDOGNE
Aurilla
Bordeaux
GIRONDE
LOT
LANDES
LOT ET
Cahors
Rhoc
GARONNE
Agen
TARN ET AVEIRON
GARONNE
Montauban
M. de Marsan
GERS
Alby
G. de Gascogne
Auch
Toulouse
TARN
Bayonne
HER.
PYRENEES
Pau
Tarbes
HE GARONNE
Carcassonne
ESPAGNE
Foix
AUDE
HE PYRENEES
ARRIEGE
Perpignan
PYRENEES OR.

CORSE
Bastia

Rt DES PAYS BAS
CONFÉDÉRATION GERMANIQUE
Gd Dé de Luxembourg
ARDENNES
Mezieres
Laon
ISNE
Rheims
Chalons
MEUSE
MOSELLE
Metz
MARNE
Bar
Nancy
MEURTHE
BAS
RHIN
AUBE
Troyes
HAUTE
Chaumont
VOSGES
Epinal
Strasbourg
Gd D. DE BADE
WURTEMBERG
Colmar
G. DU BAS RHIN
MARNE HAUTE
Vesoul
HAUTE
SAONE
Mulhouse
COTE D'OR
Dijon
RHIN
Besançon
DOUBS
EVRE
vers
NNE
Chalon sur Saone
SAONE
ET LOIRE
Macon
JURA
Lons
S U I S S E
Bourg
A I N
RHONE
Lyon
LOIRE
OME
Montbrison
Rme DE SARDAIGNE
Rme LOMBARD
ISERE
Grenoble
LOIRE
le Puy
Privas
Valence
Dé de Parme
ÈRE
ARDÈCHE
DROME
Hte ALPES
Gap
de Gênes
ende
Digne
GARD
Nismes
Duché
VAUCLUSE
Avignon
ALPES
Draguignan
BOUCHES DU RHONE
bellier
VAR
Toulon
G. de Lyon
Marseille
M E R   M É D I T E R R A N É E
30
49
48
47
46
45
44
43
2
3
4
5
6
7
8

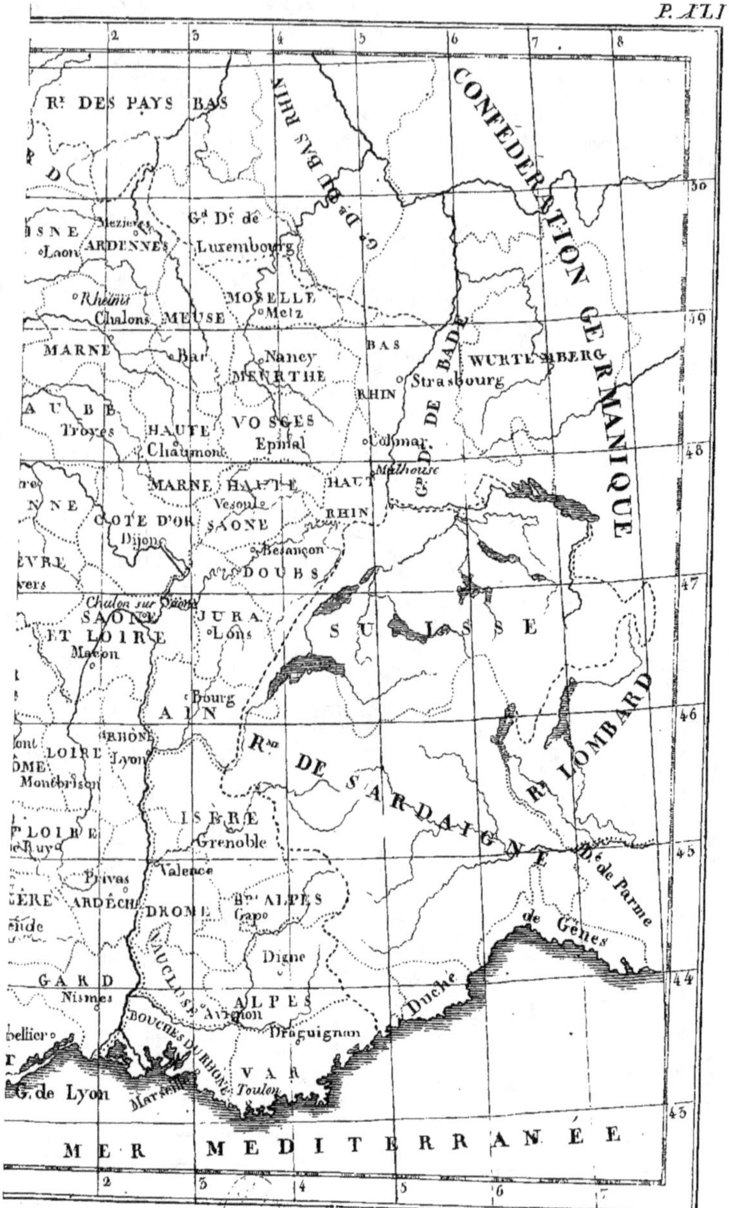

Pont du Gard

Pics et
autres Montagnes
1 Twedelberg
2 Badur
3 St. Gotthard
4 Grimsel
5 Furca
6 Gallenstock
7 Schreckhorn
8 Finsteraarhorn
9 Eiger
10 Jungfrauhorn
11 Gemmi
12 Simplon
13 Mt. Rosa
14 St. Bernard
15 Mt. Anver
16 Mt. Blanc
Rhône
Rhin F.
Jur. R.
Thur R.
la Thur R.
L. de Constance
Lindau
Constance
Zurich
Gall
L. de Zurich
Aran
Reuss R.
Zug
le Doubs R.
Neuchatel
L. de Neuchatel
L. de Bienne
L. de Murat
Fribourg
Aar R.
Emme R.
Fribourg
Lucerne
L. de Tug
L. de Lucerne
Schweitz
Wallenstadt
L. de Wallenstadt
Ortol R.
Reuse R.
Berne
Thun
L. de Thun
Aa de Brienti
Aar R.
Rhin R.
Inn R.
L. de St. Croix
Sane R.
Lausanne
L. de Genève
Genève
Chamouny
Mt. Blanc
Rhône F.
Tesin R.
Maira R.
Adda
L. di Como
L. Maggiore
Tesin R.
L. di Lugano

P. XLIV

Suisses

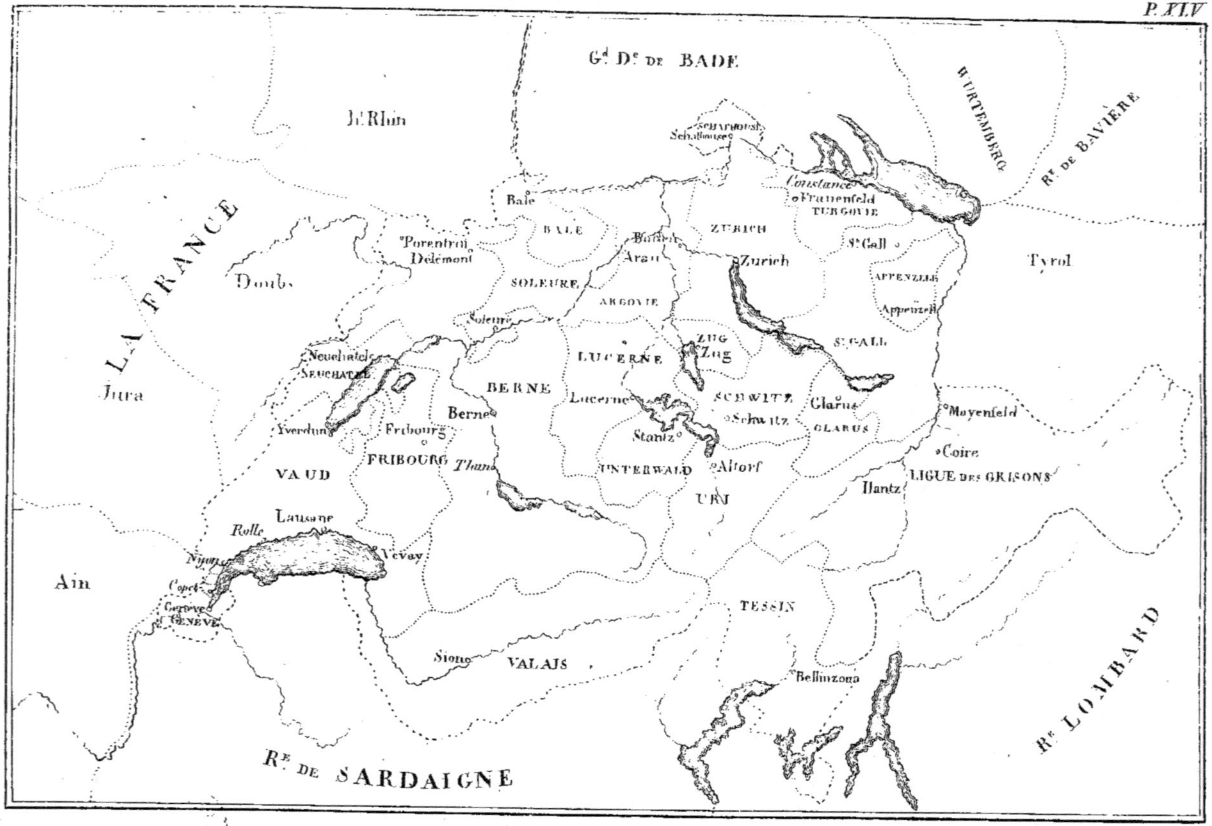

Gd. Dé. de BADE
WURTEMBERG
Rd. de BAVIÈRE
le Rhin
Schaffouse
Schaffousse
Constance
Frauenfeld
TURGOVIE
St Gall
Tyrol
Bâle
BALE
Porentru
Délémont
Buren
Arau
ZURICH
Zurich
APPENZELL
Appenzell
LA FRANCE
Doub.
SOLEURE
ARGOVIE
St GALL
Jura
Soleure
ZUG
Zug
LUCERNE
SCHWITZ
Glarus
Mayenfeld
Neuchâtel
NEUCHATEL
BERNE
Lucerne
Schwitz
GLARUS
Coire
Yverdun
Fribourg
Berne
Stanz
UNTERWALD
Altorf
Ilantz
LIGUE DES GRISONS
FRIBOURG
Thun
URI
VAUD
Lausane
Rolle
Vevay
Ain
Nyon
Copet
Geneve
GENEVE
TESSIN
Sion
VALAIS
Bellinzona
Re. DE SARDAIGNE
Re. LOMBARD

Carte physique c

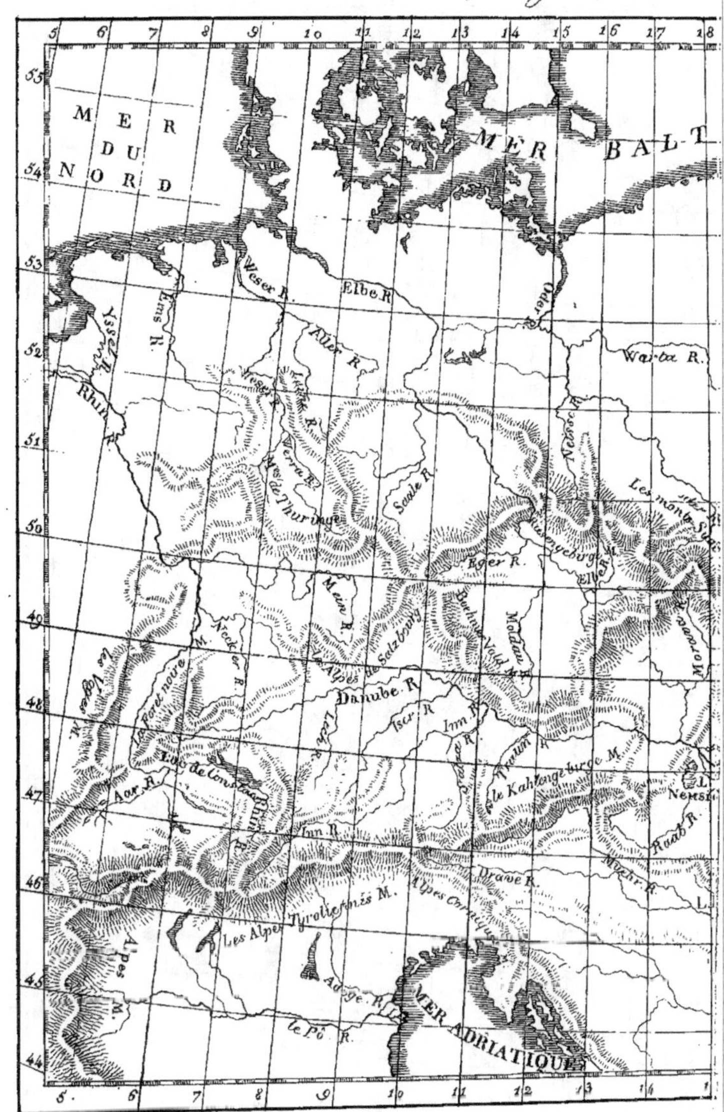

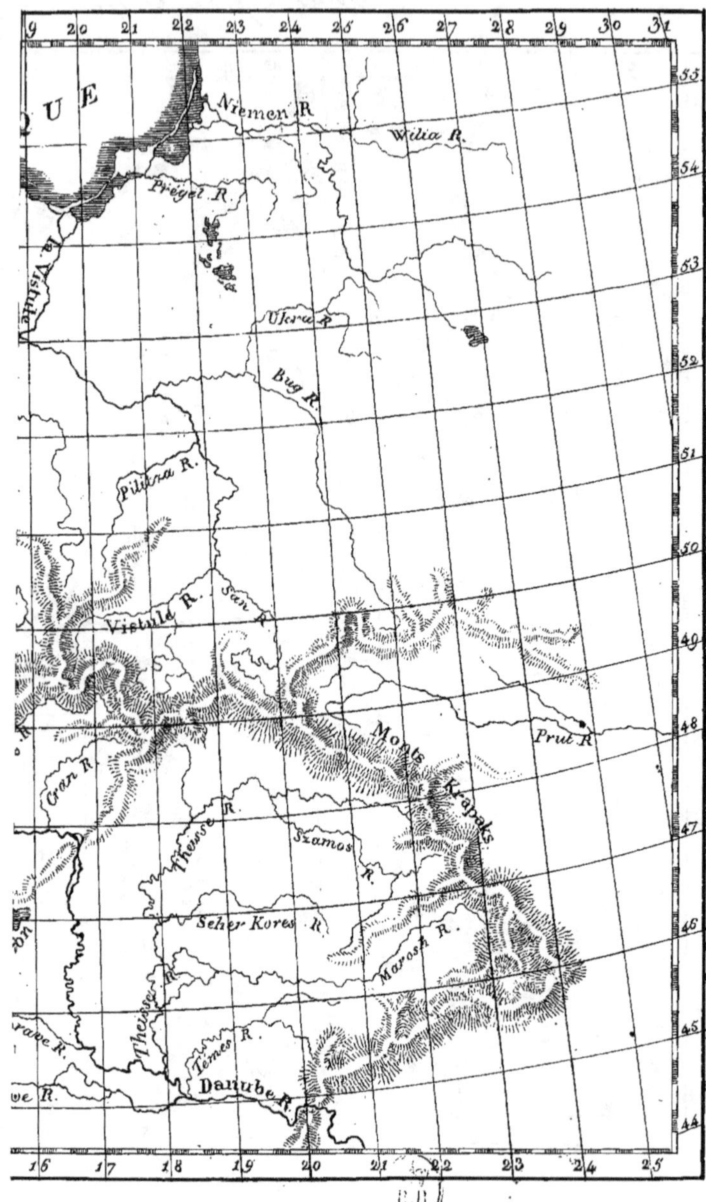
QUE
Niemen R.
Wilia R.
Pregel R.
La Vistule
Ukra R.
Bug R.
Pilica R.
Vistula R.
San R.
Gran R.
Theisse R.
Szamos R.
Monts Krapaks
Prut R.
Seher Kores R.
Marosh R.
Theisse R.
Temes R.
Drave R.
Danube R.
55
54
53
52
51
50
49
48
47
46
45
44
19 20 21 22 23 24 25 26 27 28 29 30 31
16 17 18 19 20 21 22 23 24 25

Carte Politique e

JUTLAND
COPENHAGUE
SUÈDE
MER DU NORD
DANEMARK
MER BALT
Isle de
Holstein
Cuxhaven
Lubeck
Emden
Stade
Hambourg
Schwerin
POM
MANIE
PRUSSE
De de
Altona
Mecklenbourg
Stettin
Oldenbourg
Lunebourg
Stargard
DE
Brême
BRANDEBOURG
ROY DE HANOVRE
Minden
Berlin
Custrin
Posen
Osnabruck
Hanovre
Potzdam
Francfort
GD DE P
De de
De de
Munster
Brunswick
Magdebourg
Dortmund
Halberstadt
Wittenberg
Paderborn
Halle
Dusseldorf
DUCHE DE LUSACE
Glogau
Casse
SAXE
Leipzig
Görlitz
Cologne
Erfurt
Weimar
Bautzen
Liegnitz
Coblentz
Welzlar
Fulde
Cotha
Dresd
SILESI
Nassau
Saxe
Plauen
RE DE
Francfort
Darmstadt
Bayreuth
Prague
Manheim
ROYAUME DE
Egra
Troppau
Heidelberg
BOHÊME
Carlsruhe
Heilbron
Anspach
MORAVIE
Baslad
DUCHE DE BADE
Stutgard
Ratisbonne
Brinn
Ulm
Eichstadt
Augsbourg
Passau
Lintz
WURTEMBERG
Munich
Vienne
Presb
Fribourg
Rotweil
BAVIERE
AUTRICHE
Constance
Lindau
Saltzbourg
EMPIRE
SUISSE
STYRIE
Graz
H C
Inspruck
Tyrol
CARINTHIE
Clagenfurt
Laybach
Warasdin
Trente
Trieste
CARNIOLE
CROATIE
Fiume
Karlstadt
MER ADRIATIQUE
Dalmatie
Zara
T U
FRANCE
DES PAYS-BAS
Luxembourg

Dessinée par Bernard Magr

L'Allemagne

Memel
Tilsit
Königsberg
Friedland
Elbing
PRUSSE OR.le
werder
PRUSSE
Culm
Thorn
Varsovie
ROYme DE POLOGNE
GALLICIE
OCCID
Nouv.le
Silesie
Cracovie
Teschen
Lemberg Brody
GALLICIE
ORIENT
Czernowitz
Bukovine
Schemnitz
AUTRICHE
Erlau
Tokay
Debrezin
ANGRIE
Klausenburg
BASSE
TRANSYLVANIE
Hermanstadt
Kronstadt
Essek
Peterwardein
Belgrade
Semlin
TURQUIE
D'EUROPE
RUSSIE D'EUROPE

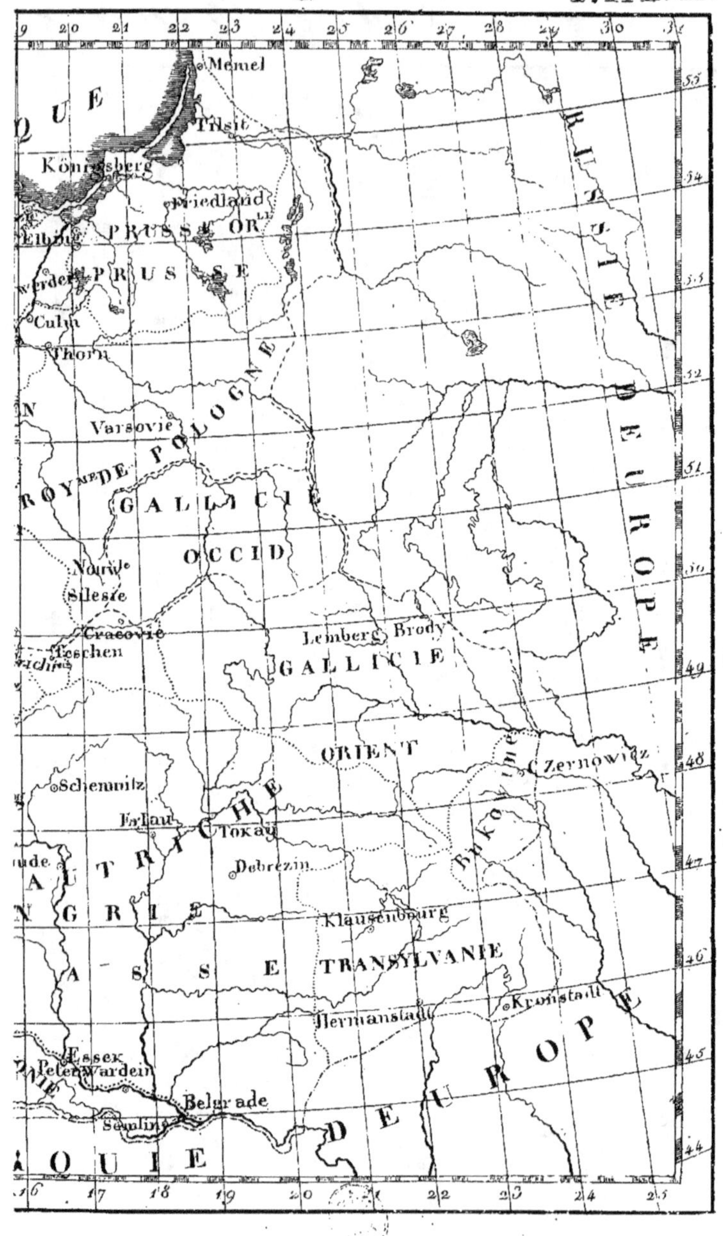

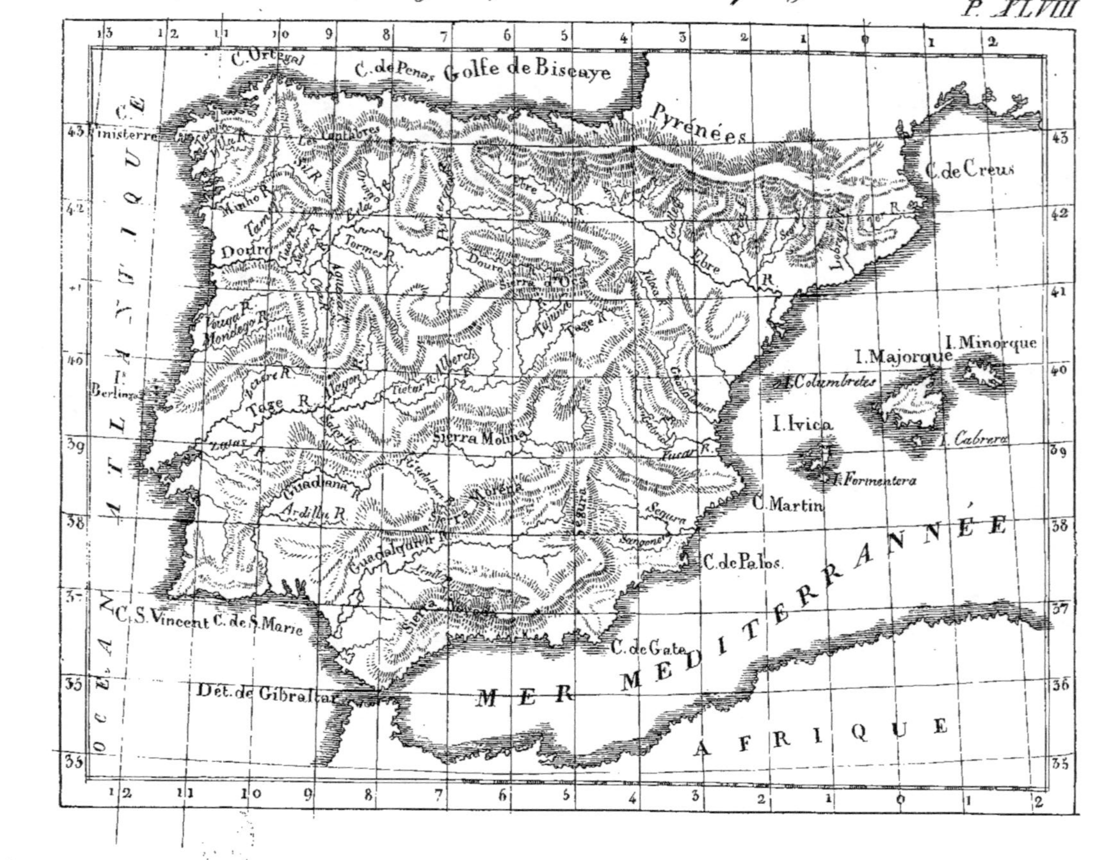
C. Ortegal
C. de Penas
Golfe de Biscaye
Pyrénées
C. de Creus
Finisterre
I. Berlinga
OCEAN ATLANTIQUE
Minho R.
Douro
Tormes R.
Doure R.
Sierra
Ebre
Tage R.
I. Majorque
I. Minorque
I. Columbretes
I. Ivica
I. Cabrera
I. Formentera
C. Martin
C. de Palos
Sierra Molina
Guadiana R.
Ardilla R.
Guadalquivir R.
Segura
C. de Gate
C. S. Vincent
C. de S. Marie
Sierra Nevada
Det. de Gibraltar
MER MEDITERRANNÉE
AFRIQUE

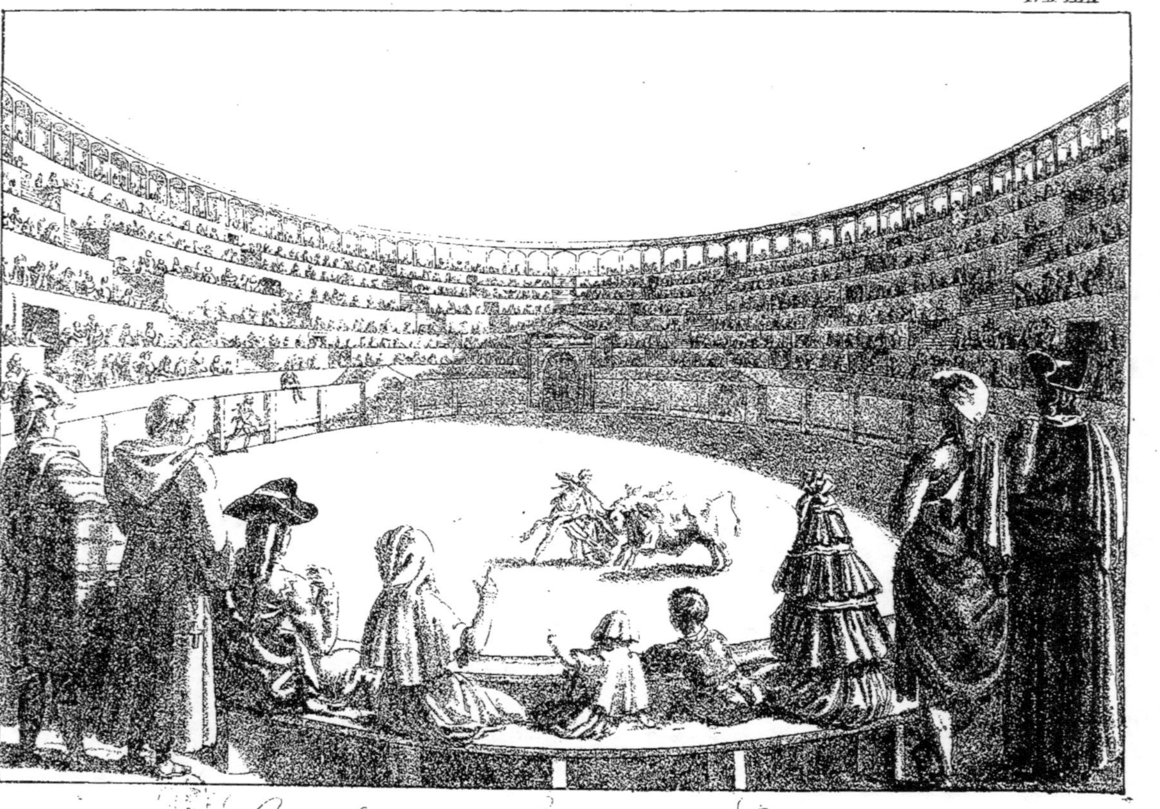

Combat de Taureaux en Espagne.

Carte politique de l'Espagne

P. L.

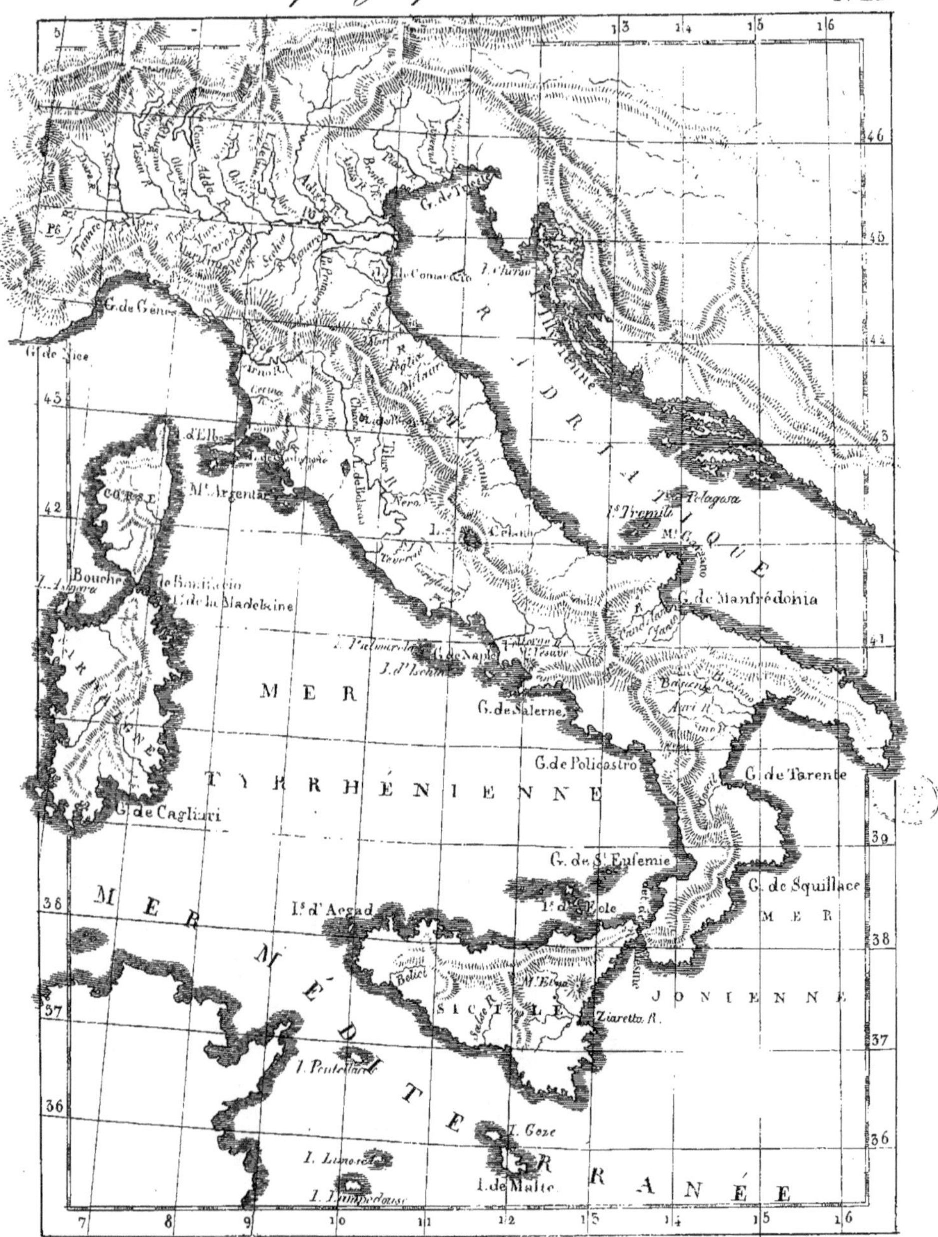
G. de Gènes
G. de Nice
CORSE
Bouches de Bonifacio
I. de la Maddalena
I. Asinara
G. de Cagliari
MER
TYRRHÉNIENNE
MER
MÉDITERRANÉE
d'Elbe
M. Argentaro
ADRIATIQUE
G. de Trieste
G. de Manfrédonia
I.s Tremiti
I.s Pelagosa
M. Gargano
I. Palmarola
G. de Naples
I. d'Ischia
Vésuve
G. de Salerne
G. de Policastro
G. de Tarente
G. de St Eufemie
G. de Squillace
MER
JONIENNE
I.s d'Aegad
I.s d'Éole
M. Etna
SICILE
Ziaretta R.
I. Pantellaria
I. Goze
I. de Malte
I. Linosa
I. Lampedusa

Italiens

Carte politique de l'Italie
SUISSE
EMP.re D'AUTRICHE
R.me DE SARDAIGNE
LOMBARD VÉNITIEN
CARNIOLE
CROATIE
TURQUIE
DALMATIE
MER ADRIATIQUE
ÉTAT DE L'ÉGLISE
ROYAUME DE NAPLES
MER TYRRHENIENNE
MER MÉDITERRANÉE
MER SARDAIGNE
CORSE
SARDAIGNE
SICILE
AFRIQUE
Annecy
Aoste
Chambéry
Bormio
Sondrio
Bellune
Udine
Côme
Bergame
Novarre
Verceil
Brescia
Vicence
Turin
Casal
MILAN
Lodi
Vérone
Padoue
Venise
Pignerol
Pavie
Crémone
Plaisance
Guastalle
Ferrare
Alexandrie
Tortone
Parme
Mirandole
Acqui
Mondovi
Gênes
Reggio
Modène
Coni
Savonne
Chiavari
Bologne
Ravenne
Forli
Nice
Monaco
Lucques
S.t Marin
Florence
Pise
G.te D.
Urbino
Ancône
Livourne
Toscane
Perugia
I. d'Elbe
Piombino
Spoleto
Viterbo
Aquila
R. S.ta Chieti
J.s Tremiti
Pelagosa
Rome
Monfredonia
Molise
Foggia
Fondi
Gaëte
Capoue
Bénévent
Bari
Bitonto
I.a Ponza
Noie
Avelino
I. Ischia
NAPLES
Salerne
Potenza
Acerenza
Brindisi
Tarente
Lecce
Sassari
Cagliari
Bassano
Cosenza
Crotone
Catanzaro
I. d'Éole
Squillace
Trapani
I. Lipari
Messine
Reggio
PALERME
Catane
Syracuse
Noto
Modica
I. Pentelaria
I. Gozza
Comino
I. Linosa
I. Lampedouse
I. de Malte
46
45
44
43
42
41
39
38
37
36

Carte physique de la Turquie

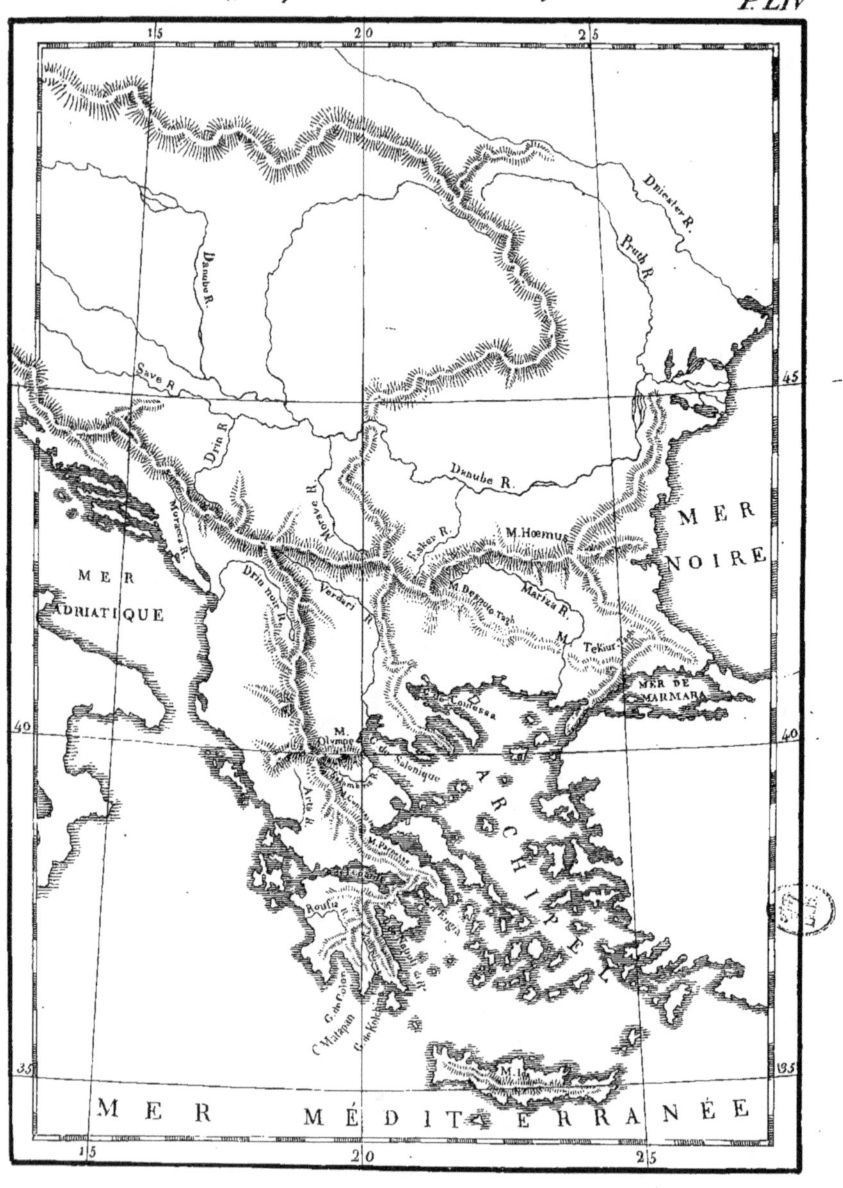

La fontaine de Top-Hané à Constantinople

P. LVI.

15
20
25
ALLEMAGNE
Châczin
MOLDAVIE
Jassy
Bender
BESSARABIE
Tomaki
45
Wihitz
CROATIE
Targovisk
BOSNIE
Bosna Seraï
Belgrade
Semendrin
VAIACHIE
Bukarest
DALMATIE
Mostar
SERVIE
Viddin
Nicopoli
BULGARIE
Sophia
Scutari
Philippoli
Andrinople
ROMANIE
Durazzo
ALBANIE
MACÉDOINE
CONSTANTINOPLE
Contessa
ITALIE
Salonique
Tasse
Samotbraki
Imbro
40
Larissa
Lemnos
ANATOLIE
Corfou
Paxa
JANIAH
Farsar
Negre
Skyro
St Maure
Teak
LIVADIE
Lépante
Livadie
Loni
Céphalonie
Patras
MORÉE
Napoli
Andro
Zante
Zea
Tine
Thermia
Mykos
Tripolitza
Serphe
Paros
Naxia
Singanto
Stampali
Modon
Nio
Milo
Santorim
Cérigo
35
I. DE CANDIE
Gozzo
15
20
25

www.ingramcontent.com/pod-product-compliance
Lightning Source LLC
Chambersburg PA
CBHW061432060726
47597CB00002B/303